Herausgegeben von
Prof. Dr. Alphons Silbermann

Das stets und immer schneller werdende Anwachsen wissenschaftlicher Erkenntnisse hat unvermeidlich dazu geführt, daß sich Lehr- und Sachbücher bei der Darstellung der Entwicklung eines Wissenschaftszweiges auf knappe Literaturhinweise beschränken müssen. Nicht immer jedoch ist es dem Studenten und dem Interessierten möglich, an die zitierten Schriften heranzukommen, zumal vieles von dem, was für Begründung und Evolution einer wissenschaftlichen Disziplin grundlegend war und noch ist, in sehr schwer auffindbaren Fachzeitschriften erschienen ist. Als weitere Schwierigkeit kommt die Internationalität der Wissenschaften hinzu, die nicht an eine einzige Sprache gebunden ist: zwar vieles, aber nicht alles wird übersetzt.
Zur Überbrückung dieser Schwierigkeiten dient der »Reader« — ein Lesebuch, das problemorientiert grundlegende und vielfach schwierig zu erreichende Texte — je nach den Umständen manchmal vollständig, manchmal gekürzt — vorlegt. Auch hier kann *nicht alles* gebracht werden, zumindest aber soll das nach Ansicht der Verfasser Wesentlichste didaktisch aufbereitet vorgelegt werden.

Klaus-Martin Beckmann

Protestantische Theologie

ECON READER

Econ Verlag
Düsseldorf · Wien

1. Auflage Januar 1973

Gesetzt aus der 9/10 Punkt Linotype Optima der Stempel AG
Gesamtherstellung: Ebner, Ulm
Ausstattung: Klaus Jürgens
Printed in Germany
ISBN 3 430 11253 2

Inhalt

Klaus-Martin Beckmann

Einleitung

Das Gebiet der protestantischen Theologie ist so umfangreich und umstritten, daß jede Auswahl in den Verdacht des Subjektiven geraten muß. Nun gibt es schon eine Reihe von Text- und Lesebüchern, die zum Vergleich und zur Ergänzung herangezogen werden können.[1] Die hier vorgelegte Auswahl ist kein Buch für Fachleute, denen die Artikel ohnehin bekannt sein dürften, die sie hier neu zusammengestellt finden, sondern sie will eine Übersicht über rund 50 Jahre protestantische Theologie mit Schwerpunkt in Deutschland aber in der Orientierung über Deutschland hinaus sein. Die Autoren sollen dabei in möglichst ungekürzten Originalbeiträgen zur Sprache kommen. Da auch auf Verständlichkeit Wert gelegt wurde, gehen die ausgewählten Beiträge oft auf Vorträge zurück. Dabei mußte der Ton – wiederum einschränkend – auf die Systematische Theologie als die umfassende und zusammenfassende Disziplin innerhalb der protestantischen Theologie als Wissenschaft gelegt werden.

Wie die Beiträge einzelner Autoren der folgenden Auswahl zeigen, war und ist umstritten, in welchem Sinne protestantische Theologie überhaupt eine Wissenschaft im Vergleich zu anderen Geisteswissenschaften und vor allem zu den Naturwissenschaften ist und sein kann oder sein will. Mit der Frage nach dem Gegenstand der Theologie setzte die sogenannte dialektische Theologie nach dem 1. Weltkrieg unter Führung von *Karl Barth* ein, und mit diesem Zeitpunkt beginnt auch die vorliegende Auswahl. Es gibt sehr unterschiedliche Definitionen darüber, was Theologie und was protestantische oder evangelische Theologie überhaupt bedeuten. Die verschiedenen Definitionsversuche sind selber schon ein Teil der theologischen Denkbemühungen und als solche von der theologischen Schule und Tradition, denen der jeweilige Autor der Definition zuneigt, mitbestimmt. So soll hier keine weitere Definition geboten und auch keinem der vorliegenden Definitionsversuche exklusiv zugestimmt werden. Die Auswahl selber wird darauf eine Antwort geben müssen, was protestantische Theologie heute sein kann. Vielleicht läßt sich aber doch eine Umschreibung als vorläufige Arbeitshypothese angeben, nach der Theologie Rede von Gott und *protestantische* Theologie christliche Rede von Gott in der Tradition der Reformation ist, also unter besonderer Berücksichtigung der später sogenannten »protestantischen Prinzipien«, die sich in den Formeln aussprechen: »sola scriptura« – also die Heilige Schrift soll allein Richtschnur der Glaubensaussagen sein; »sola fide« – also der Mensch wird allein durch den Glauben vor Gott gerecht, und zwar »sola gratia« – allein durch die Gnade Gottes in Jesus Christus (»solus Christus«). Alle hier genannten Begriffe, wie Schrift, Glaube, Gnade, Christus sind dann wieder verschieden interpretierbar, geben aber doch einen Rahmen ab.

Der Name Protestantismus stammt ursprünglich vom Protest der evangelischen Stände und Städte auf dem 2. Reichstag zu Speyer 1529.[2] Heute werden im deutschen Sprachraum meisthin die Bezeichnungen evangelische Theologie und evangelische Kirchen vorgezogen, weil sich der Protestantismus nicht mehr in erster Linie als Gegensatz zum Katholizismus versteht. Im Zeitalter der Ökumene sind die verschiedenen Spielarten des Protestantismus *deutlicher* erkennbar geworden auch in ihrem Verhältnis zum Katholizismus und zur Griechischen oder Russischen Orthodoxie. Es gibt in manchen Punkten eine größere Nähe und größere Ferne zwischen den einzelnen Gruppen innerhalb der verschiedenen Kirchen der Weltchristenheit. Oft ist der Gegensatz zwischen protestantischen Gruppen größer als der einzelner Gruppen des Protestantismus zum Katholizismus. Und das gilt wechselseitig durch die verschiedenen Kirchen auch des Katholizismus und der Orthodoxie hindurch. So gibt es im englischen Sprachgebrauch und Bereich auch »evangelikale« Gruppen innerhalb des Protestantismus im Unterschied zur Hochkirche. Doch hat es durchaus Sinn, weiterhin vom Protestantismus und von protestantischer Theologie zu sprechen in der oben beschriebenen Weise, zumal damit der internationale Zusammenhang unterstrichen wird. Auch die sogenannten Freikirchen, die Baptisten, die Methodisten – um nur zwei große Kirchen dieser Art zu nennen – sind in diesem Sinne Protestantismus. Protestantismus besteht eben nicht nur aus lutherischer und reformierter Tradition, wie es in Deutschland leicht erscheinen mag, sondern Protestantismus umschließt auch täuferische und pietistische Traditionen. Eben das soll in den außerdeutschen Beiträgen der vorliegenden Auswahl u. a. auch zur Sprache kommen, wobei die konfessionelle Herkunft der Autoren nicht entscheidend ist.

Der erste Teil der vorliegenden Auswahl führt in die Zeit der Krise nach dem 1. Weltkrieg zurück. Hier gab es sehr verschiedene Neuansätze der protestantischen Theologie, wie die Auswahl zeigt. Die Verbindung von »Thron und Altar«, dem in Preußen und entsprechend auch im »zweiten Reich« der deutsche Protestantismus zuneigte[3], war zerbrochen. Gleichwohl oder eben deshalb – denn der Protestantismus in Deutschland war vor und während des 1. Weltkrieges besonders patriotisch und kaisertreu – fanden die evangelischen Kirchen zur Weimarer Republik und zur Demokratie kein gutes Verhältnis. Die »Dolchstoßlegende« konnte sich durchsetzen und das Feld für den Nationalsozialismus bereiten. Die Theologie hatte keinen eigenen Standort in den geistigen Fragen der Nachkriegszeit.

Gegen diesen Trend traten *Karl Barth, Rudolf Bultmann* und andere – damals noch gemeinsam – an.[4] Bei *Paul Althaus* merkt man aber schon oder noch die Anfälligkeit gegenüber nationalen Thesen. Es gibt Aussagen von *Paul Althaus* und *Friedrich Gogarten* aus den dreißiger Jahren, die die zu erwartende Distanz zum Nationalsozialismus als »völkischer Bewegung« oder Ausdruck des »Volksnomos« vermissen lassen.

Die protestantische Theologie ist in das Zeitgeschehen in Deutschland nach dem 1. Weltkrieg sehr eng verwickelt. *Karl Barth* (1886–1968), der systematische reformierte Theologe aus der Schweiz, der die folgende Auswahl anführt, wird unbestritten als der bedeutendste und bisher wirksamste Theologe des 20. Jahrhunderts gelten können, in seiner Bedeutung vergleichbar *Friedrich Schleiermacher*, den *Barth* selber gelegentlich den protestantischen »Kirchenvater des 19. Jahrhunderts« genannt hat.[5] *Karl Barth* stellte sich gegen die von *Schleiermacher* bestimmte protestantische Theologie des 19. Jahrhunderts in einer bewußten Rückwendung zu den Aussagen der Heiligen Schrift. Daher lautet auch der Titel des hier ausgewählten Aufsatzes: Das Wort Gottes als Aufgabe der Theologie. Sein Hauptwerk wurde die vielbändige und unabgeschlossene »Kirchliche Dogmatik«. In der vorliegenden Auswahl kommt der »junge Barth« zur Sprache, der durch seine Interpretation des Römerbriefes 1919 auf sich aufmerksam gemacht hatte. Die Einflüsse des späteren *Barth* werden sich dann in manchen folgenden Beiträgen von *Bonhoeffer, Käsemann, Iwand* über *Hromadka, Visser't Hooft, Günther Jacob* bis *Eberhard Jüngel* und *Jürgen Moltmann* zeigen.

Paul Tillich (1886–1965), systematischer lutherischer Theologe aus der gleichen Generation wie *Karl Barth*, hat einen ganz eigenständigen Weg als Theologe und Philosoph genommen, in entscheidenden Punkten im Gegensatz zu *Barth*.[6] Er war als philosophischer Theologe auch an der Geschichtsphilosophie interessiert und aus diesem Bereich ist sein Beitrag in dieser Auswahl entnommen. Auch *Tillich*, der vor der Verfolgung im sogenannten »Dritten Reich« nach den USA emigrieren mußte, hat eine dreibändige Systematische Theologie hinterlassen, auf die nachdrücklich hingewiesen sei. Die Bedeutung *Tillichs* scheint in den USA besser erkannt zu sein als in Deutschland. *Paul Tillich* hat sich den Anfragen der Wissenschaft seiner Zeit offen gestellt und in der Tiefe, im »Unbedingten« die Wahrheit gesucht. Der hier in der Auswahl gebotene Aufsatz des »jungen Tillich« bietet einen sehr wirksamen Beitrag zur christlichen Geschichtsphilosophie. Zugleich werden die Vorbehalte gegenüber der dialektischen Theologie mit ihrer Ablehnung jeglicher Grund- oder Uroffenbarung (der sogenannten natürlichen Theologie) deutlich. *Tillich* war in seiner Zeit in Deutschland auch einer der führenden Köpfe des religiösen Sozialismus. Er wird seinen Platz in der Theologiegeschichte des 20. Jahrhunderts zweifellos haben und behalten.

Paul Althaus (1888–1966), der Erlanger Systematiker, gilt als konfessioneller Lutheraner, d. h. als ein Theologe, der sich der Tradition der Theologie Martin Luthers und der lutherischen Bekenntnisschriften besonders verpflichtet und verbunden weiß, was man in diesem innerprotestantisch-parteilichen Sinne von *Paul Tillich* nicht sagen kann, wenngleich es eine klare Verbindung von der von *Tillich* vertretenen Grundoffenbarung zu der von *Althaus* verteidigten Uroffenbarung gibt. Die von *Paul Althaus* hinterlassene lutherische Dogmatik trägt den Titel »Die christliche Wahrheit« (3. Auflage 1952). In vielen Schriften – eine wichtige und oft neuaufgelegte und überarbeitete Schrift war die über »Die letzten Dinge«

(ursprünglich 1922), die sogenannte Eschatologie – hat *Althaus* ganze studentische Theologengenerationen nachhaltig durch seine immer wieder herangezogenen Lehrbücher auch aus dem Bereich der Ethik beeinflußt. Der hier gebotene Beitrag wiederum des »jungen Althaus« ist seine Antrittsvorlesung 1925 in Erlangen, wo er bis zu seiner Emeritierung geblieben ist. Dieser Beitrag läßt die »Bodenständigkeit« des deutschen Luthertums erkennen mit allen positiven und negativen Möglichkeiten der damaligen Zeit, die bis heute – nicht nur in Bayern – wirksam sind.

Auch *Friedrich Gogarten* (1887–1967) – Professor für systematische Theologie in Göttingen seit 1935 – war ein lutherischer Theologe allerdings sehr eigenwilliger Prägung. Er gehörte der Generation von *Karl Barth* an, mit dem er auch zunächst in der Zeitschrift »Zwischen den Zeiten« durchaus zusammenarbeiten konnte. *Friedrich Gogarten* hat eine große Zahl von wichtigen Veröffentlichungen vorgelegt, von denen genannt seien: Ich glaube an den dreieinigen Gott (1926); Gericht oder Skepsis (1937); Der Mensch zwischen Gott und Welt (1952); Verhängnis und Hoffnung der Neuzeit (1959). Besonders wirksam war seine Unterscheidung von Säkularisation und Säkularismus bis in die Thesen der sogenannten Theologie der Revolution hinein. *Gogarten* selber kann als lutherischer Denker gelten, der vor allem während der Zeit des Nationalsozialismus in Deutschland gefährliche Schwächen gegenüber der Theologie der »Deutschen Christen« mit der These des »Volksnomos« gezeigt hat, der aber auch sehr fruchtbare Anregungen gegeben hat. Der hier gebotene Auszug von 1932 soll *Gogarten* bei der Darstellung eines zentralen Themas protestantischer Theologie, nämlich der Rechtfertigungslehre zeigen.

Der Aufsatz von *Heinrich Scholz* zur Barth-Festschrift von 1936 »Was ist unter einer theologischen Aussage zu verstehen« belegt hier einen wirkungsvollen Beitrag zur Wissenschaftstheorie innerhalb des Protestantismus. *Heinrich Scholz,* ein Zeitgenosse *Karl Barths*, lebte von 1884 bis 1956. Er war Professor für Theologie und Philosophie und später für mathematische Logik und Grundlagenforschung. Die Fragestellung nach der Theologie als Wissenschaft hat in der gegenwärtigen protestantischen Theologie neues Interesse gefunden in Auseinandersetzung mit den neueren soziologischen Theorien.[7] Bemerkenswerterweise sah *Scholz* gerade in der Theologie *Karl Barths* Ansätze für einen der Theologie angemessenen Wissenschaftsbegriff.

Mit diesem Beitrag schließt der erste Teil der vorliegenden Auswahl. Sicher hätte man von *Barth*, *Tillich*, *Althaus* und *Gogarten* auch Aufsätze aus ihrer späteren Wirksamkeit nach dem 2. Weltkrieg auswählen können; aber diese frühen Beiträge lassen – so ist zu hoffen – die Zeit nach dem 2. Weltkrieg besser verstehen. Der Prinzipien- und Methodenstreit – das Thema des zweiten Teils – wurde vor allem neu angeregt durch den Aufsatz von *Rudolf Bultmann* von 1941 zur sogenannten Entmythologisierung des Neuen Testaments.[8] Dieser Aufsatz konnte während der Kriegszeit nur einen kleinen Kreis von Fachleuten erreichen und interessieren, um so größer und weitreichender war die Wirkung auf die protestantische Theologie nach dem 2. Weltkrieg.

Dietrich Bonhoeffer (geb. 1906), der im Frühjahr 1945 noch als »persönlicher Gefangener des Führers« wegen Beteiligung am Widerstand umgebracht worden ist, kannte *Bultmanns* Konzeption.[9] Sein neuer Entwurf einer nichtreligiösen Interpretation biblischer Begriffe konnte in der Haftzeit nur noch als Fragment in Briefen skizziert werden. Dieser Teil der Gefängnisbriefe, der weltweit gewirkt hat und heute noch viele theologische Denkanstöße vermittelt, führt den zweiten Teil der vorliegenden Sammlung an. Die wichtigsten abgeschlossenen Werke von *Bonhoeffer*, der als ein eigenständiger lutherischer Theologe gelten kann, der die liberale Theologie in Berlin noch kennengelernt, selber aber als wichtiges Mitglied der Bekennenden Kirche viel bei und von *Karl Barth* gelernt hat, waren »Nachfolge« (1937, 9. Auflage 1967) und »Gemeinsames Leben« (1939, 13. Auflage 1970). *Eberhard Bethge* gab dann noch 1949 die »Ethik« heraus (6. Auflage 1963). Die Wirksamkeit *Bonhoeffers*, vor allem auch in die Kirchen und Gemeinden hinein, war und ist sehr groß.

Von *Rudolf Bultmann* (geb. 1884), auch aus der gleichen Generation wie Karl Barth, dessen Weggefährte er auch anfangs war, dem berühmten Neutestamentler aus Marburg, wird hier ein Text von 1950 geboten, der das Problem der Hermeneutik, das Kernproblem der *Bultmann*schen Theologie, behandelt (der Entmythologisierungs-Aufsatz ist nicht nur wegen seines Umfangs, sondern vor allem wegen der schwierigen Fachsprache für diesen Band ungeeignet). *Bultmann* möchte mit der historisch-kritischen Methode der Textauslegung und der existentialen Interpretation das Evangelium für heutige modern denkende Menschen verstehbar machen. Er hat u. a. ein allgemeinverständliches Jesus-Buch geschrieben (3. Auflage 1951), einen berühmten Johannes-Kommentar (1941) und eine Theologie des Neuen Testaments (6. Auflage 1968). Seine Thesen zur Entmythologisierung – daß es nicht um etwaige mythische Formen im Neuen Testament gehen könne (bei Wundern, bei der Auferstehung Jesu), sondern um eine Botschaft, ein Kerygma, einen existenziellen Aufruf – hat zu ganzen Diskussions-Reihen geführt. Seine Schüler sind teilweise über *Bultmanns* Thesen hinausgegangen, teilweise haben sie vorsichtige Korrekturen angebracht. Der Höhepunkt der Diskussion scheint durch neue Fragestellungen aus dem empirisch-kritischen und linguistischen Bereich überschritten zu sein.

Ernst Käsemann (geb. 1906), Professor für Neues Testament in Tübingen, gilt als einer der profiliertesten Schüler *Bultmanns*. Er hat in vielen Aufsätzen auch zu theologischen Problemen allgemeiner Art Stellung genommen und er scheut auch kein politisches Engagement. Gegen die Vorwürfe der »Bekenntnisbewegung: Kein anderes Evangelium« verteidigte *Käsemann* die Bultmannschule mit einer vielbeachteten Streitschrift »Der Ruf der Freiheit« (1968). Der hier ausgewählte Text war ein Vortrag in einer ökumenischen Vorlesungsreihe in Göttingen 1951. *Käsemann* verneint hierin die innerhalb der ökumenischen Bewegung vieldiskutierte Frage, ob der neutestamentliche Kanon die Einheit der Kirche begründe. Die unterschiedlichen Theologien, die in den Schriften des Neuen Testaments zur Sprache kommen, begründen vielmehr nach *Käsemann* historisch gesehen die Vielzahl der Konfessionen. In der Spannung der Verschiedenartigkeit der Kirchen ist dann die Einheit der Kirche zu glauben und zu bekennen.

Der Beitrag von *Martin Noth* (1902–1968), der in seiner Hauptwirkungszeit Professor für Altes Testament in Bonn war, steht hier stellvertretend für eine ganze Disziplin innerhalb der Theologie.[10] Es handelt sich um einen Versuch, die Ergebnisse der alttestamentlichen Wissenschaft für die christliche Predigt fruchtbar zu machen. *Noths* bekanntestes Werk ist neben vielen fachwissenschaftlichen Arbeiten sein Lehrbuch »Geschichte Israels« (1950, 2. Auflage 1954). Für die alttestamentliche Theologie ist sicher noch *Gerhard von Rad* (1901–1971) zu nennen mit seiner zweibändigen »Theologie des Alten Testaments« (1957 und 1960). *Von Rad* vertrat als Professor für Altes Testament in Heidelberg die These der »Typologischen Auslegung des Alten Testaments«. Der gleichnamige Aufsatz von 1952 hat aber in der genannten zweibändigen »Theologie« wichtige Korrekturen erfahren. Eine Reihe von heute lehrenden Alttestamentlern in Deutschland würden sich als *von Rad*-Schüler bezeichnen lassen.

Mit *Hans Joachim Iwand* (1899–1960), zuletzt Professor in Bonn, kommt wieder ein systematischer Theologe zur Sprache. *Iwand* war kein Konfessionslutheraner in dem Sinne, daß es ihm in erster Linie um die Bewahrung des lutherischen Erbes gegangen wäre, wohl aber ein lutherischer Theologe, dem die von Luther vertretenen Lehren über Rechtfertigung und Glauben in ihrer Vermittlung für heute außerordentlich wichtig waren. Das kommt auch in dem vorliegenden Aufsatz von 1958 zum Ausdruck – bezeichnenderweise als Vortrag gehalten in Greifswald, Prag und Bonn. *Iwand,* selber aus Schlesien stammend und aus Ostpreußen vertrieben, hat sich nach dem Krieg vor allem für die Versöhnung mit dem Osten eingesetzt.[11] Der Aufsatz, nach dem auch der Titel des zweiten Teiles mitgestaltet worden ist, zieht theologiegeschichtliche Linien nach rückwärts und zeigt Chancen nach vorne auf. Als Hauptwerke von *Iwand* wären neben den fünfbändigen Nachgelassenen Werken zu nennen: Rechtfertigungslehre und Christusglaube (1930, 2. Auflage 1961), Glaubensgerechtigkeit nach Luthers Lehre (1941, 3. Auflage 1959) und der Sammelband »Um den rechten Glauben« (1959).

Herbert Braun, geboren 1903 in Westpreußen, hatte als Pfarrer der Bekennenden Kirche in Ostpreußen gute Verbindungen zu *Hans Joachim Iwand*. Nach dem 2. Weltkrieg wurde er 1949 Professor für Neues Testament an der Kirchlichen Hochschule Berlin, von wo er 1953 bis zu seiner Emeritierung als Professor nach Mainz überwechselte. Theologisch ging er ganz andere Wege als *Iwand*. *Herbert Braun* ist einer der führenden Köpfe des linken liberalen Flügels der *Bultmann*schule. Oft wurde ihm vorgeworfen, er lasse die Theologie in der Anthropologie aufgehen, der metaphysische Grund des Glaubens sei verlassen. Der hier in die Auswahl aufgenommene Beitrag war ursprünglich ein Vortrag im Rahmen des Studium generale. Er behandelt eine zentrale Frage in der Auseinandersetzung um die von *Bultmann* aufgeworfenen Fragen. Zur weiteren Orientierung sei auf *Herbert Brauns* Buch »Jesus« hingewiesen, das in 2. Auflage 1969 erschienen ist.

Mit diesem Beitrag schließt der zweite Teil über den Prinzipien- und Methodenstreit. Auch zeitlich ist mit 1960 der Abschluß der Debatte erreicht, andere Fragen treten in den Vordergrund der Diskussion. Damit kann und soll nicht gesagt werden, daß der Streit als solcher geschlichtet wäre oder die Streitpunkte überwunden seien. Daß dies nicht der Fall ist, zeigt dann vor allem der vierte Teil unserer Auswahl.

Der dritte Teil der vorliegenden Auswahl führt aus dem Bereich der Bundesrepublik Deutschland heraus in den Bereich der »protestantischen Ökumene« – wenn es so etwas in dieser Begrenzung überhaupt gibt. Noch aber ist die römisch-katholische Kirche nicht Mitglied des 1948 in Amsterdam gegründeten Ökumenischen Rates der Kirchen. Die Mitgliedschaft der orthodoxen Kirchen des Ostens seit 1961 und die Offenheit für einen Beitritt Roms, das schon Berater und Gäste zu den Versammlungen des ÖRK sendet, verhindert eine einengende Sicht. Aber in einem Reader mit dem Thema »Protestantische Theologie« soll auch die Auswahl auf protestantische Theologen im weiteren Sinne beschränkt sein.

Josef L. Hromadka (1889–1970) war Tscheche, er war seit 1927 Professor für Systematische Theologie in Prag, acht Jahre (1939–1946) während des 2. Weltkrieges und der Besetzung Prags Professor für Ethik am Theologischen Seminar in Princeton/USA, seit 1950 Dekan der Comenius-Fakultät in Prag[12] Er darf als einer der großen protestantischen (reformierten) Theologen des östlichen Raumes von Europa gelten. An ihn richtete sich der berühmte Brief *Karl Barths* von 1938, kurz vor den Verhandlungen von München, in dem sich *Barth* für Widerstand gegen Hitler in der Tschechei aussprach. Nach dem Krieg kehrte *Hromadka* nach Prag zurück und entschied sich für eine kritische Solidarität des protestantischen Christentums in seinem Land mit dem Sozialismus und Kommunismus östlicher Prägung. Er sah die Entwicklung in Europa als Gericht Gottes an, vor allem am Versagen in der sozialen Frage und in der Frage des Weltfriedens. Er hat diese Gedanken auch in der ökumenischen Bewegung auf vielen Tagungen und in wichtigen Ämtern vertreten. Der in dieser Auswahl ausgesuchte Abschnitt aus einem tschechischen Buch von 1956 zeigt die Linie von *Hromadka* und verschweigt in der Anmerkung ja auch ausdrücklich nicht die Schwierigkeiten, auf die seine Thesen auch im eigenen Land, etwa in der Beurteilung der Ereignisse in Ungarn 1956, gestoßen sind. *Hromadka* war Präsident der Allchristlichen Friedens-Konferenz, die ihren Sitz in Prag hat und sich vor allem für die Aussöhnung zwischen Ost und West einsetzen wollte. Die Konferenz – eine

Art Ökumene des Ostens (»allchristlich« ist eine Übersetzung von »ökumenisch«) – geriet gerade in den letzten Lebensjahren von *Hromadka* in eine große Krise.

Edmund Schlink (geb. 1903), seit 1946 Professor für Systematische Theologie und Direktor des Ökumenischen Instituts in Heidelberg, hat als deutscher lutherischer Theologe vor allem in der ökumenischen Bewegung gewirkt. Er hielt mehrere Hauptvorträge auf Vollversammlungen des Ökumenischen Rates der Kirchen und war auch der Beobachter der Evangelischen Kirche in Deutschland während der Sitzungen des II. Vatikanischen Konzils in Rom 1962. Sein Hauptwerk ist eine sorgfältige Auslegung der lutherischen Bekenntnisschriften (»Theologie der lutherischen Bekenntnisschriften«, München 1940). *Schlink* gehörte, wie sein Kollege in Heidelberg, *Peter Brunner*, der Bekennenden Kirche an. Beide lutherische Theologen haben auch die Gedanken des reformierten Theologen *Karl Barth* mit aufgenommen. Der hier ausgewählte Beitrag *Schlinks* wurde als Vortrag vor einem römisch-katholischen internationalen Kongreß anläßlich des eucharistischen Weltkongresses 1960 in München gehalten. *Schlink* hat das Thema des »Kultes« vom Kongreß übernommen; als evangelisch-lutherischer Theologe hätte er sicher lieber vom Gottesdienst und von den Sakramenten gesprochen.

Willem Adolf Visser't Hooft, geboren 1900 in Haarlem/Holland, war von 1948 bis 1966 der erste Generalsekretär des in Amsterdam 1948 gegründeten Ökumenischen Rates der Kirchen. Er stammt aus der Niederländisch-Reformierten Kirche und steht theologisch *Karl Barth* nahe. Er hat in der ökumenischen Bewegung vor allem auch die Sicht der lehrmäßigen Einheit und der Einigkeit im sozialethischen Engagement betont. Aus diesem Zusammenhang stammt auch der ausgewählte Text. Es handelt sich um einen Vortrag, den *Visser't Hooft* in Mindolo/Zambia 1964 auf einem ökumenischen Treffen, auf dem es um die Rassenfrage ging, gehalten hat.[13] Die Niederländisch-Reformierten Kirchen der Südafrikanischen Republik sind in der Folgezeit wegen der Stellungnahme zur Rassenfrage aus dem Ökumenischen Rat ausgeschieden. Unter *Eugen Carlson Blake,* dem Nachfolger von *Visser't Hooft* als Generalsekretär des Ökumenischen Rates der Kirchen von 1966–1972, wurde dann das Anti-Rassismus-Programm des Ökumenischen Rates entwickelt, das bis heute in der Bundesrepublik Deutschland umstritten ist. Mit dem ausgewählten Beitrag *Visser't Hoofts* ist ein umfassendes Beispiel aus dem sozialethischen Bereich ökumenischer Theologie *angesprochen.*

Als Beitrag eines engagierten Theologen in der DDR – und es gibt davon eine ganze Reihe, man denke z. B. an *Schönherr, Krummacher, Krusche,* um nur einige zu nennen – ist in die vorliegende Sammlung ein Text von *Günther Jacob* aufgenommen worden. *Günther Jacob* (geb. 1906 in Berlin) wurde 1946 Generalsuperintendent der Neumark, seit 1949 in Cottbus. Er war von 1963 bis 1966 Verwalter des Bischofsamtes der Evangelischen Kirche in Berlin–Brandenburg (Ost). *Jacob* war während des »Dritten Reiches« aktives Mitglied der Bekennenden Kirche. Er erhielt

»Reichsredeverbot« und stand unter Polizeiaufsicht wegen eines »Heimtückeverfahrens«. Auf diesem Hintergrund ist sein Verständnis für die Theologie *Dietrich Bonhoeffers* zu sehen. Der ausgesuchte Beitrag aus dem auch literarisch weitgespannten Werk von *Günther Jacob*[14] ist eine Gastvorlesung von 1964 in Prag.

Richard Shaull (geb. 1919) ist Professor für ökumenische Theologie am Princeton Theological Seminary in den USA. Er ist Mitglied der Vereinigten Presbyterianischen Kirche. Er war 20 Jahre Professor für Theologie an Universitäten in Brasilien und Columbien. Er wurde in Europa und vor allem auch in der Bundesrepublik Deutschland bekannt durch seinen Vortrag vor der Weltkonferenz des Ökumenischen Rates der Kirchen für Kirche und Gesellschaft, Genf 1966, über »Die revolutionäre Herausforderung an Kirche und Theologie«, der als Korreferat zu den Ausführungen von Professor *Heinz Dietrich Wendland* aus Münster/Westfalen gehalten wurde. Eben diesen weltweit wirksamen Vortrag bringt unsere Auswahl. In der Bundesrepublik Deutschland ist keine Äußerung über die sogenannte »Theologie der Revolution« so beachtet und diskutiert worden wie dieser Vortrag von *Shaull.*[15] Er gab den Anlaß zu einer immer noch andauernden Diskussion. In den Umkreis der angesprochenen Thematik gehören auch die Beiträge von *M. M. Thomas* und *A. Dumas.*

M. M. Thomas (geb. 1916) ist Mitglied der Syrischen Mar-Thoma-Kirche von Malabor/Indien. Er ist Direktor im Christian Institute for the Study of Religion in Bangalore/Indien. Im Ökumenischen Rat der Kirchen hat er seit 1968 die wichtige Funktion des Vorsitzenden des Zentralausschusses inne, also des Gremiums, das die Entscheidungen zwischen den Vollversammlungen des Ökumenischen Rates der Kirchen trifft. *M. M. Thomas* (er zeichnet immer nur mit diesen zwei Initialen vor dem Namen) bezeichnet sich selber als einen Laien, sein hier aufgenommener Beitrag zeigt aber, daß er sehr wohl die theologischen Entwicklungen in Asien kennt und einzuordnen weiß. Auch *Thomas* ist wie so viele christliche Repräsentanten der »Dritten Welt« vor allem dem sozialen Engagement des Evangeliums verpflichtet.[16] Er ist zweifellos einer der führenden Köpfe der ökumenischen Bewegung – nicht nur in Asien.

Der vierte und letzte Teil der folgenden Auswahl soll unter dem Thema »Gegenwart und Zukunft« Einblick in die Fragenbereiche geben, mit denen Protestantische Theologie gegenwärtig schwerpunktmäßig befaßt ist. Es stellt sich dabei heraus, daß eben die Frage der Zukunft der Welt und der Bewältigung dieser Zukunft ein wichtiges Thema protestantischer Theologie ist. Protestantische Theologie möchte hier einen eigenen Beitrag leisten bis hin zur Frage des Umweltschutzes, die den Band abschließt. Der zweite Problemkreis ist die Frage danach, wie man heute von Gott sprechen kann – das immer wieder neue und bleibende Thema der Theologie. Bei beiden Fragenkreisen soll und kann hinter den ökumenischen weltweiten Orientierungshorizont nicht mehr zurückgegangen werden. Lange Zeit schien es so, vor allem im Bewußtsein der deutschen protestantischen Theologen, als ob protestantische Theologie in Deutschland vom Ausland – vor allem etwa aus den USA – im Gegensatz zu anderen Wissenschaften gar nichts zu lernen hätte. Es ist sicher auch so, daß deutsche und deutsch/schweizerische Universitätstheologie in Europa und darüber hinaus unvergleichlich großen Einfluß hatte und auch noch hat. Es ist aber an der Zeit, sich wenigstens über die großen Strömungen der protestantischen Theologie auf anderen Kontinenten informieren zu lassen.

Den letzten Teil der vorliegenden Auswahl führt *André Dumas* an mit seinem vielbeachteten Vortrag vor der vierten Hauptversammlung des Ökumenischen Rates in Uppsala 1968. *André Dumas* (geb. 1918 in Montauban) ist Mitglied der Reformierten Kirche von Frankreich. Er wurde 1943 Generalsekretär der Christlichen Studentenverbände von Frankreich, 1956 Studentenpfarrer in Straßburg und lehrt nun als Professor an der Protestantischen Theologischen Fakultät in Paris. Sein Beitrag über »Die technischen Möglichkeiten und das Ringen um neue Formen der Gemeinschaft« spiegelt die Bemühungen der französischen protestantischen Theologie wieder, dem Dialog mit dem Marxismus und dem Intellektualismus und Existentialismus nicht auszuweichen. Die Fragen der studentischen Linken in Paris werden ebenso aufgenommen wie Planungsprobleme der modernen Technokratie. *Dietrich Bonhoeffer* spielt für die Denkkategorien von *Dumas* eine einflußreiche Rolle.

Es ist schon oft im Raume protestantischer Theologie in der Bundesrepublik Deutschland diskutiert worden, ob nicht der eigentliche Anstoß der Theologie *Bonhoeffers* eher in anderen Bereichen der Welt (Theologie der Revolution, USA; Friedenskonferenz in Prag; Kritische Fragen an die Rassenproblematik in Südafrika) zum Zuge gekommen ist als in Deutschland, wo es oft mehr um Konservierungs- und Archivisierungsfragen ging. Der Beitrag von *Dumas* könnte ein weiterer Beleg für diese These sein.

Eberhard Jüngel, geboren 1934 in Magdeburg, lehrte von 1961 bis 1966 als Dozent am Sprachenkonvikt in Berlin. 1966 erhielt er eine Professur für Systematische Theologie in Zürich, seit 1968 in Tübingen. Auch *Jüngel* nimmt Fragestellungen von *Karl Barth* auf – teilweise vermittelt und modifiziert durch *Helmut Gollwitzer* – und versucht, sie für die heutige theologische, philosophische und sprachliche Situation zu interpretieren. Sein bekanntestes Buch »Gottes Sein ist im Werden« [17] zeigt schon die Probleme auf, die auch in der hier ausgewählten Antrittsvorlesung behandelt werden: Wie kann Theologie als Wissenschaft heute bestehen und wie kann sie überhaupt den Gegenstand ihrer Forschung sprachlich artikulieren?

Der Aufsatz von *Daniel Day Williams* vom Jahre 1970 über die amerikanische sogenannte Prozeß-Theologie schließt sich gut an. *Williams* rechnet sich selber zu den Prozeß-Theologen, er gibt in seiner Übersicht neben der hauptsächlichen amerikanischen Literatur zur Sache auch seine eigenen Veröffentlichungen mit an. Inhaltlich zu den angeschnittenen Thesen etwas sagen zu wollen, hieße, den Versuch einer Theologiegeschichte mit untauglichen Mitteln zu machen. Jedenfalls liegt hier eine Art Anti-Barth-Theologie vor, die Thesen von *Schleiermacher, Tillich, Bultmann* und *Teilhard de Chardin* mitverarbeitet. In der deutschen evangelischen Theologie sind diese Thesen kaum bekannt, es ist aber zu vermuten, daß ihr Einfluß in der Ökumene von erheblichem Gewicht ist.

Mit den beiden abschließenden Beiträgen von *Jürgen Moltmann* und *Trutz Rendtorff* kommen zwei weitere deutsche Professoren für Systematische Theologie – beide mit Schwerpunkten ihrer Forschung in der Sozialethik – zu Wort. Von *Jürgen Moltmann* bringt die Auswahl seinen Hauptvortrag vor der ökumenischen Konferenz in Nairobi 1970, auf der sich der Reformierte und der Kongregationalistische Weltbund zusammenschlossen. *Moltmann,* geboren 1926 in Hamburg, 1958 Professor an der Kirchlichen Hochschule in Wuppertal, 1963 Professor für Systematische Theologie in Bonn, seit 1967 in Tübingen, ist vor allem durch sein Buch »Theologie der Hoffnung« [18] bekannt geworden. Auch in dem hier ausgewählten Vortrag klingen Grundtöne dieses Buches an, vermehrt um die aktuelle Problematik etwa der Rassenfrage oder der »Theologie der Revolution«.

Trutz Rendtorff, geboren 1931, Schüler von *H. D. Wendland* in Münster, seit 1968 Professor für Systematische Theologie und Ethik an der neugegründeten Evangelisch-Theologischen Fakultät der Universität München, behandelt in seinem hier ausgewählten Beitrag die Frage der Verantwortung der Kirche für den Umweltschutz. *Rendtorff* beteiligte sich 1961 an einer programmatischen Schrift von *Wolfhart Pannenberg* – heute sein Kollege als Systematischer Theologe in München – über »Offenbarung als Geschichte«.[19] Der Beitrag von *Trutz Rendtorff* stellt speziell die Frage nach den gesellschaftspolitisch leitenden Werten, die die Zukunft der Menschheit entscheidend mitbestimmen werden.

Den einzelnen Beiträgen der Auswahl sind einige Literaturhinweise angefügt, wo dies notwendig, möglich und sinnvoll erschien. Jeder Kenner der Materie weiß, daß die Literatur unübersehbar geworden ist. Es kann sich also nur um einige weiterführende Hinweise handeln, soweit sie nicht im Text und in den Anmerkungen selber schon gegeben sind. Vollständigkeit der Nennung auch nur der bedeutendsten Werke protestantischer Theologie ist nicht beabsichtigt, auch keine Wertung. Auf ein Sachverzeichnis wurde verzichtet. Wer bei der Lektüre über einzelne Begriffe und Zusammenhänge mehr erfahren will, sei auf die einschlägigen Lexika verwiesen.[20] Ein Reader wie der vorliegende kann nur eine vorläufige Orientierung sein, ein Verlocken dazu, sich mit dem spannungsreichen und umfassenden Gebiet protestantischer Theologie und vor allem der damit gemeinten und umschriebenen Sache der Theologie als Nachdenken über Gott ernsthaft weiterhin einzulassen. Es könnte sein, daß mancher Leser lieber den Weg von der Gegenwart zurück in die unmittelbare Vergangenheit antritt. Ein solcher Leser kann den Reader in seinen Original-Texten auch von rückwärts nach vorne lesen, was den Zugang durchaus erleichtern mag.

Fußnoten

1 Vgl. *Richard H. Grützmacher / Gerhard G. Muras* (Hg.): Textbuch zur Deutschen systematischen Theologie und ihrer Geschichte vom 16.–20. Jahrhundert, Bd. I (1530–1934), 4. Aufl. Gütersloh 1955, Bd. II (1935–1960) Bern/Tübingen 1961.
Gerd Otto (Hg.): Glauben heute. Ein Lesebuch zur Evangelischen Theologie der Gegenwart, Hamburg 1965.
Eberhard Hübner: Evangelische Theologie in unserer Zeit (Darstellung und Dokumentation), Bremen 1966, 3. Aufl. 1969.
Hans Jürgen Schultz (Hg.): Tendenzen der Theologie im 20. Jahrhundert. Eine Geschichte in Porträts, Stuttgart/Berlin/Freiburg 1966.
Heinz Zahrndt (Hg.): Gespräch über Gott. Die protestantische Theologie im 20. Jahrhundert, München 1968.
Heinz Horst Schrey / Helmut Thielicke (Hg.): Christliche Daseinsgestaltung. Ökumenische Stellungnahmen zu Fragen der Gegenwart, Bremen 1971.

2 Vgl. *Ernst Wolf:* Artikel »Protestantismus«, in: »Die Religion in Geschichte und Gegenwart«, V. Bd., Tübingen 1961, Sp. 648–661.

3 Vgl. für das 19. Jahrhundert meine ausführliche Darstellung in *K.-M. Beckmann:* Unitas Ecclesiae. Eine systematische Studie zur Theologiegeschichte des 19. Jahrhunderts, Gütersloh 1967.

4 Vgl. die speziellen Sammelbände von *Jürgen Moltmann* (Hg.): Anfänge der dialektischen Theologie, Teile I (Karl Barth, Heinrich Barth, Emil Brunner) und II (R. Bultmann, F. Gogarten, E. Thurneysen), Theologische Bücherei Bd. 17, München 1963; und *Walther Fürst:* »Dialektische Theologie«, in: Scheidung und Bewährung. Aufsätze, Gutachten und Erklärungen. Theologische Bücherei Bd. 34, München 1966.

5 Vgl. zu Karl Barth neuerdings: »Karl Barth in Selbstzeugnissen und Bilddokumenten«. Dargestellt von *Karl Kupisch,* Hamburg 1971.

6 Vgl. den autobiographischen Essay: »Wer bin ich?« in: *Paul Tillich*: Meine Suche nach dem Absoluten, Wuppertal 1969.

7 Vgl. *Gerhard Sauter* (Hg.): Theologie als Wissenschaft. Aufsätze und Thesen. Theologische Bücherei Bd. 43, München 1971, sowie die Beiträge von E. Jüngel und D. D. Williams in diesem Band.

8 Vgl. »Neues Testament und Mythologie« in: »Kerygma und Mythos« 1, hg. von *H. W. Bartsch*, Hamburg 1948, S. 15–53.

9 Zur Darstellung der Theologie und des Lebens Bonhoeffers vgl. *Eberhard Bethge*: Dietrich Bonhoeffer, Theologe, Christ, Zeitgenosse, München 1967.

10 Zum Thema des Aufsatzes vgl. den von *Claus Westermann* herausgegebenen Sammelband »Probleme alttestamentlicher Hermeneutik«. Theologische Bücherei Bd. 11, München 1960, in dem dieser Aufsatz auch enthalten ist.

11 Vgl. *K.-M. Beckmann*: »Glaube und politische Existenz des Christen in der Theologie Hans Joachim Iwands«, in: Evangelische Theologie, 31. Jg., München 1971, S. 210–223.

12 Vgl. *Josef L. Hromadka*: »Mein Leben zwischen Ost und West«, Zürich 1971.

13 Vgl. auch *Visser't Hooft*: »Sozialprobleme der Rasse«, in: »Die Kirche und die Rassenfrage«, hg. von *K.-M. Beckmann*, Stuttgart 1967, S. 20–26.

14 Vgl. die Bibliographie in *G. Jacob*: »Kirche auf Wegen der Erneuerung.« Gesammelte Aufsätze aus drei Jahrzehnten, Göttingen 1960, S. 173, sowie *G. Jacob*: »Christliche Existenz in der veränderten Welt«, Stuttgart 1961.

15 Vgl. *K.-M. Beckmann*: »Theologie der Revolution und britische Denkschrift«, in: Weltarmut. Eine kirchliche Denkschrift, hg. von *K.-M. Beckmann* und *K. Lefringhausen*, Stuttgart 1967, S. 54–72.

16 Vgl. *M. M. Thomas:* »Asien und seine Christen in der Revolution«, in: Theologische Existenz heute, Nr. 145, München 1968, sowie den Situationsbericht über Japan von *Ulrich Luz:* »Japanische Studenten und christlicher Glaube«, in: Evangelische Theologie, 32. Jg., München 1972, S. 71–92.

17 *Eberhard Jüngel*: Gottes Sein ist im Werden. Verantwortliche Rede vom Sein Gottes bei Karl Barth. Eine Paraphrase, Tübingen 1965.

18 Vgl. *Jürgen Moltmann*: Theologie der Hoffnung. Untersuchungen zur Begründung und zu den Konsequenzen einer christlichen Eschatologie, München 1964. Siehe auch ders.: Perspektiven der Theologie. Gesammelte Aufsätze. München/Mainz 1968.

19 Vgl. »Offenbarung als Geschichte«, in Verbindung mit *R. Rendtorff, U. Wilckens, T. Rendtorff*, hg. von *Wolfhart Pannenberg*, in: Kerygma und Dogma, Beiheft 1, Göttingen 1961, 2. Aufl. 1963.

20 Vgl. Die Religion in Geschichte und Gegenwart (RGG). Handwörterbuch für Theologie und Religionswissenschaft, hg. von *Kurt Galling*, 6 Bände und Registerband, 3. Aufl., Tübingen 1957 ff.; Weltkirchenlexikon. Handbuch der Ökumene, hg. von *Franklin H. Littell* und *Hans Hermann Walz*, Stuttgart 1960; Evangelisches Kirchenlexikon (EKL). Kirchlich-theologisches Handwörterbuch, hg. von *Heinz Brunotte* und *Otto Weber*, 3 Bände und Registerband, 2. Aufl., Göttingen 1962; Evangelisches Soziallexikon, hg. von *Friedrich Karrenberg*, 4. Aufl., Stuttgart 1963; Taschenlexikon Religion und Theologie, hg. von *Erwin Fahlbusch*, Göttingen 1971.

I.
Von der »Zeit der Krise« bis zum 2. Weltkrieg

Karl Barth

Das Wort Gottes als Aufgabe der Theologie*

I.

Wir Theologen sind durch unsern Beruf in eine Bedrängnis versetzt, in der wir uns vielleicht vertrösten, aber sicher nicht trösten lassen können. Wir ahnten es ja schon als Studenten dunkel, daß es so kommen werde; wir wurden älter und es war schwerer, als wir je geahnt hatten. Wir sind Pfarrer oder wir sind Dozenten; es ist immer die gleiche Bedrängnis, die Einen können ihr so wenig ausweichen wie die Andern. Ich wundere mich, daß es noch Theologen gibt, die in katholische Kirchen und wer weiß noch wohin gehen, um das sogenannte Numinose kennen zu lernen, als ob es nicht um uns wäre, sehr uninteressant, aber dafür real, wenn wir an unserm Schreibtisch sitzen, wenn wir uns niederlegen und wieder aufstehen, bevor wir wieder einmal unseres Amtes walten, und nachdem es wieder einmal geschehen ist, einfach und ohne alle weitern Erlebnisse kraft der Tatsache, daß wir Theologen sind. Die Bedrängnis, die aus dieser Tatsache kommt, ist von den Umständen, in denen wir uns befinden mögen, ganz unabhängig. Sie ist, um das gleich vorwegzunehmen, mit den Mitteln der Psychologie sicher zu illustrieren, aber von daher so wenig zu erklären, wie die allen Menschen durch ihren sicher bevorstehenden Tod irgendwie in die Seele geschriebene Frage. Das seltsame Schaukelspiel des seelischen Lebens, dem wir Theologen natürlich unterworfen sind so gut oder so schlimm wie jedermann, es geht neben unsrer Bedrängnis her seinen eigenen Weg, und sie hat mit ihm wesentlich nichts zu tun. Aber auch die Problematik der mechanischen Seite unsres Berufes geht ihr wohl immer zur Seite und ist doch nicht ihre Ursache. Das theologische System z. B. ist nun schon reichlich oft verbessert und gänzlich umgebaut worden, die theologische Praxis gleichfalls, und auch an Varianten in der persönlichen Stellung zu unserm Beruf ist wohl längst versucht und erprobt worden, was da überhaupt zu versuchen ist. Bedeutet das alles etwa mehr, als wenn man einen Kranken zur Abwechslung von der einen auf die andere Seite legt? Haben wir noch nicht gemerkt, in der Kirche wie auf der Universität, daß, was gestern uns Ruhe war, morgen sicher uns Unruhe sein wird, daß vom Wechsel der Methoden und Orientierungen, so unvermeidlich er uns immer wieder wird, eine Beseitigung dessen, was uns bedrängt, jedenfalls nicht zu erwarten

* Vortrag für die Versammlung der »Freunde der Christlichen Welt« im Oktober 1922. Erschienen in »Christliche Welt«, Jg. 36, 1922, Sp. 858–873, Nachdruck in: »Das Wort und die Theologie«, Ges. Aufsätze 1924, S. 156–178; Text nach »Anfänge der dialektischen Theologie«, hg. von *Jürgen Moltmann*, Theologische Bücherei, Bd. 17, 1, Chr. Kaiser Verlag, München 1962, S. 197–218. Abdruck mit freundlicher Genehmigung des Verlages.

ist? Es kann sich auch wirklich nicht etwa um eine eigentümliche Verlegenheit gerade der Gegenwart handeln. Darum nicht, weil die Theologen so ziemlich jeder Zeit gemeint haben, gerade zu ihrer Zeit sei es besonders schwer, diesen Beruf zu versehen. Von unserer Zeit wäre sogar zu sagen, daß es heute insofern leichter ist, Theologe zu sein als vor zehn Jahren und hier in Deutschland leichter als etwa im neutralen Ausland, weil die allgemeine Auflockerung des Bodens infolge der Ereignisse, von denen wir herkommen, dem, was wir nun zu tun hätten, unvergleichlich viel günstigere Aussichten eröffnet. Und auch daran kann es nicht liegen, daß unsere Stellung in der Gesellschaft so fraglich ist, daß wir bei der Mehrzahl der Menschen jedenfalls als Theologen nicht eben beliebt und geachtet, sondern von jenem Duft von Mißtrauenswürdigkeit umgeben sind, von dem Overbeck so viel zu sagen wußte. Denn erstens dürften wir uns nach dem Evangelium darüber nicht wundern, wenn wir im übrigen unserer Sache ganz sicher wären, und zweitens steht es ja auch damit so schlimm nicht; war es doch auch im neuen Deutschland immer noch ein unerhörter Fall, als neulich die Möglichkeit auftauchte, unsereinem gegenüber die sogenannte Bedürfnisfrage aufzurollen. Im Ganzen haben wir uns über die uns widerfahrende Behandlung durch das gebildete und ungebildete Publikum sicher nicht ernstlich zu beklagen. Die wirkliche und besorgniserregende Bedürfnisfrage ist uns von ganz anderer Seite gestellt. Unsere Not kommt aber auch nicht von der Kirche, von dem rückständigen Geist ihrer Leitung, von ihrer Bureaukratie, von ihrem Bekenntniszwang. Ich komme aus dem paradiesischen Lande, wo die Theologen vom Universitätsprofessor bis zum einfachen Dorfpfarrer ungefähr in jeder Beziehung machen können, was sie wollen, wo es keine Präambeln gibt und wo die mildeste und dehnbarste Vermittlungstheorie ungefähr in allen Kirchenregimentern das Szepter führt, und kann nur warnen vor der Illusion, als ob dadurch die Last, die auf die Theologen gelegt ist, auch nur im Geringsten erleichtert wäre. Im Gegenteil: Wenn einmal alle Kämpfe gegen eine alte und für eine neue Kirche äußerlich so gegenstandslos werden, wie sie es innerlich vielleicht ohnehin sind, wenn all der darauf verwendete Ernst frei wird für ernsthaftere Gegenstände, rückt einem die wesentliche Not der Theologie nur um so grimmiger zu Leibe.

Sie liegt in der Sache, in der uns gestellten Aufgabe. Wieweit sie von Diesem und Jenem *empfunden* wird, ist eine Frage für sich. Über unsre *Situation* möchte ich mich mit Ihnen unterhalten, und das sollte möglich sein, gleichviel ob wir so oder anders empfinden. Ich möchte diese unsre Situation in folgenden drei Sätzen charakterisieren: *Wir sollen als Theologen von Gott reden. Wir sind aber Menschen und können als solche nicht von Gott reden. Wir sollen Beides, unser Sollen und unser Nicht-Können, wissen und eben damit Gott die Ehre geben.* Das ist unsre Bedrängnis. Alles andere ist daneben Kinderspiel. Ich will versuchen, eines nach dem anderen zu erläutern.

II.

Wir sollen von Gott reden. Unser Name sagt es. Aber nicht bloß unser Name. Es wird wohl auch uns Theologen gegenüber erlaubt sein, die schlichte Frage nach dem *Zweck* unsres Tuns zu stellen. Was hat die Aufmachung, der Betrieb unsres Amtes für einen Sinn? Was für eine Erwartung setzen die Menschen auf uns, sie, die uns als das, was wir sind, haben wollen oder doch gelten lassen? Oder auf was hin weist uns ihr Hohn und ihre Verachtung, wenn sie sich in ihrer Erwartung getäuscht sehen? Natürlich nicht nach ihren ersten besten Motiven werden wir sie fragen dürfen, als ob sie uns so ohne Weiteres sagen könnten, was sie von uns wollen. Um das Motiv ihrer Motive handelt es sich, darum, die Menschen um uns her in ihrer auf uns gerichteten Erwartung besser zu verstehen, als sie sich selbst verstehen. Ist es nicht so: Unsre Existenz als Theologen ist doch nur zu verstehen auf Grund der Existenznot der andern Menschen. Zum Aufbau ihrer Existenz mit allem, was dazu gehört, brauchen sie uns nicht. Das besorgen sie ohne unsre Ratschläge, und zwar besser als wir gewöhnlich denken. Jenseits ihrer Existenz aber und jenseits aller Fragen, die damit verknüpft sind, kennen sie ein großes Was? Wozu? Woher? Wohin?, das ist ein Minus vor der ganzen Klammer, eine Frage, die alle schon beantworteten Fragen in der Klammer aufs Neue zu Fragen macht. Auf diese Frage aller Fragen wissen sie sich keine Antwort zu geben und sind naiv genug, anzunehmen, Andere könnten es, und darum schieben sie uns in unsre merkwürdige Sonderexistenz, darum stellen sie uns auf ihre Kanzeln und Katheder, damit wir daselbst von Gott reden sollen, von der Antwort auf die letzte Frage. Warum suchen sie mit dieser letzten Frage nicht selber fertig zu werden, wie sie es mit allen andern tun? Warum kommen sie zu uns, obwohl sie doch längst die Erfahrung gemacht haben müßten, daß man nicht zu uns kommen kann, wie man zum Rechtsanwalt oder zum Zahnarzt geht, daß wir in dieser Frage nicht mehr wissen, als sie sich selbst sagen können? Ja, so kann man wohl fragen. Offenbar drücken sie mit ihrem Zuunskommen aus, daß sie irgendwie wissen, daß der Mensch sich die Antwort auf diese Frage nicht selber geben könne, und daß, wenn nun einer mit dieser Frage zum Andern geht, doch auch dies jedenfalls nicht um der Antwort willen geschieht, die dieser Andere selber etwa geben kann.

Aber wie dem auch sei: wir sind *gefragt*. Und nun gilt es wohl zu beachten, *wonach* wir gefragt sind. Zum Leben brauchen uns die Menschen offenbar nicht, aber zum *Sterben*, in dessen Schatten ja ihr ganzes Leben steht, scheinen sie uns brauen zu wollen. Die Geschichte geht ihren Gang ohne uns; wenn aber die eschatologischen, die *letzten Dinge* an ihrem Horizont auftauchen – und welches Problem in der Geschichte läge nicht auf der Schwelle zu den letzten Dingen? – dann sollten wir offenbar da sein und eröffnende entscheidende Worte zu sprechen haben. Über sich selbst und das, was ihnen möglich und erlaubt ist, sind sie leidlich orientiert, wie es aber mit dem dünnen Faden steht, an dem das ganze Netz dieser Lebensorientierung aufgehängt ist, mit dem messerscharfen Gratweg zwischen *Zeit* und *Ewigkeit*, auf dem sie sich manchmal plötzlich wandelnd wissen, nachdem sie es lange vergessen, das wollen sie wunderlicher Weise von uns wissen. An den *Grenzen* der Humanität ist das theologische Problem aufgerufen. Die Philosophen wissen das, wir Theologen scheinen es manchmal nicht zu wissen. Denn wohlverstanden: auch über Sittlichkeit und Geistesleben, auch über Religion und Frömmigkeit, auch über allfällig mögliche Erkenntnis höherer Welten brauchen sie *unsre* Aufklärungen und Mitteilungen im Grunde *nicht*. Auch das Alles gehört ja zu ihrer Existenz, und ist in die *Not* ihrer Existenz mit hineingerissen, ob sie es wissen oder nicht. Mögen wir diesem und jenem und vielleicht Hunderten Freude machen und hilfreich sein, wenn wir ihm auf die ihn in diesen Sphären bewegenden Fragen unsre mehr oder weniger nützlichen Anregungen und kompetenten Auskünfte zu geben versuchen. Mögen wir es tun, warum sollten wir nicht? Aber ohne zu vergessen, daß damit *die* Frage, mit der sie eigentlich zu uns kommen, *nicht* erledigt ist, daß wir der Kunst, *hier* antworten zu können, *diesen* Bedürfnissen zu dienen (ich wiederhole: das religiöse inbegriffen!), unser Amt als Theologen *nicht* verdanken. Schützen wir nicht zu schnell die Liebe vor! Da fragt sich eben, was die Liebe ist, die *wir* den Andern schuldig sind? Es könnte sein, daß *wir unbarmherzig* sind, solange wir meinen, damit barmherzig zu sein, daß wir den Menschen existieren helfen, und wenn Tausende uns für unsre Gaben dankten. Nicht *ihre* Existenz, sondern das Jenseits ihrer Existenz, *Gottes* Existenz steht in Frage, wenn sie uns um unsre Hilfe angehen. Als Dorfweise oder Stadtweise aber sind wir im Grunde unerwünscht, überflüssig und lächerlich. Wir haben unser Amt als Theologen nicht verstanden, solange wir es nicht verstanden haben als Exponenten und Wahrzeichen, nein Notzeichen einer Verlegenheit, die über die *ganze* Skala wirklicher und möglicher menschlicher Zuständlichkeiten sich ausbreitet, in der sich der moralische, *mit* dem unmoralischen, der geistige *mit* dem ungeistigen, der fromme *mit* dem unfrommen Menschen, in der sich der Mensch einfach als Mensch befindet. Der Mensch in seiner Menschlichkeit, die als solche Beschränktheit, Endlichkeit, Kreatürlichkeit, Getrenntheit von Gott bedeutet, ob er sich dessen nun mehr oder weniger bewußt sei. Seine Lage ist um so schlimmer, je weniger er sich dessen bewußt ist, je weniger er es uns sagen kann, was ihm fehlt, je leichter ihn die hilfsbereite Mitmenschheit mißversteht.

Der Mensch als Mensch schreit nach Gott, nicht nach *einer* Wahrheit, sondern nach *der* Wahrheit, nicht nach *etwas* Gutem, sondern nach *dem* Guten, nicht nach Antworten, sondern nach der Antwort, die unmittelbar eins ist mit seiner Frage. Denn er selbst, der *Mensch*, ist ja die Frage, so muß die Antwort die *Frage* sein, sie muß *er selbst* sein aber nun als Antwort, als beantwortete Frage. Nicht nach Lösungen schreit er, sondern nach *Er*lösung. Nicht wiederum nach etwas Menschlichem, sondern nach Gott, aber nach Gott als dem Erlöser seiner *Menschlichkeit*. Mag man ihn tausendmal darüber belehren, daß er, um in das Unendliche zu schreiten, nur im Endlichen zu gehen habe nach allen Seiten – o ja, er tut es ja, er geht ja und die Herrlichkeit und der Greuel alles dessen, was er auf diesem ihm in der Tat allein möglichen Gang leistet und vollbringt, ist Zeugnis genug für die unheimliche Wucht seines Suchens nach dem Unmöglichen, das ja doch das Bewegende auch dieses Ganges ist. Aber wieder und wieder begnügt er sich einfach nicht – warum kann er nicht? – mit diesem Gang im Endlichen, trotz aller Belehrungen und Zurechtweisungen. Immer wieder wird es ihm unerträglich, daß das Gefundene zu dem Gesuchten sich so offenkundig verhält, wie 1:∞, – wo er doch nicht glauben kann, daß 1 = ∞, wie sollte er das glauben können und dürfen, wo ihm doch vielmehr das ganze Meer von Antwort, über das er verfügt, immer wieder unter den Händen zu einem einzigen Tröpflein wird, das nur noch Frage ist, und diese Frage ist er selbst, seine Existenz, und jenseits, jenseits aller bekannten Meere ist die Antwort, die Realität, auf die alle Beziehungen, in denen er steht, hinweisen, das Subjekt all der Prädikate, der Sinn all der exotischen Buchstaben, der Ursprung all der unechten Anfänge, die zusammen sein bekanntes Leben bilden.

Aber diese Antwort, diese Realität, dieses Subjekt, dieser Sinn, dieser Ursprung ist ja eben *dort*, nicht hier. Die Antwort ist nicht die Frage. *Der dort* ist nicht *er hier*. Nach der Antwort, die als Antwort seine *Frage* wäre, nach dem Unendlichen, das als Unendliches *endlich* wäre, nach dem dort, der als der, der er dort ist, *er hier* wäre, nach Gott, der als Gott *Mensch* wäre, fragt er, wenn er nach Gott fragt. Ihm angesichts dieser Frage mit Antworten zu begegnen, die Kultur, Geistesleben und Frömmigkeit betreffen, oder auch mit einer Kritik aller dieser Größen, heißt das nicht, so gut es gemeint sein mag, ihn dahin wieder zurückschicken, woher er zu uns, zu den Theologen gekommen ist? Wollen wir denn immer wieder das Spiel mit ihm treiben, nie verstehen, wozu, zu welch allerdings unerhörtem Zweck er uns duldet und brauchen zu können meint? Warum sagen wir es ihm nicht offen heraus, wenn das im Stillen unsre Meinung ist, daß wir von Gott nicht reden wollen oder können? Oder wenn wir ernste Gründe haben, dies nicht oder nicht so zu sagen, warum machen wir uns nicht wenigstens seine *Frage* nach Gott zu eigen, zum zentralen Thema unsres Berufes?

Ich habe bis jetzt vorwiegend die Verkündigung der *Kirche* im Auge gehabt; es gilt aber grundsätzlich ganz dasselbe auch für die *Universitätstheologie*, auch wenn man von ihrer erzieherischen Aufgabe gegenüber den künftigen Pfarrern ganz absehen wollte. Auch als Glied der *Universitas literarum* ist die Theologie ein Notzeichen, ein Zeichen, daß etwas nicht in Ordnung ist. Es gibt auch eine akademische Existenznot, die natürlich mit der des Menschen überhaupt letztlich eine und dieselbe ist. Gerade die echte Wissenschaft ist bekanntlich ihrer Sache *nicht* sicher, und zwar nicht nur da und dort, sondern im *Grunde*, in den letzten *Voraussetzungen* nicht sicher. Jede einzelne Wissenschaft kennt sehr genau das Minus, das vor ihrer Klammer steht, von dem dann mit jener gedämpften Stimme geredet zu werden pflegt, die verrät, daß es hier freilich um den Nagel gehe, an dem alles hänge, aber auch um das Fragezeichen, das unvermeidlich hinter das im übrigen methodisch aufgebaute Ganze zu setzen sei. Denke man sich, diese Fragezeichen seien nun wirklich das Letzte, was jede Wissenschaft zu sagen hat, wie offenkundig wäre es dann, daß der vermeintliche akademische Kosmos in Wirklichkeit ein Gewirr von vereinzelten Blättern ist, die über einem Abgrund flattern! Und nun *sind* diese Fragezeichen tatsächlich das letzte in allen Wissenschaften. Und darum, um ihres schlechten oder vielmehr um ihres trostbedürftigen Gewissens willen duldet die Universität die Theologie in ihren Mauern, etwas verdrießlich über die Ungeduld, mit der die Theologen ausgerechnet gerade auf das Letzte, von dem man nicht spricht, die Fragen legen, und doch – oder täusche ich mich? – auch heimlich froh darüber, daß jemand sich dazu hergibt, so unwissenschaftlich zu sein und durch lautes bestimmtes Reden eben von diesem Letzten, von dieser unanschaulichen Mitte, auf die alles hinweist, die Erinnerung wachzuhalten, daß das Ganze, was da getrieben wird, einen Sinn haben möchte. Auch hier ist die Theologie – welches auch die Privatmeinungen dieser und jener nicht-theologischen Akademiker von ihr sein mögen – tatsächlich von der Erwartung umgeben, daß sie ihres Amtes walte und als Antwort vertrete (sehe sie zu, wie sie sich damit abfinde!) was bei den andern allen, solange sie es verschweigen können und wollen, nur als Fragezeichen im Hintergrund steht, als *möglich*, was sie alle nur als Grenzbegriff, als das Unmögliche kennen dürfen, daß sie von Gott nicht nur flüstere und munkle, sondern *rede*, auf ihn nicht nur hinweise, sondern von ihm herkommend ihn *bezeuge*, ihn nicht irgendwo in den Hintergrund, sondern allen methodischen Voraussetzungen, allen Wissenschaften zum Trotz in den *Vordergrund* stelle. Wohl verstanden: das Dasein der Theologie auf der Universität läßt sich nicht etwa *a priori* rechtfertigen und begründen, sondern nur als Notstandsmaßnahme, als eine, da der Notstand vermutlich nicht zu beheben ist, permanente Ausnahme von der Regel. Als solche aber läßt es sich rechtfertigen und begründen, wie das der Kirche in der Gesellschaft, die sich auch nicht aus deren Idee ableiten läßt. Es ist, paradoxer- aber unvermeidlicherweise so: gerade als Wissenschaft im Sinn der andern Wissenschaften hat die Theologie auf der Universität *kein* Daseinsrecht, ist sie eine ganz unnötige Verdoppelung einiger in andre Fakultäten gehöriger Disziplinen. Eine *theologische* Fakultät, mit der Aufgabe, das zu sagen, was die Andern *rebus sic stantibus* nicht, oder nur so, daß man es nicht hört, sagen dürfen, als Notsignal wenigstens, daß das durchaus gesagt sein *müßte*, als lebendige Erinnerung, daß ein Chaos noch so wunderbar, darum kein Kosmos ist, als Frage- und Ausrufzeichen am äußersten Rande, nein im Unterschied zu dem was ja auch die Philosophie tut: genau jenseits des Randes der wissenschaftlichen Möglichkeiten – das hat einen *Sinn*. *Eine religionswissenschaftliche* Fakultät dagegen hat wirklich *keinen* Sinn. Denn so gewiß das Wissen um das Phänomen der Religion dem Historiker, dem

Psychologen, dem Philosophen unentbehrlich ist, so gewiß sind alle diese Forscher in der Lage, allein und ohne theologischen Beistand dieses Wissen zu gewinnen und zu pflegen. Oder sollte etwa das sogenannte »religiöse Verständnis« ein Pachtgut des zufällig theologischen Historikers und Psychologen sein, der Profanwissenschaftler die Urkunden der Religion nicht mit derselben Liebe und Sachkunde zu studieren vermögen? Wenn *das* wirklich unsre Meinung sein sollte, daß Theologie aufzugehen habe in Religionswissenschaft, dann hätten wir das Daseinsrecht auf der Universität jedenfalls verwirkt. Denn Religion ist ein Phänomen so lehrreich, aber auch so fragwürdig wie andre. Zu wissen notwendig und zu wissen möglich, jawohl. Aber gerade darum: indem ich Religion als etwas Wissens*mögliches* studiere, gestehe ich ein, daß ich mich dabei in derselben Existenznot aller Wissenschaft befinde, wie wenn ich einen Käfer studiere. Neue, besondere, gewiß sehr merkwürdige Fragen mögen mich dann beschäftigen, aber Fragen wie alle Fragen sind, Fragen, die auf eine letzte ungelöste Frage zurückweisen, nicht *die* Frage, die nichts Anderes als die letzte Antwort ist, um deren willen Theologie, einst die Mutter der ganzen Universität, immer noch, wenn auch etwas gesenkten Hauptes, als die erste, als etwas Besonderes neben den andern Fakultäten steht. Nicht den Finger gerührt habe ich zu jenem Wagnis, das die Andern, mögen sie von mir denken was sie wollen, im Grunde von mir, dem Theologen, erwarten.

Eine historische Anmerkung möge hier den Schluß bilden. Die Ahnenreihe, an der wir uns, wenn die soeben aus dem Wesen der Sache entwickelten Gedanken maßgebend sind, zu orientieren haben, läuft über *Kierkegaard* zu *Luther* und *Calvin*, zu *Paulus*, zu *Jeremia*. Auf diese Namen pflegen sich nun freilich viele zu berufen. Ich möchte also verdeutlichend hinzufügen: nicht etwa auch und gleichzeitig über Martensen zu Erasmus, zu denen, die 1. Kor. 15 bekämpft werden, zum Propheten Hananja, der das Joch vom Halse des Propheten Jeremia nahm und zerbrach es! Und um ganz deutlich zu sein, möchte ich ausdrücklich darauf hinweisen, daß in der hier empfohlenen Ahnenreihe der Name *Schleiermacher fehlt*. Ich halte Schleiermacher bei allem schuldigen Respekt vor der Genialität seines Lebenswerkes darum vorläufig für *keinen* guten theologischen Lehrer, weil es bei ihm, soweit ich sehe, in der verhängnisvollsten Weise unklar bleibt, daß der Mensch als Mensch sich in *Not*, und zwar in rettungsloser Not befindet, unklar, daß auch der ganze Bestand der sogenannten Religion, und wenn es christliche Religion wäre, an dieser Not *teilnimmt*, unklar darum auch, daß von Gott reden etwas *Anderes* heißt als in etwas erhöhtem Ton vom Menschen reden. Wer etwa gerade darin Schleiermachers besondren Vorzug sehen sollte, daß er den sogenannten Dualismus, in dem etwa Luther steckengeblieben sei, überwunden und gerade mit dem Begriff der Religion, die erwünschte und mit Ehren zu begehende Brücke zwischen Himmel und Erde geschlagen habe, der wird nun freilich, wenn er es nicht schon getan hat, von dem, was hier vertreten wird, endgültig abrücken müssen. Ich kann es ihm nicht wehren, nur den Wunsch aussprechen, er möchte sich dann jedenfalls nicht etwa gleichzeitig auf Schleiermacher *und* die Reformatoren, auf Schleiermacher und das Neue Testament, auf Schleiermacher *und* die alttestamentlichen Propheten berufen, sondern von Schleiermacher aufwärts eine neue Ahnenreihe sich suchen, als deren nächstes Glied etwa *Melanchthon* in Betracht kommen dürfte. Denn was mit dem Namen Kierkegaard, Luther und Calvin, Paulus und Jermia bezeichnet ist, das ist unzweideutige, gänzlich unschleiermacherische Klarheit darüber, daß Menschendienst *Gottesdienst* sein muß und nicht umgekehrt. Die Negativität und Einsamkeit, in der Jeremia den Königen Judas, ihren Fürsten, dem Volke im Lande, vor allem aber seinen *Priestern* und *Propheten* gegenübersteht, die das ganze Leben des Paulus charakterisierende scharfe Wendung gegen die im Judentum verkörperte Welt der *Religion*, Luthers Bruch nicht mit der Unfrömmigkeit, sondern mit der *Frömmigkeit* des Mittelalters, Kierkegaards Angriff auf die *Christenheit*, alles Unternehmungen, auf die Schleiermacher nie gekommen wäre, sie sind die Merkmale der Art, wie hier von *Gott* geredet wird. Der Mensch und sein Universum, sein noch so lebendig angeschautes und gefühltes Universum, ein Rätsel, eine Frage, nichts sonst. Ihm steht Gott gegenüber als das *Unmögliche* dem Möglichen, als der *Tod* dem Leben, als die *Ewigkeit* der Zeit. Die Auflösung des Rätsels aber, die Antwort auf die Frage, das Ende der Existenznot ist das schlechthin neue Geschehen, daß das Unmögliche *selbst* das Mögliche wird, der *Tod* das Leben, die *Ewigkeit* Zeit, *Gott* Mensch. Ein *neues* Geschehen, zu dem *kein* Weg führt, für das der Mensch *kein* Organ hat. Denn der Weg und das Organ sind selber das Neue, die Offenbarung und der Glaube, das Geschautwerden und Schauen des neuen Menschen. Nur auf den *Ernst* dieses Versuches, von Gott zu reden, möchte ich hinweisen – das Gelingen ist eine andre Frage – auf den Einsatzpunkt. *Verstanden* ist hier auf alle Fälle die Not, in der der Mensch als Mensch sich befindet. *Verstanden* die Frage, die er in dieser Not erhebt. An diese *Not* und an diese *Frage* wird der Versuch, von Gott zu reden, angeknüpft, nicht anderswo, zerstreut aller Schein, der sie etwa als Not und Frage verhüllen könnte. Das ist seine Ernsthaftigkeit. Das ist's, warum wir an dieser geschichtlichen Linie uns orientieren und also auch aus der Geschichte den Imperativ hören: Wir sollen von Gott reden! Wäre dieser Imperativ nicht Bedrängnis genug, und wenn wir in der Lage wären, ihm zu gehorchen?

III.

Ich wende mich zu meinem zweiten Satz: *Wir sind aber Menschen und können als solche nicht von Gott reden.* Wir denken an das Wort des Ältesten unsrer Gewährsmänner: Ach Herr, Herr, ich tauge *nicht* zu predigen! Er hat es stehen lassen in seinen Reden, auch als er 23 Jahre gepredigt *hatte*, sicher nicht als Dokument seiner Entwicklung, sondern als Überschrift über Alles, was er nachher gesagt hat: ich kann es nicht sagen.

Und Jeremia war ein von Gott selbst Berufener und Geheiligter. Wir wollen die Frage nicht aufrollen, ob es so einfach geht, an die Stelle der Berufung durch Gott selbst das kirchliche Amt zu setzen, das Eine mit dem Andern zu identifizieren, so lichtvoll die Gedanken waren, mit denen Luther das begründet hat. Nehmen wir an, wir hätten mit unserm Amt zugleich den Verstand, d. h. unsre göttliche Berufung und Ausrüstung bekommen, so bleibt es doch dabei: wir können als Menschen nicht von Gott reden. Wie erstaunlich die Meinung der Andern, der Gemeinde, sie könnten uns zuschieben, ihnen das zu sagen, was ja freilich, wir wissen es selber nur zu gut, um jeden Preis gehört werden müßte, uns zu delegieren, wie die Universität es tut, *das* zu sagen, was sonst Niemand sagen kann noch darf. Wir sind auch Menschen, wir können, was sie von uns wollen und was wir als Theologen selber wollen müssen, ebensowenig wie sie. Wir können nicht von Gott reden. Denn von Gott reden würde, wenn es ernst gelten soll, heißen, auf Grund der Offenbarung und des Glaubens reden. Von Gott reden würde heißen Gottes Wort reden, das Wort, das nur von ihm kommen kann, das Wort, *daß Gott Mensch wird.* Diese vier Worte können wir sagen, aber wir haben damit noch nicht das Wort Gottes gesagt, in dem das *Wahrheit* ist. Das zu sagen, daß *Gott Mensch* wird, aber als *Gottes* Wort, wie es eben wirklich *Gottes* Wort ist, das wäre unsre theologische Aufgabe. Das wäre die Antwort auf die an uns gerichtete Frage der erschrockenen Gewissen, die Antwort auf die Frage des Menschen nach der Erlösung seiner Menschlichkeit. Das müßte wie mit Posaunen erschallen in unsern Kirchen und wahrhaftig auch in unsern Hörsälen, und aus den Kirchen und Hörsälen hinaus auf die Straßen, wo die Menschen unsrer Zeit darauf warten, daß ihnen *das* gesagt werde, aber anders als wir Schriftgelehrten pflegen. Dazu stehen wir auf unsren Kanzeln und Kathedern, um ihnen *das* zu sagen. Solange wir ihnen *das* nicht sagen, reden wir an ihnen vorbei, enttäuschen wir sie. Denn das allein, aber wohl gemerkt: als Gottes Wort, ist die Antwort, die echte Transzendenz besitzt und gerade darum die Kraft hat, das Rätsel der Immanenz aufzulösen. Denn nicht in einer Beseitigung der Frage darf diese Antwort bestehen, aber auch nicht bloß in einer Unterstreichung und Verschärfung der Frage, und endlich auch nicht in der kühnen, überaus wahren, aber in unserm Munde abwechselnd allzu eindeutigen oder allzu zweideutigen Behauptung, daß die Frage selber die Antwort sei. Nein die Antwort muß eben die Frage *sein* und so die Erfüllung der Verheißung, das Sattwerden der Hungrigen, die Eröffnung der blinden Augen und tauben Ohren. Diese Antwort sollten wir *geben* und eben diese Antwort können wir *nicht* geben. – Ich sehe drei Wege, auf denen wir versuchen können, sie doch zu geben, und die alle drei endigen mit der Einsicht, daß wir sie nicht geben können. Es ist der dogmatische, der kritische und der dialektische Weg. Wobei zu bemerken ist, daß diese Unterscheidung nur begrifflich zu vollziehen ist. In Wirklichkeit ist noch nie ein ernst zu nehmender Theologe nur den einen oder andern oder dritten gegangen. Luther etwa werden wir auf allen dreien begegnen.

Der erste ist der *dogmatische* Weg. Hier werden dem Menschen in richtiger Einsicht seiner Not und Frage, in mehr oder weniger ausdrücklicher Anlehnung an Bibel und Dogma die bekannten christologischen, soteriologischen und eschatologischen Gedanken vor Augen gestellt, die sich aus der einen These: Gott wird Mensch entwickeln lassen. Ich würde es, in Erinnerung an Luthers Predigten etwa, immer noch für besser halten, wenn man sich nicht anders zu helfen weiß, *diesen* Weg zu gehen, als etwa zurückkehren dazu, mit Hilfe der Geschichte, und wäre es die biblische Geschichte, Geistesleben und Frömmigkeit zu pflegen und so zu vergessen, wozu uns der Mensch *nicht* nötig hat, wonach er uns aber in Wirklichkeit *fragt*, und daß wir als Theologen von Gott reden sollen. Gegen die Orthodoxie ist gewiß Manches zu erinnern; aber in ihr lebt jedenfalls eine kräftige Erinnerung an das, was überflüssig, und an das, was nötig ist, mehr als in manchem ihrer theologischen Gegner. Und das, und wahrhaftig nicht bloß Gewohnheit und Denkträgheit ist denn sicher die Ursache, daß sie immer noch und immer wieder religiös und kirchlich und sogar politisch so wirksam ist. Der Spaten wird eben einfach auf jener Seite tiefer eingesetzt. Ferner ist zu bemerken, daß auch der überzeugteste Nicht-Orthodoxe stellenweise, und zwar gerade dann, wenn er von seinen gewohnten Psychologismen zu entscheidenden Mitteilungen übergehen will, wenn auch er, wenn auch fast wider Willen, statt von Frömmigkeit von Gott reden will, gar nicht anders kann, als in dogmatischen Wendungen sich bewegen. Wenn eben einmal die entscheidende Einsicht gewonnen ist, daß nicht die Vergottung des Menschen, sondern die Menschwerdung Gottes das Thema der Theologie ist, ja wo diese Einsicht auch nur gelegentlich aufblitzt in einem Theologen, da gewinnt er Geschmack gerade an dem Objektiven, nicht als psychischer Vorgang zu Analysierenden in Bibel und Dogma, dann beginnt die ihm vorher als »supranaturalistisch« so verdächtige und mißliche Welt, in der er sich da befindet, allmählich aber fast mühelos ihm verständlich und sinnvoll zu werden, dann sieht er ihre Gedanken sozusagen von innen oder von hinten, begreift, daß es so und nicht anders geschrieben stehen muß, manchmal bis auf entlegenste Winkel, von denen er sich nicht träumen ließ, daß er da noch heimisch werden könnte, bekommt eine gewisse Freiheit, sich in diesen ungewohnten Räumen zu bewegen, und ist vielleicht zuletzt soweit, das Apostolikum etwa mit allen seinen Härten einfach wahrer, tiefer und sogar geistreicher zu finden als das, was moderne Kurzatmigkeit an seine Stelle setzen möchte.

Aber freilich: von Gott kann man auch in den kräftigsten und lebendigst aufgefaßten Supranaturalismen nicht reden, wir können auch so nur bezeugen, daß wir es gerne möchten. Die Schwäche der Orthodoxie ist nicht der sogenannt supranaturalistische Inhalt der Bibel und des Dogmas, das ist gerade ihre Stärke, wohl aber der Umstand, daß sie, daß wir, sofern wir alle ein wenig Dogmatiker sind, nicht darüber hinauskommen, diesen Inhalt, und wäre es auch nur das Wort »Gott«, dinglich, gegenständlich, mythologisch-pragmatisch uns selbst und den Menschen gegenüberzustellen: da, das glaube nun! Wir sind wohl alle schon bei Luther auf die vielen Stellen gestoßen, wo wir z. B. angesichts des trinitarischen Dogmas einfach mit dem Bescheid stehen gelassen werden: da gelte es, sein Hütlein zu lüften und Ja zu sagen. Da spüren wir, bei aller Bereitwilligkeit, die Hure Vernunft totzuschlagen: so geht's jedenfalls nicht, und denken mit Bestürzung daran, wie oft wir es, ohne Luther zu sein, offen und besonders heimlich auch schon so gemacht haben. Warum geht es so nicht? Weil da die Frage des Menschen nach Gott durch die Antwort einfach niedergeschlagen wird. Nun soll er nicht mehr fragen, sondern an Stelle der Frage die Antwort haben. Er kann aber als Mensch von der Frage nicht lassen. Er selbst, der Mensch, ist ja die Frage. Soll ihm Antwort werden, so muß sie seine Natur annehmen, selber zur Frage werden. Das heißt nicht von Gott reden, etwas, und wäre es das Wort »Gott« vor den Menschen hinstellen mit der Aufforderung, das nun zu glauben. Das ist's ja, daß der Mensch das *nicht* glauben kann, was bloß *vor* ihm steht, das nicht *als* das, was es *dort* ist, auch *hier* wäre – daß er *nicht* glauben kann, was sich ihm nicht *offenbart*, die Kraft und das Vollbringen nicht hat zu *ihm* zu kommen. Bloß *Gott* ist nicht Gott. Er könnte auch etwas Anderes sein. Der Gott, der sich offenbart, ist Gott. Der Gott, der Mensch wird, ist Gott. Und der Dogmatiker redet nicht von diesem Gott.

Der zweite Weg ist der *kritische*. Hier wird nun allerdings sehr deutliche, erschreckend deutliche Anweisung zur Menschwerdung Gottes gegeben. Da wird dem Menschen empfohlen, er habe, um Gottes teilhaftig zu werden, als Mensch zu sterben, aller Eigenheit, Selbstheit, Ichheit sich zu begeben, ganz still, ganz einfach, ganz direkt zu werden, nur noch empfänglich schließlich zu sein, wie die Jungfrau Maria, als der Engel zu ihr trat: Ich bin des Herrn Magd, mir geschehe, wie du gesagt hast! Kein Dies und Das sei ja Gott, kein Ding, kein Etwas, kein Gegenüber, kein Zweites, sondern das reine qualitätslose alles erfüllende Sein, dem nur das partikulare Eigensein des Menschen im Wege stehe. Falle dies endlich und zuletzt dahin, dann werde es gewißlich zu der Geburt Gottes in der Seele kommen. Der Weg der Mystik, auch er wahrhaftig beachtenswert! Wer dürfte da sofort schelten, wo mit den Besten des Mittelalters auch der junge Luther eine Strecke weit mit Begeisterung mitgegangen ist? Sehr beachtenswert ist auch hier die Einsicht, daß es sich, wenn von Gott die Rede sein soll, auf keinen Fall darum handeln kann, dem Menschen beim Aufbau, sondern vielmehr grundsätzlich beim Abbau seiner Existenz behilflich zu sein, die Einsicht, daß der Mensch wirklich nach dem fragt, der *er nicht* ist. Darum nenne ich den mystischen Weg, der sich auch als Idealismus verstehen läßt, den kritischen, weil sich hier der Mensch unter ein Gericht, in eine Negation hineinstellt, weil es hier so klar erkannt ist: Der Mensch als Mensch ist das, was überwunden werden muß. Wir sind auch auf diesem Weg alle schon betroffen worden und werden es nie aufgeben können, ihn streckenweise zu begehen, wie auch Luther ihn nie ganz aufgegeben hat. Dem in seiner Kultur oder Unkultur sich aufblähenden, dem in seiner Moral und Religiosität sich so titanisch gen Himmel reckenden Menschen wird man immer wieder sagen müssen, daß er, von Aufhebung zu Aufhebung schreitend, warten, klein, zunichte werden lernen, daß er sterben müsse. Diese Lehre von der Katastrophe des Menschen als solchen ist ein Stück Wahrheit, das, was sich auch gegen die Mystik einwenden läßt, nicht ungestraft vernachlässigt werden könnte. Die Stärke dieses Redens liegt dort, wo die Schwäche des dogmatischen liegt: hier geschieht etwas, hier werden wir nicht stehen gelassen mit dem Bescheid, wir müßten eben glauben, hier wird der Mensch in der ernsthaftesten Weise angegriffen, hier wird Gott so energisch Mensch, daß vom Menschen sozusagen gar nichts übrig bleibt. Unendlich viel besser natürlich auch das, als der paganistische Kultus des Geisteslebens und der Frömmigkeit.

Aber auch so kann man von Gott nicht reden. Denn daß das nun Gott sei, was da den Menschen, ihn selber vernichtend, erfüllen will, dieser Abgrund, in den der Mensch sich stürzen, diese Finsternis, in die er sich begeben, dieses Nein, unter das er sich stellen soll, daß das alles *Gott* sei, das pflegten die Mystiker und wir alle, sofern wir auch ein wenig Mystiker sind, mit ihnen zwar zu *behaupten*, wir sind aber nicht in der Lage, es zu *zeigen*. Der Inhalt der Botschaft, dessen wir *sicher* sind, das, was wir *zeigen* können, das ist immer nur die Negation, die Negativität des Menschen. Und wenn wir nun daran denken, daß der Mensch von dieser Negativität seiner Existenz, von diesem Fragezeichen jenseits aller seiner Lebensinhalte ja gerade *her*kommt, so muß es uns doch stutzig machen, daß wir auf dem kritischen Wege eigentlich nichts Anderes tun, als daß wir ihm dieses Fragezeichen irgendwie riesengroß machen. Gewiß, das wird immer wieder gut sein, ihn darüber zu verständigen, daß die Frage, mit der er sich an uns gewandt hat, noch ganz anders radikal ist, als er sich in den zufälligen Verlegenheiten seines Lebens einbildete, immer wieder gut, seine Kultur und Unkultur in das blendende Licht des unendlichen Abstandes von Schöpfer und Geschöpf zu rücken und ihm so klar zu machen, was er eigentlich will, wenn er in seiner Not nach Gott schreit. Aber vergessen wir nicht: keine Negation, die wir ihm empfehlen können (und wenn wir ihm Selbstmord empfehlen würden!) ist so groß, so prinzipiell wie die Negation, auf die alles Negieren doch nur hinzielen kann, die Negation, die unmittelbar erfüllt ist von der Positivität Gottes. Über eine gewaltige Verschärfung der Frage als Frage kommen wir mit der schärfsten Kritik des Menschen nicht hinaus. Das heißt nur noch einmal den Ort bezeichnen, richtig bezeichnen allerdings, den Ort, wo von Gott allenfalls die Rede sein kann, wenn man den Menschen in Frage stellt. Das heißt aber noch nicht von Gott reden. Das ist's noch nicht. Auch der Angriff Luthers und Kierkegaards auf die Christenheit war's ja noch nicht! Das Kreuz wird dabei aufgerichtet, aber die Auferstehung wird so nicht verkündigt, und darum ist es endlich und zuletzt doch nicht das Kreuz Christi, was da aufgerichtet wird, sondern irgendein anderes Kreuz. Das Kreuz Christi brauchte wohl nicht erst von *uns* aufgerichtet zu werden!

Die Frage hat keine Antwort bekommen. Nicht *Gott* ist da Mensch geworden, sondern der *Mensch* ist da wieder einmal und nun erst recht Mensch geworden, und das ist kein heilvoller Vorgang. Erst recht ragt nun seine Subjektivität wie eine abgebrochene Säule in ganzer Herrlichkeit gen Himmel. Nur wo *Gott* (in jener Objektivität, von der die Orthodoxie nur zu viel weiß!) Mensch wird, mit seiner *Fülle* eingeht in unsre Leere, mit seinem *Ja* in unser Nein, nur da ist von Gott geredet worden. Die Mystiker, und wir mit ihnen, reden nicht von diesem Gott.

Der dritte Weg ist der *dialektische*. Er ist, nicht nur weil er der paulinisch-reformatorische ist, sondern wegen seiner sachlichen Überlegenheit, weitaus der beste. Die großen Wahrheiten des dogmatischen und des kritischen Weges sind hier vorausgesetzt, aber auch die Einsicht in ihre Stückhaftigkeit, in ihre bloß relative Zulänglichkeit. Hier ist mit dem positiven Entfalten des Gottesgedankens einerseits und mit der Kritik der Menschen und alles Menschlichen andrerseits von vornherein Ernst gemacht; aber beides darf nun nicht beziehungslos geschehen, sondern unter beständigem Hinblick auf ihre gemeinsame Voraussetzung, auf die lebendige, selber freilich nicht zu benennende Wahrheit, die in der Mitte steht und beiden, der Position und der Negation, erst Sinn und Bedeutung gibt. Daß Gott (aber wirklich Gott!) Mensch (aber wirklich Mensch!) wird, das ist da gleichmäßig gesehen als jenes Lebendige, als der entscheidende Inhalt eines wirklichen von Gott Redens. Wie aber soll nun die notwendige Beziehung von beiden Seiten auf diese lebendige Mitte hergestellt werden? Der echte Dialektiker weiß, daß diese Mitte unfaßlich und unanschaulich ist, er wird sich also möglichst selten zu direkten Mitteilungen darüber hinreißen lassen, wissend, daß alle direkten Mitteilungen *darüber*, ob sie nun positiv oder negativ seien, *nicht* Mitteilungen *darüber*, sondern eben immer *entweder* Dogmatik *oder* Kritik sind. Auf diesem schmalen Felsengrat kann man nur gehen, nicht stehen, sonst fällt man herunter, entweder zur Rechten oder zur Linken, aber sicher herunter. So bleibt nur übrig, ein grauenerregendes Schauspiel für alle nicht Schwindelfreien, beides, Position und Negation, *gegenseitig aufeinander* zu beziehen. Ja am Nein zu verdeutlichen und Nein am Ja, ohne länger als einen Moment in einem starren *Ja oder* Nein zu verharren, also z. B. von der Herrlichkeit Gottes in der Schöpfung nicht lange anders zu reden als (in Erinnerung an Röm. 8 etwa) unter stärkster Hervorhebung der gänzlichen Verborgenheit, in der sich Gott in der Natur für unsre Augen befindet, vom Tod und von der Vergänglichkeit nicht lange anders als in Erinnerung an die Majestät des ganz andern Lebens, das uns gerade im Tod entgegentritt, von der Gottebenbildlichkeit des Menschen um keinen Preis lange anders als mit der Warnung ein für allemal, daß der Mensch, den wir kennen, der gefallene Mensch ist, von dessen Elend wir mehr wissen als von seiner Glorie, aber wiederum von der Sünde nicht anders als mit dem Hinweis, daß wir sie nicht erkennen würden, wenn sie uns nicht vergeben wäre. Was das heißt, daß Gott den Menschen gerecht macht, das läßt sich nach Luther nicht anders erklären, denn als *justificatio impii*. Der *impius* aber soll, indem er weiß und hört, daß er das ist und nichts Anderes, sich sagen lassen, daß er, gerade er ein *justus* ist. Die einzig mögliche Antwort auf die wirklich gewonnene Einsicht in die Unvollkommenheit alles menschlichen Werkes ist die, sich frisch an die Arbeit zu machen. Wenn wir aber Alles getan haben, was wir zu tun schuldig sind, so sollen wir sprechen: wir sind unnütze Knechte. Alle Gegenwart ist nur wert gelebt zu werden im Hinblick auf die ewige Zukunft, auf den lieben jüngsten Tag. Aber wir sind Phantasten, wenn wir meinen, daß die Zukunft des Herrn nicht in eben unsrer Gegenwart unmittelbar vor der Türe stehe. Ein Christenmensch ist ein freier Herr über alle Dinge und Niemand untertan. Ein Christenmensch ist ein dienstbarer Knecht aller Dinge und Jedermann untertan. Ich brauche nicht fortzufahren. Wer's merkt, merkt's wie's gemeint ist, wo so geredet wird. Er merkt's, daß gemeint ist: die Frage ist die Antwort, weil die Antwort die Frage ist. Er freut sich also der ihm durchaus vernehmbar gewordenen Antwort, um im selben Augenblick erst recht und aufs Neue zu fragen, weil er ja die Antwort nicht hätte, wenn er nicht immer wieder die Frage hätte.

Der Zuschauer freilich, ein »Flachlandbewohner« wahrscheinlich, steht verblüfft daneben und merkt von Allem nichts, jammert jetzt über Supranaturalismus und jetzt über Atheismus, sieht jetzt den alten Marcion aus seinem Grab hervorgehen und jetzt Sebastian Franck, was doch wirklich nicht ganz dasselbe ist und jetzt gar Schellingsche Identitätsphilosophie, erschrickt jetzt über eine Weltverneinung, bei der ihm Hören und Sehen vergeht, und ärgert sich jetzt darüber, daß gerade auf diesem Weg eine Weltbejahung möglich sein soll, wie er sich nie hat träumen lassen, bäumt sich jetzt gegen die Position auf und jetzt gegen die Negation und dann wieder gegen den »unversöhnlichen Widerspruch«, in dem beide zueinander stehen. Was soll ihm der Dialektiker, wahrscheinlich ein »Sohn der Berge«, Anderes antworten als: Mein Freund, du mußt einsehen, daß du, wenn du nach *Gott* fragst, und wenn nun wirklich von *Gott* die Rede sein soll, von *mir* etwas Anderes nicht erwarten darfst. Ich habe getan, was ich konnte, um dich darauf aufmerksam zu machen, daß mein Bejahen wie mein Verneinen nicht mit dem Anspruch auftreten, die Wahrheit Gottes zu sein, sondern mit dem Anspruch, *Zeugnis* zu sein von der Wahrheit Gottes, die in der Mitte, jenseits von allem Ja und Nein steht. Und darum eben habe ich nie bejaht, ohne zu verneinen, nie verneint, ohne zu bejahen, weil das Eine wie das Andre nicht das Letzte ist. Wenn mein *Zeugnis* von diesem Letzten von der Antwort, die du suchst, dir nicht genügt, so tut mir das leid. Es kann sein, daß ich noch nicht deutlich genug davon gezeugt, d. h. daß ich Ja durch Nein und Nein durch Ja immer noch nicht kräftig genug aufgehoben habe, um alles Mißverständnis zu verhindern, so kräftig, daß dir nichts übrig blieb, als zu sehen, worauf Ja und Nein, Nein und Ja sich beziehen. Es könnte aber auch sein, daß das Versagen meiner Antwort davon herrührt, daß du noch gar nicht richtig *gefragt*, nach *Gott* gefragt hast, sonst müßten wir uns doch verstehen. So könnte der Dialektiker antworten und würde damit dem Zuschauer gegenüber wahrscheinlich, vielleicht im Rechte sein.

Ja *vielleicht*, aber vielleicht auch *nicht*, vielleicht nicht einmal dem Zuschauer gegenüber! Denn auch das dialektische Reden leidet an einer in der Sache liegenden Schwäche. Sie zeigt sich darin, daß der Dialektiker, wenn er überzeugen will, darauf angewiesen ist, daß ihm auf Seiten seines Unterredners die Frage nach Gott schon *entgegenkommt*. Redete er wirklich von Gott, gäbe er also die Antwort, die zugleich die Frage ist, dann dürfte die Situation nicht eintreten, daß er seinen Unterredner kopfschüttelnd stehen lassen muß mit dem Bescheid, er habe eben die rechte Frage noch nicht. Er würde besser über sich selbst den Kopf schütteln, daß *er* offenbar die rechte *Antwort* noch nicht habe, die Antwort, die dann auch die Frage des Unterredners wäre. Sein Reden beruhte eben auf einer schwerwiegenden Voraussetzung, nämlich auf der Voraussetzung jener lebendigen ursprünglichen Wahrheit dort in der Mitte. Sein Reden selbst aber war nicht ein Setzen dieser Voraussetzung, konnte und durfte es ja auch nicht sein, sondern ein Bejahen und Verneinen, das sich freilich auf diese Voraussetzung, auf diesen Ursprung bezog, aber zunächst doch auch das nur in Form einer *Behauptung*, daß dem so sei. *Eindeutig* klang die Behauptung zur Rechten, eindeutig die zur Linken, und *zweideutig*, sehr zweideutig die zusammenfassende Behauptung, daß mit Behauptung links und Behauptung rechts schließlich dasselbe behauptet sei. *Wie kommt es dazu, daß menschliches Reden in notwendiger, in zwingender Weise bedeutsam, zeugniskräftig wird?* das ist das Problem, das sich auf dem Boden der dialektischen Methode darum besonders lebhaft stellt, weil hier alles getan ist, was getan werden konnte, um es bedeutsam und zeugniskräftig zu machen. Denn *wenn* dialektisches Reden sich als bedeutsam und zeugniskräftig erwies – und an einigen Unterrednern Platos, des Paulus und der Reformatoren scheint es sich als das erwiesen zu haben – dann nicht auf Grund dessen, was der Dialektiker tut und kann, nicht auf Grund seines Behauptens, das in der Tat fragwürdig ist, fragwürdiger als der entrüstete Zuschauer solcher Kunst ahnt, sondern auf Grund dessen, daß in seinem immer eindeutigen und zweideutigen Behaupten die lebendige Wahrheit in der Mitte, die Wirklichkeit Gottes *selbst* sich behauptete, die Frage, auf die es ankommt, schuf, und die Antwort, die er suchte, ihm *gab*, weil sie eben beides, die rechte Frage und die rechte Antwort *war*.

Aber diese Möglichkeit, die Möglichkeit, daß Gott *selbst* spricht, wo von ihm gesprochen wird, liegt nicht auf dem dialektischen Weg als solchem, sondern dort wo auch dieser Weg *abbricht*. Den Behauptungen des Dialektikers kann man sich, wie der Augenschein lehrt, auch entziehen. Der Dialektiker als solcher ist nicht besser dran als der Dogmatiker und der Kritiker. Ihre eigentliche Schwäche, ihr Unvermögen, wirklich von *Gott* zu reden, ihr Zwang, immer von etwas anderem reden zu müssen, das alles erscheint sogar beim Dialektiker potenziert: gerade *weil* er *alles* sagt und alles im Hinblick auf die lebendige Wahrheit selbst, muß ihm die unvermeidliche *Ab*wesenheit dieser lebendigen Wahrheit in seinem Alles-Sagen nur um so schmerzlicher zum Bewußtsein kommen. Und auch wenn nun jenseits seines Alles-Sagens das geschehen sollte, was Allem erst Sinn und Wahrheit gibt, auch wenn nun Gott selbst seinem Unterredner das Eine sagen sollte, sein eigenes Wort, auch dann, ja *gerade* dann ist er, der Dialektiker, als solcher ins Unrecht gesetzt und kann nur bekennen: Wir können nicht von Gott reden. Denn daß Gott selbst spricht, das kann auch jenseits dessen geschehen, was die Andern, der Dogmatiker und der Kritiker und vielleicht noch viel primitivere Gottesredner sagen. Es ist ja nicht einzusehen, wieso etwa gerade die dialektische Theologie *vorzüglicherweise* in der Lage sein sollte, auch nur bis unmittelbar *vor* diese nur von innen zu eröffnende Pforte zu führen. Wenn sie etwa wähnen sollte, eine besondere Höhe zu bedeuten, wenigstens als Vorbereitung auf das was Gott tut, so möge sie sich klar machen, daß ein simples direktes Wort des Glaubens und der Demut *dazu* denselben Dienst tun kann wie sie mit ihren Paradoxien. Im Verhältnis zum Reiche Gottes kann alle Pädagogik gut und alle schlecht sein, – ein Schemel hoch genug und die längste Leiter zu kurz, um das Himmelreich zu stürmen.

Und wer das Alles nun etwa eingesehen, die Möglichkeiten aller dieser Wege (ich nannte nur die, die ernsthaft in Betracht kommen) durchprobiert haben sollte – und klar oder unklar hat jeder Theologe diese Einsicht und Erfahrung – sollte der nicht in Bedrängnis sein?

IV.

Mein dritter Satz lautet: *Wir sollen Beides,* daß wir von Gott reden sollen und nicht können, *wissen und eben damit Gott die Ehre geben.* Zu diesem Satz ist nicht viel zu bemerken. Er kann nur als Schlußstrich dastehen und bedeuten, daß alles so gemeint ist, wie es gesagt ist.

Das Wort Gottes ist die ebenso notwendige, wie unmögliche Aufgabe der Theologie. Das ist das Ergebnis des Bisherigen, und das Bisherige ist das Ganze, was ich zu diesem Thema zu sagen habe. Was nun, angesichts dieses Ergebnisses? Zurückkehren in die Niederungen, wo man scheinbar Theologe und in Wirklichkeit etwas ganz Anderes ist, etwas, was die Anderen auch sein könnten und wozu sie uns im Grunde *nicht* brauchen? Ich fürchte, auch wenn wir eines solchen Gewaltakts fähig wären, die Logik der Sache würde uns bald eben dahin zurückführen, wo wir stehen. Oder vom redenden zur Abwechslung zum *schweigenden* Dienst übergehen? Als ob es etwa leichter und möglicher wäre, vor Gott (wirklich vor *Gott*) zu schweigen als von ihm zu reden! Was soll das Spiel? Oder der Theologie Valet sagen, unser Amt an den Nagel hängen und irgend etwas von dem werden, was die glücklichen Andern sind? Aber die Andern sind nicht glücklich, sonst wären wir nicht da. Die Bedrängnis unsrer Aufgabe ist nur das Zeichen der Bedrängnis aller menschlichen Aufgaben. Wenn wir es nicht wären, müßten eben andere Theologen sein unter denselben Umständen. Die Frau kann auch nicht von den Kindern weglaufen und der Schuster nicht von seinem Leisten, und wir können überzeugt sein, daß die Dialektik etwa der Kinderstube nicht minder angreifend ist als die Dialektik unsrer theologischen Studierstube. Die Theologie aufgeben hat so wenig Sinn wie sich das Leben zu nehmen; es wird nichts, gar nichts anders dadurch. Also ausharren, nichts weiter. Wir sollen eben beides, die Notwendigkeit und die Unmöglichkeit unsrer Aufgabe *wissen*. Was heißt das?

Den Blick fest und unverwandt auf das richten, was von uns erwartet ist, da wir nun einmal dahingestellt sind, wo wir stehen. Was daraus wird und ob man mit uns zufrieden ist, sind keine Fragen. Einordnen läßt sich unsre Aufgabe in das Ganze des bekannten Menschenlebens, in Natur und Kultur nur dort, wo die Frage entsteht, wie sich dieses Ganze etwa seinerseits in die Welt und Schöpfung Gottes einordne. Diese Frage kann vom Menschen aus gesehen immer nur eine Frage sein. Einordnen läßt sich also unsre Aufgabe nur als das Nichteinzuordnende. Von daher die Logik, der kategorische Imperativ der Sachlichkeit, der unserm Beruf innewohnt so gut wie jedem Beruf, der nun aber für unsern Beruf *diesen* Inhalt hat. Mehr kann nicht von uns verlangt werden, als daß wir diesen kategorischen Imperativ starr ins Auge fassen, wie z. B. jeder Eisenbahnbeamte es auch tun muß. Das aber *ist* von uns verlangt.

Und ebenso genau ist zu bedenken, daß es mit unsrer Aufgabe so steht, daß von Gott nur Gott *selber* reden kann. Die Aufgabe der Theologie ist das Wort Gottes. Das bedeutet die sichere *Niederlage* aller Theologie und *aller* Theologen. Auch hier gilt es dem, was zu sehen ist, nicht auszuweichen, nicht links noch rechts auszublicken nach einer von den vielen erbaulichen oder unerbaulichen Verschleierungen und Bemäntelungen des Tatbestandes, die allerdings möglich sind. Wir müssen uns klar sein darüber, daß wir, und wenn wir Luther und Calvin wären, und welchen Weg wir auch einschlagen mögen, so wenig ans Ziel kommen werden wie Moses in das gelobte Land gekommen ist. So gewiß wir irgendeinen Weg gehen müssen und so gewiß es sich wahrhaftig lohnt, wählerisch zu sein und nicht den ersten besten Weg zu gehen, so gewiß müssen wir bedenken, daß das Ziel unsrer Wege das ist, daß Gott selber rede, und dürfen uns also nicht wundern darüber, wenn uns überall am Ende unsrer Wege und wenn wir unsre Sache noch so gut gemacht hätten, ja dann am meisten, der Mund *verschlossen* wird.

Dreierlei möchte ich zum Schluß noch sagen.

1. Fast wage ich es nicht und wage es nun doch zu hoffen, daß Niemand nachher komme und mich frage: Ja was sollen wir denn nun tun? wie denkst du dirs nun, was in der Kirche und auf der Universität zu geschehen hätte, wenn *das* die Situation ist? Ich habe Ihnen keine Vorschläge zu unterbreiten weder über die Reform des Pfarramts noch über die Reform des theologischen Wissenschaftsbetriebes. Es handelt sich nicht *darum*. Es scheint mir, daß wir nicht darüber reden sollten, was zu tun ist, *wenn* unsre Situation die ist, sondern darüber, ob wir anerkennen wol-

len, *daß* unsre Situation die ist, die hier gezeichnet wurde. Auf Grund dieser Anerkennung würde dann vielleicht in der Kirche und auf der Universität Einiges anders zu machen sein, als es gemacht wird. Vielleicht auch nicht. Nur auf Grund jener Anerkennung wäre ein Gespräch darüber möglich und nützlich. Aber noch einmal: es kommt jetzt nicht *darauf* an.

2. Unsere Bedrängnis ist unsre Verheißung. Wenn *ich* das sage, so ist es ein dialektischer Satz wie ein anderer. Und wir wissen nun, wie es mit der Dialektik steht. Da kann Jeder sagen: ich danke für eine Verheißung, die ich nur als Bedrängnis erfahren kann! und ich kann ihm nicht antworten. Aber es könnte ja sein, daß nicht nur *ich* das sage, daß unsre Be*drängnis* unsre Verheißung ist. Es könnte ja sein, daß das die lebendige Wahrheit wäre, die über Ja und Nein ist, die Wirklichkeit Gottes, über die ich nicht zu verfügen habe mit einer dialektischen Umkehrung, in der es aber aus eigener Macht und Liebe verfügt sein könnte, daß Verheißung eingegangen ist in unsre Bedrängnis, daß das Wort, das Wort Gottes, das wir nie sprechen werden, angenommen hat unsre Schwachheit und Verkehrtheit, so daß *unser* Wort *in* seiner Schwachheit und Verkehrtheit fähig geworden wäre, wenigstens Hülle und irdenes Gefäß des Wortes Gottes zu werden. Es könnte sein, sage ich, und wenn es so wäre, dann hätten wir allen Anlaß, statt von der Not, laut und stark von der Hoffnung, von der verborgenen Herrlichkeit unsres Berufes zu reden.

3. Ich habe das *eigentliche* Thema meiner Darlegungen einigemal berührt, aber nie ausdrücklich genannt. Alle meine Gedanken kreisten um den einen Punkt, der im Neuen Testament Jesus Christus heißt. Wer »Jesus Christus« sagt, der darf nicht sagen: »es könnte sein«, sondern: es *ist*. Aber wer von *uns* ist in der Lage »Jesus Christus« zu sagen? *Wir* müssen uns vielleicht begnügen mit der Feststellung, daß Jesus Christus *gesagt* ist von seinen ersten Zeugen. Auf ihr Zeugnis hin zu glauben an die Verheißung und also Zeugen von ihrem Zeugnis zu sein, also *Schrift*theologen, das wäre dann unsre Aufgabe. Mein Vortrag ist alttestamentlich gemeint und reformiert. Ich habe ja als Reformierter – und nach meiner Meinung natürlich nicht nur als das – die Pflicht, gegenüber dem lutherischen *est* wie gegenüber der lutherischen *Heilsgewißheit* eine gewisse letzte *Distanz* zu wahren. Ob die Theologie über die *Prolegomena* zur Christologie je hinauskommen kann und soll? Es könnte ja auch sein, daß mit den Prolegomenen *Alles* gesagt ist.

Zusätzliche Literatur

Antwort. Karl Barth zum 70. Geburtstag am 10. Mai 1956, Zürich 1956.
Karl Barth: Die kirchliche Dogmatik, Bd. I, I bis IV, 4; 12 Bände, München/Zürich 1935 ff.
Karl Barth: Das Geschenk der Freiheit, in: Theologische Studien, Heft 39, Zürich 1953.
Karl Barth: Der Römerbrief. Unveränderter Abdruck der 1. Auflage von 1919, Zürich 1963

Emil Brunner: Dogmatik, 3 Bände, Zürich 1950–1960.
Helmut Gollwitzer: Krummes Holz – aufrechter Gang. Zur Frage nach dem Sinn des Lebens, München 1970.
Walter Kreck: Die Zukunft des Gekommenen. Grundprobleme der Eschatologie, Neukirchen/Moers 1965.
Eduard Thurneysen: Die Lehre von der Seelsorge, München 1948.
Otto Weber: Grundlagen der Dogmatik, 2 Bände, Neukirchen/Moers 1955/1962.
Ernst Wolf: Peregrinatio. Bd. I: Studien zur reformatorischen Theologie und zum Kirchenproblem. Bd. II: Studien zur reformatorischen Theologie zum Kirchenrecht und zur Sozialethik, München 1954/1966.

Paul Tillich

Kairos I*

Die hier vorgetragenen Ideen sollen ein Aufruf sein zu geschichtsbewußtem Denken, zu einem Geschichtsbewußtsein, dessen Wurzeln hinabreichen in die Tiefen des Unbedingten[1], dessen Begriffe geschöpft sind aus der Urbeziehung des menschlichen Geistes und dessen Ethos unbedingte Verantwortlichkeit für den gegenwärtigen Zeitmoment ist. Die Form aber dieses Rufes soll nicht Predigt oder Agitation, nicht Romantik oder Poesie sein, sondern ernste Begriffsarbeit, Ringen um eine Philosophie der Geschichte, die mehr ist als Logik der Geschichtswissenschaft und ihr an Schärfe und Sachlichkeit doch nicht nachsteht. Es wäre ein sinnloses Unterfangen, eine solche Aufgabe in knappen Aufsatzgrenzen angreifen zu wollen, wenn mehr beabsichtigt wäre, als *einen* konkreten Begriff in helleres Licht zu stellen, einen Begriff, der, wenn er selbst hell geworden ist, für viele andere erleuchtend sein kann, der Begriff des Kairos. Aufruf zu einem Geschichtsbewußtsein im Sinne des Kairos, Ringen um eine Sinndeutung der Geschichte vom Begriff des Kairos her, Forderung eines Gegenwartsbewußtseins und Gegenwartshandelns im Geiste des Kairos, das ist hier gewollt.

* Erstveröffentlichung in: »Die Tat«. Jahrgang 14, 1922, Heft 5. Amerikanische Übersetzung neu bearbeitet in: The Protestant Era, Chicago 1948. Deutsche Rückübersetzung in: Der Protestantismus, Stuttgart 1950. Text nach *Paul Tillich*: »Der Widerstreit von Raum und Zeit.« Schriften zur Geschichtsphilosophie. Gesammelte Werke, Band VI, Evangelisches Verlagswerk, Stuttgart 1963, S. 8–28. Abgedruckt mit freundlicher Genehmigung des Verlages.

1 Der Begriff »unbedingt«, der in diesem Aufsatz oft benutzt wird, soll auf die Elemente in jeder religiösen Erfahrung hinweisen, die sie zu einer wahrhaft religiösen machen. In jedem Symbol des Göttlichen wird ein unbedingter Anspruch ausgedrückt, am machtvollsten in dem Gebot: »Du sollst lieben Gott Deinen Herrn von *ganzem* Herzen, von *ganzer* Seele und von *ganzem* Gemüte.« Eine begrenzte, eingeschränkte, bedingte Liebe zu Gott wird verworfen. Der Begriff »unbedingt« oder »das Unbedingte« ist eine Abstraktion dessen, was in den vielen Bibelworten oder in der großen religiösen Literatur zum Ausdruck gebracht wird. Das Unbedingte ist eine Qualität, kein Wesen. Es charakterisiert das, was uns letztlich und daher unbedingt angeht, ob wir es »Gott« oder »Das Sein an sich« oder »das Gute an sich« oder »die Wahrheit an sich« nennen, oder ob wir ihm sonst einen Namen geben. Es wäre ein vollkommener Irrtum, wenn wir unter dem Unbedingten ein Wesen verstünden, über dessen Existenz man streiten könnte. Wer von der Existenz des Unbedingten redet, hat den Sinn des Begriffes völlig mißverstanden. Das Unbedingte ist eine Qualität, die wir erfahren in der Begegnung mit der Wirklichkeit, zum Beispiel den Unbedingtheitscharakter der Stimme des Gewissens, des logischen sowie des sittlichen. In diesem Sinne – als eine Qualität und nicht als ein Wesen – wird der Begriff in den folgenden Aufsätzen gebraucht.

I.

Es war ein feines Gefühl, das den Geist der griechischen Sprache hieß, den Chronos, die formale Zeit, mit einem anderen Wort zu bezeichnen als den Kairos, die »rechte Zeit«, den inhalts- und bedeutungsvollen Zeitmoment. Und es ist kein Zufall, daß dieses Wort da seinen prägnantesten und häufigsten Gebrauch fand, wo die griechische Sprache das Gefäß für den geschichtsdynamisch geladenen Geist des Judentums und Urchristentums wurde, im Neuen Testament. Sein Kairos war noch nicht gekommen, heißt es von Jesus, und dann irgendwann einmal war er gekommen, »εν καιρω«, im Augenblick der Zeitenfülle. Die Zeit ist nur für die abstraktgegenständliche Reflexion leere Form, die jeden beliebigen Inhalt aufnehmen kann; für das Leben aber und das Bewußtsein um schöpferisches Geschehen ist sie geladen mit Spannungen, mit Möglichkeiten und Unmöglichkeiten, ist qualitativ und inhaltsvoll; nicht jedes ist zu jeder Zeit möglich, nicht jedes zu jeder Zeit wahr, nicht jedes in jedem Moment gefordert. Verschiedene »Herrscher«, das heißt kosmetische Gewalten, regieren zu verschiedenen Zeiten, und der alle anderen Engel und Mächte überwindende »Herr« regiert in der schicksals- und spannungsvollen Zeit zwischen Auferstehung und Wiederkunft, der gegenwärtigen Zeit, die anders ist in ihrem Wesen als jede andere der Vergangenheit. In dieser gewaltigen, aufs tiefste erregten Geschichtsbewußtheit wurzelt die Idee des Kairos; von hier aus soll sie geformt werden zu einem Begriff bewußten geschichtsphilosophischen Denkens.

Es ist kein überflüssiges Unternehmen, zum Geschichtsbewußtsein aufzurufen; denn es ist dem Geist keineswegs selbstverständlich, daß er geschichtlich ist; vielmehr ist die geschichtsunbewußte Geisteslage weitaus häufiger, nicht nur aus Stumpfheit und Geistlosigkeit – das war immer und wird immer so sein –, sondern aus tiefen Instinkten seelischer und metaphysischer Art. Die geschichtsunbewußte Lage kann doppelt verwurzelt sein: in dem Bewußtsein um das Jenseits der Zeit, das Ewige, das keinen Wechsel kennt und keine Geschichte, und in der Gebundenheit an das Diesseits aller inhaltsvollen Zeit, an die Natur und ihren ewiggleichen Lauf und Wechsel, an die Wiederkehr der Zeiten und Dinge. Es gibt eine mystische Geschichtslosigkeit, die alles Zeitliche anschaut als durchsichtige Hülle, als Trugschleier und Gleichnis des Ewigen, und sich darüber erheben will zu zeitloser Schauung des Zeitlosen; und es gibt eine naturalistische Geschichtslosigkeit, die verharrt in dumpfer Gebundenheit an den Naturlauf und ihn sich weihen läßt vom Ewigen her durch Priester und Kult. Für weite Gebiete asiatischer Kultur ist mystische Geschichtslosigkeit die seelische Grundstimmung. Demgegenüber ist Geschichtslosigkeit relativ selten und im Grunde ein Sondergut der semitisch-persischen und christlich-abendländischen Entwicklung, aber auch das nur in den Durchbrüchen neuer Lebendigkeit, in den höchsten Augenblicken der schöpferischen Welterfassung. Um so entscheidender für die gesamte Menschheitsentwicklung ist es, daß dieses Bewußtsein im Abendland in voller Kraft und Tiefe wieder und wieder sich durchringt. Denn eins ist sicher: ist es erst einmal da, so zwingt es nach und nach alle Völker in seinen Bann, denn geschichtsbewußtem Handeln kann nur geschichtsbewußtes Handeln begegnen; und wenn Asien in stolzem Selbsgefühl uralten Besitzes sich wehrt gegen das Abendland, so hat es sich schon in dem Maße, in dem diese Abwehr bewußt geschieht, auf den Boden des geschichtlichen Denkens begeben, ist durch den Kampf selbst auf das Herrschaftsgebiet des Gegners getreten.

Nun aber ist im Abendland selbst dem geschichtlichen Denken ein Gegner erwachsen, hervorgebrochen aus mystischer Weltbetrachtung, genährt durch naturalistische Geistesrichtung, geformt durch rationales mathematisches Erkennen: die technisch-mathematische Welterklärung der Naturwissenschaft, die rationale Auffassung der Wirklichkeit als Maschine mit ewig gleichen Bewegungsgesetzen und mit unendlich sich wiederholendem, berechenbarem Naturprozeß. Die Geisteshaltung, die als eine ihrer Schöpfungen diese Begriffsbildung geschaffen hat, kommt ihrerseits so sehr unter ihren Einfluß, daß sie zu einem Teil dieser Maschine, zu einem Stück dieses ewig gleichen Prozesses wird. Sie hat sich ihrer eigenen Schöpfung so überantwortet, daß sie sich selbst als einen Mechanismus betrachtet und hat vergessen, daß diese Maschine durch sie selbst geschaffen wurde. Das ist eine große Gefahr für die abendländische Kultur; sie bedeutet den Verlust eines kostbaren Besitzes: eine weit größere Gefahr als die des Nie-besessen-habens. An die materialistisch Denkenden unter den Sozialisten richten sich diese Worte; sie wollen den Widerspruch offenbaren, in dem die Sozialisten stehen, wenn sie als Erben einer machtvollen Geschichtsphilosophie, als Träger des gegenwärtigen Geschichtsbewußtseins eine Philosophie verehren, die alle sinnvolle Geschichte ausschließt und nur einen sinnlosen Naturprozeß kennt. »Materialistische Geschichtsauffassung«, das wäre Widerspruch in sich, wenn es etwas anderes sein sollte als »ökonomische Geschichtsauffassung« oder wenn es etwas mit »metaphysischem Materialismus« zu tun hätte. Leider ist das Wort hier oft zu einer Täuschung geworden, die die wirkliche Sache verbirgt. Niemand hat ein größeres Recht, Protest zu erheben gegen den spätbürgerlich geschichtslosen Materialismus als gerade die unerhört geschichtsbewußte Bewegung des Sozialismus. Je stärker sie aber diesen Protest erhebt, je mehr sie zeugt von dem Kairos, desto weiter rückt sie ab von allem metaphysischen Materialismus, desto machtvoller offenbart sie ihren Glauben an die neuschöpferische Kraft des Lebendigen.

II.

Aus dem Blick für die Zweiheit und den Widerstreit ist die erste große Geschichtsphilosophie geboren: der Kampf zwischen Licht und Finsternis, zwischen Gut und Böse ist ihr Inhalt. Die Weltgeschichte ist der Austrag dieses Widerstreites; in ihr geschieht schlechthin Neues, Einmaliges, unbedingt Entscheidendes: Niederlagen und letzter Sieg des Lichtes. So sah es Zarathustra, der persische Prophet. Und die jüdische Prophetie nahm in dieses Bild hinein die ethische Art ihres Gottes der Gerechtigkeit. Die Epochen des Kampfes sind die Epochen der Geschichte. Die Geschichte ist bestimmt durch die jenseitigen, im Diesseits sich vollziehenden Ereignisse. Die wichtigste Zeit ist die letzte Epoche, die des Entscheidungskampfes, über die hinaus eine neue Epoche nicht mehr gedacht werden kann. In absoluten Begriffen denkt dieses Geschichtsbewußtsein: der absolute Widerspruch von Licht und Finsternis, von Gut und Böse, die unbedingte und endgültige Entscheidung, das unbedingte Nein und das unbedingte Ja, die miteinander ringen. Von packendster Gewalt, von höchster Dramatik, von letzter Verantwortung des einzelnen ist diese Geschichtsdeutung bewegt. Sie ist die große, ursprüngliche Form des menschlichen Geschichtsbewußtseins: die *religiös-absolute* Geschichtsphilosophie.

Sie kann zwei Grundformen annehmen. Die erste Form der absoluten Geschichtsphilosophie ist gekennzeichnet durch ein ausgesprochenes Gefühl, daß das Ende aller Zeiten nahe ist: Das Reich steht kurz bevor, die Zeit der Entscheidung rückt näher, der große, der wirkliche »Kairos«, der alles umwandeln wird, erscheint. Das ist die *revolutionär-absolute* Auffassung. Sie sieht das Ziel der Geschichte in einem »Reich von oben« oder in einem Sieg der Vernunft innerhalb dieser Welt. In beiden Fällen wird ein absolutes Nein über alles Vergangene und ein absolutes Ja über alles Zukünftige ausgesprochen. Diese Deutung der Geschichte ist grundlegend für jedes lebendige Geschichtsbewußtsein als diejenige Auffassung, in welcher der Begriff des Kairos erstmalig erfaßt ist.

Die zweite Form der absoluten Geschichtsphilosophie kann gekennzeichnet werden als eine *konservative* Umwandlung der revolutionären Form, wie sie von Augustin in seinem Kampf gegen die chiliastische Wiederbelebung des urchristlichen Glaubens an das unmittelbare Kommen des Reiches Gottes in der Geschichte entwickelt wurde. Der Hintergrund dieser Auffassung ist derselbe wie der der revolutionären Auffassung, nämlich die Vision eines Kampfes zwischen zwei Kräften in allen Epochen der Geschichte. Jedoch hat nach der konservativen Auffassung das entscheidende Ereignis bereits stattgefunden. Das Neue ist bereits siegreich eingegangen in die Geschichte, obwohl es noch von den Kräften der Finsternis angegriffen wird. Die Kirche in ihrer hierarchischen Struktur repräsentiert diese neue Wirklichkeit. Immer noch können Verbesserungen, Teilniederlagen und Teilsiege erwartet werden und die endgültige Katastrophe, in der das Böse zerstört wird und die Geschichte zu Ende geht. Aber innerhalb der Geschichte kann nichts wirklich Neues erwartet werden. Gegenüber dem Gegebenen wird eine konservative Haltung gefordert.

In beiden Formen der absoluten Geschichtsphilosophie, der konservativen wie der revolutionären, besteht die Gefahr, daß eine besondere geschichtliche Wirklichkeit absolut gesetzt ist, sei es eine bestehende

Kirche, sei es das erwartete Vernunftreich; dadurch kommt die absolute Spannung in das Geschichtsbewußtsein hinein; aber dadurch wird auch erreicht, daß alle übrigen Wirklichkeiten entwertet werden. In der Augustinischen Auffassung, die im Grunde dem Selbstgefühl aller vorwiegend sakramentalen Kirchen entspricht, ist nur die Kirchengeschichte im eigentlichen Sinne Objekt der direkten geschichtsphilosophischen Wertung. Ihre inneren Spannungen und deren Ausgleich, ihre Abwehrkämpfe nach außen sind die Gesichtspunkte, unter denen die übrigen Ereignisse einbezogen und gewertet werden. Der Kampf für Gott und gegen die Welt, der die jeweils gegenwärtige geschichtliche Aufgabe ist, bedeutet praktisch einen Kampf für die Kirche oder die reine Lehre oder die Theokratie. Es ergeben sich dieser typisch kirchlichen Auffassung gegenüber also zwei Forderungen: den Kairos universal-geschichtlich zu fassen und ihn nicht zu beschränken auf die Vergangenheit, sondern ihn zu einem allgemeinen und auch gegenwartsbedeutenden Prinzip der Geschichtsphilosophie zu erheben.

Wieder und wieder brechen aus dem kirchlich-konservativen Bewußtsein die sektenhaft revolutionären Impulse hervor, sei es religiös oder profan, wobei es für die Kairosstimmung gleichgültig ist, ob das Unbedingte, das hervorbricht, jenseitig gedacht und von Gottes Tun erwartet wird, oder jenseitig gedacht, aber durch menschliches Tun vorbereitet, oder diesseitig als eine Schöpfung des menschlichen Geistes und eine Tat revolutionierender Umwälzung. Ob die Utopien gegründet sind auf Ideen vom Naturrecht, wie Demokratie, Sozialismus und Anarchismus (Erben der religiösen Utopien), oder auf einem transzendenten Mythos – das Kairosbewußtsein ist in allen gleich stark und gleich unbedingt. Aber im Unterschiede von der konservativen Auffassung liegt der Kairos in der Gegenwart: »Das Reich ist nahe herbeigekommen.« Diese Begeisterung jedoch für die Gegenwart und die ausschließliche Orientierung an der Zukunft in den revolutionären Bewegungen macht sie blind gegenüber dem Vergangenen. Die Sekten opponieren den kirchlichen Traditionen, das Bürgertum zerstört die aristokratischen Lebensformen, der Sozialismus kämpft gegen das bürgerliche Erbe. Die geschichtliche Vergangenheit verschwindet in dem dynamischen Drang in die Zukunft. Aus diesem Grunde ist sehr häufig ein ausgesprochen historisches Bewußtsein von mangelhafter Kenntnis der vergangenen Geschichte begleitet, zum Beispiel bei den proletarischen Massen, und umgekehrt zeigen oft Menschen mit einem umfassenden historischen Wissen eine Fremdheit und ein Mißverständnis der gegenwärtigen geschichtlichen Lage, zum Beispiel die bürgerlichen Historiker der letzten Jahrzehnte (ganz im Gegensatz zu den großen bürgerlichen Historikern des 18. Jahrhunderts mit ihren revolutionären Visionen). Für sie ist die Geschichte der Gegenstand kausaler Deutungen oder exakter Darstellungen, hat aber keine existentielle Bedeutung. Sie ist für sie nicht der Ort aktueller Entscheidungen. Dagegen wurde die revolutionär-absolute Deutung der Geschichte geschaffen von unterdrückten und unwissenden Menschen und einigen wenigen aus den gebildeten Klassen, die sich mit ihnen identifizierten. So war es schon im Urchristentum, bei den meisten mittelalterlichen Sekten, und so ist es in unserer Zeit. Der Mangel an Tradition war aber auch der Grund für die stark utopischen Elemente in all diesen Bewegungen. Ihre Unkenntnis der Vergangenheit verführte sie zu der Meinung, daß die Zeit der Vollkommenheit schon begonnen, daß die absolute Umwandlung nur noch Tage oder höchstens Jahre währe und daß sie selbst deren Repräsentanten und Träger seien.

Beide Formen der absoluten Geschichtsphilosophie werden gerichtet durch das Absolute selbst. Es verbietet die Ineinssetzung seiner selbst mit irgendeiner Wirklichkeit, einer vergangenen oder zukünftigen – es gibt keine absolute Kirche und kein absolutes Reich der Vernunft und Gerechtigkeit in der Geschichte. Ein unbedingt gesetztes Bedingtes, eine Einzelwirklichkeit, die mit göttlichen Prädikaten ausgestattet wird, ist widergöttlich, ist »Götze«. Nur die prophetische Kritik, die vom Unbedingten ausgeht, zerbricht die absolute Kirche und die absolute Gesellschaft. Darum ist konservatives Kirchentum und revolutionärer Utopismus in gleicher Weise Götzendienst.

Das ist die Botschaft der sogenannten »Theologie der Krisis«, wie sie von Karl Barth in seinem machtvollen Kommentar zum Römerbrief vertreten wird. Keine endliche Realität kann Absolutheit für sich beanspruchen. Alles Bedingte wird vom Unbedingten gerichtet, unter das »Ja« oder das »Nein« gestellt. Die Geschichte ist demnach eine beständige Krisis, eine Krisis im doppelten Sinne des griechischen Wortes: Gericht und Scheidung. Kein Moment der Geschichte ist ohne diese Spannung, die Spannung zwischen dem Unbedingten und dem Bedingten. Die Krisis ist konstant. Der Kairos ist zu jeder Zeit gegeben, aber es gibt keine besonderen Momente in der Geschichte, die bevorzugt wären in bezug auf die Manifestation des Unbedingten (mit Ausnahme des einen Moments, den wir Jesus Christus nennen und der einen übergeschichtlichen Charakter hat). Die Geschichte als solche verlierte ihre absolute Bedeutung, das ungeheure Gewicht, das sie für die revolutionären Geschichtsdeutungen besitzt. Vom Absoluten her gesehen wird die Geschichte indifferent.

Den beiden Grundformen der absoluten Geschichtsphilosophie, der konservativen und der revolutionären, tritt in dieser Lehre von der Krisis ein dritter Typus, der *indifferente* gegenüber. Er ist indifferent gegenüber den besonderen Höhen und Tiefen des Geschichtsprozesses. Eine Art »göttlichen Humors« gegenüber der Geschichte wird gepriesen, der an die romantische Ironie oder Luthers Verständnis der Geschichte als des Bereiches des »fremden Handelns Gottes« erinnert. Die Krisis wird nicht aktuell, sie bleibt abstrakt, jenseits jeder besonderen Kritik und jedes besonderen Urteils. Aber das ist nicht der Weg, auf dem die Krisis wirksam werden und das Negative überwunden werden kann. Das letzte ist nur möglich durch eine neue Schöpfung; denn das Negative wird nicht durch Negatives, sondern durch Positives überwunden.

Die Erscheinung des Neuen ist die konkrete Krisis des Alten, sie ist ihr

Gericht in der Geschichte. Die neue Schöpfung kann schlechter sein als die alte, die durch sie in die Krisis gebracht wurde, aber ob schlechter oder besser, sie ist selbst dem Gericht unterworfen. Aber in dem besonderen geschichtlichen Augenblick ist sie *en kairo* (»zur rechten Zeit«), während das Alte das nicht ist. Auf diese Weise erlangt die Geschichte das Gewicht und den Ernst, die ihr zukommen. Das Absolute – um einen berühmten Ausspruch Hegels zu variieren – ist nicht so ohnmächtig, als daß es vom Relativen sich absondern müßte. Es erscheint dem Relativen als Gericht und Schöpfung. Das führt zur Beschreibung der relativen Deutungen der Geschichte.

III.

Auch in der *relativen* Form der Geschichtsphilosophie unterscheiden wir drei Typen: den klassischen, den fortschrittlichen und den dialektischen. Das allgemeine Merkmal der relativen Richtungen ist ihre relativierende Haltung gegenüber allen geschichtlichen Ereignissen und demgemäß der Verlust der absoluten Spannungen. Dafür ist gewonnen eine gleichmäßige und universale Würdigung aller Erscheinungen auf Grund eines geschichtlichen Sinnes, der imstande ist, sich in jede Einzelerscheinung einzufühlen. So erobern die relativen Deutungen erst eigentlich die Fülle der geschichtlichen Wirklichkeit und geben die Möglichkeit, sie einzuordnen in eine allgemeine Geschichtsphilosophie.

Die *klassische* Geschichtsphilosophie kann unter das Motto gestellt werden, daß »jedes Zeitalter unmittelbar zu Gott ist«. In jedem ist Entfaltung des menschlichen Wesens in der Fülle seiner Möglichkeiten; in jedem Zeitalter, in jedem Volk wird ein ewiger Gottesgedanke verwirklicht. Die Geschichte ist der große Wachstumsprozeß des Baumes der Menschheit; so sehen es Leibniz, Goethe und Ranke. Zeitalter und Völker sind nicht zu jeder Zeit in gleicher Weise Offenbarungen der Humanitas. Es gibt Unterschiede zwischen Blüte und Verfall, zwischen schöpferischer und erstarrter Periode; die Lebendigkeit des schöpferischen Prozesses ist der Wertmaßstab für die Perioden. Das verbindet die klasssiche Deutung der Geschichte mit dem ungeschichtlichen Naturalismus der Griechen, wie das besonders in Spenglers Physionomik der Kulturkreise zum Ausdruck kommt. Hier ist jede Kultur ein Baum für sich mit tausendjähriger Lebensdauer und endgültigem Absterben. Die Geschichte ist zerrissen in einzelne, auf verschiedenem geographischen Boden erwachsende Lebensprozesse, die nichts miteinander zu tun haben. Die Krisis ist rein negativ der Übergang aus der schöpferischen in die technische Periode der Entwicklung, die zur unabwendbaren Selbstzerstörung führt.

Trotz der Beziehungen zwischen der klassischen und der naturalistischen Deutung der Geschichte unterscheiden sich beide in ihrer Grundhaltung. Die moderne Form der klassischen Geschichtsphilosophie gehört zum christlichen Humanismus und verleugnet nicht ihren christlichen Hintergrund trotz ihres Strebens nach der griechischen Lebensweise. Im

Gegensatz zum tragischen Pessimismus der alten Welt besteht sie auf der schöpferischen Selbständigkeit der Geschichte.

Das ist der Berührungspunkt mit der *fortschrittlich-relativen* Geschichtsphilosophie. Gerade so, wie die religiöse Begeisterung der Urchristen (und vieler Sektierer) in der Erwartung auf das Weltende durch die dauernde Hinauszögerung dieses Endes und die Aufrichtung der Kirche in der Welt (oder der Sekten als großer Denominationen) sich abschwächte, werden die profanen revolutionären Bewegungen nach ihrem politischen Sieg und nach der sich notwendig ergebenden Enttäuschung über die Kluft zwischen Erwartung und Wirklichkeit relativistisch. In diesem Augenblick verengt sich die »Krisis« zu Kritik. Radikaler Wandel wird zu langsamer Umformung, das Ideal rückt in eine ferne Zukunft, an Stelle der Begeisterung tritt kluge Berechnung der Möglichkeiten; und der Glaube, daß der Wendepunkt erreicht ist, wird ersetzt durch die Sicherung eines kontinuierlichen Fortschrittes. Die religiöse Idee der stufenweisen Offenbarung wird profaniert zur fortschreitenden Erziehung des Menschengeschlechtes (Lessing).

Die fortschrittlich-relative Haltung kann einerseits die gemäßigten Elemente der Fortschrittsidee betonen. Sie wird dann immer mehr konservativ, verteidigt den »status quo«, klammerte sich an das Gegebene, preist das Positive gegenüber dem Negativen und Kritischen und entwickelt eine positivistische Haltung und Philosophie. Wenn andererseits der Fortschrittsglaube das negativ-kritische Element der Fortschrittsidee hervorhebt, dann sind zwei Wege möglich: Entweder entwickelt sich ein gleichsam professioneller Kritizismus, der unfähig ist, irgend etwas Positives aufzunehmen und irgendwelche positiven Aussagen zu machen – ein leerer, oft zynischer, oft überkluger und oft verzweifelter Kritizismus, oder es entsteht eine Haltung, die unbedingt etwas Neues schaffen und das Gegebene nicht annehmen will. In diesem Falle verliert sie ihren relativen Charakter und wird absolut und revolutionär. Das Bewußtsein eines »Kairos« wird möglich. So ist die Zweideutigkeit der fortschrittlichen Geschichtsdeutung sowohl ihre Gefahr als auch ihre Kraft.

Die Verbindung der klassischen mit der fortschrittlichen Geschichtsdeutung führt zur *dialektischen* Deutung: sie ist die höchste Form der relativen Deutungen. Sie lebt in den drei vielfach voneinander abhängigen Formen: der theologischen, idealistischen und soziologischen Geschichtsphilosophie.

Die theologische Form ist vorgebildet in der Verkündigung der drei Zeitalter, des Vaters, des Sohnes und des Geistes, durch Joachim von Floris im 12. Jahrhundert; sie ist aufgenommen in der Idee der drei Zeitalter durch die Führer der Aufklärung und des deutschen Idealismus und wirkt nach in den drei Stadien, dem theologischen, dem metaphysischen und dem positivistischen der Geschichtsphilosophie Comtes. Die idealistische Form der dialektischen Geschichtsphilosophie ist so typisch und eindrucksvoll von Hegel vertreten, daß es genügt, auf ihn Bezug zu nehmen, während die soziologische Form in der französisch-sozialistischen

Romantik mit ihrer Unterscheidung der kritischen und organischen Perioden, aber vor allem in der ökonomischen Geschichtsauffassung durch Karl Marx bedeutungsvoll vertreten ist.

Ein gemeinsames Element aller drei Formen der dialektischen Deutung der Geschichte ist die positive Bewertung aller Perioden. Jede Periode ist mehr als eine bloße Stufe im Geschichtsprozeß. Sie hat ihre eigene Bedeutung und ewigen Wert. Außer ihrer Beziehung zum Absoluten hat sie aber auch Beziehung zu anderen geschichtlichen Perioden. Sie ist mehr oder weniger vollkommen im Vergleich mit den anderen. In jeder Periode besteht »Unmittelbarkeit« zum Unbedingten und gleichzeitig ein Fortschritt gegenüber den früheren Perioden. Die klassische und die fortschrittliche Geschichtsphilosophie sind in der dialektischen Methode vereint.

Die dialektischen Deutungen der Geschichte (theologisch, idealistisch und soziologisch) zeigen eine Zweideutigkeit ähnlich der in der fortschrittlichen Deutung. Sie können mehr absolut und mehr relativ verstanden werden. Nach Joachim, Hegel, Marx und Comte ist die letzte Periode der Geschichte »nahe herbeigekommen«. Das kann schon im Schoße der gegenwärtigen Periode erkannt werden (für Hegel ist die eigene Philosophie der Augenblick ihrer Geburt). Das Zeitalter des »Heiligen Geistes«, das Stadium des »vollkommenen Selbstbewußtseins«, »die klassenlose Gesellschaft«, die Begründung der Religion der positiven Wissenschaft bedeuten Endstation. Sie sind im absoluten Sinne *kairoi*. Bei all diesen Dialektikern der Geschichte, selbst bei Hegel in seinem Prinzip der Negation, ist ein revolutionärer Impuls sichtbar. Von dieser Seite ihres Denkens her gehören sie zu den revolutionär-absoluten Deutern der Geschichte. Jedenfalls wurden Joachim von Floris und Karl Marx von ihren revolutionären Nachfolgern in diesem Sinne verstanden. Es gibt jedoch noch eine andere Seite: das dialektische Denken unterwirft jeden Moment der Zeit dem »Ja« und »Nein«. Weder verneint es bedingungslos das Vergangene, noch bejaht es bedingungslos das Zukünftige. Das Zeitalter des Geistes in Joachims Schau wird durch die Zeitalter des Vaters und des Sohnes vorbereitet. Was verhindert aber die Heilsgeschichte, etwas Neues im Schoße des Zeitalters des Geistes vorzubereiten? Nach Hegel sind die germanischen Völker die letzten Träger des Prozesses, in dem die absolute Idee sich verwirklicht. Aber warum soll das Prinzip der Negation allein bei den germanischen Völkern unwirksam sein? Die Alternative der organischen und kritischen Perioden im französischen Sozialismus erkennt dem Mittelalter einen hohen Wert zu. Aber warum soll die nächste organische Periode, der Sozialismus, gegen eine neue »kritische« Periode geschützt sein? Und warum soll die Periode des Positivismus, die doch ein Kind der Religion und der Metaphysik ist, nicht eine andere höhere Periode gebären? – Eine Frage, die wir an Comte richten. Und warum schließlich soll die klassenlose Gesellschaft, die Marx erwartet, das Ende der historischen Dialektik sein? Warum soll das Proletariat nach seinem Sieg nicht wieder einer Spaltung unterliegen, die der ähnlich ist, wie sie das siegreiche Bürgertum erleben mußte? Ein absoluter Zustand als das Ende des dialektischen Prozesses ist ein Widerspruch zum dialektischen Prinzip. Das ist eine Idee, die aus der revolutionär-absoluten Deutung der Geschichte stammt. In dieser Zweideutigkeit manifesieren sich die Grenzen der dialektischen Geschichtsdeutung: entweder muß der dialektische Prozeß willkürlich beendet werden, oder man muß zu einer Lehre der unendlichen Wiederholung zurückkehren.

IV.

Die letzten Betrachtungen haben uns das Ringen um eine Geschichtsdeutung gezeigt, die dem Sinn des Kairos gemäß ist. Wir haben die verschiedenen Auffassungen dargestellt und schematisiert, um aus ihnen die Forderungen zu entnehmen, die die Idee des Kairos an eine Geschichtsdeutung stellt. Es sind nun zunächst zwei Hauptforderungen, die sich aus den beiden Hauptgruppen der Geschichtsauffassung herleiten lassen: aus den absoluten Formen die Forderung der absoluten Spannung des Geschichtsbewußtseins, aus der relativen Form die Forderung universalen geschichtlichen Denkens. Zu verwerfen ist dagegen: einerseits jeder Versuch, eine historische Erscheinung allen anderen gegenüber absolut zu setzen; andererseits die Gleichmachung aller Epochen in einem Prozeß endloser Wiederholung relativer Dinge. Es ist also an eine kairosbewußte Geschichtsphilosophie die Doppelforderung zu stellen: die absolute Spannung mit dem Universalismus der relativen zu vereinigen. Diese Forderung aber enthält eine Paradoxie: Das, was im Kairos geschieht, soll absolut und doch nicht absolut sein – aber es muß unter dem Gericht des Absoluten stehen.

Es gibt nun aber für diese Forderung keine andere Erfüllung als die, daß das Bedingte sich selbst aufhebt und sich dadurch zum Organ macht für das Unbedingte. Das Verhältnis des Bedingten zum Unbedingten – im persönlichen wie im sozialen Leben – ist entweder ein Offensein des Bedingten für die dynamische Gegenwart des Unbedingten oder eine Abschließung des Bedingten in sich selbst. Das endliche Leben wendet sich entweder dem Unbedingten zu oder von diesem ab in sich selbst zurück. In jedem vollkommenen Glauben an den Kairos liegt als letzte Tiefe die Hinwendung auf das Unbedingte; solche Hinwendung kann in religiösen oder profanen Symbolen Ausdruck finden – als die Erwartung des transzendenten Reiches Gottes oder des tausendjährigen Reiches der Herrschaft Christi oder als das dritte Zeitalter der Weltgeschichte oder als das Endstadium der Gerechtigkeit und des Friedens. Wie verschieden auch immer das Geschichtsbewußtsein bei der Verwendung des einen oder des anderen dieser Symbole sein mag, das Bewußtsein des Kairos als des entscheidenden Moments in der Geschichte kann in jedem von ihnen ausgedrückt werden.

Offenheit für das Unbedingte, Hinwendung zu ihm, Träger und Gefäß des Unbedingten – das alles sind Metaphern für eine und dieselbe Wirklichkeit. Aber diese Ausdrücke bleiben alle weitgehend abstrakt und bedürfen noch einer viel konkreteren Sinndeutung. Ein Zeitalter, das sich dem Unbedingten öffnet und den Kairos in sich aufnehmen kann, ist nicht notwendigerweise ein Zeitalter der »Frömmigkeit«.

Die Summe aller Frommen kann in einer »unfrommen« Zeit größer sein als in einer »frommen« und umgekehrt. Aber ein dem Unbedingten zugewandtes und offenes Zeitalter ist ein solches, in dem das Bewußtsein von der Gegenwart des Unbedingten alle kulturellen Funktionen und Formen durchdringt und leitet. Das Göttliche ist für ein solches Bewußtsein kein Problem, sondern Voraussetzung. Seine »Gegebenheit« ist sicherer als alles andere. Das findet seinen Ausdruck zunächst in der allbeherrschenden, unerschütterlichen Kraft der religiösen Sphäre; aber es ist nicht so, als ob die Religion als besondere Form des Lebens die übrigen Formen regierte, sondern sie ist das Lebensblut, das innere Schwingen, der letzte Sinn alles Lebens. Das »Heilige« durchglüht, erfüllt, begeistert die gesamte Wirklichkeit und alle Seiten des Daseins. Es gibt keine profane Natur und Geschichte, kein profanes Ich und keine profane Welt. Die Geschichte ist heilige Geschichte, alles Geschehen trägt mythischen Charakter, Natur und Geschichte sind nicht voneinander getrennt. Die Trennung von Subjekt und Objekt fehlt gleicherweise. Die Dinge werden mehr als Mächte denn als Dinge betrachtet. Darum ist das Verhältnis zu den Dingen nicht das der rationalen Beherrschung, sondern das der unmittelbaren geistigen Gemeinschaft und der »magischen« Einwirkung im weiteren Sinne des Wortes. Und die Erfassung der Dinge hat nicht den Zweck, sie zu analysieren, um sie zu beherrschen, sondern um ihren inneren Sinn, ihr Geheimnis und ihre göttliche Bedeutung zu finden.

Offensichtlich spielen in einer solchen Zeit die Künste eine viel größere Rolle als in einem wissenschaftlichen oder technischen Zeitalter. Sie offenbaren den Sinn des Mythos, aus dem heraus jeder einzelne lebt. Auch soziale oder politische Handlungen können nicht außerhalb der Macht der göttlichen Sphäre gedacht werden. Der einzelne ist vollständig umgeben und getragen von der alles durchdringenden geistigen Substanz, aus der ihm Segen und auch Fluch kommt. Ihr kann er nicht entgehen. Nur in den extremen Fällen der Berufung oder der Revolte kann sich der einzelne der Gesamtheit, zu der er gehört, entziehen. Individuelle Religion, individuelle Kultur, individuelles Gefühlsleben, individuelle Wirtschaftsinteressen sind in dieser Geisteslage unmöglich. – Wir wollen solche Geisteslage theonom nennen, nicht in dem Sinne, daß in ihr ein Gott Gesetze gibt, sondern in dem Sinne, daß die innere Gesetzmäßigkeit eines solchen Zeitalters durch die unmittelbare Hinwendung und Offenheit für das Göttliche bestimmt ist.

Wie konnte solch ein geschichtlicher Zustand verschwinden? Wodurch wurde die ursprüngliche Theonomie zerstört? Die Antwort darauf ist das immer gegenwärtige, immer antreibende, immer rastlose Prinzip der »Autonomie«. Genauso wenig, wie die Theonomie eine Situation beschreibt, in der Gott Gesetze gibt, bedeutet Autonomie Gesetzlosigkeit. Sie bedeutet die Anerkennung von Strukturen und Gesetzen der Wirklichkeit, wie sie im menschlichen Geist und seinen Strukturen und Gesetzen vorliegen. Autonomie bedeutet Gehorsam gegenüber der Vernunft, dem der Wirklichkeit und dem Geist innewohnenden Logos. Die Autonomie wirkt sowohl in der theoretischen als auch in der praktischen Sphäre der Kultur. Sie setzt an Stelle der mystischen die rationale Natur, an Stelle des mythischen das historische Geschehen, an Stelle der magischen Kommission die technische Beherrschung. Sie konstituiert die Gemeinschaften vom Zweck her und die Sittlichkeit von der individuellen Vollkommenheit. Sie analysiert alles, um es nachher rational wieder zusammenzusetzen. Sie macht die Religion zur Sache persönlicher Entscheidung und stellt das Innenleben des einzelnen auf sich selbst. Und mit der geistigen und ethischen Individualisierung entfesselt sie auch die Kräfte der autonomen Politik und Wirtschaft.

Die Autonomie ist immer als Tendenz vorhanden; sie stößt und drängt unter der Decke jeder theonomen Geisteslage: »Der heimliche Impressionist, der in jedem echten Künstler ist« (Hartlaub) und der heimliche Astronom, der in jedem echten Astrologen, und der heimliche Mediziner, der in jedem echten Medizinmann ist, die Macht der technisch-wissenschaftlichen Notwendigkeit in Krieg, Industrie und Ackerbau, die rationalisierende Kraft der Zentralisation von Religion und Staat, die individualisierende Kraft lebendiger Frömmigkeit und nicht zuletzt der Kampf der ethischen gegen die kultische Heiligkeit – das alles ist in jedem Augenblick wirksam und will die Bande der theonomen Geisteslage sprengen. Der Ausgang dieses Kampfes kann sehr verschieden sein. Die theonome Haltung kann so stark sein, daß die Autonomie fast kampflos unterliegt: so in den primitiv gebliebenen Bewußtseinslagen. Oder sie kann einen bestimmten Grad von Rationalisierung erreichen, bei dem dann Halt gemacht und den Formen, die so geschaffen sind, die theonome Weihe gegeben wird: So in China. Oder die Rationalisierung kann sofort durch die Weltformen hindurchstoßen zu dem Weltprinzip und zur innerreligiösen Mystik werden: So in Indien. Oder die Autonomie kann im innerreligiösen Bereich bleiben, wie im Protestantismus. Oder sie kann einen vollständigen Sieg erringen, wie im alten Griechenland und in der modernen Aufklärung. Oder sie kann nach einer siegreichen Periode teilweise besiegt werden, wie zu Ende des Altertums und in der antiautonomen Haltung der protestantischen Orthodoxie und der Gegenreformation. Jedes dieser Ereignisse ist ein Wendepunkt in der Geschichte. So wurde es von den Zeitgenossen empfunden, und so ist es in der Geschichte überliefert. Jedes kann als ein »Kairos«, ein herausgehobener Moment im zeitlichen Prozeß, betrachtet werden, als ein Moment, in dem das Ewige in das Zeitliche einbricht, dieses erschüttert und umwendet und eine Krisis schafft im tiefstem Grunde der menschlichen Existenz.

Die Autonomie ist das dynamische Prinzip der Geschichte. Theonomie andererseits ist die Substanz und der Sinn der Geschichte. Welches sind nun die Beziehungen der beiden zueinander? Als erstes muß festgestellt werden, daß Autonomie nicht notwendig eine Abwendung vom Unbedingten bedeutet. Sie ist vielmehr gehorsame Anerkennung des unbedingten Charakters des Logos, der universalen Vernunft in Welt und Geist. Sie ist die Anerkennung der Normen von Wahrheit und Gerechtigkeit, Ordnung und Schönheit, Persönlichkeit und Gemeinschaft. Sie ist Gehorsam gegenüber den Prinzipien der individuellen und gesellschaftlichen Kultur. Diese Prinzipien haben unbedingte Gültigkeit. Gehorsam ihnen gegenüber bedeutet Gehorsam gegenüber dem Logoselement im Unbedingten. Der Unterschied jedoch zwischen Autonomie und Theonomie besteht darin, daß in einer autonomen Kultur die kulturellen Formen nur in ihren endlichen Beziehungen, in einer theonomen Kultur dagegen in ihrer Beziehung zum Unbedingten erscheinen. Autonome Wissenschaft beschäftigt sich zum Beispiel mit den logischen Formen und der Faktizität der Dinge, Theonomie dagegen darüber hinaus mit ihrem letzten Sinn und ihrer existentiellen Bedeutung. Autonomie ist nicht irreligiös, obwohl sie nicht als Träger der Religionen dienen kann. Sie ist mittelbar religiös durch die kulturellen Formen hindurch, sie ist nicht unmittelbar religiös. Die Demut des wissenschaftlichen Forschers ist religiös, doch manifestiert sie sich nicht religiös, sie ist nicht theonom. Das Heroische der stoischen Selbstbeherrschung ist religiös, aber nicht theonom. Das Geheimnis in Leonardos Mona Lisa ist religiös; aber es verrät seine Religiosität nicht. Wenn nun sowohl Theonomie als auch Autonomie auf das Unbedingte bezogen sind, können wir dann zwischen beiden nach unserem Geschmack, unserer Stimmung oder unserer sozialen Tradition frei wählen? In der Frage ist die Antwort enthalten. Wo sie gestellt wird, ist die Theonomie bereits verlorengegangen. Solange die Theonomie mächtig ist, gibt es keine Alternative. Wenn ihre Macht gebrochen ist, kann sie in ihrer alten Form nicht wiederhergestellt werden; der autonome Weg muß bis zu Ende gegangen werden, nämlich bis zu dem Zeitpunkt, in dem eine neue Theonomie in einem neuen Kairos erscheint.

Eine neue Theonomie bedeutet weder die Verneinung der Autonomie, noch den Versuch, sie und ihre schöpferische Freiheit zu unterdrücken. Für solche Versuche, die oft, mit oder ohne Erfolg, gemacht worden sind, benutzen wir den Ausdruck »heteronom«. Die Heteronomie unterwirft den menschlichen Geist einem fremden Gesetz, sei es religiös oder profan. Sie mißachtet die Logos-Struktur des Geistes und der Welt. Sie zerstört die Ehrlichkeit und die Wahrheit und die Würde der moralischen Persönlichkeit. Sie untergräbt die schöpferische Freiheit und die Menschenwürde. Ihr Symbol ist der »Terror«, der durch die absoluten Kirchen oder die absoluten Staaten ausgeübt wird. Wenn die Religion heteronom wird, hat sie aufgehört, Substanz und Lebensblut einer Kultur zu sein, sie ist zu einem Teilstück geworden, das seine theonome Größe vergessen hat und eine Mischung von Arroganz und Defaitismus darstellt.

Die Theonomie steht nicht wie die Heteronomie im Gegensatz zur

Autonomie. Die Theonomie ist die Antwort auf die Frage der Autonomie nach der religiösen Substanz und dem letzten Sinn des Lebens und der Kultur. Die Autonomie kann solange existieren, wie sie aus der religiösen Tradition der Vergangenheit und aus den Resten einer verlorenen Theonomie Kräfte beziehen kann. Diese geistige Grundlage geht aber immer mehr verloren. Die Autonomie wird immer leerer, immer formaler, immer mehr aufs Tatsächliche gerichtet und wird in Skeptizismus und Zynismus, Sinnverlust und Ziellosigkeit getrieben. Die Geschichte autonomer Kulturen ist die Geschichte einer fortlaufenden Verschwendung geistiger Substanz. Am Ende dieses Prozesses sehnt sich die Autonomie in ihrer Ohnmacht zu der verlorenen Theonomie zurück oder blickt auf eine zukünftige neue Theonomie in einer Haltung schöpferischen Wartens, bis der Kairos erscheint.

Kairos in seinem *einzigartigen* und universalen Sinn ist für den christlichen Glauben das Erscheinen Jesu als des »Christus«. Kairos in seinem *allgemeinen* und speziellen Sinn ist für den Geschichtsphilosophen jeder Wendepunkt in der Geschichte, in dem das Ewige das Zeitliche richtet und umwandelt. Kairos in seinem *besonderen Sinn für uns*, in seinem für unsere augenblickliche Lage entscheidenden Charakter ist das Hereinbrechen einer neuen Theonomie auf dem Boden einer profanierten und entleerten autonomen Kultur.

In diesen Ausführungen und ihren dialektischen Beziehungen liegt die Antwort auf die Grundfrage der Geschichtsphilosophie: Wie kann der absolute Charakter, der einen Kairos kennzeichnet, mit der Relativität des allgemeinen Geschichtsprozesses vereinigt werden? Die Antwort ist folgende: Die Geschichte kommt aus theonomen Zeitaltern und bewegt sich auf solche zu; das sind Perioden, in denen das Bedingte dem Unbedingten geöffnet ist, ohne den Anspruch zu erheben, selbst unbedingt zu sein. Die Theonomie vereinigt das absolute und das relative Element in der Deutung der Geschichte: die Forderung, daß alles Relative zum Träger des Absoluten wird, und die Einsicht, daß nichts Relatives jemals zum Absoluten selbst werden kann. Diese Lösung räumt den besprochenen Deutungen der Geschichte eine begrenzte Wahrheit ein.

Die konservativ-absolute Geschichtsphilosophie kehrt wieder in dem Kampf der Theonomie, dem »Kampf zwischen Glaube und Unglaube«, wie er genannt worden ist. Dieser Kampf geht durch die ganze Geschichte und trägt in sich die höchste Spannung, aber er ist nicht identisch mit dem Kampf um die historische Kirche.

Die revolutionär-absolute Geschichtsphilosophie ist im Recht, wenn sie die absolute Spannung auf absolute Erfüllung betont, wie sie in jedem Kairos erfahren wird. In jedem Kairos ist »das Reich Gottes nahe herbeigekommen«, denn in ihm vollzieht sich eine welthistorische, unwiederholbare, einmalige Entscheidung für oder gegen das Unbedingte. Deshalb ist jeder Kairos, wenn auch verhüllt, der universale Kairos, der sich in seiner Einmaligkeit manifestiert hat in der Erscheinung des Christus, aber er bringt die Erfüllung nicht in der Zeit.

Die Warnung der indifferent-absoluten Geschichtsdeutung, daß kein besonderer Augenblick der Geschichte absolut gesetzt und zum Götzen gemacht werden dürfe, führt zu der entscheidenden Einsicht: alles kann zum Gefäß des Unbedingten, aber nichts kann selber unbedingt werden. Aus dieser Einsicht entsteht keine Indifferenz gegenüber der Geschichte, sondern eine Haltung, welche die Geschichte absolut ernst nimmt.

Die klassisch-relative Geschichtsphilosophie ist im Recht mit ihrer Vorstellung der Menschheit als eines Ganzen, mit ihrer Betonung der Autonomie, mit ihrer Anerkennung der nationalen, regionalen und traditionellen Verschiedenheiten innerhalb der Menschheit und den speziellen Bedingungen eines jeden Kairos, aber sie erkennt die absoluten Entscheidungen, die mit einem Kairos verbunden sind, nicht an.

In jedem umgestaltenden Handeln ist ein Glaube an den Fortschritt enthalten. Fortschrittsgläubigkeit ist die Philosophie des Handelns. Aus dem Kairos handeln bedeutet in Richtung auf die Theonomie handeln, und das bedeutet Fortschritt von einer noch nicht oder nicht mehr verwirklichten Theonomie in Richtung auf ihre Verwirklichung. Soweit ist die fortschrittlich-relative Geschichtsphilosophie im Recht. Sie ist aber im Unrecht, wenn sie das Gesetz des Handelns zum Gesetz des Seins erhebt, denn es gibt kein universales Gesetz des Fortschritts. Der Kampf zwischen der Theonomie und ihren Widersachern geht immer weiter und wird um so schärfer und verhängnisvoller, je mehr der technische Fortschritt die Erde verändert und die Völker zu gemeinsamen schöpferischen und gemeinsamen zerstörerischen Aktionen gleichzeitig zusammenbindet.

Die Philosophie des Kairos hat einen engen Bezug zu dialektischen Deutungen der Geschichte. Theonomie, Autonomie und Heteronomie sind dialektisch miteinander verbunden, denn jede dieser Ideen strebt über sich selbst hinaus. Aber es gibt auch wichtige Unterschiede. In der Lehre des Kairos gibt es kein Endstadium, in dem die Dialektik entgegen ihrem Wesen aufhörte, wirksam zu sein. In der Lehre vom Kairos wirkt nicht nur die horizontale Dialektik des historischen Prozesses, sondern auch die vertikale Dialektik zwischen dem Unbedingten und dem Bedingten. Und schließlich gibt es nach der Lehre vom Kairos keine logische, physikalische oder ökonomische Notwendigkeit im historischen Prozeß. Er bewegt sich in der Einheit von Freiheit und Schicksal, die die Geschichte von der Natur unterscheidet.

V.

Wir sind der Überzeugung, daß gegenwärtig ein Kairos, ein epochaler Geschichtsmoment, sichtbar ist. Diese Überzeugung zu begründen, ist hier nicht der Platz; es mag auf die immer wachsende kulturkritische Literatur hingewiesen werden, vor allem aber auf Bewegungen, in denen das Krisenbewußtsein lebendige Gestalt angenommen hat. Beweise zwingender Art sind das alles nicht, es kann sie auch nicht geben. Denn das Bewußtsein des Kairos ist abhängig von einem inneren Erfaßtsein durch das Schicksal der Zeit. Es kann da sein in dumpfer Sehnsucht der Massen, es kann sich klären und formen in einzelnen Kreisen bewußter Geistigkeit; es kann Kraft gewinnen im prophetischen Wort; aber es kann nicht demonstriert und aufgezwungen werden; es ist Tat und Freiheit, wie es zugleich Gnade und Schicksal ist.

Die stärkste kairosbewußte Bewegung scheint uns zur Zeit der Sozialismus zu sein. »Religiöser Sozialismus« ist der Deutungs- und Gestaltungsversuch des Sozialismus vom Standpunkt der Theonomie, vom Kairos her. Er geht von der Voraussetzung aus, daß in dem tatsächlichen Sozialismus eine Reihe von Elementen enthalten sind, die der Idee des Kairos zuwider sind, die unzeitgemäß sind, in denen ursprünglich autonom-schöpferische Ideen verderbt sind. Religiöser Sozialismus nimmt darum ebenso energisch die Kulturkritik des Sozialismus auf und sucht sie zur letzten Tiefe hinzuführen, wie er vom Unbedingten her die Kritik gegen den Sozialismus selber wendet.

Im gegenwärtigen Sozialismus sind verbunden der revolutionär-absolute Typus in der Form der Diesseitigkeit und der dialektisch-relative Typus in der Form der ökonomischen Geschichtsdeutung. Aber es ist nicht gelungen, beide vom Unbedingten her auszugleichen. Das Unbedingte ist nicht als Unbedingtes in seiner positiven und negativen Bedeutung erfaßt. Nicht in seiner positiven als das Prinzip der Theonomie, das alle Seiten unserer Zivilisation, einschließlich Wirtschaft und Politik, richtet und umwandelt. Und es wird nicht die negative Kraft des Unbedingten gesehen, die die Träger der Krisis gleich denen, die von ihnen kritisiert werden, unter das Gericht stellt und die erhaben bleibt auch über jeden kommenden Weltzustand. Die Ursache dieses doppelten Scheiterns liegt darin, daß der Sozialismus sich trotz aller Kritik des »bürgerlichen Zeitalters« nicht von dem verderblichen Element desselben hat freihalten können, dem Versuch, das Unbedingte von der Sphäre des Denkens und Handelns fernzuhalten und demgemäß mit Technik und Taktik die neue Weltepoche zu schaffen. Er sah nicht, daß er damit gerade die alte verlängerte. Der Sozialismus sah den Kairos, aber er sah nicht seine Tiefe; er sah nicht, in welchem Maße er selbst unter der Krisis stand. Wenn er die »bürgerliche« Wissenschaft bekämpfte, so sah er nicht, wie er selbst die Grundvoraussetzung dieser Wissenschaft, das rein gegenständlich-objektivierende Verhalten zu der Welt, dem Geist und der Geschichte, teilte und trotz eines völlig anderen Grundimpulses in den Banden einer ihrer Richtungen lag. Wenn er die ästhetisch-aristokratische Kunst verneinte, so sah er nicht, daß er mit seiner Erhebung der inhaltlichen, ethisch-politisch bestimmten Kunst auf dem anderen Pol derselben Linie stand. Wenn er in der Pädagogik die »Aufklärung« und die technische Disziplinierung von Intellekt und Wille zum Ziele wirtschaftlicher und politischer Machterwerbung in den Mittelpunkt stellte, so fühlte er nicht, daß er damit die Grundstimmung seiner Gegner übernahm, daß er sie mit der Waffe zu bekämpfen suchte, durch die jene die Seelen verstumpft und die Leiber zu Maschinenteilen gemacht hatten.

Wenn er die höchstmögliche Steigerung des wirtschaftlichen Wohlbefindens der meisten zum alles entscheidenden Vordergrundziel machte, so sah er nicht, daß er damit lediglich ein Konkurrent des Kapitalismus wurde, der glauben kann, dasselbe mit sozialer Fürsorge und Beschäftigung besser zu machen, anstatt sein entschlossener Gegner schon in der Zielsetzung zu werden. Wenn er geistiges und religiöses Leben um seinen Selbstwert zu bringen suchte und es als Ideologie ansah, so fühlte er nicht, daß er damit die Wirtschafts- und Lebensgesinnung des materialistischen Kapitalismus stärkte. Wenn er den atomistischen Einzelnen als letzte Wirklichkeit betrachtete und ihn dann durch Solidarität der Interessen mit den andern zu verbinden suchte, so sah er nicht seine Abhängigkeit von der Auflösung der liberalen Gesellschaft und der falschen Annahme, daß menschliche Gruppen letztlich durch den »Kampf ums Dasein« bestimmt werden. Wenn er die Religion in ihrer kirchlich-dogmatischen Form bekämpfte und dazu alle Kampfmittel und Schlagworte der liberalen Kirchenbekämpfung übernahm, so sah er nicht, daß er damit in Gefahr geriet, die Wurzeln abzuschneiden, aus denen allein ihm selbst Enthusiasmus, Weihe, »Heiligkeit« und unbedingte Hingabe strömen können: das unbedingte Ja zum Unbedingten, ganz gleich in welchen Formen oder Symbolen.

In all diesen Dingen will der religiöse Sozialismus die Kritik weitertreiben, tiefer durchführen, zum letzten entscheidenden Punkt bringen; er will radikaler, revolutionärer sein als der Sozialismus, weil er vom Unbedingten her die Krisis zeigen will. Er will dem Sozialismus das Bewußtsein des gegenwärtigen Kairos geben.

Aus diesem Willen folgt nun aber zuletzt, daß der religiöse Sozialismus ständig bereit ist, sich selbst unter die Kritik des Unbedingten zu stellen. Weitaus die größte Gefahr scheint mir für die Bewegung da vorzuliegen, wo die »Religion« benutzt wird um der Taktik willen. Hier wird das bürgerliche Element, das der Sozialismus mitschleppt, in verhängnisvoller Weise bekräftigt. Eine »Freundschaft« des gegenwärtigen Sozialismus mit den gegenwärtigen Kirchen hemmt das Kommen des Kairos, indem sie wechselseitig diejenigen Elemente stärkt, die ausgeschieden werden müssen. Der religiöse Sozialismus darf zur Zeit weder eine kirchenpolitische noch eine parteipolitische Bewegung werden, weil er dadurch die rücksichtslose Energie verliert, Kirchen und Parteien unter das Gericht des Unbedingten zu stellen.

Der religiöse Sozialismus sollte jedenfalls vermeiden, den Sozialismus als ein religiöses Gesetz anzusehen, unter Berufung auf die Autorität Jesu oder der Urgemeinde. Es gibt aber keinen direkten Weg vom Unbedingten zu irgendeiner konkreten Lösung. Das Unbedingte ist nie Gesetz und Hüter einer bestimmten Form des geistigen oder gesellschaftlichen Lebens. Die Inhalte des geschichtlichen Lebens sind Aufgaben und Wagnis des schöpferischen Geistes. Die Wahrheit ist lebendige Wahrheit, schaffende Wahrheit und nicht Gesetz. Sie ist niemals und nirgends ein abstraktes Gebot, sondern lebendige Geschichte mit ihrer Unendlichkeit konkreter Aufgaben, deren Lösung jede Epoche erfüllt.

Eine Frage noch mag sich erheben und eine kurze Antwort finden: Ist es möglich, daß die Botschaft vom Kairos ein Irrtum ist? Die Antwort ist nicht schwer: Die Botschaft ist immer ein Irrtum; denn sie sieht das in unmittelbarer Nähe, was ideal betrachtet nie Wirklichkeit wird und real betrachtet sich in langen Zeiträumen erfüllt. Und die Botschaft vom Kairos ist nie ein Irrtum; denn wo sie als Botschaft vom Unbedingten her verkündigt wird, da ist der Kairos schon da; es ist nicht möglich, daß er verkündigt wird, ohne diejenigen ergriffen zu haben, die ihn verkündigen.

Zusätzliche Literatur

Eduard Heimann: Theologie der Geschichte. Ein Versuch, Stuttgart 1966.
Richard Niebuhr: Der Gedanke des Gottesreichs im amerikanischen Christentum. Church World Service, New York 1948.
Reinhold Niebuhr: Glaube und Geschichte, München 1951.
Christoph Rhein: Paul Tillich. Philosoph und Theologe. Eine Einführung in sein Denken, Stuttgart 1957.
Paul Tillich: Religiöse Reden.
1. Folge: In der Tiefe ist Wahrheit, Stuttgart 1952
2. Folge: Das Neue Sein. Dritte Auflage, Stuttgart 1959
3. Folge: Das Ewige im Jetzt, Stuttgart 1964.
Paul Tillich: Systematische Theologie. 3 Bände, Stuttgart 1956/1966.
Paul Tillich: Gesammelte Werke. 12 Bände, Stuttgart 1960 et pass.
Paul Tillich: Symbol und Wirklichkeit, Göttingen 1962.
Paul Tillich: Meine Suche nach dem Absoluten. Mit Zeichnungen von *Saul Steinberg*, Wuppertal 1969.

Paul Althaus

Christentum und Geistesleben *

Daß das christliche Denken an dem allgemeinen Geistesleben nicht achtlos vorübergehen kann, ist, solange es Theologie gibt, ein anerkannter, selbstverständlicher Satz. Die Theologie hat eine Aufgabe nicht nur nach »innen« hin, sondern auch nach »außen« – wenn anders dem christlichen Gedanken der Angriffsgeist, der Anspruch auf universale Bedeutung eigen ist. Aber was ist überhaupt »drinnen« und »draußen«? Wo läuft die Scheidelinie zwischen »Gemeinde« und »Welt«? Das »draußen« ist wahrhaftig auch »drinnen«. Wir alle denken die Gedanken unserer Zeit und nehmen an ihrem Geistesleben empfangend und gestaltend mit teil. So kann die Theologie, wenn sie der christlichen Lebenswelt ernsthaft dienen will, dem Gespräche mit dem zeitgenössischen Geistesleben gar nicht ausweichen.

Aber sie greift dabei allerdings eine Aufgabe an, die in eine besondere Gefahrenzone führt. Die Geschichte der Beziehungen von Christentum und Geistesleben weist für die Theologie überaus beschämende Erinnerungen auf. Sie zeigt die Bilder einer kleinmütigen Theologie, die, der eigenen Leuchtkraft und Werbegewalt der religiösen Wahrheit vergessend, die Gewißheit des Glaubens mit Gründen des natürlichen und wissenschaftlichen Denkens stützen wollte. Warum wir in der heutigen Theologie *diese* Schatten nicht beschwören wollen, braucht man kaum erst zu sagen. Am leichtesten noch wiegen die Bedenken von wissenschaftlicher Seite: ob jene zur Stützung des Glaubens aufgerufene Wissenschaft wirklich echt, streng und frei war. Viel ernster ist der Einwand von seiten der Religion selber. *Diese* Theologie hat das Christentum in der Tat immer wieder verraten. In zwiefacher Hinsicht. Der Wunsch, den Glauben vor dem Forum der Welterkenntnis zu begründen oder dem Kulturbewußtsein zu empfehlen, führte immer wieder zur Verkürzung seines Gehaltes und Sinnes auf das verhältnismäßig Rationale, der Kultur Zugekehrte; das Wesentlichste und Tiefste wurde oft genug, um der »Apologetik« willen, dahinten gelassen oder gar herausgebrochen. Sodann aber: wie verletzte jenes Unternehmen der Theologie die Würde und Verantwortung des Glaubens, der als »existentielles Erkennen«, als Erfassen der Wahrheit unter Einsatz der ganzen Person, als Wunder, Freiheit und Tat in einer ganz anderen Dimension lebt als das theoretische Welterkennen!

Also diese Art von Theologie wünscht und holt niemand von uns zurück. Aber *muß* das Eingehen des Christentums auf Geistesleben und

* Akademische Antrittsrede an der Universität Erlangen, 14. Nov. 1925. Zuerst erschienen in: »Zeitwende«, November 1926; Text nach: »Evangelium und Leben.« Gesammelte Vorträge. C. Bertelsmann Verlag, Gütersloh 1927, S. 31 bis 45. Abdruck mit freundlicher Genehmigung des Verlages.

Kultur notwendig jenen Weg führen? Bedeutet es notwendig das Ausliefern der Glaubenswelt an die Maßstäbe der Wissenschaft und Kultur? Wahrhaftig nicht! Die unabweisbare Aufgabe heißt doch ganz allgemein: Auseinandersetzung der christlichen Lebenswelt mit dem Geistesleben überhaupt. Es bleibt dabei durchaus offen, in welchem Sinne, unter welchem Vorzeichen die Auseinandersetzung geschieht.

Die Besonderung der allgemeinen Aufgabe ist ganz abhängig von der jeweiligen geistigen Lage, von der gegebenen Beziehung des Christentums zu dem Geistesleben der Gegenwart. In sehr verschiedenen konkreten Arbeitszielen hat sich jeweils entsprechend der geistigen Lage die allgemeine Pflicht und Notwendigkeit theologischen Eingehens auf die Geisteskultur ausgedrückt. Hier kommt alles darauf an, die Stunde recht zu deuten. Es ist etwas anderes, ob das Christentum mit einem Zeitgeiste redet, der selber vom Evangelium, und wäre es noch so entfernt und kaum mehr bewußt, mitgestaltet ist, oder ob es sich um eine positivistisch-materialistisch entartete Wissenschaft, um eine naturalistisch gebundene Kultur handelt. Außerdem hat jede Auseinandersetzung ihre Gezeiten, ihren Rhythmus. Schon in jeder Gegenwart muß neben dem Einheitswillen, der den Ausgleich sucht, der Reinheitswille lebendig sein, der den Abstand wahrt. Und wo die eine der beiden Richtungen ein Zeitalter überwiegend beherrscht hat, können die Söhne die Pflicht haben, eine der Arbeit der Väter entgegengesetzte Haltung einzunehmen. Girgensohn hat einmal von der Doppelstellung des Christentums zu den Religionen der Menschheit gesprochen: Das Christentum auf der einen Seite Zusammenfassung und »Erfüllung« aller berechtigten religiösen Motive, die in der Geschichte der Menschheit wirksam geworden sind – andererseits der Gegensatz zu allen anderen Religionen und ihr Gericht. Ähnlich darf man über das Verhältnis des Christentums auch zum Kulturleben reden. Hinweisung und Hemmung, Nähe und Ferne des Geisteslebens zum Christentum sind *zugleich* erkennbar. So gewinnt die allgemeine Aufgabe des Eingehens der Theologie auf die Umwelt jeweils ganz verschiedene Gestalt, im Nebeneinander und Nacheinander der Haltungen.

Da scheint nun in der Gegenwart die erste und dringendste Aufgabe der Theologie die Auseinander-Setzung von Christentum und Geistesleben, im ursprünglichen Wortsinne des Voneinanderabrückens. Denn wir kommen her aus einer Zeit, für die weithin die Ineinsschau von Christentum und Kultur bezeichnend war, jene falsche Synthese, die das Christentum an seiner kulturellen Produktionskraft maß, das Gottesreich und den Geistesfortschritt der Geschichte verwechselte und gleichsetzte. Aber auch wo man solchen Gedanken ferner stand, galt es als selbstverständlich, den Sinn der Religion und des Christentums in der Lösung irgendeiner natürlichen Problematik des Menschentums, seiner Daseinsnot, seines Kampfes um Freiheit von der Natur, um Geistigkeit und dergl. zu finden. Was an diesen Bemühungen richtig ist, wird hernach noch herauszuheben sein. Aber zunächst ist doch deutlich: alle jene Versuche ordneten die Religion einem menschlichen Persönlichkeitsideale unter.

Die Religion blieb hier überall Dienerin der Humanität. In mächtigen Bewegungen hat die Theologie sich aus dieser Umklammerung gelöst: ob nun Luthers de servo arbitrio und das streng theozentrische Denken der wiederentdeckten Römerbrief-Vorlesung von 1516 in seinen Bann zog; ob das Calvin-Gedenkjahr 1909 aufs neue daran erinnerte, daß es in der Religion um Gott, nicht um den Menschen gehe; ob der Ruf zu »theozentrischer Theologie« erscholl; ob »das Heilige« in seiner strengen Selbständigkeit gegenüber aller sonstigen Werterfahrung beschrieben wurde; ob schließlich der lebendige Gott als das Ende aller Religion, sofern sie als menschliche Haltung etwas bedeuten will, als das Gericht über alle Kultur und Humanität verkündigt wurde. Es ist sehr leicht an alledem die Einseitigkeit und Übertreibung zu kritisieren. Aber es wäre abwegig. Es gilt vielmehr in dem allen einen durchgehenden, mächtigen Zug zu spüren, der einfach bejaht werden muß: die Besinnung auf die Fremdheit echter Religion gegenüber den Humanitätsanliegen, auf die selbsteigene erste und letzte Bedeutsamkeit der Gottesbegegnung, auf den Sinn der Religion als »Herrschaft Gottes«, ohne Seitenblick darauf, was aus dem Menschen und was aus der Kultur wird; auf die Gotteswirklichkeit als das Ende, das Gericht, die Todesgrenze. Man versteht es schon, wenn das junge Geschlecht vielfach den Eindruck hat, es sei in der Theologie jahrzehntelang eigentlich gar nicht von Gott geredet worden. Wir meinen aber auch zu sehen, daß für diesen mächtigen Selbstbesinnungsvorgang der Theologie und des Christentums gerade die ernsten Diener der Kultur Sinn haben. Im 90. Psalm ist das »Klugwerden« an das Memento mori geknüpft. Sollte es nicht vielleicht für Ernst und Echtheit der Kultur *alles* bedeuten, daß man ihre Grenze und den Tod verstanden hat?

Aber wie immer man draußen die Haltung beurteile – die Theologie ist sich ihres Weges gewiß, der Herausarbeitung der Selbständigkeit der Religion gegen die Kultur, des Christentums gegen alle Religion. Die Theologie weiß sich damit zu dem Ureindruck des ersten Christentums zurückgeführt, wie Paulus ihm Worte gab: die christliche Verkündigung bedeutet für den Hunger nach eindeutigen Tatsachen ein Skandalon, für das Verlangen nach einem geschlossenen Kultur- und Weltanschauungssystem die »Torheit«. Das Urchristentum empfand am stärksten wohl, dem Judentum gegenüber, die ethische Anstößigkeit der christlichen Vergebungsbotschaft. Heute, im Zeitalter des Historismus, mag das geschichtsphilosophische Skandalon des christlichen Bekenntnisses zu der endgültigen, ausschließlichen, allumfassenden Bedeutung Jesu im Brennpunkte stehen. Gemeinsam aber ist hier wie dort der Gesamteindruck: das Christentum läßt es nicht zu, an irgendeinem außer ihm liegenden Maßstabe der Humanität, des einheitlichen Weltverständnisses oder sonst gemessen zu werden. Das Christentum bedeutet selber einen neuen, letzten Maßstab für alle Religion, Humanität und Kultur.

Im ersten Augenblick kann solche Besinnung und Haltung der Theologie dem Manne der Wissenschaft als unwissenschaftlich erscheinen. Aber einem *tieferen* Begriffe der wissenschaftlichen Art, nämlich als »Sachlichkeit«, wird sie sich gerade empfehlen. Die Wissenschaft hat doch wohl ernstestes Interesse daran, daß über dem Vergleichen und Aufeinanderbeziehen das Trennen und Besondern nicht zu kurz komme. Und wenn es weiter die Eigenart aller höheren Lebensgebiete ist, daß man in ihnen, über sie nicht ohne Vor-Urteil, ohne voraufgehende, alles durchdringende Entscheidung fruchtbar denken und erkennen kann, so muß der Wissenschaft in der Tat alles daran liegen, daß es nicht nur ein »neutrales« Denken der von »außen« Betrachtenden *über* das Christentum gebe (»Religionswissenschaft«), sondern auch ein von persönlicher Entscheidung getragenes Denken aus dem Christentum heraus (»Theologie«).

Jedenfalls: mit alledem scheint als dringendste Aufgabe der Theologie in der Gegenwart die Auseinander-Setzung von Christentum und Geistesleben gewiesen. Einem Erlanger Theologen liegt es nahe auszusprechen, daß wir damit an die Haltung der klassischen »Erlanger Schule« seit der Mitte des 19. Jahrhunderts anknüpfen würden. Die hergebrachte Weise, Christentum und Geistesleben miteinander auszugleichen, die »Apologetik«, ist von den Vätern der Erlanger Theologie mindestens sehr zurückgestellt worden. Zwar erhebt man auf das ernsteste die Wahrheitsfrage der christlichen Erkenntnis. Aber die Wahrheit des Christentums und sein Wert werden nicht mit Gründen und Maßstäben außerhalb seiner selbst erwiesen. Die Eigenheit der christlichen Erfahrung, der Abstand gegenüber aller Kultur kommt machtvoll zur Geltung. Damit ist in der Tat eine Position gewonnen, die nicht wieder aufgegeben werden darf. Die Theologie hat es, wenn sie auf das Geistesleben eingeht, unter keinen Umständen mit der Begründung, Abwertung, Verteidigung des Christentums von außer ihm liegenden Maßstäben aus zu tun.

Und dennoch kann der Ruf zur Auseinandersetzung nicht das letzte Wort sein, so gewiß er das erste Wort sein muß. Darauf weist uns schon das Neue Testament selber. Denn die Erinnerung an das Pauluswort vom »Ärgernis« und der »Torheit« des Evangeliums gibt das Verhältnis des Urchristentums zu dem geistigen und religiösen Leben seiner Umwelt keineswegs vollständig wieder. Es sei nur an zweierlei erinnert, das bei Paulus ganz deutlich ist. Erstens: Paulus weiß, daß das Christwerden des Juden oder Hellenisten ein Hinübergang war, d. h. ein innerlich begründeter Schritt – gewiß ein *Bruch*, aber doch auch ein *Schritt*; gewiß ein völliges Neuwerden, aber doch auch ein Verbleiben in der Einheit der Lebenslinie. Daher hat Paulus das Bedürfnis empfunden zu sagen, *warum* ein Jude oder »Grieche« Christ wurde. Der Römerbrief handelt hiervon, ähnlich später der Hebräerbrief. Jenes »warum«? schließt offenbar ein, daß das Lebensthema bei dem Juden Paulus und bei dem Christen im Tiefsten nicht gewechselt hat, so gewiß eben dieses erst von hinten nach, im Lichte des Evangeliums, ganz klar wird. Paulus zeigt den Grund seines Christseins, indem er eine mächtige Religionskritik unternimmt. Alle Kritik setzt aber heimlich Synthesis voraus, Einheit in einer letzten gemeinsamen Frage. Man kann Kritik nur da üben, wo die Identität der tiefsten Beziehung, die Einheit des wesentlichen Themas gegeben ist. Man kann Abstand nicht halten ohne Fühlung zu nehmen.

Zweitens: Paulus – und neben ihm andere Männer des Neuen Testaments – haben die Wahrheit des Evangeliums nicht selten in die Worte zeitgenössischer Philosophie und Religion gefaßt, z. B. wenn sie von dem »Logos«, dem »Heiland«, der »Wiedergeburt« und dergl. reden. Gewiß gibt der Inhalt, den sie in solchen, der Mitwelt geläufigen Worten bergen, diesen einen ganz neuen Sinn. Nur die »religionsgeschichtlichen« Erklärer des Neuen Testamentes haben wegen der Gleichheit der Worte die Andersartigkeit des Sinnes lange genug verkannt und das Urchristentum als eine »synkretistische« Religion ausgegeben. Heute schärft sich überall der Blick für Eigenart und Abstand der biblischen Gedanken gegenüber den hellenistischen Kulten und Mysterien. Aber zugleich haben wir erkannt: es ist nicht Willkür und auch nicht nur ein äußerliches Mittel missionarischer Taktik, wenn die urchristlichen Verkündiger – und mit ihnen die Missionare und Evangelisten der Gegenwart – höchste Worte und Begriffe außerchristlichen Geisteslebens wählen, um in ihnen die neue Wahrheit auszudrücken, wenn sie das Evangelium entschlossen in die tiefsten Fragen und Erfahrungen der vorchristlichen und außerchristlichen Menschheit hineinstellen. Die Gefahr, unter der Hand den neuen Gehalt zu verraten, ist immer gegeben – die Geschichte der alten Kirche (und nicht nur der alten!), die Entstehung des Katholizismus (vielleicht auch des »Neuprotestantismus«) sind Belege genug. Dennoch bleibt die Pflicht jenes Verfahrens unerschüttert. Sie hat ihren Grund in einer letzten Einheit von Christentum und Religionsgeschichte, von Evangelium und Geistesleben, in jener Einheit, mit der Antwort und Frage, auch die verzerrt gestellte, gehemmte, schuldhaft verbogene, ihres letzten Sinnes nicht bewußte Frage, oder auch: die geahnte und entstellte und die echte Antwort aufeinander bezogen sind. Für den Glauben ist diese Einheit einfach mit der Gewißheit Gottes und seiner Gegenwart *auch* im Irrwege, *auch* in der religiösen Sünde, auch im Gerichte gegeben. Das Heidentum trägt in echter religiöser Erfahrung wie in der Entartung und Ohnmacht die Züge der Bestimmung für Gott, mehr noch: der Gegenwart Gottes – und wenn es nur seine Gerichtsnähe wäre. Das »fecisti nos ad te« Augustins muß, so oder so, das innerste Geheimnis aller menschlichen Geistesgeschichte sein.

Dementsprechend gewinnt die Aufgabe der Theologie gegenüber dem Geistesleben für uns noch einen anderen Sinn als den der Auseinander-Setzung. Die Notwendigkeit darüber hinausgehender Fassung der Aufgabe machen wir uns klar, wenn wir die Grenzen der beiden wichtigsten theologischen Schulen aus der zweiten Hälfte des 19. Jahrhunderts, der älteren Erlanger Theologie und der ihr in unserer Frage nahestehenden Göttinger (Albrecht Ritschl und seine Gruppe) erwägen. In diesen beiden Schulen, die für die Selbständigkeit der Religion und des Christentums, für die Autonomie seines Maßstabes und seiner Gewißheit (die Göttinger wenigstens grundsätzlich, dem Wollen nach!) so tapfer eintraten, kam, auf das Ganze gesehen, doch eins zu kurz: der christliche Angriffsgeist, oder – anders gewendet – die Verantwortung, den Zeitgenossen die Gottesfrage und (*mindestens* in dieser uns überall gestellten Frage!) die Wirklichkeit Gottes in ihrer universellen, von allen Seiten uns bedrängenden Nähe zu zeigen. Unter der Hoheit des Christentums verstand man seine »Selbständigkeit« und Sturmfreiheit, aber nicht ebenso ernst seinen *alles* Erkennen und Leben durchdringenden kritischen und Wahrheitsanspruch. Jene Theologie war wohl eindrucksvoll geschlossen, aber doch auch bedenklich abgeschlossen. Sie kümmerte sich nicht ernstlich genug um die Grundoffenbarung, die allem Erkennen und Handeln, der Vernunft und Geschichte voraufgeht und sie begründet, sondern begrenzte die theologische Aufgabe fast ausschließlich auf die, zuletzt gewiß entscheidende *Heils*offenbarung, die Selbsterschließung Gottes in Jesus Christus zur Gemeinschaft mit der schuld- und todverfallenen Menschheit. Die »Offenbarung« wurde christologisch verengt, besonders in der Göttinger Schule – als wenn Natur und Geschichte nicht voll Gottesfrage und Gotteshinweis wären! Das »Heil« des Christentums wurde auf die Gnade der Vergebung und Erneuerung beschränkt – als wenn Zeit und Kultur nicht zunächst an einer ganz umfassenden, alles zersetzenden Wahrheits- und Lebenskrise erkrankt wären, der gegenüber das Evangelium als Erlösung nicht nur behauptet, sondern in ernstestem Mit-Durchleiden der Zeitnot konkret bewährt werden müßte. Es ist für die Stellung des Christentums im allgemeinen Geistesleben verhängnisvoll geworden, daß, trotz wertvoller Einzelansätze und -arbeiten, aus jenen theologischen Schulen kein starker Wille, keine lebendige Kraft zu zeitgemäßer christlicher Geschichtsphilosophie, zur Kulturkritik großen Stils, zur Durchdringung des konkreten, gegenwärtigen Geisteslebens mit der Gottesfrage hervorging. Man grenzte sich »apologetisch« gegen Übergriffe der Naturwissenschaft und Historie ab und überließ die Natur und Geschichte im übrigen den Philosophen, das heißt, wie die Dinge lagen, fast völlig den außerchristlichen Deutungsversuchen. Die Erfolge der Anthroposophie, die Wehrlosigkeit weiter Kreise gegen Spengler (um nur zwei Einzelbeispiele der letzten Jahre anzuführen) haben beschämend aufgedeckt, wie wenig die Theologie ihrer umfassenden Aufgabe, Erkenntnis zu begründen, nachgekommen war. Die »Selbständigkeit« der Theologie war eine feste Burg, aber der Kampf im Blachfelde wurde versäumt.

Das alles ist längst als verhängnisvoll erkannt. Die Besinnung und neue Wendung, die gewiß die wertvollen Erträge jener älteren Schulen nicht preisgeben will, ist im Gange. Welchen Sinn empfängt von da aus die theologische Aufgabe gegenüber dem Geistesleben? Die Theologie darf – so ist zu antworten – über dem Abstande die Bezogenheit zwischen dem Wort von Gott und aller menschlichen Geistigkeit nicht vergessen, sie darf über der völligen Neuheit des Evangeliums die Einheit alles geschichtlichen Lebens und Denkens nach Thema und tiefstem Sinn nicht verschweigen, sie darf hinter der Verkündigung der Christusoffenbarung nicht die umfassende Gegenwart der Gottesfrage zurückstellen. Diese Forderungen folgen einfach aus dem Gottesgedanken selber, aus der universalen Weite seines Sinnes. So verschiedenartige Theologen wie A. Schlatter und R. Seeberg, E. Hirsch und P. Tillich treffen in dieser allgemeinen Aufgabestellung zusammen.

Die Aufgabe sondert sich nach zwei Seiten hin. Das geistige Leben der Menschheit hat seine bleibenden Beziehungen oder Kategorien und seine wechselnden und wachsenden Gehalte. Beides ist gewiß, wie dem Nachdenken sogleich klar wird, wesenhaft unscheidbar, darf aber um der Gliederung der Gesamtaufgabe willen mit Vorbehalt unterschieden werden. Bei beidem gilt es die Gottesfrage aufzuweisen, auf die Gottesnähe sich zu besinnen.

Was das *Erste* anlangt, so kommt es an auf eine Analyse des Erkennens nach Wesen und Wahrheitsgedanken, der Kunst und ihres Sinnes, des geschichtlichen Lebens und seiner Grundbeziehungen wie Berufung, Verantwortung, Tat, Gemeinschaft, Tod – nach ihrer letzten ungegebenen »Voraussetzung«. Die Aufgabe ist hier von Männern wie A. Schlatter, Fr. Brunstäd, E. Hirsch deutlich gezeigt worden. Die Schlattersche Weite des Gotteshinweises hat einst auf viele von uns Jüngeren, die in den Traditionen einer der genannten älteren Schulen groß geworden waren, befreiend gewirkt. Wir gebrauchen, um es in der Fachsprache auszudrücken, eine »natürliche Theologie« neuen Stils. Das gilt es zu zeigen, daß wir in unserem Menschsein, in unserer Geistigkeit und Lebendigkeit, in ihrer Mächtigkeit wie in ihrer Ohnmacht, in ihrer Würde und in ihrer Not (beides aufs engste zusammenhängend) überall und fortwährend auf Gott gestoßen, von Gott gehalten, getragen, begrenzt sind. Hier schon gilt, in ganz umfassendem Sinne: »Wo soll ich hingehen vor deinem Geist?«

Nächste Aufgabe dabei ist die Vertiefung in den Wahrheitsgedanken, der alles Erkennen trägt. Das Rätsel der Gültigkeit und Evidenz, der Glaube an die Wahrheit führen vor die Gottesfrage. Niemals wird wohl das deutlicher als gerade dann, wenn wir im Kampf des Erkennens an der Wahrheit verzweifeln. Die ständige Klage über die Relativität, das Leiden unter dem Stückwerk, das unser Los ist – zeugt es nicht davon, daß wir von dem Unbedingten gerührt sind? Hält uns nicht gerade im Zweifel, als Zweifelnde die Wahrheitsmacht gefangen? Der »Gottesbeweis« aus der Relativität – redet er nicht deutlich genug?

Neben das Problem der Wahrheit stellen wir, mit wenigen Andeutungen, das Problem der Geschichte. Als Naturentstammte und Naturgebundene sind wir, *trotz* unserer Natürlichkeit, aber doch auch *mit* ihr, in das Entscheidungsleben der Geschichte, zur Verwirklichung der unbedingten Normen und Werte gerufen. Das Leben Naturentstammter in der Geschichte stellt vor die Frage nach der übergreifenden Einheit der naturgeschichtlichen Welt, die uns alle bindet, und der geschichtlichen Welt der Norm und des Wertes. Wo anders kommt das Sinnen über unsere theoretisch so rätselvolle, praktisch oft so qualvolle Doppelbürgerschaft mit ihren Wechselbeziehungen und Spannungen zur Ruhe als in der

Ahnung des einen Willens, der zugleich der gebietende Herr der sittlichen Welt und der Schöpfer der Natur ist? Was ist es dann weiter um die Geschichte, mit ihrem Aufeinanderbezogensein von Schicksal und Tat, Tat und Schicksal? Die Geschichte beruft uns zur Tat, ist offen für sie und verbirgt ihren Ertrag doch mit ihrem Geheimnis, trägt die Tat in ihren Wirkungen weit über unser bewußtes Planen hinaus und macht uns, die auf das Nächste sehen, zu Werkzeugen an einem Plane, den wir nicht kennen – so daß unsere linke Hand nicht weiß, was die rechte tut. Die Geschichte würde die Gottesfrage nicht stellen, wenn sie entweder ganz unser Werk oder ganz und gar uns erdrückendes und treibendes Schicksal wäre. Nun aber erleben wir sie als das Miteinander von Notwendigkeit und Freiheit, von heller Berufung zur Tat und dunklem Geheimnis des Ertrages. Sie ist immer wieder Grund unserer Entscheidung und Freiheit – und doch zugleich Grenze. Wer darauf sich besinnt (und man mag etwa an Bismarcks, jene Spannung und Doppelheit der Geschichte deutlich bezeugenden Bekenntnisse denken!), dessen Auge sucht Gott. Denn von wem anders redeten wir, wenn wir dem rätselhaften Ineinander von Grund und Grenze unserer wagenden Tat nachgehen, als von dem Herrn der Geschichte? In der innerlich notwendigen Haltung aller wahrhaft geschichtsbewußten und Geschichte wirkenden Männer (wieder denke ich an Bismarck), in dem ihnen vom Leben selber abgeforderten Miteinander des Mutes und der Demut, des Wagens und des Wartens bezeugt der Lebendige sich mitten unter uns.

Und wie das geschichtliche Leben so führt auch das geschichliche Erkennen auf die Gottesfrage. »Es gibt keine Geschichtswissenschaft ohne Geschichtsphilosophie«, so hat E. Spranger einmal ein »Gemeingut aller denkenden Historiker« formuliert. Geschichtsphilosophie ist dabei verstanden als Lehre von den Werten, die das geschichtliche Leben in Bewegung setzen. Kann solche Wertlehre sich beruhigen bei den nächsten bedingten Werten, die Kraft und Einsatz fordern? Die Geschichtskunde steht vor dem seltsamen Tatbestande, daß so viele große Wirker in der Geschichte (wie relativ und vergänglich auch Ziel, Dienst, Ertrag waren) sich von unbedingtem Anspruch ergriffen wußten. Was bedeutet denn – um ein Beispiel aus der Gegenwart anzuführen – der absolute Ton, das Vorzeichen des Unbedingten, das unserer besten völkischen Bewegung, aber auch etwa dem Jung-Sozialismus Pathos und Wucht gibt? »Meinen« sie nicht, ob sie es wissen oder nicht, in, über, hinter dem erneuerten Reiche oder der zur Bruderschaft wiedergeborenen Gesellschaft zuletzt im Ernste das Gottesreich? Sich vertiefende Geschichtsbetrachtung kann an der offenkundigen Beziehung unseres bedingten Wollens und Handelns auf die unbedingte Wertwirklichkeit gar nicht vorübergehen. Von da aus erst bekommt das Unternehmen des Historikers, die Geschichte besonderer und begrenzter Wertverwirklichung zu schreiben, echte Würde und wahrhaften Sinn.

Genug der Einzelheiten, die ohnehin nur als dürftige Hinweise auf einen unerschöpflichen Reichtum der Beziehungen gemeint sind. Nur das wäre an dieser Stelle noch zu sagen: wenn die theologische Aufgabe gegenüber dem Geistesleben ihre besondere Gestalt je nach der geistigen Lage bekommt – nun, heute ringt sich, soweit wir sehen, an den verschiedensten Stellen wieder der Sinn für den religiösen Grund des Erkennens und des geschichtlichen Lebens durch. Wir würden unsere Zeit nicht verstehen, wenn wir da nicht vorwärtshülfen: »Was ihr unwissend verehrt, das verkündigen wir euch!« Damit wird gewiß noch kein lebendiges Verhältnis zu dem Gott des Christenglaubens begründet. Aber die Theologie versäumt nicht ungestraft das Herausstellen der »Grundoffenbarung«. Sie soll wahrlich nicht aufhören »christozentrisch« zu lehren, aber »der Protestantismus muß wieder lernen von Christus so zu reden, daß dahinter der gewaltige Klang der Grundoffenbarung in allen Religionen und Kulturen der Menschheit hörbar wird« (P. Tillich).

Der Hinweis auf die besondere geistige Entwicklung unserer Zeit hat uns schon zu der zweiten *Teilaufgabe* der Theologie gegenüber dem Geistesleben hingeführt. Die Theologie geht den geistigen Bewegungen ihrer Zeit, auch dem Leben der anderen Religionen, mit sorgsamem Horchen nach. Sie muß Zeitkritik und Kulturkritik im tiefsten, schöpferischen, befreienden Sinne sein. Sie verfolgt mit ernster Aufmerksamkeit die Entwicklung des Persönlichkeitsgedankens, ihre Kräfte und ihre Krisen; die Frage nach der Gemeinschaft, das Ringen mit dem »Historismus«, den Durchbruch lange verschütteter Lebenstiefen im »Irrationalismus«.

Zweierlei ist dem Denken des Glaubens dabei gewiß. Zuerst: alle diese Bewegungen sind irgendwie auf das Erste und Letzte bezogen. Die Gewißheit um Gottes uns verfolgende, drängende, treibende Allgegenwart zwingt zu dem Gedanken, daß alle geistigen Bewegungen Gott-bezogen sind: als Frage, als Verleugnung, als Weltangst, als Gottesflucht, als Heimweh, als Trotz. Es gibt im Ernste keine rein neutralen, »profanen«, a-religiösen Menschheitsfragen, Regungen und Kämpfe. Gott ist überall gegenwärtig als der im Ja und Nein des Menschen bestimmende Herr, der die Fragen stellt, der in den Spannungen und Lösungen bewegt und führt. So wird die Lebensnot, der »Wertwiderstreit«, die geistige und kulturelle Problematik, in deren Lösung eine ältere Theologie allzuschnell den Sinn der Religion fand, nun auch für uns selber theologisch wichtig – aber unter ganz anderem Vorzeichen: nicht mehr als Anliegen des Menschen, dessen Erfüllung Gott gewährleistete, sondern als Erschütterung und Frage von *Gott* her in der Menschenfrage, durch die er den Menschen von seiner, Gottes, Wirklichkeit überführt und vor sich stellt; nicht mehr die Lösung unserer Fragen ist Sinn der Religion, sondern unserer Fragen ist die Hinführung zu Gott, die Religion. Gewiß, das sind schon Worte des Glaubens. Und die Beteiligten wissen um jene letzte Lebens- und Todesbeziehung auf den Lebendigen meist nicht. Theologie als geistiger Wille heißt aber: die Bewegungen der Zeitseele besser zu verstehen suchen als sie selber sich verstehen, sie deuten von der unentrinnbaren Gottesfrage aus, auf das Evangelium vom Reiche Gottes hin, das aller menschlichen Geschichte und Geistigkeit Gericht, Sinn und Ziel ist. Die Theologie wagt das Rufen und das Richten Gottes als gegenwärtige Wirklichkeit in den Zeitbewegungen zu erkennen. *Solche* Auseinandersetzung mit dem Zeitgeiste, *solches* Aufeinanderbeziehen von Zeitfrage und Evangelium verletzt die Hoheit des Evangeliums nicht: nicht das Evangelium wird an den Zeitfragen gemessen, sondern die Zeitfragen vom Evangelium aus gedeutet und gerichtet.

Dabei drängt sich ein Zweites auf. Jene Bewegungen lassen in ihrer inneren Geschichte weithin einen Logos erkennen, ein Moment wesenhafter Notwendigkeit – die Geschichte der Jugendbewegung genauso gut wie die Entwicklung des Individualismus oder Sozialismus. Das gilt unbeschadet der Freiheit, der Tat, der Schuld, die Geschichte gestalten. Die Wirklichkeit des Lebens treibt voran, zurück, zusammen, auseinander. Das Leben selber richtet, reinigt, erneuert oder zerbricht Gedanken und Ziele. So werden denn Wege zum Leben sichtbar, Fragen klären sich, Ahnungen der Antwort und der Hilfe drängen sich auf – aber es vollziehen sich auch Todesgesetze und Ausgänge, inneres Kranken, Sichverlieren und Scheitern, Verlegenheit und Ratlosigkeit, dieses alles meist mit jenem, dem Wege zum Leben, verschlungen. Gedanken müssen zu Ende gedacht, Irrwege bis an den Abgrund gegangen werden, Hybris muß sich ganz versuchen, Skepsis bis zum Sterben an sich selber treiben – die Geistesgeschichte redet mächtig von der Wirklichkeit des drängenden Gottesgeistes, als »Zornes« Gottes. Da geschieht nichts von Ohngefähr. Dem allen gilt es nachzugehen: Dem sich selber klärenden oder auch verkennenden und entstellenden Gotteshunger, der sich selber verhärtenden, aber auch zerstörenden Gottesflucht und Gottesverneinung. Darauf gilt es zu achten, wie beides, Leben und Tod, Wahrheitsbezogenheit und Lüge, Durchbruch und Hemmung, das Gerufenwerden von Gott und das Kranken an ihm vielfach beieinander ist und sich durchdringt, beides ein Hinweis auf das Evangelium. Wie groß steigt hier die Aufgabe einer tiefgründigen Kritik der Religions- und Geistesgeschichte vom Evangelium aus empor! »Die Theologie muß klaren Blick haben für die Krise, in die das Geistesleben durch seine Prinzipien hineingerissen wird. Sie darf sich berufen wissen, in ihrer Weise die Wahrheit frei zu machen – wenn anders von dem Glauben gesagt werden darf, daß er in seiner Weise die Geistes- und Lebenskrise auch der ›Moderne‹ löst.« *

Das ist die ganze Weite der Aufgabe, die ganze Größe der theologischen Pflicht in Hinsicht auf das Geistesleben – wahrhaftig ein Ziel, des Schweißes, des Einsatzes aller Kraft wert! Eine Sorge und Frage könnte allerdings bei unserer Forderung aufsteigen: reden wir einem Klerikalismus der Zeit- und Kulturbetrachtung das Wort? Ist es so, daß die kirchliche Theologie der beati possidentes von der sicheren Wahrheit aus die Zeitbewegungen durchleuchtete und richtete, immer endend mit dem: extra ecclesiam nulla salus? Nein!, sondern eben hier wird, von allem sonstigen inhaltlichen Unterschiede ganz abgesehen, die scharfe Scheidelinie zwischen katholischer und evangelischer Auseinandersetzung mit dem

* H. E. Weber, Das Geisteserbe der Gegenwart und die Theologie. 1925.

Geistesleben laufen. Zunächst mag der Satz unseres Anfangs noch einmal ins Bewußtsein gerufen werden: Wir stehen selber als die Fragenden mit in unserer Zeit, von ihren Hemmungen auf dem Wege zu Gott mit-gehemmt, an ihren Irrgängen selber beteiligt, in ihre Dekadenz selber hineingerissen. Wir ringen mit *uns*, wenn wir mit der Moderne ringen. Protestantische Theologie kann nie vergessen, daß die Kirche *auch* ein Stück »Welt« ist, daß das christliche Denken immer in Gefahr steht, den Mächten der Zeit selber zum Opfer zu fallen – weit entfernt reine, gegenwartsmächtige Darstellung des Evangeliums zu sein. Schon das macht allem überheblichen »Recht-haben« ein Ende. Evangelische Theologie weiß ferner, daß die Bewegungen, mit denen und um die sie ringt, oft genug auch in Lähmung, Leere, Armut und Ohnmacht der Kirche und Theologie ihren Grund hatten. So wird die Theologie im Kämpfen und Grenzziehen selber eine neue. Sie gibt nicht nur Antworten, sondern sie hört auch Fragen, die sie selber zu neuer Besinnung auf den ganzen Reichtum des Evangeliums rufen. Sie lehrt nicht nur, sondern sie lernt auch in ihrer Auseinandersetzung mit dem Geistesleben. Sie ringt dann mit sich selber, mit ihrer Vergangenheit, mit ihrem Erbe, um erneuertes Verständnis des Evangeliums. Ihre Kritik ist auch Kirchenkritik, Selbstkritik. Die Theologie kämpft mit der Waffe, mit der sie selber zuerst immer wieder verwundet wird. Nur das Evangelium aeternum steht – der Theologie und Kirche ist oft genug Einkehr und Umkehr befohlen. Diese protestantischen Erkenntnisse tun alle Hochfahrenheit ab. Sie begründen jenen strengen, rücksichtslos auch selbst-kritischen Wahrheitsernst, der die Theologie würdig macht, als freie Dienerin der Wahrheit an einer Hochschule ihre Arbeit zu tun.

Zusätzliche Literatur

Paul Althaus: Die letzten Dinge, 4. Auflage, Gütersloh 1933.

Paul Althaus: Die christliche Wahrheit. Lehrbuch der Dogmatik. 2. Aufl., 2. Bd., Gütersloh 1949.

Paul Althaus: Grundriß der Ethik. 2. Auflage, Erlangen 1953.

Werner Elert: Zwischen Gnade und Ungnade. Abhandlungen des Themas von Gesetz und Evangelium, München 1948.

Werner Elert: Der christliche Glaube. Grundlinien der lutherischen Dogmatik, Berlin 1940, 3. Auflage 1956.

Gerhard Gloege: Gnade für die Welt. Kritik und Krise des Luthertums, Göttingen 1964.

Emanuel Hirsch: Das Wesen des reformatorischen Christentums, Berlin 1963.

Gustav Wingren: Schöpfung und Gesetz. Theologie der Ökumene, Bd. 9, Göttingen 1960.

Gustav Wingren: Evangelium und Kirche. Theologie der Ökumene, Bd. 10, Göttingen 1963.

Friedrich Gogarten

Die Erlösung*

Es geschieht zwischen Gott und uns nicht nur die Schöpfung. Dadurch, daß wir gesündigt haben, herrscht zwischen Gott und uns das Gesetz. So lange das Leben der Menschen reine, ewige Schöpfung war, die unwidersprochen geschah, gab es kein Gesetz. Unser Leben dagegen, in dem Gottes Schöpfung nicht unwidersprochen geschieht, ist ohne Gesetz gar nicht zu denken.

Ich will vom Gesetz sprechen, so wie wir es von Jesus Christus her erkennen können. Denn erst von ihm aus, aus seiner Erfüllung des Gesetzes ist es uns ganz offenbar. Nicht als ob wir nicht auch sonst, ohne den Glauben an Jesus Christus, vom Gesetz wüßten. Die ganze Welt kennt das Gesetz; sie kann ohne Gesetz in irgendeiner Form gar nicht existieren. Aber, um einen Ausdruck Luthers zu gebrauchen, den er zwar in bezug auf die Politeia und Ökonomia, das Staats- und Hauswesen, anwendet – indessen auch sie sind ja Formen des Gesetzes –: ohne Jesus Christus weiß man nur von der causa materialis und formalis des Gesetzes, aber nicht von seiner causa efficiens und finalis. Das heißt, man weiß dann wohl, daß das Gesetz nötig ist und wie man es handhaben muß. Aber man weiß nicht die eigentliche Ursache und den eigentlichen Zweck des Gesetzes. So wie Luther sogar von dem Apostel Paulus sagen kann, daß er vor seiner Bekehrung die Gewalt des Gesetzes nicht gefühlt habe; er habe es zwar gelehrt, aber nichtsdestoweniger habe er nichts von ihm gewußt. Erst im Glauben an Jesus Christus wird der eigentliche Zusammenhang von Gesetz und Sünde offenbar. Man weiß zwar auch dann, wenn man ohne Christus um das Gesetz weiß, irgendwie um die Sünde. Aber man weiß dann eben nur irgendwie um die Sünde. Das will sagen, man erkennt dann nicht die Sünde in ihrer Macht, in ihrer für menschliche Kräfte unüberwindlichen Herrschaft über uns Menschen. Und dann erkennt man die Sünde gerade nicht in dem, was ihr eigentliches Wesen ausmacht, eben in ihrer Macht. Man versteht dann das Verhältnis von Gesetz und Sünde so, daß wir mit dem Gesetz der Sünde Herr werden können, während es in Wahrheit gerade umgekehrt ist. Die Sünde macht sich just durch das Gesetz zu unserer Herrin: »Die Sünde nahm Ursache am Gebot und betrog mich und tötete mich durch dasselbige Gebot« (Römer 7, 11).

Mit der Sünde kommt der Tod in die Welt. Aber nicht die Sünde selbst tötet, sondern sie tötet durchs Gesetz. Und sie tötet mich durchs Gesetz, indem sie mich dabei betrügt. Der Betrug liegt darin, daß die Sünde, in-

* Vortrag auf einer Tagung der Deutschen Christlichen Studentenvereinigung 1932. Erweiterter Text nach *F. Gogarten:* »Die Selbstverständlichkeiten unserer Zeit und der christliche Glaube«, Furche Verlag, Berlin 1932, S. 30–50. Abdruck mit freundlicher Genehmigung des Verlages.

dem sie mich dazu treibt, das Gesetz zu erfüllen, mir das Leben verspricht, mich aber in Wahrheit tötet. Das Gesetz ist uns zum Leben gegeben. Aber indem wir unter dem Gesetz leben, und zwar nicht nur, wenn wir das Gesetz übertreten, sondern auch wenn wir nach dem Gesetz handeln, erfindet es sich, daß wir uns den Tod dadurch erwirken (Röm. 7, 10).

Es ist wichtig, daß man diese Gedanken versteht. Denn sonst wird man nie und nimmer verstehen können, was es mit dem christlichen Glauben auf sich hat. Man bleibt dann in der Gesetzlichkeit, ohne daß man das Gesetz durchschaut; man weiß dann nichts von der causa efficiens und der causa finalis des Gesetzes.

Das Entscheidende ist wohl, zu erkennen, daß, wie ich eben sagte, die Sünde einen dazu antreibt, das Gesetz zu erfüllen. Ein solcher Satz muß dem gesetzlichen, also noch unter der Herrschaft des Gesetzes stehenden, er muß jedem, wie wir uns heute ausdrücken, moralischen Denken ganz unsinnig erscheinen. Wie kann die Sünde einen antreiben, das Gesetz zu erfüllen? Das Gesetz ist doch gegen die Sünde gerichtet? Nicht die Sünde, so wird man sagen, sondern das Gute treibt einen dazu, daß man das Gesetz erfüllt. Ja, in der Tat, so sieht es aus, solange man nicht weiß, daß das Gesetz in der Welt ist durch die Sünde. Nur weil die Sünde in der Welt ist, gibt es das Gesetz. Um der Sünde willen hat Gott der Welt das Gesetz gegeben. Nicht nur das, was wir im engeren Sinne das Gesetz Gottes nennen, nämlich das biblische Gesetz. Sondern jegliches Gesetz, jegliche gesetzartige Ordnung, die es in der Welt gibt. Das ist die Veränderung, die durch die Sünde mit dem Gesetz in die Welt kommt, daß das menschliche Leben in jeglicher Beziehung unter das Gesetz getan ist. Gottes Schöpfungswille geschieht nun nicht mehr ungebrochen, sondern er steht als Gesetz vor dem Menschen. Er spricht nicht nur von dem Guten als dem einen Einzigen, das es gibt, sondern er spricht vom Guten und Bösen. Er ist nicht mehr das selige »Ich will« des Menschen, sondern er ist ein hartes, schauerliches »Du sollst« und »Du sollst nicht«. Er ist dem Cherubin gleich mit dem bloßen, hauenden Schwert, die Gott vor den Garten Eden lagerte, zu bewahren den Weg zu dem Baum des Lebens (Gen. 3, 24). Das Leben des Menschen und Gottes Wille sind nicht mehr unmittelbar eins, sondern Gottes Wille ist eins und das Leben des Menschen ein anderes. Gottes Wille ist Gesetz und das Leben der Menschen wird von diesem Gesetz beherrscht und soll ihm gehorchen. Gott gibt die Menschen auch trotz der Sünde nicht preis. Aber er erhält ihnen das Leben nun durch das Gesetz. Durch das Gesetz, das er in mancherlei Gestalt dem menschlichen Leben auferlegt hat. Ich denke dabei also nicht nur an das Gesetz Gottes im engeren Sinn, sondern auch an die großen gesetzlichen Ordnungen des menschlichen Lebens, deren grundlegende die Ordnung der Familie und deren Zusammenfassung der Staat ist oder vielleicht sagt man besser: über die der Staat, richtiger die Obrigkeit, mit ihrem Schwert zu wachen hat.

Dieses Gesetz also ist Gottes Wille. Und zwar Gottes ewiger einiger

Wille, sein Schöpfungswille, in dessen Geschehen die Welt allein ihre Existenz hat. Aber im Gesetz erscheint dieser Wille so, wie er durch die Sünde der Menschen modifiziert ist. Es ist die Art und Weise, wie Gott seinen Willen, den sündigen Menschen erkennbar, nämlich indem sie um Gut und Böse wissen, in dieser Welt geschehen läßt, in der ihm durch die Sünde widersprochen wird. Es ist die Art und Weise, wie Gott seinen Willen der Sünde entgegensetzt. Einmal um das irdische Leben der Menschen trotz der Sünde zu erhalten, und zum andern um die Sünde in ihrer ganzen Sündigkeit offenbar zu machen und ihr dadurch die Macht zu nehmen.

Gott gibt also der Welt das Gesetz um des Lebens willen. Um des irdischen und um des ewigen Lebens willen. Es ist darum auch mit dem Gesetz die Verheißung verbunden. Aber er tut das in der Weise, in der er überhaupt dem sündigen Menschen das Leben schenkt. Nämlich so, daß er den *sündigen* Menschen tötet. Das Gesetz hat eine doppelte Geschichte. Die eine – und die hat es in Jesus Christus, darin, daß er es erfüllt – führt zum Leben, freilich *durch* den Tod. Denn Jesus Christus erfüllt das Gesetz am Kreuz von Golgatha. Aber indem er es erfüllt und so stirbt, überwindet er den Tod und hilft dem Leben zum Sieg. Dieser Tod Jesu Christi ist unser Leben. Die andere Geschichte – und die hat es in uns sündigen Menschen – führt in den Tod. Aber so, daß wir, indem wir es erfüllen wollen, meinen, das Leben dadurch zu gewinnen. Dieses Leben, das wir zu gewinnen meinen, ist der Tod Jesu Christi. Diese zweite Geschichte, die das Gesetz hat, wird aber erst offenbar, wenn die andere, die es in Jesus Christus hat, offenbar geworden ist. Vorher suchen wir durch das Gesetz das Leben und werden nicht gewahr, daß es uns den Tod bringt. Und zwar geschieht das darum, weil wir die Sünde nicht erkannt haben, die wir ohne das, was Jesus Christus an uns tut und was wir dann an ihm tun – nämlich, daß wir an ihn glauben –, nicht erkennen können. Was Jesus Christus an uns tut und was wir an ihm tun, entspricht dem, was, wie wir uns vorhin klargemacht haben, in der Schöpfung geschieht. Das Neue Testament spricht ja auch nicht umsonst von demjenigen, was im Glauben an Jesus Christus geschieht, als von einer neuen Schöpfung. Freilich, es ist eine *neue* Schöpfung, die nötig ist um der Sünde willen und in Überwindung der Sünde. Dadurch ergeben sich dann auch ganz natürlich die Unterschiede dieser Schöpfung von jener: in jener werden wir nicht von der Sünde und aus dem Tode errettet, dagegen in dieser.

Wir hatten gesehen, Gott schafft uns so, daß er in reiner personaler Beziehung zu uns steht, daß er sich, seine Person uns gibt, daß er in Liebe und Vertrauen, in Befehl und Treue uns meint. Eben dasselbe geschieht in dem Kreuzestode Jesu Christi. Nur geschieht es nun so, daß Gott sich in Jesus Christus uns, die wir in Sünde verloren sind, gibt. Und eben darum geschieht es in dem Tod Jesu Christi. In seinem Tod erfüllt Jesus Christus das Gesetz Gottes. Es geschieht also in ihm der ewige Gotteswille, in dem Gott, der ewige Schöpfer der Welt, seine Person uns gebend, uns schafft. Er geschieht in dem Gehorsam Jesu Christi, in dem er an den Menschen, liebend und in Treue, festhält. An den Menschen, die sich ihm ebenso fest verschließen, wie er sich ihnen öffnet; die ihn ebenso hart von sich stoßen und ihn darum sterben lassen, wie er sie mit unendlicher Liebe sucht.

Der Anspruch, der in Jesu Christi Liebe für die Menschen liegt, heißt freilich auch – das darf man nicht übersehen –, daß sie ohne diese Liebe der Sünde und dem Tode verfallen sind. Denn der Anspruch, den diese Liebe in sich trägt, ist der Anspruch Gottes des Schöpfers an die Menschen. Darum werden sie vor dem Anspruch der Liebe Jesu Christi offenbar als die, die unter der Herrschaft der Sünde und des Todes stehen. Unter die Herrschaft der Sünde und des Todes aber hat Gottes Zorn sie getan, das heißt, Gottes tötende Feindschaft wider die Sünde. So werden sie also in diesem Anspruch der Liebe Christi offenbar als die, die unter dem Zorn Gottes stehen.

Gottes unerfülltes Gesetz und im ursächlichen Zusammenhang damit Gottes Zorn stehen zwischen Gott und dem Menschen. Und so besteht das Mittlerwerk Jesu Christi darin, daß er diese beiden wegräumt zwischen Gott und dem Menschen. Daß er also erstens das Gesetz aufhebt, und zwar dieses unerfüllte Gesetz. Deutlicher: das Gesetz, so wie es ist, wenn es nicht erfüllt ist. Aber nur so ist es ja im eigentlichen Sinne des Wortes Gesetz. Denn wo Gottes Wille getan wird, wo der Mensch im vollen Gehorsam gegen Gottes Willen lebt, da gibt es gar nicht so etwas wie das Gesetz. Also das Gesetz, dem gegenüber der Mensch verschuldet ist und das ihn darum, wenn er seine Schuld erkennt, die Möglichkeit des Lebens nimmt. Diesem Gesetz entspricht auf seiten des Menschen das Gewissen (das böse Gewissen). Wird dieses Gesetz durch Jesus Christus aufgehoben, so wird durch ihn auch das Gewissen des Menschen gestillt, getröstet, sagt mit aller Deutlichkeit Luther. Und zweitens besteht das Mittlerwerk Jesu Christi darin, daß er Gottes Zorn versöhnt. Daß Gott zürnt, das bedeutet, daß der, dem er zürnt, von ihm nicht das Leben erhält, sondern den Tod. Aber eben den Tod, den der Mensch vor Gott stirbt. Das ist nicht das einfache animalische Ausgelöschtwerden. Sondern es ist der ewige Tod, der Tod, der kein Ende hat. Der Tod, den der Mensch in der Schuld stirbt, die er vor Gott hat, und der des Menschen Teil und Ziel ist, dem er bei allem, was er tut, wissentlich-unwissentlich und willentlich-unwillentlich entgegengeht, solange diese Schuld nicht getilgt ist. Diese Schuld ist unendlich und darum ewig. Und darum ist auch der Tod, der dieser Schuld entspricht, ewig. Dieser ewige Tod kommt dem Menschen aus Gottes Zorn.

So wenig wie die Tatsache, daß Jesus Christus das Gesetz aufhebt, bedeutet, daß in seinem Erlösungswerk ein anderer Wille Gottes geschieht, als der ist, der im Gesetz geoffenbart ist, so wenig bedeutet die Versöhnung des Zornes Gottes eine Umstimmung Gottes. Das kann sie ja schon deshalb nicht sein, weil das, was Jesus Christus tut, aus der »innersten

Gesinnung« Gottes kommt, aus der Gesinnung, die er von Ewigkeit, »vor der Grundlegung der Welt« gegen die Welt hat. Aber die Versöhnung seines Zornes bedeutet, daß er durch das Werk Jesu Christi den Menschen, die durch seinen Zorn sterben müßten, wieder das Leben geben kann. Eben durch und in Jesus Christus. Aber auch nur durch und in ihm. Denn ohne ihn sind die Menschen in der Sünde und stehen sie unter dem unerfüllten Gesetz. Und da kann ihnen Gott wegen ihrer Sünde und wegen seiner eigenen heiligen Gottheit nur zürnen.
Ich habe, indem ich eben beim Gesetz und jetzt bei dem Zorn Gottes vom Tod sprach, schon von dem gesprochen, was mit dem Gesetz und dem Zorn Gottes zusammenhängt, und worauf sich das Mittlerwerk Jesu Christi auch bezieht. Das ist nicht nur der Tod, sondern auch die Sünde und der Teufel. Und dazu gehört auch das, was das Johannesevangelium die Welt, den Kosmos nennt, was Paulus als die Mächte, Herrschaften und Gewalten, die Exousiai, Archai und Dynameis kennt und was wir als das »Man« und die Selbstverständlichkeiten dieses »Man« bezeichnet haben. Auch sie stehen wie das Gesetz und der Zorn Gottes zwischen Gott und den Menschen. Sie gehören irgendwie zum Gesetz und zum Zorn Gottes. Aber nicht so, daß sie ihnen ohne weiteres gleichgestellt werden dürften. Wenn sie zwar auch schon im Neuen Testament mit ihnen in einer Reihe genannt werden. Gleich sind sie mit ihnen insofern, als sie auch zwischen Gott und den Menschen stehen und dann insofern, als sie, wie jene, Macht haben über die Menschen. Jesu Christi Erlösungswerk besteht darum auch darin, daß er diese Mächte und Gewalten überwindet, daß er die Herrschaft bricht, die sie über die Menschen haben. Das geschieht nicht neben dem, was er in bezug auf das Gesetz und den Zorn Gottes tut. Sondern beides gehört unmittelbar zusammen: Indem das Gesetz aufgehoben und der Zorn Gottes versöhnt wird, werden diese Mächte aus ihrer Herrschaft gestürzt; es wird ihnen der Rechtsgrund für ihre Herrschaft entzogen.

Denn diese Mächte herrschen nur darum über die Welt und die Menschen, weil das Gesetz nicht erfüllt ist. Sie sind von Gott zugelassen zur Herrschaft über die Menschen. Er trägt ihnen die Herrschaft auf, so wie er sie ausübt über die von ihm abgefallene Welt. Sie sind aber selbst im Grunde nichts anderes als diese von Gott abgefallene Welt, die trotz und wegen ihres Abfalles von Gott und trotzdem sie die Herrschaft Gottes über sie nicht anerkennen will, doch nicht ohne Herrschaft leben kann. Und so setzt sie ihre Herrscher aus sich selbst heraus, die nun freilich keine wahren Herrscher sind. Das will sagen, nicht solche, von denen ihre Untertanen das Leben erhalten. Sondern sie sind falsche Herren, Tyrannen, die davon leben, daß sie ihren Untertanen das Blut aussaugen und ihnen das Leben nehmen, statt es ihnen zu geben. An ihnen und an ihrer Herrschaft wird offenbar, daß die Welt, die von Gott abgefallen ist, an sich selbst zugrunde geht. Und zwar geht sie eben so zugrunde, daß sie sich selbst Herrschaften setzt, die in der angegebenen Weise über sie herrschen, indem sie die Welt zerstören.

Das »Daß« ihrer Herrschaft haben sie von Gott. Darin sind sie von Gott beauftragt; sie vertreten Gott den Herrn. Aber in dem »Wie« ihrer Herrschaft gehen sie ihre eigenen Wege, sind sie widergöttlich. Stammt das »Daß« ihrer Herrschaften von Gott, so haben sie das »Wie« von der Welt. Es laufen darum bei dem, was diese Mächte tun, wie sie nämlich über die Welt und über die Menschen herrschen, »der Kreaturen Kräfte mit unter und sind nicht bloß eigene Werke Gottes«, wie man mit Luther sagen kann.

Das eben Gesagte gilt nicht nur von der Sünde und dem Tod und den »Mächten«; es gilt auch vom Gesetz und dementsprechend vom Gewissen. Das Gesetz hat seine Herrschaft über die Menschen von Gott und es übt sie Gottes Auftrag entsprechend aus, wenn es die Menschen zu Christus treibt. Wenn es ihnen ihre Verlorenheit und ihre Knechtschaft unter die Sünde offenbart und sie dann zu Christus als ihrem Erlöser aus dieser Verlorenheit in der Sünde bringt. Wenn aber das Gesetz die Menschen in dem Sinn beherrscht, daß es sie antreibt, nach seinen Geboten zu handeln und so ihrer Verlorenheit zu entgehen, dann herrscht es wider Gottes Willen über die Menschen. Und es herrscht dann nicht mehr für Gott, sondern im Auftrag und zugunsten der Sünde über die Menschen. Es herrscht dann eben so, wie ich es vorhin andeutete: Es wird zum Tyrannen über die Menschen. Es benutzt dann zu seiner Herrschaft die Gottlosigkeit der Menschen, die darin besteht, daß die Menschen aus eigener Kraft und aus eigenem Recht leben wollen, indem sie nach den Geboten des Gesetzes handeln. Dasselbe tut das Gewissen, indem es dieses Treiben des Gesetzes bestätigt.

Gesetz und Gewissen bekommen dann einen völlig anderen Sinn, als sie von Gott her haben, und sie werden dadurch auch etwas anderes, als sie von Gott her sind. Sie geraten auch ihrerseits unter die Herrschaft der Welt, unter das »Man«, wie wir sagen können, das sie benutzt, um mit ihnen über die Menschen zu herrschen. Aber man darf dabei nicht vergessen, daß die »Mächte«, mit deren Hilfe Gott sein Zorneswerk an den Menschen tut, eben dadurch auch den Menschen gegenüber ein Recht der Herrschaft erhalten. Und sie haben, so kann man wohl sagen, auch Gott gegenüber ein Recht. Nämlich insofern als sie tun, was sein Zorn ihnen befiehlt. Sie sind freilich zugleich Gott gegenüber im Unrecht, nämlich durch die Weise, wie sie tun, was er ihnen befiehlt. Weil sie über die Menschen nicht Gott, sondern sich selbst zugute herrschen.

Wenn das Erlösungswerk Jesu Christi in der Versöhnung des Zornes Gottes besteht, so trifft es auch diese »Mächte«, die aus dem Zorn Gottes über die Menschen herrschen und sie in Knechtschaft halten. Er nimmt ihrer Herrschaft das Recht. Man hat in der Theologie diese Seite des Erlösungswerkes Jesu Christi, die Befreiung der Menschen aus der Knechtschaft der »Mächte und Gewalten« über Gebühr zurücktreten lassen. Während es bei Luther durchaus die ihm gebührende Rolle spielt, ist es später eigentlich nur noch bei theologischen Außenseitern behandelt worden. Das hat seinen Grund darin, daß man das Gesetz moralisch verstand. Dann tritt ein abstrakter Freiheitsgedanke in das Zentrum der Auffassung vom Menschen. Und damit ist die Unmöglichkeit gegeben, die Knechtschaft, in der der Mensch lebt, das servum arbitrium zu verstehen. Dann aber hören auch die Versöhnung und die Erlösung auf, das zu sein, als was sie in der Bibel und bei den Reformatoren verstanden werden.

Wo die Herrschaft der »Mächte und Gewalten« über die Menschen infolge der angegebenen Gründe aus dem Blick verschwinden, da kann man auch den Zorn Gottes nicht mehr als eine objektive Gegebenheit erkennen und verstehen. Man kann ihn dann nur noch rein subjektiv, als einen, wenn ich so sagen darf, Gemütszustand Gottes verstehen. Und aus Gott wird dann, wie die Bekämpfer der biblischen und kirchlichen Erlösungslehre es immer und nicht ohne Recht gesagt haben, ein beleidigtes, erzürntes und Rache forderndes Wesen, das in seinem Gemütszustand durch das Verdienst Christi umgestimmt werden muß. Aber da man Gott nicht wohl als ein solches Wesen denken kann, so gerät man mit der Erlösungslehre in immer größere Schwierigkeiten.

Es kommt darum alles darauf an, daß das Gesetz in rechter Weise verstanden wird. Denn das Gesetz ist die Mitte des ganzen Erlösungswerkes. Es muß darum auch in die Mitte der Betrachtung gestellt werden. Von ihm und seiner zentralen Bedeutung müssen alle Gedanken ausgehen. Vom Gesetz aus ist der Zorn Gottes und die Sünde des Menschen zu verstehen. Gott und Mensch, zwischen denen das Gesetz steht, weil es nicht erfüllt ist, können nur der zornige Gott und der sündige Mensch sein. Vom Gesetz aus sind dann auch die »Mächte« zu verstehen, die über den sündigen Menschen herrschen. Aus dem Gesetz, genauer: Aus dem *unerfüllten* Gesetz haben sie ihre Herrschaft. Darum weil das Gesetz mit seinen Forderungen vor dem Menschen steht, kann der sündige Mensch nichts anderes tun als Sünde. Das Gesetz beherrscht sein Tun, sei es, daß er gegen es handelt, sei es, daß er versucht, es zu erfüllen. Auf jeden Fall, mit seinem gesetzwidrigen wie mit seinem gesetzmäßigen Tun, will er sein Leben erhalten; auf jeden Fall handelt er damit aus der Sorge, die gottfeindlich ist, weil sie das Gegenteil des Vertrauens ist. Wer sorgt, lebt ohne Gott und will ohne Gott leben. Er glaubt nicht und kann nicht glauben; denn die Sünde herrscht über ihn. All sein Denken kommt aus der Sünde. Sein Denken ist beherrscht von der Unheimlichkeit der Welt. Und diese Unheimlichkeit ist nichts anderes als seine eigene Gottlosigkeit, seine Feindschaft gegen Gott, aus der notwendigerweise der Tod kommt. Um dieser ihn mit Vernichtung bedrohenden Unheimlichkeit der Welt Herr zu werden, setzt er, wie wir uns das früher klargemacht haben, ein »Man« aus sich heraus, das doch nichts anderes ist, als die unheimliche Welt, die ihre Unheimlichkeit in diesem »Man« verbringt. So herrschen aus der Macht des unerfüllten Gesetzes und aus dem Recht, das es auf ihn hat, die »Mächte« über den sündigen Menschen.

Wird das Gesetz erfüllt, und zwar in dem Sinn, daß die Forderungen des Gesetzes den Menschen nicht mehr treffen, verliert also das Gesetz sein Recht auf den sündigen Menschen, dann fällt nicht nur seine eigene

Herrschaft über die Menschen hin, sondern es fällt auch die Herrschaft hin, die aus dem Gesetz und seinen Ansprüchen abgeleitet ist, also die Herrschaft der »Mächte«. Außerdem ist dann aber auch – und das ist noch wichtiger, denn es ist der Grund für jenes – der Zorn Gottes gestillt, der aus dem unerfüllten Gesetz folgt.

Um die Liebe Jesu Christi und um das Verhältnis zu verstehen, in dem sie zu den von ihr Geliebten steht, muß man sich vor Augen halten, daß mit dieser Liebe das Gesetz Gottes erfüllt wird, daß also in ihr Gottes Wille geschieht. Gottes Wille steht aber, wie immer er auch geschehen mag, im schärfsten Widerspruch zur Sünde. So steht auch also die Liebe Jesu Christi in demselben Gegensatz zur Sünde wie Gottes Wille. Und so gewiß die Sünde nicht nur etwas am Menschen ist, sondern den Menschen selbst betrifft, ebenso gewiß steht die Liebe Jesu Christi zu dem Menschen selbst in Widerspruch. Sie ist gegen ihn gerichtet, insofern er er selbst ist und sein will unter der Herrschaft der Sünde.

Die Herrschaft der Sünde über den Menschen stellt sich dar in der Herrschaft eines »Man«, das aus der Begegnung mit der aus Gottes Zorn und der Sünde des Menschen sich ergebenden Unheimlichkeit der Welt stammt. Ich habe früher davon gesprochen, daß eine entscheidende Voraussetzung dafür, daß ein solches »Man« im Ernst über den Menschen herrscht, die sei, daß die Menschen, die sich in diesem »Man« verstehen, der Überzeugung sind, daß sie selbst es sind, die handeln und denken, wenn sie so handeln und denken, wie dieses »Man« es von ihnen fordert und wie es diesem »Man« entspricht. In Wahrheit aber handle und denke dann in ihnen das »Man« und nicht sie selbst, bzw. sie handeln und denken dann zwar als sie selbst, aber so, wie sie sich selbst an dieses »Man« verloren haben. Als diese unter die Herrschaft der Sünde Verlorenen sind sie sie selbst in diesem »Man«. Außerdem wissen sie nicht, daß sie verloren sind und daß sie unter der Herrschaft der Sünde leben. Sie sind im Gegenteil der Überzeugung, sie seien sie selbst, so wie man das auf gottesfürchtige oder auf vernünftige Weise sein soll.

Gegen den Menschen, wie er in diesem Sinne unter der von ihm nicht erkannten Herrschaft der Sünde steht, ist die Liebe Jesu Christi gerichtet. Zwischen ihm und Jesus Christus und seiner Liebe gilt nur ein Entweder–Oder. Entweder bleibt er oder Jesus Christus. Entweder hat er recht und ist er in der Wahrheit oder Jesus Christus mit seiner Liebe hat recht, und dann ist der Mensch, gegen den die Liebe Jesu Christi gerichtet ist, in der Lüge. Und er kann dann diese Liebe annehmen, er kann sie an sich geschehen lassen nur unter der Bedingung, daß er diese Lüge eingesteht und die Wahrheit anerkennt. Das aber würde bedeuten, daß er seine Sünde und Verlorenheit erkennte. Er müßte erkennen, daß er unter der Herrschaft der Sünde steht und daß es keine Möglichkeit gibt, sich aus eigenen Kräften von der Sünde zu befreien. Hier gibt es zunächst nichts als das Bekenntnis: Herr, gehe von mir hinaus, denn ich bin ein sündiger Mensch. Das aber ist die Erkenntnis, daß das ganze Leben, so wie wir es aus eigenem Wollen und Denken bisher gelebt haben und weiterleben können, zusammenbricht.

Auf diese Weise erscheint ja auch im Neuen Testament der Gegensatz zwischen den Menschen und Jesus Christus. Aus der Tatsache, daß Jesus Christus den Menschen mit ausdrücklichen Worten oder schweigend als Sündern gegenübertritt, als solchen, die unter der Herrschaft der Sünde sind, erwächst der Widerspruch und die Feindschaft der Menschen gegen ihn. Sie fühlen sich durch ihn schlechthin bedroht und angegriffen. Und nicht nur in bezug auf dies oder das, sondern in der Totalität ihrer Existenz. Sie spüren, daß sie, wenn er recht hat, dasjenige preisgeben müssen, worin sie den ganzen Halt ihres Lebens haben.

Nun ist ja aber mit diesem Widerspruch, der in der Art der Liebe Jesu Christi begründet ist, diese Liebe nicht erschöpft. Wenn nur dies von ihr zu sagen wäre, so hätte es ja eigentlich keinen Sinn, von Liebe zu sprechen. Die Liebe Jesu Christi ist ja nicht nur *gegen* den Menschen gerichtet (sie ist auch das, und man versteht sie nicht, wenn man *das* nicht versteht). Sondern sie ist gegen ihn gerichtet, um ihn zu suchen, um ihn von dieser Herrschaft der Sünde zu befreien und aus seiner Verlorenheit zu erretten. Das ist die Absicht dieser Liebe. Und das eben Gesagte muß geschehen, damit diese Liebe ihre Absicht erfüllen kann. Denn diese Liebe sucht den Menschen selbst. Sie will ihn, so könnte man das wohl ausdrücken, zu sich selbst bringen; sie will ihm dazu verhelfen, daß er in Wahrheit er selbst ist. So nämlich wie er vor Gott er selbst ist. Insofern kann man auch sagen, sie will ihn zu Gott bringen. Denn wer bei Gott ist, der ist in Wahrheit er selbst. Aber damit der Mensch in Wahrheit er selbst sein kann, muß er die Lüge seines Selbstseins, so wie er es unter der Herrschaft der Sünde behauptet, durchschauen. Dann aber muß er Gottes Zorn erkennen, so wie er sich in der Herrschaft der Sünde offenbart. Anders ausgedrückt: er muß erkennen, daß es Gottes Zorn ist, der in der Herrschaft der Sünde wirkt. Gottes Zorn erkennen, kann aber einer in diesem irdischen Leben nur, wenn er zugleich erkennt, daß Gottes Zorn versöhnt ist.

Die Liebe Jesu Christi ist also in doppelter Weise auf den Menschen gerichtet. Einerseits so, daß sie gegen ihn gerichtet ist, andererseits so, daß sie den Menschen sucht. Einerseits so, daß sie ihn, wie Luther das auf den bekannten scharfen Ausdruck gebracht hat, tötet, und andererseits so, daß sie ihn lebendig macht. Oder wie der Johannesevangelist den Sohn sowohl sagen läßt, daß er zum Gericht auf diese Welt gekommen sei (9, 39), wie auch, daß er nicht gesandt sei in die Welt, daß er die Welt richte, sondern daß die Welt durch ihn selig werde (3, 17 und 12,47). Das eine ist gesagt in bezug auf den Menschen, der unter der Herrschaft der Sünde steht und es nicht weiß, daß er das tut, der also in der Lüge er selbst ist. Und für den, der in dieser Lüge verharrt, also für den, der nicht zum Glauben kommt, ist dieses Gericht endgültig. Wie es denn an der eben zitierten Stelle aus dem Johannesevangelium (9, 39) heißt: Ich bin zum Gericht auf diese Welt gekommen, auf daß, die da nicht sehen, sehend werden, und die da sehen (das heißt nach dem Zusammenhang: die da meinen, daß sie sehen), blind werden. Und an der anderen zitierten Stelle (3, 18) heißt es: Wer aber nicht glaubet, der ist schon gerichtet. Und das andere, daß die Liebe Jesu Christi den Menschen sucht, daß der Sohn nicht gesandt ist, daß er die Welt richte, sondern daß sie durch ihn selig werde, ist von dem Menschen gesagt, der unter der Herrschaft der Sünde steht, und der weiß, daß er das tut, der also in der Wahrheit er selbst ist.

Diese Wahrheit des Selbstseins ist die Wahrheit meiner selbst, so wie sie mir in der Erkenntnis von Gottes Zorn offenbar wird. Aber daß sie mir so offenbar wird, ist nur möglich, wenn die Erkenntnis von Gottes Zorn zugleich die Erkenntnis von Gottes Gnade ist. Das heißt, wenn ich Gottes Zorn in seiner Versöhnung, deutlicher: in dem Akt seiner Versöhnung erkenne.

Der Akt seiner Versöhnung ist der Opfertod Jesu Christi. Dieser bedeutet erstens, daß Jesus Christus durch den strafenden Gotteswillen getötet wird und daß damit dem Zorn Gottes und seiner Gerechtigkeit genug getan wird, und zweitens, daß er stellvertretend für die sündigen Menschen stirbt, so daß sein Tod ihnen zugute kommt.

Dieser strafende Gotteswille wirkt in und durch die Herrschaft der Sünde. Er wirkt in bezug auf Jesus Christus so, daß die Menschen, die unter der Herrschaft der Sünde und das heißt, unter dem Zorneswillen Gottes leben, zu Jesus Christus im schärfsten Widerspruch stehen. In einem Widerspruch, in dem es um ihre Existenz geht, so wie sie sie, unter der Herrschaft der Sünde stehend, verstehen und behaupten müssen. Es herrscht also die Alternative, entweder sie oder Jesus Christus, zwischen beiden. Man muß für oder wider ihn sein. Und die Geschichte zeigt, wie da, wo es dem Todesurteil Jesu gegenüber zur Entscheidung kommt, auch die treuesten wider ihn sind. Dieser Widerspruch zwischen Jesus Christus und den Menschen führt zum Tode Jesu Christi. Jesus Christus selbst fordert diesen Widerspruch der Menschen gegen ihn durch seine Liebe heraus. Er zieht also den Tod auf sich. Um diesen Tod zu verstehen, muß man sich klarmachen, daß er nicht von seinem Leben, so wie er es auf Erden mit den Menschen gelebt hat, zu trennen ist. Er ist also nicht ein zufälliges Verhängnis, das über ihn hereinbricht. Sondern er ist der notwendige Abschluß dieses Lebens, der sich aus dem Wesen dieses Lebens, so wie es gelebt ist, ergibt. Nämlich aus der Liebe, die sein Inhalt gewesen ist. Ein Leben, das so auf Entscheidung und auf *die* Entscheidung gelebt wird, in die Jesus Christus die Menschen stellt, muß zum Tode führen. Und zwar zu einem Tode, der sich ergibt aus dem Verharren der Menschen unter der Herrschaft der Sünde und damit in der Lüge ihrer selbst.

Wenn wir von diesem Tod als dem notwendigen Abschluß dieses Lebens sprechen, so ist das natürlich nicht so zu verstehen, als habe Jesus Christus diesen Tod gesucht oder als sei er ihm das selbstvertändliche Ziel seines Lebens gewesen. Gesucht hat er lediglich die Menschen, und Ziel seines Lebens waren ihm die Menschen. Und wenn im Neuen Testament davon die Rede ist, daß er an dem, das er litt, Gehorsam gelernt habe (Hebr. 5, 8), so gilt das von seinem Tode insofern, als ihm in der Erfüllung von Gottes Willen, in dem er die Menschen liebt, die Erkenntnis kommt, daß diese Liebe und der Widerspruch der Menschen dagegen ihm den Tod bringt. Oder deutlicher, daß sie ihn der Gewalt des Todes ausliefert. Des Todes, der ja schon damit beginnt, daß die Menschen seine Liebe zurückweisen. Man darf bei dem Tod, von dem wir hier sprechen, nicht nur an den animalischen Tod denken, sondern man muß sich vor Augen halten, daß dieser Tod zuletzt die Gottverlassenheit bedeutet und damit zugleich das Von-den-Menschen-Ausgestoßensein. Indem Jesus Christus den Widerspruch der Menschen gegen ihn, ihre Selbstbehauptung gegen ihn mit seiner Liebe nicht überwinden kann, überschattet ihn bereits der Tod. Wie die Evangelisten das schon sehr früh mit den Leidensweissagungen ausdrücken. Und auch mit diesen Leidensweissagungen lassen ihn seine Jünger allein.

Man hat den Tod Jesu Christi nur dann richtig verstanden, wenn man versteht, daß er in diesem Tod in der größten Ferne von den Menschen ist, die zu erlösen er in die Welt gekommen ist, und daß er doch zugleich, weil er diesen Tod in seiner Liebe zu den Menschen auf sich nimmt, mit ihnen in seinem unendlichen Erbarmen verbunden ist. Man muß also verstehen, daß er durch die Herrschaft der Sünde und das heißt also durch den Zorn Gottes, der auf den Menschen liegt und sie zur Sünde treibt, von den Menschen geschieden ist. So gerät auch er, freilich ganz anders als die Menschen, unter die Herrschaft der Sünde und also unter den Zorn Gottes, und zugleich läßt er doch nicht von den Menschen, durch deren Sünde ihm dieser Tod widerfährt und um derentwillen er sich unter die Herrschaft der Sünde begibt. Nur wenn man dieses beides versteht, kann man verstehen, daß er den Zorn Gottes versöhnt und die Herrschaft der Sünde und des Todes überwindet.

Gottes Zorn ist seine Feindschaft gegen die Sünde. Und seine Feindschaft gegen die Sünde ist seine Feindschaft gegen den sündigen Menschen. Muß also dem Zorn Gottes genug geschehen, so heißt das, daß seiner Feindschaft gegen den Menschen genug geschehen muß.

Es muß also geschehen, was aus der Nichterfüllung des Gesetzes durch den Menschen folgt. Was durch die Sünde begonnen ist, das muß seinen Lauf bis zum Ende haben. Begonnen hat mit der Sünde, daß das Gesetz dem Menschen gegeben ist und daß es ihm zum Tode gereicht. Einerseits dadurch, daß es sein Leben von ihm fordert, so wie er es von Gott erhält und das er durch die Sünde vertan hat, und andererseits dadurch, daß es den Menschen in immer neue Sünde treibt. Es hat also mit der Sünde begonnen, daß die Sünde und der Tod und die anderen »Mächte« durch das Gesetz die Herrschaft über die Menschen bekommen haben. Muß also das, was durch die Sünde begonnen hat, seinen Lauf haben bis zum Ende, so heißt das, daß diese Herrschaft der Sünde und des Todes und der »Mächte« vollendet werden muß.

Das bedeutet gemäß dem Wesen dieser Herrschaft zweierlei. Wir haben an dieser Herrschaft der Sünde über die Welt ihr »Daß« und ihr »Wie« unterschieden. Das »Daß« dieser Herrschaft ist Gottes Werk; sie ist mit dieser Herrschaft von Gott beauftragt. Ihr »Wie« dagegen ist widergöttlich; es stammt nicht von Gott, sondern aus der sündigen, von Gott abgefallenen Welt, die sich selbst erhalten will. So ist denn auch die Vollendung dieser Herrschaft etwas anderes in bezug auf ihr »Daß« und in bezug auf ihr »Wie«. Bezogen auf ihren, ihr von Gott aufgegebenen Sinn bedeutet die Vollendung dieser Herrschaft, daß der Sünder umkehrt und Buße tut. In bezug auf den Sinn, den diese Herrschaft aus der sündigen Welt hat, bedeutet ihre Vollendung, daß die Sünde in ihrer Macht über die Menschen sich gegen Gott wendet, und das würde heißen, daß die sündigen Menschen wissend gegen Gott sündigen oder, wie man genauer sagen muß, daß sie in aller Klarheit darum wüßten, daß sie um der Sünde willen ohne Gott leben müssen. Denn wo ein klares Wissen um Gott ist, kann man nicht gegen ihn stehen, sondern man kann da nur in grauenvoller Ferne von Gott geschieden sein. So wie das ja wohl auch der Sinn der biblischen Höllenvorstellung ist.

Die Vollendung der Herrschaft der Sünde über die Welt hat sowohl in diesem wie in jenem Sinn die Enthüllung dieser Herrschaft zur Voraussetzung. Denn der Sünder kann nicht umkehren und Buße tun; es sei denn, er erkenne, *wie* die Sünde und *wie* das Gesetz unter der Sünde über ihn herrscht. Er muß erkennen, daß das Gesetz, so wie es unter der Sünde über ihn herrscht, ihn in immer neue Sünde treibt. Und andererseits: Der Sünder, der sich nicht bekehrt hat, solange die Zeit dazu war, kann um sein Ausgestoßensein aus der göttlichen Welt, kann um seine Verdammnis nur wissen, wenn er erkennt, daß die Sünde über ihn aus dem Rechte Gottes herrscht.

Die Enthüllung der Herrschaft der Sünde über den Menschen und damit ihre Vollendung kann aber nur so geschehen, daß Gott nicht nur das »Daß« der Herrschaft der Sünde in seiner Hand behält, sondern auch das »Wie«. Das heißt also, daß diese Herrschaft nicht so ausgeübt wird, daß das Gesetz der Sünde dient, sondern umgekehrt so, daß das Gesetz die Sünde überwindet. Das ist nur möglich, wenn das Gesetz erfüllt wird. Wenn also das Tun, das unter der Herrschaft des Gesetzes getan wird, nicht von neuem zur Sünde wird. Wenn es also nicht aus der Sünde heraus getan wird. Wo es, wie wir gesehen haben, getan wird, damit der, der es tut, sich sichere und rette vor der Unheimlichkeit der Welt. Sondern wenn es getan wird von einem, in dessen Leben nie etwas anderes geschehen ist als Gottes Wille, und der darum auch nun, wo er das Gesetz erfüllt, nichts anderes tut als Gottes Willen. Sein Tun wird nicht, wie das Tun eines, der aus der Sünde heraus handelt, auf Sicherung gerichtet sein, sondern es wird statt dessen völlige Preisgabe des Lebens sein. Preisgabe unter den Willen Gottes, so wie er in der von seinem Zorn und darum von der Sünde, dem Tod und den anderen »Mächten« beherrschten Welt geschieht.

In diesem Sinn vollendet sich in dem Opfertod Jesu Christi die Herrschaft der Sünde. Und zwar in dem Widerspruch der unter dieser Herrschaft stehenden Menschen gegen Jesus Christus und seine Liebe, der zum Opfertod Jesu Christi führt. In ihm wird das Gesetz erfüllt durch ein Tun, das aus der ursprünglichen Einheit mit Gott getan wird. Und damit wird die Herrschaft der Sünde über die Menschen enthüllt. Das heißt, es wird damit offenbar, wie die Sünde die Menschen zu Unrecht mit Hilfe des Gesetzes unter ihre Herrschaft hält. Das Gesetz erhält dadurch seine eigentliche Bedeutung zurück. Wo aber das Gesetz in seinem eigentlichen Sinn offenbar ist, und das heißt, wo durch das Gesetz die Sünde als solche aufgezeigt wird, da kann sie nicht mehr mit Hilfe des Gesetzes über die Menschen herrschen. Und wo das geschieht, da hat der Mensch die Möglichkeit, sich zu bekehren. Freilich hat er diese Möglichkeit nur im Glauben an Jesus Christus. Wie denn überhaupt die Erfüllung des Gesetzes durch Jesus Christus und damit auch die Auslegung des Gesetzes durch ihn nur für den Glauben zugänglich ist. Das ergibt sich schon daraus, daß nur derjenige, der seinen Widerspruch gegen die Liebe Jesu Christi aufgibt, die Erkenntnis Jesu als des Christus haben kann; nur dem, dessen Widerspruch Jesus Christus überwindet, kann er sich offenbaren.

Also nur im Glauben an Jesus Christus hat der Mensch die Möglichkeit, sich zu bekehren. Weil ihm in diesem Glauben die Möglichkeit gegeben ist zu eben dem, was das Gesetz von ihm fordert. Nämlich sich zu Gott zu bekehren und seine Sünde zu bekennen. Er kann es im Glauben an Jesus Christus darum, weil ihm hier in der Liebe Jesu Christi, die in der gehorsamen Erfüllung von Gottes Willen an ihm festgehalten hat und festhält, auch, wo er sich ihm unter der Herrschaft der Sünde verschlossen hat und verschließt, die also unter der Last seiner, des Menschen eigenen Sünde an ihm festhält –, weil ihm da seine Sünde vergeben, ja abgenommen wird. Und indem er sich seine Sünde vergeben läßt und sich Jesus Christus in seiner ganzen Existenz preisgibt und ihn als seinen Herrn bekennt und so Gottes Willen an sich geschehen läßt, der im Gehorsam Jesu Christi auf ihn gerichtet ist, tut er ja eben das, was das Gesetz von ihm fordert: er bekehrt sich zu Gott und bekennt seine Sünde.

Die Liebe Jesu Christi annehmen, sich zu ihm bekennen als zu dem, der uns durch seinen Tod erlöst hat, das heißt erkennen, daß wir ohne ihn wegen des Zornes Gottes, wegen seiner Feindschaft gegen die Sünde dem ewigen Tod und der Verdammnis verfallen sind. Und es heißt weiter erkennen, daß wir, wenn wir uns nicht des Todes Jesu Christi trösten können, in unserem tiefsten Grund mit all unserem Sein und Tun von der Angst vor Gott und seinem Zorn bestimmt sind. Und daß wir von dieser Angst getrieben werden, das Gesetz zu erfüllen. Über den Willen, mit dem wir dann das Gesetz erfüllen wollen, herrscht diese Angst und in dieser Angst herrscht unsere Sünde über uns. So treibt die Sünde den Menschen dazu an, das Gesetz zu erfüllen. Er will es erfüllen, um dem Zorne Gottes und dem Tode zu entgehen. Das Ziel dieses Willens ist, wie Bultmann richtig zeigt, nicht die Erfüllung des Gesetzes, sondern das

Leben, die Zoé. »Sie ist das bei allem Tun Gewollte, aber was bei allem Tun herauskommt, ist der Tod.« * Der Mensch kann dem Zorne Gottes nicht entgehen, und wenn er durch den Zorn Gottes unter die Herrschaft der Sünde und des Todes getan ist, dann kann all sein Tun ihm nichts anderes erwirken als den Tod und all sein Wollen kommt, ob er es weiß oder nicht, aus der Sünde. Aus der Sünde, das heißt, es hat seinen Grund darin, daß er sich Gott nicht preisgeben will und auch gar nicht preisgeben kann. Denn er hat das Vertrauen und die Liebe zu Gott verloren. Sich Gott preisgeben, das hieße nun, sich Gottes Zorn preisgeben. Weil er das nicht kann und weil er es nicht will, muß er sich selbst behalten wollen. Sich selbst behalten, das heißt aber ohne wirkliche Liebe und wirkliches Vertrauen, ohne wirklichen Gehorsam und wirkliche Treue leben; es heißt nicht mehr in personaler Beziehung zu Gott leben. Als die causa efficiens und die causa finalis des Gesetzes kann er dann auch nur sich selbst, sein eigenes Leben setzen. Er kann nicht anders, das bedeutet hier, er will nicht anders und kann nicht anders wollen. Das ist nicht nur so bei dem eigentlichen Gesetz, dem in der Bibel geoffenbarten, sondern es ist ebenso bei dem Gesetz in jeglicher Form. Es ist also auch so bei den gesetzlichen Ordnungen des menschlichen Lebens, wie sie auch heißen mögen, ob Familie oder Staat, Sitte oder Volkstum oder wie sonst.

Ich darf hier an das erinnern, was ich früher darüber gesagt habe, daß die Beziehungen des Menschen zu Gott nicht loszulösen sind von seinen Beziehungen zu den anderen Menschen. Lebt der Mensch ohne Liebe und Vertrauen, ohne Gehorsam und Treue zu Gott, lebt er vor Gott in der Selbstbehauptung und auf der Flucht und in der Angst vor ihm, so tut er dasselbe auch in seiner Beziehung zu den Menschen.

Hier wird wohl auch deutlich, welches der eigentliche Sinn jener Selbstverständlichkeiten ist, von denen ich zu Anfang gesprochen habe. Es ist eben dieses Selbstverständnis, in dem der Mensch unter der Herrschaft der Sünde sich selbst versteht. Daß er nämlich dann eigentlich er selbst ist, wenn er sich selbst behält, wenn er über sich selbst verfügt und sein eigener Herr ist. Wenn er das ist, was man heute eine Persönlichkeit nennt. Dieser Begriff, den wir ja immer in Beziehung zur Gemeinschaft, als ihren Gegenpol verstehen, als ihr konstitutives Element, zeigt schon, daß es sich da um die Selbstverständlichkeit handelt, aus der heraus wir die große Frage beantworten, die uns mit der Neubegründung und Neuordnung des Verhältnisses der Menschen zueinander in Staat und Gesellschaft aufgegeben ist. Es ist wohl auch deutlich, welches der Hintergrund und die Tiefe ist, aus denen diese Selbstverständlichkeiten ihren religiösen Sinn erhalten. Und was für ein religiöser Sinn es ist. Und wer in ihnen unsere Zeit beherrscht.

* Imago Dei. Beiträge zur theologischen Anthropologie. Herausgegeben von H. Bornkamm. Gießen, 1932: Rudolf Bultmann, Römer 7 und die Anthropologie des Paulus. S. 57.

Zusätzliche Literatur

Friedrich Gogarten: Ich glaube an den dreieinigen Gott, Jena 1926.
Friedrich Gogarten: Politische Ethik. Versuch einer Grundlegung, Jena 1932.
Friedrich Gogarten: Gericht oder Skepsis. Eine Streitschrift gegen Karl Barth, Jena 1937.
Friedrich Gogarten: Der Mensch zwischen Gott und Welt, Heidelberg 1952.
Friedrich Gogarten: Verhängnis und Hoffnung der Neuzeit. Die Säkularisierung als theologisches Problem, Stuttgart 1953.
Friedrich Gogarten: Entmythologisierung und Kirche, Stuttgart 1953.
Friedrich Gogarten: Jesus Christus, Wende der Welt. Grundfragen zur Christologie, Tübingen 1966.
Theodor Strohm: Theologie im Schatten politischer Romantik. Eine wissenschafts-soziologische Anfrage an die Theologie Gogartens, München 1970.
Rudolf Weth: Gott in Jesus. Der Ansatz der Christologie Gogartens. Mit einer Gogarten-Bibliographie, München 1968.

Heinrich Scholz

Was ist unter einer theologischen Aussage zu verstehen?*

Wir fragen, was unter einer theologischen Aussage zu verstehen ist. Die Frage, die wir meinen, kann auch so formuliert werden: »Wann verdient eine Aussage eine theologische Aussage zu heißen?« Oder: »Was soll der Ausdruck ›theologische Aussage‹ bedeuten?« usf. Jede dieser Formulierungen soll ein möglicher, mit den übrigen gleichberechtigter Ausdruck für unsere Frage sein.

Es ist unbestritten, daß Karl *Barth* mehr als irgendein anderer Theologe des gegenwärtigen Zeitalters dafür getan hat, daß das Gewicht dieser Frage heute sehr stark empfunden wird. So stark, daß gefragt werden kann, ob es überhaupt schon einmal explizit so stark empfunden worden ist. Folglich wird auch das, was ein logistischer Logiker zu dieser Frage im gegenwärtigen Augenblick sagen kann, seinem freundlichen Anteil empfohlen werden dürfen. Der logistische Logiker wird sich bemühen, so menschlich wie irgend möglich zu sprechen.

§ 1: Wir wollen uns zunächst darüber verständigen, in welchem Sinn wir den Ausdruck »Aussage« hier gebrauchen wollen. Unter einer Aussage wollen wir ein Gebilde verstehen, das entweder wahr oder falsch ist. Noch etwas genauer: Der Ausdruck »p ist eine Aussage« soll dasselbe bedeuten wie der Ausdruck »p ist entweder wahr oder falsch«. Wir wollen den Ausdruck »Aussage« also so interpretieren, daß, wenn wir von einer Aussage sprechen, wir zwar stets etwas meinen, was entweder wahr oder falsch ist, aber so, daß wir auch dann von einer Aussage reden, wenn noch *nicht* entschieden ist, ob das, wovon wir sprechen, wahr oder falsch ist. Für die wahren Aussagen wollen wir eine eigene Bezeichnung einführen. Sie sollen *Sätze* heißen. Dann ist also zwar jeder Satz eine Aussage, aber durchaus nicht jede Aussage ein Satz.

§ 2: Von der Frage, die wir hier diskutieren wollen, also von der Frage, was unter einer theologischen Aussage zu verstehen ist, ist eine zweite Frage scharf zu unterscheiden. Diese Frage kann so formuliert werden: »Wann ist eine Aussage eine theologische Aussage?« – Eine lange Erfahrung hat mich darüber belehrt, daß der sogenannte natürliche Mensch die beiden Fragen als wesentlich gleichbedeutend empfindet. Zu den sogenannten natürlichen Menschen wird in diesem Falle auch der Theo-

* Erstmals erschienen in: Theologische Aufsätze. K. Barth zum 50. Geburtstag, München, Chr. Kaiser Verlag 1936, S. 25–37. Text nach: Theologie als Wissenschaft, hg. und eingeleitet von Gerhard Sauter, Theologische Bücherei, Bd. 43, München 1971, S. 265–278. Abgedruckt mit freundlicher Genehmigung des Verlages. (Die Zahlen in eckiger Klammer geben die Seitenzahlen der ersten Ausgabe von 1936 an.)

loge gerechnet werden dürfen, folglich auch der christliche Theologe im Sinn von Karl *Barth*. [26]

Es ist also nicht überflüssig, es ist vielmehr nötig, daß an dieser Stelle gesagt wird, daß die Fragen F 1: »Was ist unter einer theologischen Aussage zu verstehen?« und F 2: »Wann ist eine Aussage eine theologische Aussage?« für den Logiker im geringsten nicht gleichbedeutend, sondern gänzlich voneinander verschieden sind.

Wir erkennen die Verschiedenheit zweier Fragen daran, daß wir wenigstens eine Eigenschaft angeben können, die der einen zukommt, der anderen nicht. Wir müssen also für F 1 und F 2 wenigstens eine solche Eigenschaft nennen. Wir können tatsächlich leicht drei solcher Eigenschaften angeben.

a) F 2 ist überhaupt erst dann sinnvoll, wenn F 1 beantwortet ist. Denn solange F 1 nicht beantwortet ist, wissen wir gar nicht, wovon wir sprechen, wenn wir fragen: »Wann ist eine Aussage eine theologische Aussage?« Es ist hier genauso wie in der elementaren Arithmetik. Wir müssen wissen, was wir unter der Teilbarkeit einer natürlichen Zahl durch 12 verstehen wollen. Dann erst können wir sinnvoll fragen: »Wann ist eine natürliche Zahl durch 12 teilbar?« Vorher nicht. Und nun wollen wir annehmen, daß wir wissen, was es bedeuten soll, wenn wir für eine natürliche Zahl behaupten, daß sie durch 12 teilbar ist. Es soll dasselbe bedeuten, wenn wir sagen, daß sie ein ganzzahliges Vielfaches von 12 ist. Wenn wir jetzt fragen: »Wann ist eine natürliche Zahl durch 12 teilbar?«, so können wir antworten: »Dann und nur dann, wenn sie durch 3 und durch 4 teilbar ist.« Oder: »Dann und nur dann, wenn sie durch 2 und durch 6 teilbar ist.« Oder: »Stets dann, aber nicht *nur* dann, wenn sie durch 36 teilbar ist.« Oder: »Nur dann, aber nicht auch *stets* dann, wenn sie durch 3 teilbar ist.«

In den ersten beiden Fällen liefert die Antwort das, was man in einem strengen logischen Sprachgebrauch eine hinreichende und notwendige oder kürzer eine *charakteristische* Bedingung nennt. Im zweiten Fall liefert sie eine zwar *hinreichende*, aber nicht notwendige, im dritten Fall liefert sie eine zwar *notwendige*, aber nicht hinreichende Bedingung. Eine *hinreichende* Bedingung ist dadurch hervorgehoben, daß sie das leistet, was wir von einem Kennzeichen verlangen. Man erkennt die Teilbarkeit einer natürlichen Zahl durch 12 daran, daß sie durch 36 teilbar ist. Oder: wenn wir wissen, daß eine natürliche Zahl durch 36 teilbar ist, so können wir daraus schließen, daß sie durch 12 teilbar ist. – Eine *notwendige* Bedingung ist eine Bedingung von der Art, daß jedesmal dann, wenn diese Bedingung *nicht* erfüllt ist, auch die Eigenschaft nicht vorhanden ist, für die sie eine notwendige Bedingung ist. Man erkennt die Nicht-Teilbarkeit einer natürlichen Zahl durch 12 daran, daß sie nicht durch 3 teilbar ist. Oder: Wenn wir wissen daß eine natürliche Zahl nicht durch 3 teilbar ist, so können wir daraus schließen, daß sie (erst recht) [27] nicht durch 12 teilbar ist. – Für eine *charakteristische* Bedingung gilt folgendes: Die erkenntnispraktische Bedeutung einer charakteristischen Bedingung besteht darin, daß sie in jeder Aussage, in welcher sie auftritt, nach Belieben durch die Eigenschaft ersetzt werden kann, für welche sie eine charakteristische Bedingung ist, ohne das Wahr- oder Falschsein dieser Aussage zu ändern; und umgekehrt. Es ändert sich nichts an der Wahrheit der Aussage »144 ist teilbar durch 12«, wenn wir den Aussagebestandteil »teilbar durch 12« ersetzen durch den Aussagebestandteil »teilbar durch 3 und durch 4«; und umgekehrt.

b) Aus diesen einfachen Überlegungen können wir einen zweiten wesentlichen Unterschied zwischen den Fragen F 1 und F 2 abstrahieren. Auf die Frage F 1 gibt es immer nur eine Antwort, in dem Sinne, daß, wenn diese Frage einmal beantwortet ist, sie in dem Gedankengang, für den sie beantwortet ist, nicht noch ein zweites oder drittes Mal beantwortet werden kann. Auf die Frage F 2 dagegen kann es beliebig viele Antworten geben.

Woran liegt das? Es liegt daran, daß eine Beantwortung der Frage F 1 logisch grundverschieden ist von einer Beantwortung der Frage F 2. Eine Beantwortung der Frage F 2 ist stets eine *Aussage*, also nach unsern Festsetzungen stets entweder wahr oder falsch. Eine Beantwortung der Frage F 1 ist etwas ganz anderes. Was ist sie denn? Sie ist eine *Festsetzung*. Eine Festsetzung, durch welche in dem arithmetischen Falle, den wir zur Erläuterung eingeführt haben, entschieden wird, wann wir sagen wollen, daß eine natürliche Zahl durch 12 teilbar ist. Eine Festsetzung ist nicht eine Aussage; denn es ist offenbar nicht sinnvoll, zu fragen, ob eine Festsetzung wahr oder falsch ist. Wir können uns dies ein für allemal an einem ganz einfachen Beispiel klarmachen. Die sogenannten christlichen Völker fußen bis heute mit ihrer Zeitrechnung auf der Festsetzung, daß der Nullpunkt dieser Zeitrechnung mit einem bestimmten Ereignis zusammenfallen soll, nämlich mit dem Ereignis von Christi Geburt. Wir fragen: »Ist diese Festsetzung wahr oder falsch?« Und wir erkennen sofort, daß diese Frage sinnlos ist. Eine sinnvolle Frage wird in diesem Falle ganz anders formuliert werden müssen. Etwa so: »Ist Christi Geburt ein Ereignis von der Größenordnung, daß es *zweckmäßig* ist, die historische Zeitrechnung mit diesem Ereignis fest zu verbinden, oder nicht?«

In der Frage, die wir jetzt formuliert haben, tritt der Begriff der *Zweckmäßigkeit* auf. Wer sich mit diesen Dingen ernsthaft beschäftigt hat, darf sagen, daß dies nicht zufällig ist. Es ist vielmehr so, daß die Zweckmäßigkeitsfrage oder genauer die Formulierbarkeit einer Zweckmäßigkeitsfrage eine notwendige Bedingung dafür ist, daß wir es mit einer Festsetzung zu tun haben; denn Festsetzungen sind [28] Handlungen, und Handlungen sind in demselben Sinne entweder zweckmäßig oder unzweckmäßig, in welchem Aussagen entweder wahr oder falsch sind.

c) Und dies ist nun der dritte wesentliche Unterschied zwischen F 1 und F 2: Eine sinnvolle Antwort auf F 1 ist stets eine *Festsetzung*; eine sinnvolle Antwort auf F 2 ist stets eine *Aussage*.

§ 3: Was folgt daraus? Es folgt daraus, daß es nicht sinnvoll oder, noch etwas deutlicher, daß es sinnlos ist, sich über eine Beantwortung einer Frage vom Typus F 1: »Was ist unter dem Ausdruck ›A‹ zu verstehen?«, in demselben Sinne zu streiten wie über eine Beantwortung einer Frage vom Typus F 2: »Wann hat ein Gegenstand die Eigenschaft A?«

Es folgt *nicht*, daß man sich über eine Beantwortung einer Frage vom Typus F 1 überhaupt nicht sinnvoll streiten kann. Man kann es schon; aber man muß sich darüber klar sein, worum man sich streitet. Man streitet sich um eine *Definition*. Ein solcher Streit braucht durchaus nicht gegenstandslos zu sein; denn es ist sehr wohl möglich, daß eine Definition D 1 vor einer von ihr verschiedenen Definition D 2 irgend etwas Wesentliches voraus hat, wie man zu sagen pflegt. Aber über folgendes muß man sich klar sein:

a) Über das, was in einem vorgegebenen Falle zweckmäßig ist, kann man zwar sehr verschieden urteilen; aber daraus folgt im geringsten nicht, daß es genau eine Beurteilung gibt, für welche gezeigt werden kann, daß sie die richtige ist. Mir ist ein solcher Fall überhaupt nicht bekannt. Denn etwas, was unter einem System S 1 von mitbestimmenden Voraussetzungen in einem evidenten Sinne zweckmäßig ist, kann unter einem davon verschiedenen System S 2 in einem ebenso evidenten Sinne *nicht zweckmäßig*, ja höchst unzweckmäßig sein. Nun lassen sich aber Zweckmäßigkeitsfragen auch dann, wenn der angestrebte Zweck keiner Diskussion unterliegt, von solchen mitbestimmenden Voraussetzungen praktisch überhaupt nicht oder jedenfalls im Normalfall nicht abtrennen. Folglich kann in einem Streit über Zweckmäßigkeitsfragen grundsätzlich nicht entschieden werden, wer recht hat, sondern es kann in einem solchen Streit immer nur die Frage geklärt werden, warum man verschiedener Meinung ist. Um diese Meinungsverschiedenheit zum Verschwinden zu bringen, muß man sich irgendwie *verständigen*. Es gibt in diesem Falle keinen andern Weg.

Hieraus folgt:

b) Die Frage, was unter einer theologischen Aussage zu verstehen ist, ist eine Frage, die sinnvoll nur durch eine *Verabredung* entschieden werden kann. Dieses Ergebnis scheint mir von einer sehr wesentlichen erkenntnispraktischen Bedeutung zu sein; denn es ist eine hartnäckig wiederkehrende Erfahrung, daß außerhalb des Bereichs der exakten [29] Wissenschaften, also außerhalb des Bereichs der Mathematik und der theoretischen Physik, über weniges noch immer so heftig gestritten wird, wie über die sogenannte Richtigkeit solcher Festsetzungen. Es ist nach meinem Urteil etwas Wesentliches gewonnen, wenn man sich die Zwecklosigkeit solcher Streitigkeiten ein für allemal klargemacht hat; denn durch den Verzicht auf die endlose Wiederholung solcher Kontroversen werden viele Verwirrungen zum Verschwinden gebracht, die einer guten Sache nur schaden können, und Kräfte frei, die besseren Dingen zugewendet werden können.

c) Es ist natürlich etwas ganz anderes, wenn gefragt wird, ob eine gewisse Aussage eine theologische Aussage im *Schleiermacher*schen Sinn oder eine theologische Aussage im Sinn von Karl *Barth* ist usf. Denn diese Frage hat erst dann einen Sinn, wenn vorausgesetzt werden darf, daß in beiden Fällen eine Erklärung darüber vorliegt, was unter einer theologischen Aussage zu verstehen ist, oder daß eine solche Erklärung wenigstens nachträglich mit einer hinreichenden Bestimmtheit formuliert werden kann. Aber Erklärungen als solche sind grundsätzlich *arbiträr*. Man kann sie annehmen oder ablehnen oder modifizieren; aber man kann nicht sinnvoll fragen, ob eine solche Erklärung wahr oder falsch ist, sondern man kann nur noch allenfalls sagen, warum man sie annimmt oder ablehnt oder warum man der Meinung ist, daß sie modifiziert werden muß. *Was für Erklärungen man wählt, hängt in der Tat davon ab, was für ein Mensch man ist.* Und man müßte schon über die allgemein anerkannte Rangordnung der möglichen Formen des Menschseins verfügen, über die wir niemals verfügen werden, wenn man gleichwohl für diese Erklärung eine allgemein anerkannte Rangordnung erzwingen wollte. Es ist zwar sehr unbequem, daß es so ist; aber bestreiten läßt es sich nicht.

§ 4: Um so wichtiger wird nun die Beantwortung der Frage, wann eine Aussage eine theologische Aussage heißen soll. Wer diese Sache mit den Augen des Logikers betrachtet, der hier nun einmal mitsprechen darf, wird sagen müssen, daß im Felde der protestantischen Theologie *Schleiermacher* der Theologe gewesen ist, der mehr als irgendein anderer für eine pünktliche Beantwortung dieser Frage geleistet hat; denn nach *Schleiermacher* soll eine Aussage dann und nur dann eine theologische Aussage heißen, wenn sie einen Beitrag liefert zur Beschreibung des *Schleiermacher*schen Abhängigkeitsgefühls in der ihm von *Schleiermacher* ausdrücklich verliehenen christlich-protestantischen Färbung.

Ich möchte nicht mißverstanden werden. Ich identifiziere mich hier im geringsten nicht mit dieser *Schleiermacher*schen Erklärung. Ich [30] verwerfe sie auch nicht. Und ebenso wenig denke ich daran, sie irgendwie zu modifizieren. Meine persönliche Stellung zu dieser Erklärung ist hier ganz gleichgültig. Aber *nicht* gleichgültig ist es, daß hier ein so ernster Versuch gemacht ist, so klar und deutlich wie möglich und ein für allemal zu sagen, was in bezug auf die *Schleiermachersche* Glaubenslehre unter einer theologischen Aussage verstanden werden soll. Ich möchte so gern, daß dies anerkannt wird. Nicht um *Schleiermacher* zu Ehren zu bringen, sondern um der Sache willen; denn diese Sache ist sehr der Mühe wert, und auf keinen Fall ist sie deshalb schlecht, weil sie in ihrer Art von *Schleiermacher* so gut gemacht worden ist, daß man bis heute von ihm etwas lernen kann, auch dann, wenn man die Frage als solche ganz anders beantwortet als er.

§ 5: Karl *Barth* hat sie in der Tat ganz anders beantwortet; und ich würde ihm diese Blätter nicht vorlegen, wenn ich nicht der Meinung wäre, daß er durch die Richtung, die er für die Beantwortung dieser Frage festgelegt hat, der protestantischen Theologie eine neue wesentliche Standfestigkeit und einen neuen wesentlichen Impuls verliehen hat. Vielleicht um einen sehr hohen Preis. Vielleicht um einen Preis, den durchaus nicht jeder sich abringen kann, der sich in einem nicht-leichtfertigen Sinne für einen protestantischen Menschen von Herkunft und Gesinnung glaubt halten zu dürfen. Aber dies steht hier nicht zur Diskussion.

Dagegen wird folgendes nach meinem Urteil gesagt werden müssen. Es wird gesagt werden müssen, daß wir bis jetzt nur so viel wissen, daß eine Aussage im Sinn von Karl *Barth* nur dann eine theologische Aussage zu heißen verdient, wenn sie eine Aussage ist über Gott oder wenn sie äquivalent in eine solche Aussage umgeformt werden kann.[1] Das ist viel; aber wenn man es sich genau überlegt, so wird man sagen müssen: es ist hier noch sehr viel zu tun.

§ 6: Ich möchte nun wenigstens andeuten dürfen, was nach meinem Urteil noch alles zu tun ist.

a) Wir wissen bis jetzt nur, wann eine Aussage im Sinn von Karl *Barth* als eine theologische Aussage *nicht* anzuerkennen ist. Sie ist sicherlich dann nicht als eine solche anzuerkennen, wenn sie nicht eine Aussage ist über Gott oder äquivalent in eine solche Aussage umgeformt werden kann. Es bedeutet nun zwar grundsätzlich sehr viel, wenn wir [31] wissen, daß keine Aussage eine theologische Aussage heißen soll, wenn sie dieser Bedingung nicht genügt; aber eine Erklärung ist das nicht. Bei weitem nicht. Denn eine Erklärung müßte so aufgebaut sein, daß wir haben: Der Ausdruck »theologische Aussage« soll im Sinn von Karl *Barth* dasselbe bedeuten wie der Ausdruck »A«; und nun müßte in A dieser Ausdruck eingesetzt sein.

b) Der Ansatz von Karl *Barth* wird also in jedem Falle noch einer sehr wesentlichen Ergänzung bedürfen, um als eine Erklärung des Ausdrucks »theologische Aussage« gelten zu können. Es ist nun zwar im geringsten nicht gleichgültig für mich, daß ich annehmen darf, daß Karl *Barth* dies durchaus nicht bestreitet, daß es ihm selbst vielmehr vollkommen gegenwärtig ist. Aber die Dringlichkeit der angedeuteten Ergänzung wird dadurch sachlich nicht abgeschwächt.

c) Nach reiflicher Überlegung möchte ich vorschlagen, daß man es einmal so versucht, daß man sagt: *»Eine Aussage soll dann und nur dann eine theologische Aussage heißen, wenn sie eine Aussage über Gott ist oder äquivalent in eine solche Aussage umgeformt werden kann.«* Dann müssen selbstverständlich auch folgende Aussagen als theologische Aussagen anerkannt werden: »Gott existiert nicht« oder »Es gibt mehr als einen Gott« oder »Gott hat die Eigenschaften des Teufels.« Ich habe absichtlich diese »abwegigen« Beispiele gewählt, damit über die Konsequenzen meines Vorschlags kein Zweifel aufkommen kann. Der Theologe wird diese Konsequenzen vielleicht zwar zunächst als untragbar empfinden; ich glaube aber, daß er an dieser Stelle vom Logiker etwas lernen kann. Denn wenn ich diese Aussagen als theologische Aussagen bezeichne, so behaupte ich damit im geringsten noch nicht, daß sie *wahre* theologische Aussagen oder kürzer: Daß sie theologische *Sätze* sind. Natürlich sollen sie das nicht sein; aber das hindert mich nicht, sie zunächst einmal als theologische Aussagen anzuerkennen. Denn dafür habe ich nun wenigstens eine Erklärung gewonnen, und eine Erklärung, die mir zugleich ein praktisches Entscheidbarkeitskriterium liefert; denn ob der Ausdruck »Gott« in einer möglichen Formulierung einer Aussage auftritt oder nicht, wird in jedem Falle entschieden werden können.

d) Es versteht sich, daß ich mir nicht verberge, daß dieser Vorschlag noch sehr weit entfernt ist von dem, was ich selbst für wünschenswert halte. Ich würde natürlich einen Vorschlag für wünschenswert halten, durch den der Bereich der theologischen Aussagen so abgesteckt wird, daß er wesentlich enger ist. Dagegen würde ich auch für diesen dringend erwünschten Fall nicht verlangen, daß nur die Aussagen erfaßt werden, die zugleich als theologische Sätze gelten sollen. Ich würde meinen, daß man sich die Aufgabe durch eine solche Forderung unverhältnismäßig [32] erschwert. Es ist nicht nötig, daß man von vornherein etwas so Anspruchsvolles fordert. Folglich wird es auch nicht zweckmäßig sein. Aber nötig ist es in jedem Falle, daß man, ehe man meinen Vorschlag zu verbessern sucht, sich vorher ganz klar darüber ist, in welcher Richtung man ihn verbessern will. Nur dann kann etwas gewonnen werden, was der aufgewendeten Mühe wert ist.

e) Auch dann bleibt noch eine sehr ernst zu nehmende Schwierigkeit übrig. Sie liegt in der Frage: »Wann kann eine Aussage, die so formuliert ist, daß der Ausdruck ›Gott‹ in dieser Formulierung nicht explizit auftritt, äquivalent umgeformt werden in eine Aussage, auf welche dies zutrifft?« Die Frage ist so zu verstehen, daß für jede solche Aussage eine Regel verlangt wird, durch welche bestimmt wird, wie dies zu geschehen hat. Es müßte also z. B. für jede theologische Aussage, in deren Formulierung zwar das Wort »Kirche« auftritt, aber nicht das Wort »Gott«, eine Regel existieren, durch deren Anwendung diese Aussage äquivalent umgeformt werden kann in eine Aussage, in deren Formulierung das Wort »Gott« auftritt. – Ich zweifle nun zwar nicht daran, daß diese Forderung sehr unbequem ist; aber das wird mich nicht hindern dürfen, sie so nachdrücklich zu stellen, daß sie nicht überhört werden kann. Denn sonst ist für die stilistische Einheit der theologischen Aussagen gerade das *nicht* gewonnen, worauf es hier ankommt; und mit der stilistischen Einheit steht und fällt in diesem Falle die gedankliche Einheit, die unser eigentliches Anliegen ist. Man kann hier gar nicht streng genug sein: streng gegen andere und erst recht gegen sich selbst.

f) Ich werde nun auch noch sagen müssen, wie man sich diese Regeln theoretisch ersparen kann. Man kann sie sich theoretisch dadurch ersparen, daß man mit unserer ursprünglichen Forderung wirklich ernst macht. Was heißt das? Es heißt, daß man dafür sorgt, daß jede Aussage, die als eine theologische Aussage gelten soll, nun auch so formuliert ist, daß der Ausdruck »Gott« in der Formulierung derselben an irgendeiner Stelle explizit auftritt. Ich rechne zwar ganz fest damit, daß diese Forderung zunächst als höchst schulmeisterlich empfunden werden wird; ich werde aber sagen dürfen, daß diese Empfindung einer strengen Nachprüfung nicht standhält. Entweder nimmt man unsere Forderung genau; dann ist es völlig gleichgültig, wieviel Mühe es uns kostet, sie zu befriedigen. Oder man nimmt sie *nicht* genau; dann ist es nicht der Mühe wert, sie überhaupt ernst zu nehmen.

g) Mir ist bis heute keine Dogmatik bekannt, die diese Forderung streng erfüllt. Auch in der Dogmatik von Karl *Barth* bin ich auf viele Aussagen gestoßen, in deren Formulierung der Ausdruck »Gott« nicht explizit auftritt, und wo ich in ernste Verlegenheit gerate, wenn ich genau sagen soll, wie diese Aussagen äquivalent so umzuformen [33] sind, daß sie diesen Ausdruck explizit enthalten. Ich sage das selbstverständlich *nicht*, um die ernste und mühevolle Arbeit von Karl *Barth* herabzusetzen, und erst recht nicht, weil ich mir einbilde, daß ich es besser machen könnte. Von dieser Einbildung bin ich ganz weit entfernt. Aber ich werde es sagen dürfen, um mit dem Ernst und der unvermeidlichen Härte des Logikers ein Anliegen hervorzuheben, das nach meinem Urteil von Karl *Barth* nicht weniger als wesentlich empfunden werden wird, wenn man ihm dieses Anliegen vorträgt, als von mir.

§ 7: Für Karl *Barth* ist der Kampf gegen die rationale Theologie in jeder Gestalt so wesentlich, daß wir nun noch untersuchen müssen, ob uns die erwünschte Einschränkung des Bereichs der theologischen Aussagen (§ 6 d) nicht wenigstens in *seinem* Sinne dadurch gelingt, daß wir von dieser Kampfstellung Gebrauch machen. Um diese Frage zu prüfen, wollen wir es mit folgender Erklärung versuchen: »Eine Aussage soll dann und nur dann eine im Sinn von Karl *Barth* theologische Aussage heißen, wenn sie eine theologische Aussage ist, die *nicht* einer rationalen Theologie angehört.«

Der Logiker wird das so ausdrücken, daß er sagt: Unter einer im Sinn von Karl *Barth* theologischen Aussage soll eine Aussage verstanden werden, die folgenden Bedingungen genügt:

a) Es gibt wenigstens eine mögliche Formulierung dieser Aussage, in welcher der Ausdruck »Gott« auftritt.[2]

b) Diese Aussage ist nicht eine rationale Aussage.

§ 8: Es scheint mir ein nicht unwesentlicher Gewinn dieses Vorschlags zu sein, daß durch ihn alle Interpretationsschwierigkeiten konzentriert sind auf eine Interpretation des Ausdrucks »rationale Aussage«. Der Logiker nennt das eine *Reduktion*. In der Tat! Es ist uns gelungen, die Beantwortung der Frage: »Was ist unter einer theologischen Aussage zu verstehen?« zu reduzieren auf die Beantwortung der Frage: »Was soll unter einer rationalen Aussage verstanden werden?« Selbstverständlich im

Sinn von Karl *Barth*. Wenn wir auch diese Frage befriedigend [34] beantworten könnten, so würden wir sagen können, daß unsere Aufgabe wenigstens grundsätzlich bezwungen ist.

§ 9: Trotz alles Nachdenkens ist es mir bis jetzt nicht gelungen, diese Frage so zu beantworten, daß ich für die Antwort behaupten könnte, daß sie wenigstens mich selbst in einer ersten Näherung befriedigt. Denn

a) es ist offenbar nichts gewonnen, wenn wir sagen: »Eine Aussage soll dann und nur dann *rational* heißen, wenn sie dem ›natürlichen‹ Menschen einleuchtet.« Dann würden wir nämlich wissen müssen, was unter einem »natürlichen« Menschen zu verstehen ist; und ich fürchte sehr, daß dies nur dadurch gelingen wird, daß wir sagen: »Unter einem natürlichen Menschen soll ein Mensch verstanden werden, dem ein theologischer Satz im Sinn von Karl *Barth* nicht einleuchtet.« Man kann nicht noch zirkulärer werden.

b) Wir werden auch keinen Schritt weitergekommen sein, wenn wir sagen: »Eine Aussage soll dann und nur dann rational heißen, wenn sie in einer guten protestantischen Predigt nicht auftreten kann.« Denn was in einer guten protestantischen Predigt auftreten kann oder nicht, ist im kritischen Falle mindestens ebenso kontrovers wie der Ausdruck »rational«. Außerdem wird man auch im Sinn von Karl *Barth* von einer guten Theologie verlangen dürfen, daß sie zu präzisieren versucht, was in einer protestantischen Predigt auftreten kann und was nicht. Man wird also nicht zulassen wollen, daß diese Theologie sich auf die guten protestantischen Predigten beruft, um sagen zu können, was sie unter einer theologischen Aussage versteht.

c) Schließlich habe ich noch etwas ganz anderes versucht. Ich habe den philosophischen Klassiker der *Theologia naturalis*[3], Christian Wolff, befragt. Ich bin auf die folgenden Antworten gestoßen:

(1) *In Theologia naturali non assumenda sunt principia demonstrandi, nisi quae vel experientia vel demonstratione nituntur aut in numerum definitionum nominalium referuntur* (Theol. nat I § 8).

(2) *Theologia naturalis principia ex Ontologia, Cosmologia et Psychologia petit* (Theol. nat I § 11).

An der Antwort (1) ist mir lehrreich gewesen der exemplarische Empirismus, über welchem sie die natürliche Theologie konstituiert. Ich habe aus dieser Antwort gelernt, daß die Kantische Interpretation der »spekulativen Theologie« eine der vielen Kantischen Begriffsschöpfungen ist und nicht, wie *Kant* es uns nahelegt zu glauben, die [35] traditionelle Auslegung dieses Ausdrucks. Das hat mich natürlich sehr interessiert; aber darüber hinaus habe ich auch durch diese Antwort nichts Wesentliches für mein Anliegen gewinnen können. Ich muß dann nämlich unter einer *rationalen* Aussage eine Aussage verstehen, zu der eine Menge von empirischen Sätzen[4] so existiert, daß sie durch Anwendung gewisser »Regeln des Schließens« und nur durch sie aus dieser Menge gewonnen werden kann; oder, wie wir hierfür auch kürzer sagen können: eine Aussage, die aus einer Menge von empirischen Sätzen *abgeleitet* werden kann. Dann würde also eine nicht-rationale Aussage eine Aussage sein, zu der keine Menge von empirischen Sätzen existiert, aus der sie ableitbar ist. Dies trifft nun aber in jedem Falle auch zu auf die Aussagen der Logik und der Mathematik. Wir würden also für die nicht-rationalen Aussagen einen Bereich erhalten, der viel zu weit ist. Man könnte sich nun zwar so helfen, daß man sagt: »Unter einer nicht-rationalen Aussage soll eine Aussage verstanden werden, die nicht aus einer Menge von empirischen Sätzen ableitbar und weder eine logische noch eine mathematische Aussage ist.« Dann fällt aber der Bereich der rationalen Aussagen mit dem Bereich der Aussagen zusammen, die aus einer Menge von empirischen Sätzen ableitbar oder logische oder mathematische Aussagen sind. Dieser Bereich ist so bunt zusammengewürfelt, daß der Logiker gegen die Begriffsbildung, durch die er geschaffen ist, die stärksten Bedenken anmelden muß. Und auch der Theologe im Sinn von Karl *Barth* wird wenig befriedigt sein von einer Interpretation der theologischen Aussagen, in welche die Aussagen der Logik und Mathematik explizit eingehen, wenn auch nur zu dem Zweck, um ausgeschlossen zu werden. Schließlich ist auch noch zu bedenken, daß die Erklärung des Ausdrucks »empirischer Satz« mit sehr erheblichen Schwierigkeiten belastet ist, wenn sie einigermaßen befriedigend sein soll. Wir brauchen aber in diesem Zusammenhange die empirischen Sätze. Deshalb bin ich der Meinung, daß auch die *Wolff*sche Antwort uns hier nicht weiterhilft.

Die Antwort (2) hat für uns nur noch eine historische Bedeutung; denn die Ontologie, Kosmologie und Psychologie des Christian *Wolff* ist seit Kant für uns kein Bezugssystem mehr.

§ 10: Da ich selbst hier nichts Positives vorzuschlagen vermag, so möchte ich um so mehr die Aufmerksamkeit und den Anteil des Freundes, dem diese Blätter zugewendet sind, auf diese Frage lenken dürfen. Vielleicht gelingt es ihm etwas besser als mir, eine Antwort auf diese Frage [36] so zu finden, daß wir wissen, woran wir sind. Es scheint mir der Mühe wert zu sein.

§ 11: Ehe ich schließe, möchte ich noch eine *Warnungstafel* aufrichten dürfen. Diese Warnungstafel kann im Anschluß an die Erklärung von Christian *Wolff* konstruiert werden. Nach *Wolff* ist unter einer nicht-rationalen Aussage eine Aussage zu verstehen, die nicht aus einer Menge von empirischen Aussagen abgeleitet ist. Es liegt nun nahe, zu sagen: »Unter einer nicht-rationalen Aussage soll eine Aussage verstanden werden, zu der überhaupt keine Satzmenge existiert, aus der sie abgeleitet ist.« Um diese Interpretation zu erhalten, würden wir also die rationalen Aussagen mit den Aussagen zu identifizieren haben, die aus wenigstens einer Satzmenge abgeleitet sind.

Ich bestreite natürlich nicht, daß diese Interpretation sehr bestechend ist, solange sie nicht genau durchüberlegt ist; denn dann kann es in einer nicht-rationalen Theologie jedenfalls nicht einen Gottesbeweis von der unerwünschten philosophischen Art geben, und das wird man zunächst in jedem Falle erreichen wollen, wenn man eine Theologie im Sinn von Karl *Barth* konstituieren will. Ich möchte gleichwohl vor diesem Erklärungsversuch auf das nachdrücklichste warnen dürfen; denn er hält einer genaueren Nachprüfung nicht stand. Aus folgenden Gründen:

a) In einer exakten Logik kann jeder Satz aus sich selber abgeleitet werden. Folglich ist jeder Satz (im Sinn von § 1) ableitbar. Wir würden dann also gezwungen sein, einen und denselben Satz als theologisch anzuerkennen oder als nicht-theologisch zu verwerfen, je nachdem, ob er abgeleitet ist oder nicht. Das ist für den Logiker eine untragbare Zumutung. Und ich glaube, daß auch dem Theologen im Sinn von Karl *Barth* zugemutet werden darf, daß er sich hier auf die Seite des Logikers stellt. Denn auch einem theologischen Satz wird niemand sinnvoll verbieten können, daß er irgendwelche logischen Folgen hat. Dann wird also auch jede logische Folge eines theologischen Satzes selbst wieder ein theologischer Satz sein müssen. Und wenn wir einen Satz aus einem andern ableiten, so ist das, was wir tun, genau dies, daß wir zeigen, daß er eine Folge dieses Satzes ist. Man kann hier also nicht eine Sperrlinie ziehen, ohne Dinge auseinanderzureißen, die in jedem Falle zusammengehören.

b) Es ist in jedem Falle gefährlich, einem denkenden Wesen das Schließen als solches zu untersagen. Was man durch ein solches Verbot erreichen will, ist tatsächlich etwas ganz anderes. Man will verhindern, daß gewisse Satzmengen zur Konkurrenz so zugelassen werden, daß man Schlüsse aus ihnen ziehen darf. Ein solches Verbot kann sehr berechtigt sein; aber dann muß man, wenn man weiß, was man will, die Satzmengen [37] genau bestimmen, die unter dieses Verbot fallen sollen, und darf nicht das Schließen als solches verbieten.

Denn wenn uns das Schließen als solches verboten wird, so wird uns das wesentlichste Mittel entzogen, über das wir als denkende Wesen verfügen, um uns klar zu werden über das, was wir sagen. Man mag bedauern, daß es so ist; aber wenn wir von Gott geschaffen sind, so werden wir daraus schließen müssen, daß er gewollt hat, daß wir auch den Verstand, den er uns zugewendet hat, so in Funktion setzen, daß wir nicht als schlechte oder ungetreue Haushalter desselben erfunden werden. Das sind wir aber in jedem Falle, wenn wir ihn nicht überall da charaktervoll einsetzen, wo er der Verständigung dienen kann. Und durch nichts dient er so der Verständigung, wie durch die Ausübung der edlen Kunst des Schließens.

Ich will es an einem ganz einfachen Beispiel erläutern. Wir wollen annehmen, daß die Aussage »Gott ist allmächtig« auch im Sinn von Karl *Barth* ein theologischer Satz ist. Dann werden wir hieraus zu schließen haben, daß, wenn irgendwo etwas geschieht, er es wenigstens nicht hat hindern wollen; auch dann nicht, wenn das, worum es sich handelt, sich jeder sogenannten sinnvollen Deutung entzieht. Es darf dann mit andern Worten nichts geben, was er nicht wenigstens in dem Sinne gewollt hat, daß er es nicht hat hindern wollen. Diese Konsequenz ist vielleicht nicht bequem; aber erst durch sie wird eigentlich klar, was wir sagen, wenn wir von Gottes Allmacht sprechen.

Und so werden wir überall erst durch das Schließen aus dem Dunklen ins Helle geführt. Deshalb möchte ich mich dafür einsetzen dürfen, daß die Beweisbarkeit eines Satzes als solche *nicht* als ein Kennzeichen dafür eingeführt wird, daß dieser Satz nicht ein theologischer Satz ist. Im Gegenteil: Je mehr wir durch pünktliches Schließen gewinnen, desto sicherer dürfen wir sein, daß wir nichts unterlassen haben von dem, was wir leisten können und folglich auch werden leisten *müssen*, wenn wir nicht zu denen gehören wollen, die sich die Arbeit zu leicht gemacht haben. Das aber wollen wir sicherlich nicht. Und wenn wir es wollten, so jedenfalls nicht im Dienst einer Theologie, die es sich selbst und uns andern so schwer macht, wie die Theologie im Sinn von Karl *Barth*.

Zusätzliche Literatur

Vgl. den Sammelband »Theologie als Wissenschaft«. Aufsätze und Thesen, herausgegeben und eingeleitet von *Gerhard Sauter*, München 1971, sowie den Aufsatz von *Eberhard Jüngel* im vierten Teil des Readers.

Fußnoten

1 Wir sagen dann und nur dann: »Die Aussage p kann äquivalent in die Aussage q umgeformt werden«, wenn p und q in einer solchen Beziehung zueinander stehen, daß p nach Belieben durch q ersetzt werden kann, ohne daß sich der Aussagewert von p (das Wahr- oder Falschsein von p) dadurch ändert; und umgekehrt. Dies ist dann und nur dann der Fall, wenn die Beziehung, in welcher p und q zueinander stehen, von der Art ist, daß aus p auf q geschlossen werden kann; und umgekehrt.

2 Die Formulierung von a) ist dadurch hervorgerufen, daß wir es für sehr zweckmäßig halten, nicht nur zwischen einer Frage und einer ihrer möglichen Formulierungen, sondern auch zwischen einer Aussage und einer ihrer möglichen Formulierungen zu unterscheiden. Dann werden wir nicht mehr verlangen dürfen, daß der Ausdruck »Gott« in jeder möglichen Formulierung einer theologischen Aussage an wenigstens einer Stelle auftritt, sondern wir dürfen nur noch fordern, daß zu jeder theologischen Aussage wenigstens eine solche mögliche Formulierung existiert. Für alle Formulierungen, in denen der Ausdruck »Gott« nicht explizit auftritt, müßte dann in jedem einzelnen Falle die schon geforderte Regel existieren, durch deren Anwendung man jeden solchen Ausdruck äquivalent transformieren kann in einen Ausdruck, in welchem an wenigstens einer Stelle der Ausdruck »Gott« auftritt.

3 *Theologia naturalis methodo scientifica pertractata. Pars prior, integrum systema complectens, qua existentia attributa Dei a posteriori demonstrantur*, 1736. 1048 Seiten Quart. – Eine der umfangreichsten vergeblichen philosophischen Bemühungen um das *ens quo maius cogitari non potest*.

4 Wir brauchen Sätze im Sinn von § 1, und nicht nur Aussagen überhaupt; denn eine Ableitung hat immer eine Menge von *wahren* Aussagen, also von Sätzen, zur Voraussetzung. Nur aus Sätzen kann etwas erschlossen werden.

II.
Der Prinzipien- und Methodenstreit

Dietrich Bonhoeffer

Die religionslose Interpretation biblischer Begriffe (1944)*

Was mich unablässig bewegt, ist die Frage, was das Christentum oder auch wer Christus heute für uns eigentlich ist. Die Zeit, in der man alles den Menschen durch Worte – seien es theologische oder fromme Worte – sagen könnte, ist vorüber; ebenso die Zeit der Innerlichkeit und des Gewissens, und das heißt eben die Zeit der Religion überhaupt. Wir gehen einer völlig religionslosen Zeit entgegen; die Menschen können einfach, so wie sie nun einmal sind, nicht mehr religiös sein. Auch diejenigen, die sich ehrlich als »religiös« bezeichnen, praktizieren das in keiner Weise; sie meinen also vermutlich mit »religiös« etwas ganz anderes. Unsere gesamte 1900jährige christliche Verkündigung und Theologie baut auf dem »religiösen Apriori« der Menschen auf. »Christentum« ist immer eine Form (vielleicht die wahre Form) der »Religion« gewesen. Wenn nun aber eines Tages deutlich wird, daß dieses »Apriori« gar nicht existiert, sondern daß es eine geschichtlich bedingte und vergängliche Ausdrucksform des Menschen gewesen ist, wenn also die Menschen wirklich radikal religionslos werden – und ich glaube, daß das mehr oder weniger bereits der Fall ist (woran liegt es z. B., daß dieser Krieg im Unterschied zu allen bisherigen eine »religiöse« Reaktion nicht hervorruft?) –, was bedeutet das denn für das »Christentum«? Unserem ganzen bisherigen »Christentum« wird das Fundament entzogen und es sind nur noch einige »letzte Ritter« oder ein paar intellektuell Unredliche, bei denen wir »religiös« landen können. Sollten das etwa die wenigen Auserwählten sein? Sollen wir uns eifernd, pikiert oder entrüstet ausgerechnet auf diese zweifelhafte Gruppe von Menschen stürzen, um unsere Ware bei ihnen abzusetzen? Sollen wir ein paar Unglückliche in ihrer schwachen Stunde überfallen und sie sozusagen religiös vergewaltigen? Wenn wir das alles nicht wollen, wenn wir schließlich auch die westliche Gestalt des Christentums nur als Vorstufe einer völligen Religionslosigkeit beurteilen müßten, was für eine Situation entsteht dann für uns, für die Kirche? Wie kann Christus der Herr auch der Religionslosen werden? Gibt es religionslose Christen? Wenn die Religion nur ein Gewand des Christentums ist – und auch dieses Gewand hat zu verschiedenen Zeiten sehr verschieden ausgesehen –, was ist dann ein religionsloses Christentum? Barth, der als einziger in dieser Richtung zu denken angefangen hat, hat diese Gedanken dann doch nicht durchgeführt und durchdacht, sondern ist zu einem Offenbarungspositivismus gekommen, der letzten Endes doch im wesentlichen Restauration geblieben ist. Für den reli-

* Ausschnitte aus den Briefen »Widerstand und Ergebung«, hg. v. *E. Bethge*, Chr. Kaiser Verlag, München, 1951, Neuausgabe 1970, S. 305–313, 356–360, 373–375, 377–380, 392–394. Abdruck mit freundlicher Genehmigung des Verlages.

gionslosen Arbeiter oder Menschen überhaupt ist hier nichts Entscheidendes gewonnen. Die zu beantwortenden Fragen wären doch: was bedeutet eine Kirche, eine Gemeinde, eine Predigt, eine Liturgie, ein christliches Leben in einer religionslosen Welt? Wie sprechen wir von Gott – ohne Religion, d. h. eben ohne die zeitbedingten Voraussetzungen der Metaphysik, der Innerlichkeit etc. etc.? Wie sprechen (oder vielleicht kann man aber nicht einmal mehr davon »sprechen« wie bisher) wir »weltlich« von »Gott«, wie sind wir »religionslos-weltlich« Christen, wie sind wir »ekklesia« (Gemeinde), Herausgerufene, ohne uns religiös als Bevorzugte zu verstehen, sondern vielmehr als ganz zur Welt Gehörige? Christus ist dann nicht mehr Gegenstand der Religion, sondern etwas ganz anderes, wirklich Herr der Welt. Aber was heißt das? Was bedeutet in der Religionslosigkeit der Kultus und das Gebet? Bekommt hier die Arkandiszisplin bzw. die Unterscheidung (die Du ja bei mir schon kennst) von Vorletztem und Letztem neue Wichtigkeit? . . .

Die paulinische Frage, ob die Beschneidung Bedingung der Rechtfertigung sei, heißt m. E. heute, ob Religion Bedingung des Heils sei. Die Freiheit von der Beschneidung ist auch die Freiheit der Religion. Oft frage ich mich, warum mich ein »christlicher Instinkt« häufig mehr zu den Religionslosen als zu den Religiösen zieht, und zwar durchaus nicht in der Absicht der Missionierung, sondern ich möchte fast sagen »brüderlich«. Während ich mich den Religiösen gegenüber oft scheue, den Namen Gottes zu nennen – weil er mir hier irgendwie falsch zu klingen scheint und ich mir selbst etwas unehrlich vorkomme (besonders schlimm ist es, wenn die anderen in religiöser Terminologie zu reden anfangen, dann verstumme ich fast völlig und es wird mir irgendwie schwül und unbehaglich) –, kann ich den Religionslosen gegenüber gelegentlich ganz ruhig und wie selbstverständlich Gott nennen. Die Religiösen sprechen von Gott, wenn menschliche Erkenntnis (manchmal schon aus Denkfaulheit) zu Ende ist oder wenn menschliche Kräfte versagen – es ist eigentlich immer der deus ex machina, den sie aufmarschieren lassen, entweder zur Scheinlösung unlösbarer Probleme oder als Kraft bei menschlichem Versagen, immer also in Ausnutzung menschlicher Schwäche bzw. an den menschlichen Grenzen; das hält zwangsläufig immer nur solange vor, bis die Menschen aus eigener Kraft die Grenzen etwas weiter hinausschieben und Gott als deus ex machina überflüssig wird; das Reden von den menschlichen Grenzen ist mir überhaupt fragwürdig geworden (ist selbst der Tod heute, da die Menschen ihn kaum noch fürchten, und die Sünde, die die Menschen kaum noch begreifen, noch eine echte Grenze?), es scheint mir immer, wir wollten dadurch nur ängstlich Raum aussparen für Gott; – und ich möchte von Gott nicht an den Grenzen, sondern in der Mitte, nicht in den Schwächen, sondern in der Kraft, nicht also bei Tod und Schuld, sondern im Leben und im Guten des Menschen sprechen. An den Grenzen scheint es mir besser, zu schweigen und das Unlösbare ungelöst zu lassen. Der Auferstehungsglaube *ist* nicht die »Lösung« des Todesproblems. Das »Jenseits« Gottes ist nicht das Jenseits unseres Erkenntnisvermögens! Die erkenntnistheoretische Transzendenz hat mit der Transzendenz Gottes nichts zu tun. Gott ist mitten in unserem Leben jenseitig. Die Kirche steht nicht dort, wo das menschliche Vermögen versagt, an den Grenzen, sondern mitten im Dorf. So ist es alttestamentlich und in diesem Sinne lesen wir das Neue Testament noch viel zu wenig vom Alten her. . . .

Noch ein paar Worte zu den Gedanken über die »Religionslosigkeit«. Du erinnerst Dich wohl des Bultmannschen Aufsatzes über die »Entmythologisierung« des Neuen Testaments? Meine Meinung dazu würde heute die sein, daß er nicht »zu weit«, wie die meisten meinten, sondern zu wenig weit gegangen ist. Nicht nur »mythologische« Begriffe wie Wunder, Himmelfahrt etc. (die sich ja doch nicht prinzipiell von den Begriffen Gott, Glauben etc. trennen lassen!), sondern die »religiösen« Begriffe schlechthin sind problematisch. Man kann nicht Gott und Wunder voneinander trennen (wie Bultmann meint), aber man muß *beide* »nichtreligiös« interpretieren und verkündigen können. Bultmanns Ansatz ist eben im Grunde doch liberal (d. h. das Evangelium verkürzend), während ich theologisch denken will. Was heißt nun »religiös interpretieren«?

Es heißt m. E. einerseits metaphysisch, andererseits individualistisch reden. Beides trifft weder die biblische Botschaft noch den heutigen Menschen. Ist nicht die individualistische Frage nach dem persönlichen Seelenheil uns allen fast völlig entschwunden? Stehen wir nicht wirklich unter dem Eindruck, daß es wichtigere Dinge gibt als diese Frage (– vielleicht nicht als diese *Sache*, aber doch als diese *Frage!?*)? Ich weiß, daß es ziemlich ungeheuerlich klingt, dies zu sagen. Aber ist es nicht im Grunde sogar biblisch? Gibt es im Alten Testament die Frage nach dem Seelenheil überhaupt? Ist nicht die Gerechtigkeit und das Reich Gottes auf Erden der Mittelpunkt von allem? Und ist nicht auch Römer 3, 24ff. das Ziel des Gedankens, daß Gott allein gerecht sei, und nicht eine individualistische Heilslehre? Nicht um das Jenseits, sondern um diese Welt, wie sie geschaffen, erhalten, in Gesetze gefaßt, versöhnt und erneuert wird, geht es doch. Was über diese Welt hinaus ist, will im Evangelium *für* diese Welt da sein; ich meine das nicht in dem anthropozentrischen Sinne der liberalen, mystischen, pietistischen, ethischen Theologie, sondern in dem biblischen Sinne der Schöpfung und der Inkarnation, Kreuzigung und Auferstehung Jesu Christi.

Barth hat als erster Theologe – und das bleibt sein ganz großes Verdienst – die Kritik der Religion begonnen, aber er hat dann an ihre Stelle eine positivistische Offenbarungslehre gesetzt, wo es dann heißt: »friß, Vogel, oder stirb«; ob es nun Jungfrauengeburt, Trinität oder was immer ist, jedes ist ein gleichbedeutsames und -notwendiges Stück des Ganzen, das eben als Ganzes geschluckt werden muß oder gar nicht. Das ist nicht biblisch. Es gibt Stufen der Erkenntnis und Stufen der Bedeutsamkeit; d. h. es muß eine Arkandisziplin wiederhergestellt werden, durch die die *Geheimnisse* des christlichen Glaubens vor Profanierung geschützt werden. Der Offenbarungspositivismus macht es sich zu leicht, indem er letztlich ein Gesetz des Glaubens aufrichtet und indem er das, was eine Gabe für uns ist – durch die Fleischwerdung Christi! –, zerreißt. An der Stelle der Religion steht nun die Kirche – das ist an sich biblisch –, aber die Welt ist gewissermaßen auf sich selbst gestellt und sich selbst überfassen, das ist der Fehler . . .

Die etwa im 13. Jahrhundert (ich will mich auf den Streit über den Zeitpunkt nicht einlassen) – beginnende Bewegung in der Richtung auf die menschliche Autonomie (ich verstehe darunter die Entdeckung der Gesetze, nach denen die Welt in Wissenschaft, Gesellschafts- und Staatsleben, Kunst, Ethik, Religion lebt und mit sich selbst fertig wird) ist in unserer Zeit zu einer gewissen Vollständigkeit gekommen. Der Mensch hat gelernt, in allen wichtigen Fragen mit sich selbst fertig zu werden ohne Zuhilfenahme der »Arbeitshypothese: Gott«. In wissenschaftlichen, künstlerischen, auch ethischen Fragen ist das eine Selbstverständlichkeit geworden, an der man kaum mehr zu rütteln wagt; seit etwa 100 Jahren gilt das aber in zunehmendem Maße auch für die religiösen Fragen; es zeigt sich, daß alles auch ohne »Gott« geht, und zwar ebensogut wie vorher. Ebenso wie auf wissenschaftlichem Gebiet wird im allgemein menschlichen Bereich »Gott« immer weiter aus dem Leben zurückgedrängt, er verliert an Boden.

Katholische und protestantische Geschichtsschreibung sind sich nun darüber einig, daß in dieser Entwicklung der große Abfall von Gott, von Christus, zu sehen sei, und je mehr sie Gott und Christus gegen diese Entwicklung in Anspruch nimmt und ausspielt, desto mehr versteht sich diese Entwicklung selbst als antichristlich. Die zum Bewußtsein ihrer selbst und ihrer Lebensgesetze gekommene Welt ist ihrer selbst in einer Weise sicher, daß uns das unheimlich wird; Fehlentwicklungen und Mißerfolge vermögen die Welt an der Notwendigkeit ihres Weges und ihrer Entwicklung doch nicht irre zu machen; sie werden mit männlicher Nüchternheit in Kauf genommen, und selbst ein Ereignis wie dieser Krieg macht darin keine Ausnahme. Gegen diese Selbstsicherheit ist nun die christliche Apologetik in verschiedensten Formen auf den Plan getreten. Man versucht, der mündig gewordenen Welt zu beweisen, daß sie ohne den Vormund »Gott« nicht leben könne. Wenn man auch in allen weltlichen Fragen schon kapituliert hat, so bleiben doch immer die sogenannten »letzten Fragen« – Tod, Schuld – auf die nur »Gott« eine Antwort geben kann und um derentwillen man Gott und die Kirche und den Pfarrer braucht. Wir leben also gewissermaßen von diesen sogenannten letzten Fragen der Menschen. Wie aber, wenn sie eines Tages nicht mehr als solche da sind, bzw. wenn auch sie »ohne Gott« beantwortet werden? Nun kommen zwar die säkularisierten Ableger der christlichen Theologie, nämlich die Existenzphilosophie und die Psychotherapeuten, und weisen dem sicheren, zufriedenen, glücklichen Menschen nach, daß er in Wirklichkeit unglücklich und verzweifelt sei und das nur nicht wahrhaben wolle, daß er sich in einer Not befinde, von der er gar nichts wisse und aus der nur sie ihn retten könnten. Wo Gesundheit, Kraft, Sicherheit, Einfachheit ist, dort wittern sie eine süße Frucht, an der sie nagen oder in die sie ihre verderblichen Eier legen. Sie legen es darauf an, den Menschen erst einmal in innere Verzweiflung zu treiben und dann haben sie gewonnenes Spiel. Das ist säkularisierter Methodismus. Und wen erreicht er? Eine kleine Zahl von Intellektuellen, von Degenerierten, von solchen, die sich selbst für das Wichtigste auf der Welt halten und sich daher gern mit sich selbst beschäftigen. Der einfache Mann, der sein tägliches Leben in Arbeit und Familie und gewiß auch mit allerlei Seitensprüngen zubringt, wird nicht getroffen. Er hat weder Zeit noch Lust, sich mit seiner existentiellen Verzweiflung zu befassen und sein vielleicht bescheidenes Glück unter dem Aspekt der »Not«, der »Sorge«, des »Unheils« zu betrachten.

Die Attacke der christlichen Apologetik auf die Mündigkeit der Welt halte ich erstens für sinnlos, zweitens für unvornehm, drittens für unchristlich. Sinnlos – weil sie mir wie der Versuch erscheint, einen zum Mann gewordenen Menschen in seine Pubertätszeit zurückzuversetzen, d. h. ihn von lauter Dingen abhängig zu machen, von denen er faktisch nicht mehr abhängig ist, ihn in Probleme hineinzustoßen, die für ihn faktisch nicht mehr Probleme sind. Unvornehm – weil hier ein Ausnutzen der Schwäche eines Menschen zu ihm fremden, von ihm nicht frei bejahten Zwecken versucht wird. Unchristlich – weil Christus mit einer bestimmten Stufe der Religiosität des Menschen, d. h. mit einem menschlichen Gesetz verwechselt wird. Darüber nachher noch ausführlicher.

Vorher noch ein paar Worte über die geschichtliche Situation. Die Frage heißt: Christus und die mündig gewordene Welt. Es war die Schwäche der liberalen Theologie, daß sie der Welt das Recht einräumte, Christus seinen Platz in ihr zuzuweisen; sie akzeptierte im Streit von Kirche und Welt den von der Welt diktierten – relativ milden – Frieden. Es war ihre Stärke, daß sie nicht versuchte, die Geschichte zurückzudrehen, und die Auseinandersetzung wirklich aufnahm (Troeltsch!), wenn diese auch mit ihrer Niederlage endete.

Der Niederlage folgte die Kapitulation und der Versuch eines völligen Neuanfangs auf Grund der Besinnung auf die eigenen Grundlagen in Bibel und Reformation. Heim machte den pietistisch-methodistischen Versuch, den einzelnen Menschen davon zu überzeugen, daß er vor der Alternative »Verzweiflung oder Jesus« stehe. Er gewann »Herzen«. Althaus (in Fortsetzung der modern-positiven Linie mit starker konfessioneller Ausrichtung) versuchte, der Welt einen Raum lutherischer Lehre (Amtes) und lutherischen Kults abzugewinnen und überließ im übrigen die Welt sich selbst. Tillich unternahm es, die Entwicklung der Welt selbst – gegen ihren Willen – religiös zu deuten, ihr durch die Religion ihre Gestalt zu geben. Das war sehr tapfer, aber die Welt warf ihn vom Sattel und lief allein weiter; auch er wollte die Welt besser verstehen, als sie sich selbst verstand; sie aber fühlte sich völlig mißverstanden und wies ein solches Ansinnen ab. (Zwar *muß* die Welt besser verstanden werden, als sie sich selbst versteht!, aber eben nicht »religiös«, wie es die religiösen Sozialisten wollten!) Barth erkannte als erster den Fehler aller dieser Versuche (die im Grunde alle noch im Fahrwasser der liberalen Theologie segelten, ohne es zu wollen) darin, daß sie alle darauf ausgehen, einen Raum für Religion in der Welt oder gegen die Welt auszusparen.

Er führte den Gott Jesu Christi gegen die Religion ins Feld, »Pneuma gegen Sarx«. Das bleibt sein größtes Verdienst (Römerbrief 2. Aufl. trotz aller neukantianischen Eierschalen!). Durch seine spätere Dogmatik hat er die Kirche instandgesetzt, diese Unterscheidung prinzipiell auf der ganzen Linie durchzuführen. Nicht in der Ethik, wie man häufig sagt, hat er dann versagt – seine ethischen Ausführungen, soweit sie existieren, sind ebenso bedeutsam wie seine dogmatischen –, aber in der nichtreligiösen Interpretation der theologischen Begriffe hat er keine konkrete Wegweisung gegeben, weder in der Dogmatik noch in der Ethik. Hier liegt seine Grenze und darum wird seine Offenbarungstheologie positivistisch, »Offenbarungspositivismus«, wie ich mich ausdrückte.

Die Bekennende Kirche hat nun weithin den Barthschen Ansatz überhaupt vergessen und ist vom Positivismus in die konservative Restauration geraten. Es ist ihre Bedeutung, daß sie die großen Begriffe der christlichen Theologie durchhält, aber darin scheint sie sich allmählich auch fast zu erschöpfen. Gewiß sind in diesen Begriffen die Elemente der echten Prophetie . . . wie des echten Kultes enthalten und insofern findet das Wort der B. K. überhaupt nur Aufmerksamkeit, Gehör und Ablehnung. Aber beides bleibt unentfaltet, fern, weil ihnen die Interpretation fehlt. Diejenigen, die hier wie z. B. P. Schütz oder die Oxforder oder die Berneuchener die »Bewegung« und das »Leben« vermissen, sind gefährliche Reaktionäre, rückschrittlich, weil sie hinter den Ansatz der Offenbarungstheologie überhaupt zurückgehen und nach »religiöser« Erneuerung suchen. Sie haben überhaupt das Problem noch gar nicht verstanden und reden gänzlich an der Sache vorbei. Sie haben gar keine Zukunft . . .

Bultmann scheint nun Barths Grenze irgendwie gespürt zu haben, aber er mißversteht sie im Sinne der liberalen Theologie und verfällt daher in das typisch liberale Reduktionsverfahren (die »mythologischen« Elemente des Christentums werden abgezogen und das Christentum auf sein »Wesen« reduziert). Ich bin nun der Auffassung, daß die vollen Inhalte einschließlich der »mythologischen« Begriffe bestehen bleiben müssen – das Neue Testament ist nicht eine mythologische Einkleidung einer allgemeinen Wahrheit!, sondern diese Mythologie (Auferstehung etc.) ist die Sache selbst! – aber daß diese Begriffe nun in einer Weise interpretiert werden müssen, die nicht die Religion als Bedingung des Glaubens . . .voraussetzt. Erst damit ist m. E. die liberale Theologie . . . überwunden, zugleich aber ist ihre Frage wirklich aufgenommen und beantwortet (was im Offenbarungspositivismus der B. K. *nicht* der Fall ist!). – Die Mündigkeit der Welt ist nun kein Anlaß mehr zu Polemik und Apologetik, sondern sie wird nun wirklich besser verstanden, als sie sich selbst versteht, nämlich vom Evangelium, von Christus her . . .

Und nun will ich versuchen, das neulich abgebrochene theologische Thema weiterzuführen. Ich ging davon aus, daß Gott immer weiter aus dem Bereich einer mündig gewordenen Welt, aus unseren Erkenntnis- und Lebensbereichen hinausgeschoben wird und seit Kant nur noch jenseits der Welt der Erfahrung Raum behalten hat.

Die Theologie hat sich einerseits apologetisch gegen diese Entwicklung gesträubt und ist gegen Darwinismus etc. – vergeblich – Sturm gelaufen; andererseits hat sie sich mit der Entwicklung abgefunden und Gott nur noch bei den sogenannten letzten Fragen als deus ex machina fungieren lassen, d. h. Gott wird zur Antwort auf Lebensfragen, zur Lösung von Lebensnöten und -konflikten. Wo also ein Mensch nichts Derartiges aufzuweisen hat bzw. wo er sich weigert, sich in diesen Dingen gehen und bemitleiden zu lassen, dort bleibt er eigentlich für Gott nicht ansprechbar oder es muß dem Mann ohne Lebensfragen etc. nachgewiesen werden, daß er in Wahrheit tief in solchen Fragen, Nöten, Konflikten steckt, ohne es sich einzugestehen oder es zu wissen. Gelingt das – und die Existenzphilosophie und Psychotherapie hat in dieser Richtung ganz raffinierte Methoden ausgearbeitet – dann wird dieser Mann nun ansprechbar für Gott und der Methodismus kann seine Triumphe feiern. Gelingt es aber nicht, den Menschen dazu zu bringen, daß er sein Glück als sein Unheil, seine Gesundheit als seine Krankheit, seine Lebenskraft als seine Verzweiflung ansieht und bezeichnet, dann ist das Latein der Theologen am Ende. Man hat es entweder mit einem verstockten Sünder besonders bösartiger Natur oder mit einer »bürgerlich-saturierten« Existenz zu tun, und einer ist dem Heil ebenso fern wie der andere.

Sieh mal, das ist die Einstellung, gegen die ich mich zur Wehr setze. Wenn Jesus Sünder selig machte, so waren das wirkliche Sünder, aber Jesus machte nicht aus jedem Menschen zuerst einmal einen Sünder. Er rief sie von ihrer Sünde fort, aber nicht in ihre Sünde hinein. Gewiß bedeutete die Begegnung mit Jesus, daß sich alle Bewertungen der Menschen umkehrten. So war es bei der Bekehrung des Paulus. Da ging aber die Begegnung mit Jesus der Erkenntnis der Sünde voran. Gewiß nahm sich Jesus der Existenzen am Rande der menschlichen Gesellschaft, Dirnen, Zöllner, an, aber doch durchaus nicht nur ihrer, sondern weil er sich der Menschen überhaupt annehmen wollte. Niemals hat Jesus die Gesundheit, die Kraft, das Glück eines Menschen an sich in Frage gestellt und wie eine faule Frucht angesehen; warum hätte er sonst Kranke gesund gemacht, Schwachen die Kraft wiedergegeben? Jesus nimmt das ganze menschliche Leben in allen seinen Erscheinungen für sich und das Reich Gottes in Anspruch . . .

Die Verdrängung Gottes aus der Welt, aus der Öffentlichkeit der menschlichen Existenz, führte zu dem Versuch, ihn wenigstens in dem Bereich des »Persönlichen«, »Innerlichen«, »Privaten« noch festzuhalten. Und da jeder Mensch irgendwo noch eine Sphäre des Privaten hat, hielt man ihn an dieser Stelle für am leichtesten angreifbar. Die Kammerdienergeheimnisse – um es grob zu sagen – d. h. also der Bereich des Intimen (vom

Gebet bis zur Sexualität) – werden das Jagdgebiet der modernen Seelsorger. Darin gleichen sie (wenn auch ihre Absicht eine ganz andere war) den übelsten Asphaltjournalisten – erinnerst Du Dich an die »Wahrheit« und die »Glocke«?, die die Intimitäten prominenter Leute ans Licht zogen; hier, um die Menschen gesellschaftlich, finanziell, politisch – dort, um sie religiös zu erpressen. Verzeih, aber ich kann es nicht billiger geben.

Soziologisch gesehen, handelt es sich dabei um eine Revolution von unten, um einen Aufruhr der Minderwertigkeit. Wie die gemeine Gesinnung mit der Erscheinung eines Hochgestellten erst dadurch fertig wird, daß sie sich den Betreffenden »in der Badewanne« vorstellt oder in anderen verfänglichen Lagen, so auch hier. Es ist eine Art übler Genugtuung, zu wissen, daß jeder seine Schwächen und Blößen hat. Es ist mir im Umgang mit den gesellschaftlichen »outcasts« – »Parias« – immer wieder aufgefallen, daß für sie das Mißtrauen das bestimmende Motiv aller Beurteilung anderer Menschen ist. Jede, selbst die selbstloseste Tat eines in Ansehen stehenden Menschen wird von vornherein verdächtigt. Im übrigen finden sich diese »outcasts« in allen Schichten. Sie suchen auch im Blumengarten nur den Dung, auf dem die Blumen wachsen. Je bindungsloser ein Mensch lebt, desto eher verfällt er dieser Einstellung.

Es gibt auch eine Bindungslosigkeit unter den Geistlichen, die wir das »Pfäffische« nennen, jenes Hinter-den-Sünden-der-Menschheit-Herschnüffeln, um sie einzufangen. Es ist, als ob man ein schönes Haus erst kennte, wenn man die Spinnweben im letzten Keller gefunden hätte, als ob man ein gutes Theaterstück erst recht würdigen könne, wenn man gesehen hat, wie sich die Schauspieler hinter den Kulissen aufführen. Es liegt in derselben Richtung, wenn die Romane seit 50 Jahren ihre Menschen erst dann für richtig dargestellt halten, wenn sie sie im Ehebett geschildert haben und wenn Filme Entkleidungsszenen für nötig halten. Das Bekleidete, Verhüllte, Reine und Keusche hält man von vornherein für verlogen, verkleidet, unrein und man stellt damit nur die eigene Unreinheit unter Beweis. Das Mißtrauen und der Argwohn als Grundverhalten gegen die Menschen ist der Aufruhr der Minderwertigen.

Theologisch gesehen, ist der Fehler ein doppelter: erstens, man glaubt, einen Menschen erst als Sünder ansprechen zu können, wenn man seine Schwächen bzw. sein Gemeines ausspioniert hat; zweitens, man meint, das Wesen des Menschen bestehe in seinen innersten, intimsten Hintergründen, und das nennt man dann seine »Innerlichkeit«; und ausgerechnet in diesen menschlichen Heimlichkeiten soll nun Gott seine Domäne haben!

Zum ersten ist zu sagen, daß der Mensch zwar ein Sünder, aber deswegen noch lange nicht gemein ist. Sollten, um es banal zu sagen, Goethe oder Napoleon deswegen Sünder sein, weil sie nicht immer treue Ehemänner waren? Nicht die Sünden der Schwäche, sondern die starken Sünden sind es, um die es geht. Es ist gar nicht nötig, herumzuspionieren. Die Bibel tut es nirgends. (Starke Sünden: beim Genie die Hybris; beim

Bauern die Durchbrechung der Ordnung – ist der Dekalog etwa bäuerliche Ethik? –; beim Bürger die Scheu vor der freien Verantwortung. Ist das richtig?)

Zum zweiten: Die Bibel kennt unsere Unterscheidung von Äußerem und Innerem nicht. Was soll sie eigentlich auch? Es geht ihr immer um den »Anthropos teleios«, den *ganzen* Menschen, auch dort, wo, wie in der Bergpredigt, der Dekalog ins »Innerliche« vorgetrieben wird. Daß eine gute »Gesinnung« an die Stelle des ganzen Guten treten könne, ist völlig unbiblisch. Die Entdeckung der sogenannten Innerlichkeit wird erst in der Renaissance (wohl bei *Petrarca*) gemacht. Das »Herz« im biblischen Sinne ist nicht das Innerliche, sondern der ganze Mensch, wie er vor Gott ist. Da der Mensch aber ebensosehr von »außen« nach »innen« wie von »innen« nach »außen« lebt, ist die Meinung, ihn in seinen intimen seelischen Hintergründen erst in seinem Wesen zu verstehen, ganz abwegig.

Ich will also darauf hinaus, daß man Gott nicht noch an irgendeiner allerletzten heimlichen Stelle hineinschmuggelt, sondern daß man die Mündigkeit der Welt und des Menschen einfach anerkennt, daß man den Menschen in seiner Weltlichkeit nicht »madig macht«, sondern ihn an seiner stärksten Stelle mit Gott konfrontiert, daß man auf alle pfäffischen Kniffe verzichtet und nicht in Psychotherapie oder Existenzphilosophie einen Wegbereiter Gottes sieht. Dem Wort Gottes ist die Zudringlichkeit aller dieser Menschen viel zu unaristokratisch, um sich mit ihnen zu verbünden. Es verbündet sich nicht mit dem Aufruhr des Mißtrauens, dem Aufruhr von unten. Sondern es regiert ...

Zum Historischen: Es ist *eine* große Entwicklung, die zur Autonomie der Welt führt. In der Theologie zuerst Herbert von Cherbury, der die Suffizienz der Vernunft für die religiöse Erkenntnis behauptet. In der Moral: Montaigne, Bodin, die anstelle der Gebote Lebensregeln aufstellen. In der Politik: Macchiavelli, der die Politik von der allgemeinen Moral löst und die Lehre von der Staatsraison begründet. Später, inhaltlich sehr von ihm verschieden, aber in der Richtung auf die Autonomie der menschlichen Gesellschaft doch mit ihm konform, H. Grotius, der sein Naturrecht als Völkerrecht aufstellt, das Gültigkeit hat »etsi deus non daretur«, »auch wenn es keinen Gott gäbe«. Schließlich der philosophische Schlußstrich: einerseits der Deismus des Descartes: die Welt ist ein Mechanismus, der ohne Eingreifen Gottes von selbst abläuft; andererseits der Pantheismus Spinozas: Gott ist die Natur. Kant im Grunde Deist, Fichte und Hegel Pantheisten. Überall ist die Autonomie des Menschen und der Welt das Ziel der Gedanken.

(In der Naturwissenschaft beginnt die Sache offenbar mit Nikolaus von Cues und Giordano Bruno und ihrer – »häretischen« – Lehre von der Unendlichkeit der Welt. Der antike Kosmos ist ebenso wie die mittelalterliche geschaffene Welt endlich. Eine unendliche Welt – wie immer sie auch gedacht sein mag – ruht in sich selbst »etsi deus non daretur«. Die moderne Physik bezweifelt allerdings wieder die Unendlichkeit der

Welt, ohne jedoch in die früheren Vorstellungen ihrer Endlichkeit zurückzufallen.)

Gott als moralische, politische, naturwissenschaftliche Arbeitshypothese ist abgeschafft, überwunden; ebenso aber als philosophische und religiöse Arbeitshypothese (Feuerbach!). Es gehört zur intellektuellen Redlichkeit, diese Arbeitshypothese fallen zu lassen bzw. sie so weitgehend wie irgendmöglich auszuschalten. Ein erbaulicher Naturwissenschaftler, Mediziner etc. ist ein Zwitter.

Wo behält nun Gott noch Raum?, fragen ängstliche Gemüter, und weil sie darauf keine Antwort wissen, verdammen sie die ganze Entwicklung, die sie in solche Notlage gebracht hat. Über die verschiedenen Notausgänge aus dem zu eng gewordenen Raum habe ich Dir schon geschrieben. Hinzuzufügen wäre noch der salto mortale zurück ins Mittelalter. Das Prinzip des Mittelalters aber ist die Heteronomie in der Form des Klerikalismus. Die Rückkehr dazu aber kann nur ein Verzweiflungsschritt sein, der nur mit dem Opfer der intellektuellen Redlichkeit erkauft werden kann. Er ist ein Traum nach der Melodie: »O wüßt ich doch den Weg zurück, den weiten Weg ins Kinderland.« Diesen Weg gibt es nicht – jedenfalls nicht durch den willkürlichen Verzicht auf innere Redlichkeit, sondern nur im Sinne von Matth. 18, 3, d. h. durch Buße, d. h. durch *letzte* Redlichkeit.

Und wir können nicht redlich sein, ohne zu erkennen, daß wir in der Welt leben müssen – »etsi deus non daretur«. Und eben dies erkennen wir – vor Gott! Gott selbst zwingt uns zu dieser Erkenntnis. So führt uns unser Mündigwerden zu einer wahrhaftigen Erkenntnis unserer Lage vor Gott. Gott gibt uns zu wissen, daß wir leben müssen, als solche, die mit dem Leben ohne Gott fertig werden. Der Gott, der mit uns ist, ist der Gott, der uns verläßt (Markus 15, 34)! Der Gott, der uns in der Welt leben läßt ohne die Arbeitshypothese Gott, ist der Gott, vor dem wir dauernd stehen. Vor und mit Gott leben wir ohne Gott. Gott läßt sich aus der Welt herausdrängen ans Kreuz, Gott ist ohnmächtig und schwach in der Welt und gerade und nur so ist er bei uns und hilft uns. Es ist Matth. 8, 17 ganz deutlich, daß Christus nicht hilft kraft seiner Allmacht, sondern kraft seiner Schwachheit, seines Leidens!

Hier liegt der entscheidende Unterschied zu allen Religionen. Die Religiosität des Menschen weist ihn in seiner Not an die Macht Gottes in der Welt, Gott ist der deus ex machina. Die Bibel weist den Menschen an die Ohnmacht und das Leiden Gottes; nur der leidende Gott kann helfen. Insofern kann man sagen, daß die beschriebene Entwicklung zur Mündigkeit der Welt, durch die mit einer falschen Gottesvorstellung aufgeräumt wird, den Blick freimacht für den Gott der Bibel, der durch seine Ohnmacht in der Welt Macht und Raum gewinnt. Hier wird wohl die »weltliche Interpretation« einzusetzen haben.

Wer bin ich?

Wer bin ich? Sie sagen mir oft,
ich träte aus meiner Zelle
gelassen und heiter und fest
wie ein Gutsherr aus seinem Schloß.

Wer bin ich? Sie sagen mir oft,
ich spräche mit meinen Bewachern
frei und freundlich und klar,
als hätte ich zu gebieten.

Wer bin ich? Sie sagen mir auch,
ich trüge die Tage des Unglücks
gleichmütig, lächelnd und stolz,
wie einer, der Siegen gewohnt ist.

Bin ich das wirklich, was andere von mir sagen?
Oder bin ich nur das, was ich selbst von mir weiß?
Unruhig, sehnsüchtig, krank, wie ein Vogel im Käfig,
ringend nach Lebensatem, als würgte mir einer die Kehle,
hungernd nach Farben, nach Blumen, nach Vogelstimmen,
dürstend nach guten Worten, nach menschlicher Nähe,
zitternd vor Zorn über Willkür und kleinlichste Kränkung,
umgetrieben vom Warten auf große Dinge,
ohnmächtig bangend um Freunde in endloser Ferne,
müde und leer zum Beten, zum Denken, zum Schaffen,
matt und bereit, von allem Abschied zu nehmen?

Wer bin ich? Der oder jener?
Bin ich denn heute dieser und morgen ein andrer?
Bin ich beides zugleich? Vor Menschen ein Heuchler
und vor mir selbst ein verächtlich wehleidiger Schwächling?
Oder gleicht, was in mir noch ist, dem geschlagenen Heer,
das in Unordnung weicht vor schon gewonnenem Sieg?

Wer bin ich? Einsames Fragen treibt mit mir Spott.
Wer ich auch bin, Du kennst mich, Dein bin ich, o Gott!

Zusätzliche Literatur

Eberhard Bethge: Dietrich Bonhoeffer. Theologe, Christ, Zeitgenosse, 3. Auflage, München 1970.

Dietrich Bonhoeffer: Sanctorum Communio. Dogmatische Untersuchung zur Soziologie der Kirche, München 1954.

Dietrich Bonhoeffer: Ethik. Zusammengestellt und herausgegeben von *Eberhard Bethge*, 6. Auflage, München 1963.
Dietrich Bonhoeffer: *Nachfolge*, 9. Auflage, München 1967.
Dietrich Bonhoeffer: Gemeinsames Leben, 13. Auflage, München 1970.
Ernst Feil: Die Theologie Dietrich Bonhoeffers, München/Mainz 1971.
John D. Godsey: The Theology of Dietrich Bonhoeffer, Philadelphia 1960.
Hanfried Müller: Von der Kirche zur Welt. Ein Beitrag zu der Beziehung des Wortes Gottes auf die societas in Dietrich Bonhoeffers theologischer Entwicklung, Leipzig 1961.

Rudolf Bultmann

Das Problem der Hermeneutik*

I.

Nach *Wilhelm Dilthey* verschafft sich die Hermeneutik, d. h. die »Kunstlehre des Verstehens schriftlich fixierter Lebensäußerungen«, immer nur Beachtung »unter einer großen geschichtlichen Bewegung«. Eine solche macht nämlich das »Verständnis des singularen geschichtlichen Daseins« bzw. die »wissenschaftliche Erkenntnis der Einzelperson, ja der großen Formen singulären menschlichen Daseins überhaupt« zu einer dringenden Angelegenheit der Wissenschaft«.[1] Stehen wir heute »unter einer großen geschichtlichen Bewegung«, so wäre die Erörterung des Problems der Hermeneutik motiviert. Und in der Tat bildet heute die Auseinandersetzung mit der geschichtlichen Tradition ein wesentliches Stück der Selbstbesinnung, die ja zugleich die Besinnung auf die »großen Formen singulären menschlichen Daseins« ist.

Das Problem, um das sich die Hermeneutik bemüht, ist nach *Dilthey* die Frage: »Ist eine solche Erkenntnis (nämlich eben die der großen Formen singulären menschlichen Daseins) möglich, und welche Mittel haben wir, sie zu erreichen?« Oder bestimmter die Frage, »ob das Verständnis des Singulären zur Allgemeingültigkeit erhoben werden kann«. »Wie kann eine Individualität eine ihr sinnlich gegebene fremde individuelle Lebensäußerung zu allgemeingültigem objektiven Verständnis sich bringen?«[2] Es ist also die Frage nach der Möglichkeit, *Objektivität im Verstehen singulären geschichtlichen Daseins*, sc. der Vergangenheit, zu gewinnen. Diese Frage fragt im Grunde nach der Möglichkeit des Verstehens geschichtlicher Phänomene überhaupt, sofern sie Zeugnisse singulären menschlichen Daseins sind; Hermeneutik wäre dann die Wissenschaft des Verstehens von Geschichte überhaupt. Faktisch schränkt *Dilthey* die Hermeneutik ein auf die Interpretation von »dauernd fixierten Lebensäußerungen«, nämlich von den Denkmälern der Kultur, und zwar primär von literarischen Dokumenten, neben denen die Werke der Kunst aber auch von wesentlicher Bedeutung sind.[3]

II.

Für die Interpretation literarischer Texte sind seit Aristoteles *hermeneutische Regeln* entwickelt worden, die traditionell geworden sind und durchweg mit Selbstverständlichkeit befolgt werden.[4] Wie schon Aristo-

* Zuerst in: Zeitschrift für Theologie und Kirche, 47, 1950, S. 47–69. Text nach »Glauben und Verstehen«, Gesammelte Aufsätze, 2. Bd., Verlag J. C. B. Mohr (Paul Siebeck), Tübingen 1952, S. 211–235. Abdruck mit freundlicher Genehmigung des Verlages.

teles sah, ist die erste Forderung die *formale Analyse* eines literarischen Werkes hinsichtlich seines Aufbaus und seines Stiles.[5] Die Interpretation hat die Komposition des Werkes zu analysieren, das Einzelne aus dem Ganzen, das Ganze vom Einzelnen aus zu verstehen. Die Einsicht, daß sich jede Interpretation in einem »hermeneutischen Zirkel« bewegt, ist damit gegeben. Sobald die Interpretation alt- oder fremdsprachlicher Texte aktuell wird, kommt die Forderung einer Interpretation *nach den Regeln der Grammatik* zum Bewußtsein. Schon bei den Alexandrinern wird die Forderung der grammatischen Kenntnis der Sprache durch die der Kenntnis des individuellen *Sprachgebrauchs des Autors* ergänzt, so daß z. B. ein Kriterium für die Entscheidung von Echtheitsfragen in der Homerinterpretation gewonnen wird. Mit der Entwicklung der historischen Arbeit in der Zeit der Aufklärung wird die Frage nach dem individuellen Sprachgebrauch des Autors fortgebildet zur Frage *nach dem Sprachgebrauch der jeweiligen Zeit des Textes.* Aber mit der Einsicht in die geschichtliche Entwicklung der Sprache geht Hand in Hand die Erkenntnis der geschichtlichen Entwicklung überhaupt, die Erkenntnis also der *geschichtlichen Bedingtheit* aller literarischen Dokumente durch die Umstände von Zeit und Ort, und deren Kenntnis muß nunmehr als Voraussetzung jeder sachgemäßen Interpretation gelten.

Die Wissenschaft, die die Interpretation literarischer Texte zu ihrem Gegenstand hat und die sich dafür der Hermeneutik bedient, ist *die Philologie.* An ihrer Entwicklung aber ist sichtbar, daß die Hermeneutik als die Kunst wissenschaftlichen Verstehens keineswegs durch die traditionellen hermeneutischen Regeln schon hinreichend bestimmt ist. *Harald Patzer* hat vor kurzem gezeigt, wie die Philologie, die sich zunächst der Geschichtswissenschaft zum Zwecke der Interpretation bedient, allmählich in den Dienst der Geschichtswissenschaft gerät bzw. zu einem Zweige der Geschichtswissenschaft wird, für welche die Texte nur noch »Zeugnisse«, »Quellen«, sind, aus denen ein Geschichtbild zu entwerfen, d. h. eine vergangene Zeit zu rekonstruieren ist.[6] Ein verständlicher Vorgang, da zwischen philologischer und historischer Erkenntnis natürlich auch ein Zirkel besteht. Aber die Folge war eben, daß die Philologie ihren eigentlichen Gegenstand, die Interpretation der Texte um des Verstehens willen, verlor. Der tiefere Grund für diese Entwicklung ist aber doch der, daß die Aufgabe des Verstehens nicht tief genug erfaßt war und schon mit der Befolgung jener hermeneutischen Regeln erledigt werden zu können schien – daß die Einsicht in den *Vorgang des Verstehens,* um die sich *Schleiermacher* einst bemüht hatte, verlorengegangen war.

Denn schon *Schleiermacher* hatte gesehen, daß ein echtes Verständnis nicht schon mit der Befolgung der hermeneutischen Regeln gewonnen werden kann. Zu der durch sie geleiteten Interpretation – nach seiner Terminologie: der »grammatischen« – muß die »psychologische« treten. Er sieht, daß die Komposition und Einheit eines Werkes nicht allein durch die Kategorien einer formalen logischen und stilistischen Analyse erfaßt werden kann. Vielmehr muß das Werk als Lebensmoment eines bestimmten Menschen verstanden werden. Zur Erfassung der »äußeren Form« muß die der »inneren Form« kommen, was die Sache nicht einer objektiven, sondern subjektiven, »divinatorischen« Interpretation sei.[7] Das Interpretieren ist daher »ein Nachbilden«, ein »Nachkonstruieren« in seiner lebendigen Beziehung zu dem Vorgang der literarischen Produktion selbst. Das Verstehen wird zur »eigenen Nacherzeugung der lebendigen Gedankenverknüpfung«.[8] Solche »Nacherzeugung« aber ist deshalb möglich, weil »sich die Individualiät des Auslegers und die seines Autors nicht als zwei unvergleichbare Tatsachen gegenüberstehen«. Vielmehr: »Auf der Grundlage der allgemeinen Menschennatur haben sich beide gebildet, und hierdurch wird die Gemeinschaftlichkeit der Menschen untereinander für Rede und Verständnis ermöglicht.[9] *Dilthey* eignet sich diese Gedanken an und sucht sie weiter aufzuklären: »Alle individuellen Unterschiede sind letztlich nicht durch qualitative Verschiedenheiten der Personen voneinander, sondern nur durch Gradunterschiede ihrer Seelenvorgänge bedingt. Indem nun aber der Ausleger seine eigene Lebendigkeit gleichsam probierend in ein historisches Milieu versetzt, vermag er von hier aus momentan die einen Seelenvorgänge zu betonen und zu verstärken, die anderen zurücktreten zu lassen und so eine Nachbildung fremden Lebens in sich herbeizuführen.« Die Bedingung des Verstehens »liegt darin, daß in keiner fremden individuellen Äußerung etwas auftreten kann, das nicht auch in der auffassenden Lebendigkeit enthalten wäre«. So kann es heißen: »Die Auslegung ist ein Werk der persönlichen Kunst, und ihre vollkommenste Handhabung ist durch die Genialität des Auslegers bedingt, und zwar beruht sie auf *Verwandtschaft,* gesteigert durch eingehendes Leben mit dem Autor, beständiges Studium.« [10]

Schleiermachers Auffassung vom Verstehen steht natürlich in geschichtlichem Zusammenhang mit »Winckelmanns Interpretation von Kunstwerken« und mit Herders »kongenialem Sich-Einfühlen in die Seele von Zeitaltern und Völkern« [11] Sie ist orientiert an der Interpretation philosophischer und dichterischer Texte. Aber gilt sie auch für andere Texte? Erwächst etwa die Interpretation eines mathematischen oder eines medizinischen Textes aus dem Nachvollzug der seelischen Vorgänge, die sich im Autor vollzogen haben? Oder werden die Inschriften der ägyptischen Könige, die von ihren Kriegstaten berichten, oder die historisch-chronistischen altbabylonischen und assyrischen Texte oder die Grabinschrift des Antiochus von Kommagene oder die Res Gestae Divi Augusti erst aus der Versetzung in den inneren schöpferischen Vorgang, in dem sie entstanden sind, verständlich?

Nein, – wie es scheint! Und in der Tat nicht, insofern die Interpretation darauf abgestellt ist, die durch die Texte *direkt* vermittelten Sachverhalte zu verstehen – also z. B. ihre mathematischen oder medizinischen Erkenntnisse oder ihren Bericht von weltgeschichtlichen Tatsachen und Vorgängen. Eben das aber ist doch wohl das primäre Interesse derer, die solche Texte lesen. Freilich lassen sich diese auch in einem anderen Interesse lesen, wie z. B. die Interpretation jener Inschriften durch *Georg*

Misch zeigt[12], nämlich als »Lebensäußerungen«, als »Formen singularen geschichtlichen Daseins«, ob nun als Lebensäußerungen einzelner Personen oder als Äußerungen des »Lebensgefühls« oder des Daseinsverständnisses bestimmter Epochen. Es zeigt sich also, daß die *Schleiermacher-Dilthey*sche Auffassung einseitig ist, insofern sie durch eine bestimmte Fragestellung geleitet ist.

Ein Verstehen, eine Interpretation, ist – das ergibt sich – *stets an einer bestimmten Fragestellung, an einem bestimmten Woraufhin, orientiert.* Das schließt aber ein, daß sie nie voraussetzungslos ist; genauer gesagt, daß sie immer *von einem Vorverständnis der Sache geleitet ist*, nach der sie den Text befragt. Auf Grund eines solchen Vorverständnisses ist eine Fragestellung und eine Interpretation überhaupt erst möglich.[13]

Die Sache, nach der *Dilthey* die Texte befragt, ist das »Leben«, nämlich das geschichtlich-persönliche Leben, das in den Texten als »dauernd fixierten Lebensäußerungen« Gestalt gewonnen hat; das »seelische Leben«, das aus »sinnlich gegebenen und sinnlich auffaßbaren Äußerungen« durch die Interpretation zur objektiven Erkenntnis gebracht werden soll. Diese Sache ist aber nicht die einzige, auf die die Interpretation abgestellt sein kann; also ist auch wohl der in diesem Interesse charakterisierte Vorgang des Verstehens nicht der einzige, der sich in einer Interpretation vollziehen kann. Vielmehr wird der Vorgang des Verstehens verschieden sein, je nachdem wie das Woraufhin der Interpretation bestimmt ist.

Offenbar genügt es nicht zu sagen: je nach der Art der Texte, d. h. je nach der im Texte jeweils direkt zu Worte kommenden Sache, nach dem in ihm jeweils leitenden Interesse. Denn in der Tat können ja alle Texte unter der *Dilthey*schen Fragestellung interpretiert, d. h. als Dokumente geschichtlich-persönlichen Lebens verstanden werden. Das Gegebene ist freilich zunächst, daß sich die Befragung der Texte an der in ihnen in Rede stehenden, durch sie direkt vermittelten Sache orientiert. Einen Text der Musikgeschichte werde ich z. B. unter der Frage interpretieren, was er für mein Verständnis der Musik und ihrer Geschichte einträgt usw.

III.

Die Fragestellung aber erwächst aus einem Interesse, das im Leben des Fragenden begründet ist, und es ist die Voraussetzung aller verstehenden Interpretation, daß dieses Interesse auch in irgendeiner Weise in den zu interpretierenden Texten lebendig ist und die Kommunikation zwischen Text und Ausleger stiftet. Sofern *Dilthey die Verwandtschaft zwischen Autor und Ausleger* als die Bedingung der Möglichkeit des Verstehens bezeichnet, hat er in der Tat die Voraussetzung aller verstehenden Interpretation aufgedeckt. Denn diese Bedingung gilt nicht nur für die spezielle *Schleiermacher-Dilthey*sche Fragestellung, sondern für jede Interpretation, die nie schon durch die Befolgung der traditionellen »hermeneutischen Regeln« geleistet werden kann. Es handelt sich nur darum, jene Voraussetzung genauer zu bestimmen. Statt der Reflexion auf die Individualität von Autor und Ausleger, auf ihre Seelenvorgänge und auf die Genialität oder Kongenialität des Auslegers bedarf es der Besinnung auf die einfache Tatsache, daß *Voraussetzung des Verstehens das Lebensverhältnis des Interpreten zu der Sache ist, die im Text – direkt oder indirekt – zu Worte kommt.*[14]

Die Interpretation kommt nicht dadurch zustande, daß »sich die Individualität des Auslegers und seines Autors nicht als zwei unvergleichbare Tatsachen gegenüberstehen«, sondern dadurch, daß beide den gleichen Lebensbezug zu der in Rede bzw. in Frage stehenden Sache haben (bzw. insoweit als sie ihn haben), weil sie (bzw. sofern sie) im gleichen Lebenszusammenhang stehen. Dieses Verhältnis zur Sache, um die es im Text geht bzw. auf die hin er befragt wird, ist die Voraussetzung des Verstehens.[15] Eben daher ist es auch verständlich, daß jede Interpretation durch ein bestimmtes Woraufhin geleitet ist; denn nur aus den Bedingungen eines Lebenszusammenhangs ist eine irgendwie orientierte Frage möglich. Und ebenso ist daher verständlich, daß jede Interpretation ein bestimmtes Vorverständnis einschließt, eben das aus dem Lebenszusammenhang, dem die Sache zugehört, erwachsende.

Die Tatsache, daß jeder Interpretation ein Lebensverhältnis zur Sache, um die es im Texte geht, bzw. nach der er befragt wird, zugrunde liegt, läßt sich leicht durch die Besinnung auf den *Vorgang des Übersetzens aus einer fremden Sprache*, verdeutlichen. Der Sinn dieses Vorgangs ist in der Regel nur dadurch verdeckt, daß uns die Kenntnis der antiken Sprachen unseres Kulturkreises durch die Tradition vermittelt ist und nicht neu gewonnen zu werden braucht. Neu gewinnen läßt sich die Kenntnis einer fremden Sprache (falls nicht mehrsprachige Texte vorliegen) nur dann, wenn die durch die Wörter bezeichneten Sachen (Dinge, Verhaltungen usw.) vertraut sind – vertraut eben aus dem Gebrauch und Umgang im Leben. Ein Gegenstand oder ein Verhalten, das in meinem Lebenszusammenhang, in meiner Umwelt und Lebensführung schlechthin sinnlos ist, ist auch in seiner sprachlichen Benennung unverständlich und unübersetzbar – oder doch nur so, daß für das betr. Ding ein Wort gewählt wird, das es für die äußere Anschauung beschreibt, wie z. B. die Wiedergabe »Schwirrholz« für das »Tjurunga« der Australneger.[16] Die Beobachtung des Gebrauchs kann, sofern oder soweit dieser verständlich ist, zu weiteren Umschreibungen führen, so daß »Tjurunga« als ein »machthaltiges Zauberinstrument« beschrieben werden kann, da die Vorstellung von Zauberinstrumenten mir aus dem eigenen Lebenszusammenhang begreiflich ist. Grundsätzlich der gleiche Vorgang liegt dann vor, wenn Texte in oder mit bildlichen Darstellungen gegeben sind, die ihrerseits aus dem eigenen Lebenszusammenhang verständlich sind. Faktisch vollzieht sich ja auch das Verstehen und Sprechenlernen des Kindes in eins mit seinem Vertrautwerden in seiner Umwelt, seinem Umgang, kurz in seinem Lebenszusammenhang.

Also: die Interpretation setzt immer ein *Lebensverhältnis zu den*

Sachen voraus, die im Text – direkt oder indirekt – zu Worte kommen. Ich verstehe einen über Musik handelnden Text nur, wenn und soweit ich ein Verhältnis zur Musik habe (weswegen denn in *Thomas Manns* »Doktor Faustus« manche Partien für manche Leser unverständlich sind), einen mathematischen Text nur, wenn ich ein Verhältnis zur Mathematik habe, eine Geschichtsdarstellung nur, sofern mir geschichtliches Leben vertraut ist, sofern ich aus meinem eigenen Leben weiß, was ein Staat, was das Leben im Staat und seine Möglichkeiten sind, einen Roman nur, weil ich aus dem eigenen Leben weiß, was z. B. Liebe und Freundschaft, was Familie und Beruf ist usw. Eben daher ist manche Literatur manchen Menschen je nach Alter oder Bildung verschlossen.

Mein Lebensverhältnis zur Sache kann natürlich ein ganz naives, unreflektiertes sein, und im Verstehen, in der Interpretation, kann es ins Bewußtsein erhoben und geklärt werden. Es kann ein oberflächliches und durchschnittliches sein, und durch das Verstehen des Textes kann es vertieft und bereichert, modifiziert und korrigiert werden. In jedem Falle ist ein Lebensverhältnis zu der betr. Sache Voraussetzung, und diese Erkenntnis schaltet falsche Probleme von vornherein aus, wie die Frage nach der Möglichkeit, »fremdseelisches« Sein zu verstehen. Diese ist einfach gegeben in dem gemeinsamen Bezug von Autor und Ausleger zu der jeweiligen Sache. Wenn *Dilthey* als die Bedingung der Möglichkeit des Verstehens die »Grundlage der allgemeinen Menschennatur« statuiert, bzw. die Tatsache, daß »in keiner fremden individuellen Äußerung etwas auftreten kann, das nicht auch in der auffassenden Lebendigkeit enthalten wäre«, so dürfte das dahin zu präzisieren sein, daß Bedingung der Auslegung die Tatsache ist, daß Ausleger und Autor als Menschen in der gleichen geschichtlichen Welt leben, in der menschliches Sein sich abspielt als ein Sein in einer Umwelt, im verstehenden Umgang mit Gegenständen und mit Mitmenschen. Natürlich gehört zu solchem verstehenden Umgang auch das Fragen, die Problematik, der Kampf und das Leiden, die Freude wie die entsagende Flucht.

IV.

Das Interesse an der Sache motiviert die Interpretation und gibt ihr *die Fragestellung*, ihr *Woraufhin*. Unproblematisch ist die Orientierung der Interpretation, wenn sie durch die Frage nach derjenigen Sache geleitet ist, deren Mitteilung die Absicht des Textes selbst ist, also z. B. die Interpretation eines mathematischen oder musiktheoretischen Textes, wenn ich daraus Erkenntnisse über Mathematik oder Musik schöpfen will. Ebenso die Interpretation eines erzählenden Textes, wenn ich das in ihm Erzählte kennen lernen will, also z. B. die Interpretation von Chroniken, aber auch von Herodot oder Thukydides, wenn ich nichts weiter will, als die von ihnen berichteten geschichtlichen Verhältnisse und Vorgänge kennen lernen. Das gleiche gilt z. B. von einem hellenistischen Roman, der zwar von erdichteten Vorgängen erzählt, den ich aber als unterhaltende Geschichte lese. In jenen Fällen ist historische Belehrung, in diesem Unterhaltung das Woraufhin des Verstehens. In allen diesen Fällen ist die Fragestellung ganz naiv; sie wird in ihrer Eigenart deutlich, wenn es sich um das Verstehen eines dichterischen Textes von Rang handelt, also z. B. Homers, wenn solche Texte nämlich nicht als Dichtung, sondern einfach als Erzählung gelesen werden, was ja weithin zunächst der Fall ist, wie denn auch Werke der bildenden Kunst von naiven, zumal kindlichen Betrachtern unter diesem Gesichtspunkt, was sie erzählen, befragt werden. Und die bildende Kunst hat selbst ja z. T. diesen Sinn als Illustrationskunst, etwa in den »illuminierten« Bibelhandschriften oder in Mosaikzyklen wie im Dom von Monreale. Und grundsätzlich ist es das gleiche, wenn in der modernen Welt etwa ein Goethe-Album mit Abbildungen zum Leben Goethes herausgegeben wird.

Aber die Sache kompliziert sich freilich bald: Denn die naive Befragung der Texte überdauert nicht lange das kindliche Stadium, wenngleich dieses sein Recht nie verliert als die Frage nach dem, was der Text direkt mitteilen will. Die naive Befragung behält zumal Dauer gegenüber *wissenschaftlichen Texten*, die Erkenntnisse direkt vermitteln wollen. Denn auch dann, wenn die Befragung dazu fortschreitet, die Texte als Zeugnisse der Geschichte der betr. Wissenschaft zu verstehen, ist ja ein vorgängiges Verständnis dessen nicht auszuschalten, was sie direkt an Erkenntnis übermitteln. Auch bleibt ja das Interesse z. B. an der Geschichte der Mathematik normalerweise an der mathematischen Erkenntnis selbst orientiert, also an der in den betr. Texten intendierten Sache, und ordnet ihre Interpretation nicht einem fremden Interesse unter, etwa dem kulturgeschichtlichen, – was z. B. dadurch illustriert wird, daß der Kulturhistoriker seinerseits die Geschichte der Mathematik ignorieren kann, wie *Jac. Burckhardt* es in seiner »Kultur der Renaissance« tut. Immerhin, das Woraufhin ist ein anderes geworden, wenn wissenschaftliche Texte als Zeugnisse für die Geschichte der Wissenschaft gelesen werden.

Eine ähnliche Modifikation tritt in der Interpretation *erzählender, zumal historischer Texte* ein, und zwar in doppelter Weise: 1. indem sie nicht primär als Zeugnisse für das, über das sie berichten, gelesen werden, sondern als Zeugnisse ihrer eigenen Zeit, aus der sie berichten. Nicht das Berichtete, sondern der Berichterstatter interessiert dann primär. Das kann sich noch innerhalb der Intention des Berichterstatters selbst bewegen, insofern die historische Erkenntnis des Berichterstatters den kritischen Maßstab für das Verständnis seines Berichtes liefert. 2. wenn der historische Text als Zeugnis für die Geschichte der Historie, der Wissenschaft von der Geschichte, interpretiert wird. Hier wird von der Absicht des Textes gänzlich abgesehen; denn er will ja nicht Wissenschaft von der Geschichte mitteilen, sondern Geschichte selbst erzählen. Jetzt ist er selbst in die Geschichte eingereiht und wird nicht mehr als der Vermittler geschichtlicher Kenntnis, sondern als ihr Objekt interpretiert.

Wie aber liegt es beim *Roman*? Schon der naive Leser liest wohl nicht nur mit dem neugierigen Interesse an dem, was passiert; und in der

Spannung, zu vernehmen, was passieren wird, steckt mehr als nur die Neugier, nämlich die innere Teilnahme am Schicksal des Helden, in den sich der Leser versetzt. Er nimmt nicht zur Kenntnis, sondern er erlebt mit, er wird »ergriffen«, seine Stimmung gerät in Bewegung, seine Leidenschaften werden erregt. Und ist damit nicht auch erst die Absicht des Autors erfüllt?

In der Tat ist diese Weise des Verstehens die sachgemäße gegenüber den *Werken echter Dichtung*. Sie erschließen sich dem teilnehmenden Verstehen, wie das schon Aristoteles in seiner Weise durch die Lehre von Furcht und Mitleid als der Wirkung der Tragödie zum Ausdruck bringt. Und sie erschließen solchem teilnehmenden Verstehen *das menschliche Sein in seinen Möglichkeiten als den eigenen Möglichkeiten des Verstehenden*.

Solcher Art ist aber nicht nur das sachgemäße Verstehen und die in ihm entbundene Wirkung der Dichtung, sondern der *Kunst* überhaupt. Darf man das Schöne als »das Wahre im Sichtbaren« bezeichnen[17], und faßt man das »Wahre« in einem radikalen Sinne als die Aufgedecktheit des menschlichen Seins – aufgedeckt durch die Kunst als die Macht, im Schönen das Wahre zu zeigen, so gilt es, daß die Interpretation die in der Dichtung wie in der Kunst aufgedeckten *Möglichkeiten des menschlichen Seins* zum Verständnis bringen soll.

Ist das »Wahre« in Dichtung und Kunst für die Anschauung dargestellt und wird es hier im ergriffenen Verstehen zu eigen, so ist es als Objekt des reflektierenden und forschenden Denkens der Gegenstand der Philosophie. Die Interpretation *philosophischer Texte* muß daher, will sie nicht eine echt verstehende sein, selbst von der Frage nach der Wahrheit bewegt sein, d. h. sie kann nur in der Diskussion mit dem Autor vor sich gehen. Platon versteht nur, wer mit ihm philosophiert. Die Interpretation verfehlt das echte Verstehen, wenn sie den Text nach Lehrsätzen als den Ergebnissen wissenschaftlicher Forschung befragt, und wenn sie demzufolge den jeweiligen Text als »Quelle« für ein jeweiliges Stadium der Geschichte der Philosophie nimmt und damit diese Geschichte als ein in der Vergangenheit liegendes Geschehen auffaßt, statt sie in die Gegenwärtigkeit zu erheben. Denn wohl ist es noch keine Preisgabe echten philosophischen Verstehens, die Geschichte der Philosophie zu beschreiben, aber es hat so zu geschehen, daß das Verstehen ihrer Geschichte zum Verstehen ihrer selbst wird, indem in dieser Geschichte die Problematik des Seins- und damit des Selbstverständnisses deutlich wird.

V.

Die echte Fragestellung der Interpretation muß für die Texte und Denkmäler der Dichtung und Kunst, der Philosophie und der Religion zurückgewonnen werden, nachdem sie durch die im Zeitalter des sog. *Historismus* herrschend gewordene Fragestellung verdrängt worden war. Eben diesem Interesse gelten *Diltheys* Bemühungen und sein Rückgriff auf

Schleiermacher. In verschiedener Weise wurden unter der Herrschaft des Historismus *die Texte und Denkmäler als »Quellen« verstanden*, zumeist als Quellen, aus denen das Bild einer vergangenen Zeit oder eines Zeitverlaufs zu rekonstruieren ist. Als Zeugnisse einer geschichtlichen Epoche oder als Glieder oder Etappen eines geschichtlichen Prozesses wurden sie interpretiert, wobei es grundsätzlich nichts ausmacht, in welcher Weise dabei der geschichtliche Prozeß verstanden wurde, als politische oder als Sozial-Geschichte, als Geistesgeschichte oder als Kulturgeschichte im weitesten Sinne.

Nicht als ob Texte und Denkmäler nicht auch als *»Quellen«* verstanden werden könnten, ja auch müßten! Einmal gibt es in der Tat Texte, die es ihrem Gehalt nach nur verdienen, daß ihnen der Rang von Quellen zugesprochen wird. Von ihnen sind die »klassischen« Texte und Denkmäler zu unterscheiden, auch wenn die Grenzen nicht festliegen können. Sollen solche Dokumente als Quellen interpretiert werden, so müssen sie dafür immer schon im Sinne ihrer eigenen Intention verstanden sein – wenigstens vorläufig; und oft sind sie es in einer unreflektierten, oberflächlichen Weise. Soll z. B. Platon als Quelle für die Kultur Athens im 5. Jahrhundert benutzt werden, so muß der Gehalt seines Werkes ja irgendwie schon verstanden sein, damit er überhaupt als Quelle dienen kann. Indessen frägt die an ihn als an ein Dokument der Kulturgeschichte gerichtete Frage an seinem eigentlichen Anliegen vorbei und wird dieses schwerlich in seiner Ganzheit und Tiefe zu Gesicht bekommen. Die Fragestellung, die den Text als Quelle nimmt, hat nun ihr Recht gerade im Dienste einer echten Interpretation. Denn jede Interpretation bewegt sich notwendig in einem Zirkel: das einzelne Phänomen wird einerseits aus seiner Zeit (und Umgebung) verständlich und macht andererseits sie selbst erst verständlich. Das Verständnis des Platon aus seiner Zeit steht im Dienste einer echten Platon-Interpretation und gehört in den Bereich jener traditionellen hermeneutischen Regeln.

Analog stehen andere in der Zeit des Historismus ausgebildete Frageweisen ihrem legitimen Sinne nach im Dienste des echten Verstehens, wie etwa *Heinr. Wölfflins stilgeschichtliche Interpretation* von Kunstwerken oder die zahlreichen Untersuchungen zur *Typen- und Motivgeschichte* ebenso in der Literatur wie in der bildenden Kunst. Freilich können alle solche Untersuchungen auch die eigentliche Frage der Interpretation verdecken. Das gleiche gilt für *die formale, am Gesichtspunkt des Ästhetischen vollzogene Analyse* von Werken der Literatur und Kunst; mit ihrem Vollzug ist das eigentliche Verstehen noch nicht vollzogen, wohl aber kann es durch sie vorbereitet werden, wie etwa in dem Sophoklesbuch *Karl Reinhardts* und in dem Platonwerk *Paul Friedländers.*[18] Wie verschieden die Interpretation des gleichen Kunstwerkes sein kann, je nachdem, ob sie durch das Interesse an der Form oder durch das am Inhalt des Werkes geleitet ist, wird sichtbar, wenn man die Interpretationen des Jüngsten Gerichtes von Michelangelo durch Jac. Burckhardt und durch den Grafen Yorck von Wartenburg vergleicht, wie sie *Karl*

Löwith nebeneinander gestellt hat.[19] Ganz meisterhaft weiß *Erich Auerbach* in seinem Buch »Mimesis« die formale Analyse von Werken der Dichtung für die Interpretation ihres Gehalts fruchtbar zu machen.[20]

Das echte Verstehen von Dichtung und Kunst wie von Werken der Philosophie und Religion ist nach *Dilthey* – wie wir sahen – an der *Frage nach dem Verständnis singularen geschichtlichen Daseins* orientiert, und dieser Fragestellung können – wie auch schon gezeigt wurde – alle geschichtlichen Dokumente unterworfen werden. Läßt sich diese Interpretationsabsicht noch bestimmter und treffender fassen? Sie wurde schon dahin modifiziert, daß es darauf ankomme, die in der Dichtung und in der Kunst – und für philosophische und religiöse Texte gilt das Gleiche – aufgedeckten *Möglichkeiten menschlichen Seins* aufzuzeigen (S. 222). Ich versuche, das noch etwas deutlicher zu machen.

In einem Aufsatz über *J. J. Winckelmanns* Griechenbild[21] hat *Fritz Blättner* sehr instruktiv die *»intentio recta«* und die *»intentio obliqua«* in der Aufnahme von religiösen Kunstwerken einander gegenübergestellt. Jene setzt den Glauben des Betrachters voraus, der im Kunstwerk das geglaubte Göttliche als ein Objektives dargestellt sieht; sie sieht das Kunstwerk gar nicht als Kunstwerk, und für ihre Bedürfnisse würde z. B. ein Öldruck der Madonna den gleichen Dienst tun wie ein Gemälde Raffaels oder wie ein Pietà Michel Angelos. Die »intentio obliqua« dagegen fragt nicht nach der gegenständlichen Bedeutung des Kunstwerkes, und ihr gilt es gleich, »ob ein Apoll oder ein heiliger Sebastian vor Augen stand, ob objektiv ein Christus oder ein Moses oder ein Sklave gemeint war«; sie fragt nach der »Menschlichkeit«, nach dem »Geist, aus dem das Kunstwerk hervorgegangen und von dem es ein Zeugnis war«.

Diese Wendung hat sich mit *Winckelmann* vollzogen; er hat »den Blick gewonnen, der hinter dem objektiv Gemeinten und Gesagten den *Geist*, den *Genius* des Schöpfers und seines Volkes erkennt und als das Wesentliche im Werk herausempfindet« *(Blättner)*. So fragten auch die großen Philologen *Friedrich Ast* und *August Boeckh* nach dem »Geist« des Altertums als dem Ganzen, aus dem das einzelne Werk verstanden werden müsse.[22] Es ist die Weise des Verstehens, die von *Herder* entwickelt wurde, und die in der *Romantik* zur Herrschaft gelangte. Natürlich kann sich diese Betrachtungsweise auch mit dem Historismus verbinden, wie denn *Winckelmann* die Epochen der griechischen Kunstgeschichte entdeckte; indem er deren Abfolge für eine gesetzmäßige hielt, könnte er sogar als Vorläufer *Oswald Spenglers* angesehen werden. In der Zeit des Nationalsozialismus ist solche Fragestellung – geprägt freilich durch den Biologismus – ins Absurde getrieben worden, aber in ihrem Grundgedanken ist sie auch in den kunstgeschichtlichen Essays *Hermann Grimms* lebendig, dessen Ziel es war eine Geschichte der nationalen bildenden Phantasie zu schreiben.[23]

Natürlich hat diese Betrachtungsweise ihr bedingtes Recht, und der ihr eigene Relativismus (der seinen Hintergrund in einem phantheistischen Glauben an das Göttliche in allem Menschlichen haben kann) braucht nicht zur Herrschaft (oder zum Bewußtsein) zu kommen. Wie denn für *Winckelmann* der Geist, den er in der griechischen Kunst Gestalt gewinnen sah, die exemplarische Repräsentation des menschlichen Geistes überhaupt war, an der sich der Mensch jederzeit zu bilden habe.

Offenbar ist es *Diltheys* Bestreben, über die letztlich ästhetizistische Betrachtungsweise der Romantik hinauszukommen. Er bleibt freilich in ihr befangen, wenn er das Interesse an dem »Nachfühlen fremder Seelenzustände« in dem daraus entspringenden Glück begründet sieht und von dem »Zauber« redet, den derjenige »genießt«, der über alle Schranken der eigenen Zeit hinaus in die vergangenen Kulturen blickt. Indessen genießt ein solcher nicht nur den Zauber, sondern er »nimmt auch die Kraft der Vergangenheit in sich auf«. Indem der Verstehende »in aller Geschichte Geschichte der Seele findet«, »ergänzt« er durch das verstehende Anschauen die eigene Individualität und lernt »verstehend zu sich selber zu kommen«.[24] In solchen Sätzen zeigt sich doch, daß das echte Verstehen nicht auf die beglückende Anschauung einer fremden Individualität als solcher geht, sondern im Grunde auf die in ihr sich zeigenden Möglichkeiten des menschlichen Seins, die auch die des Verstehenden sind, der sie sich eben im Verstehen zum Bewußtsein bringt. Echtes Verstehen wäre also *das Hören auf die im zu interpretierenden Werk gestellte Frage, auf den im Werk begegnenden Anspruch*, und die »Ergänzung« der eigenen Individualität bestünde in der reicheren und tieferen Erschließung der eigenen Möglichkeiten, im Fortgerufen werden von sich selbst (d. h. von seinem unfertigen, trägen, stets der Gefahr des Beharrens verfallenden Selbst) durch das Werk.[25]

Graf Yorck dürfte klarer noch als *Dilthey* gesehen haben, wenn er in der Abgrenzung gegen Rankes Geschichtsschreibung sagt: »Wenn aber irgendwo, so sind in der Geschichte Himmel und Erde eins.« Denn dahinter liegt die Anschauung, daß das Verstehen der Geschichte nicht im ästhetischen Anschauen besteht, sondern ein religiöser Vorgang ist, weil die Wirklichkeit der Geschichte gar nicht für den persönlich unbeteiligten Zuschauer sichtbar wird. »Ranke ist ein großes Okular, dem nicht, was entschwand, zu *Wirklichkeiten* werden kann«.[26] Wie geschichtliches Verstehen das Vernehmen des Anspruchs der Geschichte und kritische Selbstbesinnung ist, zeigen *Yorcks* Worte: »Die Renaissance der Moral predigte in gewaltigster Einseitigkeit Michel Angelo in der sixtinischen Capelle. Die stummen einfachen Kreuze, von Christen in die Steine des carcer Mamertinus geritzt, sie kamen durch Luther zu Worte. Wenn etwas gewaltiger ist als M. Angelos jüngstes Gericht, so sind es jene Kreuze, die Lichtpunkte an einem unterirdischen Himmel, die Zeichen der Transzendenz des Bewußtseins.«[27]

Zu entscheidender Klarheit ist das Problem des Verstehens durch *Heideggers* Aufweis des Verstehens als eines Existentials gebracht worden und durch seine Analyse der Auslegung als der Ausbildung des Verstehens, vor allem aber durch seine Analyse des Problems der Geschichte und seine Interpretation der Geschichtlichkeit des Daseins.[28] In der Verfolgung der Gedanken *Heideggers* hat *Fritz Kaufmann* eine kritische Übersicht über die Geschichtsphilosophie der Gegenwart gegeben, aus der der Sinn verstehender Interpretation historischer Dokumente deutlich herausspringt.[29]

VI.

Fassen wir zusammen!
Voraussetzung jeder verstehenden Interpretation ist *das vorgängige Lebensverhältnis zu der Sache*, die im Text direkt oder indirekt zu Worte kommt und die das Woraufhin der Befragung leitet. Ohne ein solches Lebensverhältnis, in dem Text und Interpret verbunden sind, ist ein Befragen und Verstehen nicht möglich, ein Befragen auch gar nicht motiviert. Damit ist auch gesagt, daß jede Interpretation notwendig von einem gewissen *Vorverständnis* der in Rede oder in Frage stehenden Sache getragen ist.

Aus dem Sachinteresse erwächst *die Art der Fragestellung, das Woraufhin der Befragung*, und damit das jeweilige hermeneutische Prinzip. Das Woraufhin der Befragung kann identisch sein mit der Intention des Textes, und dieser vermittelt dann die erfragte Sache direkt. Es kann aber auch aus dem Interesse an Sachverhalten erwachsen, die an allen möglichen Lebensphänomenen und demzufolge in allen möglichen Texten zur Erscheinung kommen können. Das Woraufhin der Befragung fällt dann nicht mit der Intention des Textes zusammen, und dieser vermittelt die erfragte Sache indirekt.

Das Woraufhin der Interpretation kann also z. B. gegeben sein durch das Interesse an der *Rekonstruktion des Zusammenhangs vergangener Geschichte*, – an der politischen Geschichte, an der Geschichte der Probleme und Formen des sozialen Lebens, an der Geistesgeschichte, an der Kulturgeschichte in weitestem Umfang, und dabei wird die Interpretation stets bestimmt sein von der Auffassung die der Interpret von Geschichte überhaupt hat.

Das Woraufhin der Interpretation kann gegeben sein durch das *psychologische Interesse*, das die Texte etwa der individualpsychologischen, der völkerpsychologischen oder der religionspsychologischen Fragestellung unterwirft, der Frage nach der Psychologie der Dichtung, der Technik usw. In all diesen Fällen ist die Interpretation von einem vorausgesetzten Vorverständnis psychischer Phänomene geleitet.

Das Woraufhin kann gegeben sein durch *das ästhetische Interesse*, das die Texte einer formalen Analyse unterwirft und ein Werk als Kunstwerk in bezug auf seine Struktur, seine »äußere« und »innere« Form befragt. Das ästhetische Interesse vermag sich mit einem romantisch-religiösen Interesse zu verbinden, es vermag aber auch in der Sphäre einer stilistischen Betrachtung zu bleiben.

Das Woraufhin der Interpretation kann endlich gegeben sein durch *das Interesse an der Geschichte als der Lebenssphäre, in der menschliches*

Dasein sich bewegt, in der es seine Möglichkeiten gewinnt und ausbildet, und in Besinnung auf welche es das Verständnis seiner selbst, der eigenen Möglichkeiten, gewinnt. Mit anderen Worten: das Woraufhin kann gegeben sein durch *die Frage nach dem menschlichen als dem eigenen Sein*. Die nächstliegenden Texte für solche Befragung sind die Texte der Philosophie und Religion und der Dichtung; grundsätzlich aber können ihr alle Texte (wie die Geschichte überhaupt) unterworfen werden. Solche Befragung ist immer von einem vorläufigen Verständnis menschlichen Seins, von einem bestimmten Existenzverständnis, geleitet, das sehr naiv sein kann, aus dem aber überhaupt erst die Kategorien erwachsen, die eine Befragung möglich machen, – z. B. die Frage nach dem »Heil«, nach dem »Sinn« des persönlichen Lebens oder nach dem »Sinn« der Geschichte, nach den ethischen Normen des Handelns, der Ordnung der menschlichen Gemeinschaft und dgl. Ohne solches *Vorverständnis* und die durch es geleiteten Fragen sind die Texte stumm. Es gilt nicht, das Vorverständnis zu eliminieren, sondern es ins Bewußtsein zu erheben, es im Verstehen des Textes kritisch zu prüfen, es aufs Spiel zu setzen, kurz es gilt: In der Befragung des Textes sich selbst durch den Text befragen zu lassen, seinen Anspruch zu hören.

Mit solcher Einsicht ist auch die Antwort auf die zweifelnde Frage gefunden, *ob Objektivität der Erkenntnis geschichtlicher Phänomene, Objektivität der Interpretation, zu erreichen sei*. Wird der Begriff der objektiven Erkenntnis von der Naturwissenschaft her genommen (in der er übrigens im traditionellen Sinne heute auch problematisch geworden sein dürfte), so ist er für das Verstehen geschichtlicher Phänomene nicht gültig; denn diese sind anderer Art als die Phänomene der Natur. Sie bestehen als geschichtliche Phänomene überhaupt nicht ohne das sie auffassende geschichtliche Subjekt. Denn zu geschichtlichen Phänomenen werden Tatsachen der Vergangenheit erst, wenn sie für ein selbst in der Geschichte stehendes und an ihr beteiligtes Subjekt sinnvoll werden, wenn sie reden, und das tun sie nur für das Subjekt, das sie auffaßt. Nicht so freilich, als hefte ihnen dieses nach subjektiven Belieben einen Sinn an, sondern so, daß sie für den, der im geschichtlichen Leben mit ihnen verbunden ist, eine Bedeutung gewinnen. In gewissem Sinne gehört also zum geschichtlichen Phänomen seine eigene Zukunft, in der es sich erst zeigt in dem, was es ist.

Es wäre mißverständlich zu sagen, daß jedes geschichtliche Phänomen vieldeutig ist. Denn mag es freilich schutzlos der Willkür beliebiger Deutung ausgesetzt sein, so ist es doch für das wissenschaftliche Verstehen grundsätzlich eindeutig. Wohl aber ist *jedes geschichtliche Phänomen vielseitig, komplex*; es unterliegt verschiedener Fragestellung, sei es der geistesgeschichtlichen, sei es der psychologischen, der soziologischen, oder welcher auch immer, sofern sie nur aus der geschichtlichen Verbundenheit des Interpreten mit dem Phänomen erwächst. Jede solche Fragestellung führt, wenn die Interpretation methodisch durchgeführt wird, zu eindeutigem, objektivem Verständnis. Und natürlich ist es kein Einwand, daß sich das echte Verstehen in der Diskussion, im Streit der Meinungen, herausbildet. Denn die simple Tatsache, daß jeder Interpret in seinem subjektiven Vermögen beschränkt ist, hat keine grundsätzliche Relevanz.

Die methodisch gewonnene Erkenntnis ist eine »objektive«, und das kann nur heißen: eine dem Gegenstand, wenn er in eine bestimmte Fragestellung gerückt ist, angemessene. Die Fragestellung selbst »subjektiv« zu nennen, ist sinnlos. Sie mag so heißen, wenn man darauf blickt, daß sie natürlich jeweils von einem Subjekt gewählt werden muß. Aber was heißt hier »wählen«?[30] Als solche erwächst die Fragestellung ja nicht aus individuellem Belieben, sondern aus der Geschichte selbst, in der jedes Phänomen, seiner komplexen Natur entsprechend, verschiedene Aspekte darbietet, d. h. nach verschiedenen Richtungen Bedeutung gewinnt oder besser: beansprucht – und in der jeder Interpret, entsprechend der in der Mannigfaltigkeit des geschichtlichen Lebens wirkenden Motive, die Fragestellung gewinnt, in der gerade für ihn das Phänomen redend wird.

Die Forderung, daß der Interpret seine Subjektivität zum Schweigen bringen, seine Individualität auslöschen müsse, um zu einer objektiven Erkenntnis zu gelangen, ist also die denkbar widersinnigste. Sie hat Sinn und Recht nur, sofern damit gemeint ist, daß der Interpret seine persönlichen Wünsche hinsichtlich des Ergebnisses der Interpretation zum Schweigen bringen muß – etwa den Wunsch, daß der Text eine bestimmte (dogmatische) Meinung bestätigen oder für die Praxis brauchbare Anweisungen hergeben soll –, was natürlich oft genug in der Geschichte der Exegese der Fall war und ist. Gewiß! *Voraussetzungslosigkeit* hinsichtlich der Ergebnisse ist wie für alle wissenschaftliche Forschung, so auch für die Interpretation selbstverständlich und unabdinglich gefordert. Sonst aber verkennt jene Forderung das Wesen echten Verstehens schlechterdings. Denn diese setzt gerade *die äußerste Lebendigkeit des verstehenden Subjekts, die möglichst reiche Entfaltung seiner Individualität* voraus. Wie die Interpretation eines Werkes der Dichtung und der Kunst nur dem gelingen kann, der sich ergreifen läßt, so das Verstehen eines politischen oder soziologischen Textes nur dem, der von den Problemen des politischen und sozialen Lebens bewegt ist. Das Gleiche gilt endlich auch von jenem Verstehen, an dem *Schleiermacher* und *Dilthey* ihre hermeneutische Theorie orientieren, und das als das Verstehen geschichtlicher Phänomene im letzten und höchsten Sinne bezeichnet werden darf, von der Interpretation, die die Texte auf die Möglichkeiten des menschlichen als des eigenen Seins hin befragt. Die »subjektivste« Interpretation ist hier die »objektivste«, d. h. allein der durch die Frage der eigenen Existenz Bewegte vermag den Anspruch des Textes zu hören. Die Denkmäler der Geschichte »sprechen zu uns aus der Wirklichkeitstiefe, die sie gezeugt hat, nur dann, wenn wir selbst aus eigener Erfahrungsbereitschaft von der Problematik, von der zuletzt unüberwindlichen Bedürftigkeit und Bedrohtheit wissen, die Grund und Abgrund unseres in der Welt Seins ausmachen«.[31]

VII.

Die Interpretation der biblischen Schriften unterliegt nicht anderen Bedingungen des Verstehens als jede andere Literatur. Zunächst gelten für sie unbezweifelt die alten hermeneutischen Regeln der grammatischen Interpretation, der formalen Analyse, der Erklärung aus den zeitgeschichtlichen Bedingungen. Sodann ist klar, daß auch hier die Voraussetzung des Verstehens die Verbundenheit von Text und Interpret ist, die durch das Lebensverhältnis des Interpreten, durch seinen vorgängigen Bezug zur Sache, die durch den Text vermittelt wird, gestiftet wird. Voraussetzung des Verstehens ist auch hier ein Vorverständnis der Sache.

Diese Behauptung begegnet heute dem *Widerspruch:* die Sache, von der die Hl. Schrift, zumal das Neue Testament, redet, ist das Handeln Gottes, von dem es schlechterdings kein Vorverständnis geben kann, da ja der natürliche Mensch nicht einen vorgängigen Bezug zu Gott hat, sondern von Gott nur durch die Offenbarung Gottes, d. h. eben durch sein Handeln, von ihm wissen kann.

Dieser Widerspruch hat nur scheinbar recht. Denn freilich kann der Mensch von einem im Ereignis Wirklichkeit werdenden Handeln Gottes sowenig ein Vorverständnis haben wie von anderen Ereignissen als Ereignissen. Ehe ich aus der Überlieferung vom Tode des Sokrates gehört habe, kann ich nichts von ihm wissen, so wenig wie von der Ermordung Caesars oder vom Thesenanschlag Luthers. Aber um diese Ereignisse als geschichtliche Ereignisse zu verstehen und nicht als bloße beliebige Begebenheiten, muß ich allerdings ein Vorverständnis von den geschichtlichen Möglichkeiten haben, innerhalb derer diese Ereignisse ihre Bedeutsamkeit und damit ihren Charakter als geschichtlicher Ereignisse gewinnen. Ich muß wissen, was ein Leben im philosophischen Fragen ist, was Begebenheiten zu politischen Ereignissen macht, was katholisches und protestantisches Selbstverständnis als Möglichkeiten sind, in denen menschliches Sein als ein sich für sich selbst entscheidendes Sein steht. (Es wird kaum nötig sein, zu bemerken, daß dieses Wissen natürlich nicht ein explizites zu sein braucht.)

Ebenso setzt *das Verstehen von Berichten über Ereignisse als Handeln Gottes* ein Vorverständnis dessen voraus, was überhaupt Handeln Gottes heißen kann – im Unterschied etwa vom Handeln des Menschen oder von Naturereignissen. Und wenn entgegnet wird, der Mensch könne vor der Offenbarung Gottes auch nicht wissen, wer Gott sei, und folglich auch nicht, was Handeln Gottes heißen könne, so ist zu antworten, daß *der Mensch sehr wohl wissen kann, wer Gott ist, nämlich in der Frage nach ihm.* Wäre seine Existenz nicht (bewußt oder unbewußt) von der Gottesfrage bewegt im Sinne des Augustinischen »Tu nos fecisti ad Te, et cor nostrum inquietum est, donec requiescat in Te«, so würde er auch in keiner Offenbarung Gottes Gott als Gott erkennen. Im menschlichen Dasein ist ein existentielles Wissen um Gott lebendig als die Frage nach »Glück«, nach »Heil«, nach dem Sinn von Welt und Geschichte, als die

Frage nach der Eigentlichkeit des je eigenen Seins. Mag das Recht, solches Fragen als die Gottesfrage zu bezeichnen, erst vom Glauben an die Offenbarung Gottes aus gewonnen sein – das Phänomen als solches ist der Sachbezug auf die Offenbarung.

Das existentielle Wissen um Gott ist, wo es ins Bewußtsein tritt, *in irgendeiner* Ausgelegtheit da. Kommt es z. B. zum Bewußtsein als die Frage: »Was soll ich tun, daß ich selig werde?« (Act. 16, 30), so ist in ihr irgendeine Vorstellung von »Seligkeit« (oder wenn wir uns am griechischen Text orientieren, von »Rettung«) vorausgesetzt. Die an das Neue Testament gerichtete Frage muß im Hören auf das Wort des Neuen Testaments zur Korrektur der mitgebrachten Vorstellung bereit sein, kann aber solche Korrektur nur erhalten, wenn die Grundintention der Frage, die in den Begriff der »Seligkeit« (oder »Rettung«) gefaßt ist, mit der Intention der im Neuen Testament gegebenen Antwort zusammentrifft.

Es kommt nun – zum mindesten für die wissenschaftliche Exegese – entscheidend auf die sachgemäße Ausgelegtheit der Frage, und das bedeutet zugleich: *auf die sachgemäße Ausgelegtheit der menschlichen Existenz*, an. Diese zu erarbeiten, ist Sache der menschlichen Besinnung, konkret die Aufgabe der philosophischen, der existentialen Analyse des menschlichen Seins. Selbstverständlich ist solche Arbeit nicht die Voraussetzung für das schlichte Hören auf das Wort des Neuen Testaments, das sich direkt an das existentielle Selbstverständnis richtet und nicht an ein existentiales Wissen. Anders aber, wenn es sich um die wissenschaftliche Interpretation der Schrift handelt. Sie findet ihr Woraufhin in der Frage nach dem in der Schrift zum Ausdruck kommenden Verständnis der menschlichen Existenz. Daher hat sie sich um die sachgemäßen Begriffe, in denen von menschlicher Existenz geredet werden kann, zu bemühen.

Diese gründen im Lebensbezug des Exegeten zu der Sache, die in der Schrift zu Worte kommt und schließen ein Vorverständnis der Sache ein. Es ist ein Wahn, ohne ein solches und die aus ihm fließenden Begriffe ein Wort des Neuen Testaments verstehen zu können, wenn es als Gottes Wort verstanden werden soll. Der Interpret bedarf der kritischen Besinnung auf die sachgemäßen Begriffe, gerade wenn er die biblischen Schriften nicht als ein Kompendium dogmatischer Sätze lesen will oder als »Quellen«, um ein Stück vergangener Geschichte zu rekonstruieren, oder um ein religiöses Phänomen oder das Wesen von Religion überhaupt zu studieren, oder um den psychischen Verlauf und die theoretische Objektivierung religiöser Erlebnisse zu erkennen, sondern wenn er die Schrift selbst zum Reden bringen will als eine in die Gegenwart, in die gegenwärtige Existenz, redende Macht. Wird das Woraufhin der Interpretation als die Frage nach Gott, nach Gottes Offenbarung, bezeichnet, so bedeutet das ja, daß es die Frage nach der Wahrheit der menschlichen Existenz ist. Dann aber hat sich die Interpretation um die Begrifflichkeit existentialen Verstehens der Existenz zu bemühen.

VIII.

Karl Barth verwirft die Meinung, daß ein theologischer Satz nur dann gültig sein könne, wenn er sich als echter Bestandteil des christlichen Verständnisses der *menschlichen* Existenz ausweisen kann.[32] Hier ist darüber nur insoweit zu reden, als theologische Sätze Interpretationen von Aussagen der Schrift sind, insoweit also, als *Barth* meine Forderung einer existentialen Interpretation der Schrift bestreitet. Er tut es mit folgenden (im Zusammenhang auf die Hauptsätze des christlichen Bekenntnisses bezogenen Worten): »Sie (diese Sätze) beziehen sich wohl alle auf die menschliche Existenz. Sie ermöglichen und begründen deren christliches Verständnis, und so werden sie denn – abgewandelt – auch zu Bestimmungen der menschlichen Existenz. Sie sind es aber nicht von Haus aus. Sie bestimmen von Haus aus das Sein und Handeln des vom Menschen *verschiedenen*, des dem Menschen *begegnenden* Gottes: des Vaters, des Sohnes, des Heiligen Geistes. Sie sind schon darum nicht auf Sätze über das innere Leben des Menschen zu reduzieren.«

Der letzte Satz verrät das völlige Mißverständnis dessen, was existentiale Interpretation, und was der in ihr gemeinte Sinn von Existenz ist. Diese ist ja gar nicht das »innere Leben des Menschen«, das unter Absehung von dem von ihm Verschiedenen und ihm Begegnenden (sei es Umwelt, Mitmensch oder Gott) in den Blick gefaßt werden mag – von einer religionspsychologischen Betrachtung etwa, aber jedenfalls nicht von der existentialen. Denn diese will ja die wirkliche (geschichtliche) Existenz des Menschen, der nur im Lebenszusammenhang mit dem von ihm »Verschiedenen«, nur in den Begegnungen existiert, in den Blick fassen und verstehen! Um die sachgemäße Begrifflichkeit, in der das geschehen könnte, bemüht sich ja die existentiale Analyse. *Barth* orientiert seine Vorstellung von ihr offenbar an einem von *Feuerbach* entnommenen Begriff der Anthropologie und schiebt diesen schon *Wilhelm Herrmann* unter, statt zu sehen, daß *Herrmann* gerade darum ringt (wenngleich in unzureichender Begrifflichkeit), menschliches Sein als geschichtliches zu begreifen.

An *Barth* ist die Forderung zu stellen, daß er über seine Begrifflichkeit Rechenschaft ablegt. Er gibt mir z. B. zu, daß die Auferstehung Jesu kein historisches Faktum ist, das mit den Mitteln der historischen Wissenschaft festgestellt werden könne. Daraus aber – meint er – folge nicht, daß sie nicht *geschehen* sei: »Kann sich nicht auch *solche* Geschichte wirklich ereignet haben, und kann es nicht eine legitime Anerkennung auch *solcher* Geschichte geben, die ›historisches Faktum‹ zu nennen, man schon aus Gründen des guten Geschmacks unterlassen wird, die der ›Historiker‹ im modernen Sinne gut und gerne ›Sage‹ oder ›Legende‹ nennen mag, weil sie sich den Mitteln und Methoden samt den stillschweigenden Voraussetzungen dieses Historikers in der Tat entzieht?«[33]

Ich frage: Was versteht *Barth* hier unter »geschehen« und »Geschichte«? Was für Ereignisse sind das, von denen gesagt werden kann, daß sie »viel sicherer wirklich in der Zeit geschehen sind als alles, was die ›Historiker‹ als solche feststellen können«?[34] Es ist völlig deutlich, daß *Barth* mittels einer mitgebrachten Begrifflichkeit die Sätze der Schrift interpretiert. Welches ist der Ursprung und der Sinn dieser Begrifflichkeit?

Weiter! Was ist das für eine Weise des »Glauben schenkens«, wenn der Glaube gegenüber der Behauptung von Ereignissen aufgebracht werden soll, die in Zeit und Geschichte geschehen sein sollen, jedoch nicht mit den Mitteln und Methoden der historischen Wissenschaft festgestellt werden können? Wie kommen diese Ereignisse in das Blickfeld des Glaubenden? Und wie unterscheidet sich solcher Glaube von einem blinden Akzeptieren mittels eines Sacrificium Intellectus? In welchem Sinne appelliert *Barth* an ein Gebot der Wahrhaftigkeit, das höherer oder anderer Art ist als das Gebot der Wahrhaftigkeit, welches gebietet, nichts für wahr zu halten, was im Widerspruch steht zu Wahrheiten, die die faktische Voraussetzung meines all mein Tun leitenden Weltverständnisses sind?[35] Welche Elemente enthielt denn das mythische Weltbild, auf das wir uns als auf ein ganzes zwar nicht festzulegen brauchen, von dem wir uns aber in ekletischem Verfahren einiges aneignen können?[36] Nach einem gültigen Sinn des mythischen Weltbildes zu fragen, ist ja gerade die Absicht meiner existentialen Interpretation des Mythos, und darin versuche ich methodisch zu verfahren, während ich bei *Barth* nur willkürliche Behauptungen wahrnehmen kann. Welches ist denn sein Prinzip der Auswahl?

Offenbar im Sinne *Karl Barths* hält mir *Walter Klaas*[37] den Satz entgegen: »Wer die Schrift allein Maßstab und Richtscheit der Verkündigung sein läßt (wo bestreite ich das?), wer sich das Wort der Propheten und Apostel vorgeordnet weiß und nachspricht, wie er es verantwortlich vernommen hat, der treibt Schriftauslegung.« Solche Worte zeigen nur, daß der, der sie spricht, das Problem der Schriftauslegung noch gar nicht in den Blick bekommen hat. Der Exeget soll die Schrift »auslegen«, nachdem er ihr Wort verantwortlich »vernommen« hat? Wie soll er denn vernehmen, ohne zu *verstehen*? Und das Problem der Interpretation ist doch gerade das des Verstehens!

Zusätzliche Literatur

Rudolf Bultmann: Theologie des Neuen Testaments, 3. Aufl., Tübingen 1958.
Rudolf Bultmann: Geschichte und Eschatologie, 2. Aufl., Tübingen 1964.
Rudolf Bultmann: Die Geschichte synoptischen Tradition, 4. Aufl., Göttingen 71.
Hans Conzelmann: Grundriß d. Theologie d. Neuen Testaments, München 1968.
Erich Dinkler (Hg.): Zeit und Geschichte. Dankesgabe an Rudolf Bultmann zum 80. Geburtstag, Tübingen 1964.
Erich Dinkler: Signum Crucis. Aufsätze zum Neuen Testament, Tübingen 1967.
Gerhard Ebeling: Wort und Glaube, Tübingen 1960.
Gerhard Ebeling: Das Wesen des christlichen Glaubens, 2. Aufl., Tübingen 1961.
Ernst Fuchs: Marburger Hermeneutik. Hermeneutische Untersuchungen zur Theologie, Bd. 9, Tübingen 1968.
Gerhard Gloege: Mythologie und Luthertum. Recht und Grenze der Entmythologisierung, Göttingen 1952.

Fußnoten

1 *Wilh. Dilthey,* Die Entstehung der Hermeneutik (1900), veröffentlicht mit den Zusätzen aus den Handschr. im 5. Band der Ges. Schriften 1924, S. 317–383. – Die oben gegebenen Zitate aus den Seiten 332 f., 317.

2 A. a. O. 317, 334.

3 A. a. O. 319.

4 Die Darstellung der Hermeneutik, die in dem inhaltreichen Artikel *G. Heinricis* im 7. Band der Realenc. f. prot. Theol. u. Kirche (1899), S. 718–750 zu Worte kommt, beschränkt sich auf die Entwicklung der traditionellen hermeneutischen Regeln. Das gleiche gilt von *Fr. Torms* Hermeneutik des NT (1930), während Er. Fascher (Vom Verstehen des Neuen Testaments 1930) darüber hinauskommen möchte, ohne freilich m. E. eine klare Richtung des Weges zu finden. – *Joachim Wach* hat in seinem großen Werk »Das Verstehen« die »Grundzüge einer Geschichte der hermeneutischen Theorie im 19. Jahrhundert« gezeichnet (3 Bände 1926/29/33); eine außerordentlich sorgfältige Bestandsaufnahme, in einer m. E. allzu großen Zurückhaltung eigener Stellungnahme, die die Geschichte kritisch durchleuchten könnte. Die hermeneutischen Prinzipien, die er im Journal of Bibl. Lit. 55, 1 (1936), S. 59–63 skizziert, sind auch nur die alten hermeneutischen Regeln, vermehrt nur um die »necessity of psychological understanding«, durch die offenbar *Schleiermachers* Forderung zur Geltung gebracht werden soll, jedoch ohne daß diese Forderung in der Konsequenz der *Dilthey*schen Anregungen weiter entfaltet würde. Auch sein Artikel »Verstehen« in Rel. in Gesch. u. Gegenw. V (1931), 1570–1573 bleibt begreiflicherweise zu skizzenhaft. – Eine kritische Auseinandersetzung mit der Diskussion des hermeneutischen Problems in der protestantischen Theologie der Gegenwart gibt *Fritz Buri* in Schweizerische Theologische Umschau, Festgabe für *Martin Werner* zum 60. Geburtstag 1947. Ich weiß mich mit ihm einig ebenso in seinem Kampf für das historisch-kritische Schriftverständnis wie in seiner Ablehnung eines »pneumatisch-übergeschichtlichen Schriftverständnisses« und einer sog. theologischen Hermeneutik, vermöge deren eine »christologische Exegese« des AT getrieben wird. Daß er meine Versuche nicht richtig verstanden hat, liegt sicher z. T. daran, daß ich bisher nicht deutlich das wissenschaftliche Verstehen der Schrift von dem Gehorsam gegenüber dem Kerygma unterschieden habe. Es liegt aber vor allem daran, daß er den Unterschied von existentiell und existential nicht erfaßt hat, wie er denn von meinem Versuch einer »existentiellen Exegese« redet, wogegen ich nur protestieren kann. Er zitiert meinen Satz (aus »Offenbarung und Heilsgeschehen« S. 41), daß die Mythologie des NT »existential« zu interpretieren sei, indem er schreibt »existentiell«!

5 S. *Dilthey* a. a. O. 321, und für das folgende 321 ff.

6 *Harald Patzer,* Der Humanismus als Methodenproblem der klassischen Philologie, Studium Generale I (1948), S. 84–92.

7 Außer *Dilthey* vgl. bes. *Wach* a. a. O. I S. 83 ff., 102 ff., 143, 148 f.

8 Die Formulierungen im Anschluß an *Diltheys* Charakteristik a. a. O. 327 f., vgl. ebda. 328, 335.

9 *Dilthey* a. a. O. 329. Vgl. *Wach* a. a. O. I S. 141: *Schleiermacher* begründet das divinatorische Verfahren damit, daß jeder Mensch außerdem, daß er selbst ein eigentümlicher ist, eine »Empfänglichkeit« für alle anderen hat.

10 *Dilthey* a. a. O. 329 f., 332, 334.

11 *Dilthey* a. a. O. 326 f.

12 *Georg Misch,* Geschichte der Autobiographie I 1907.

13 Die Formel, daß das Verständnis des Schriftstellers und seines Werks das eigentliche Ziel der Exegese sei (*Herm. Gunkel,* Monatsschr. f. d. kirchl. Praxis 1904, S. 522) ist richtig, sofern sie ablehnt, daß die Exegese durch dogmatische oder praktische Interessen geleitet sein solle (oder dürfe). Im übrigen

besagt sie zum hermeneutischen Problem gar nichts. Denn jetzt fängt das Problem erst an! Denn welches Verständnis des Schriftstellers ist gemeint: ein psychologisches? ein biographisches? usw.! Und wie soll das Werk verstanden werden: problemgeschichtlich? ästhetisch? usw.!

14 Intendiert ist diese Einsicht offenbar in der »idealistischen Metaphysik des Verstehens, derzufolge geschichtliches Verstehen nur möglich ist auf Grund einer Identität des menschlichen Geistes in seinen verschiedenen Objektivationen und dieser mit dem absoluten Geist« (*Buri* a. a. O. 25). – Aber auch *J. Chr. K. von Hofmann* hat das Entscheidende in seiner Weise gesehen, wenn er sagt, daß sich die biblische Hermeneutik nicht für eine selbständige und in sich geschlossene Wissenschaft geben wolle, sondern die allgemeine Hermeneutik voraussetze, daß sie aber nicht einfach in der Anwendung dieser auf die Bibel bestehe, sondern ein Verhältnis zum Inhalt der Bibel voraussetze (Biblische Hermeneutik 1880, S. 1 ff.). Über *Hofmann* s. auch *Wach* a. a. O. II 365, 369 f.

15 In diesem Sinne ist auch die von dem Historiker geforderte »Kongenialität« bei Wilh. v. Humboldt, bei Boeckh und bes. bei Droysen verstanden. Darüber *Hildegard Astholz*, Das Problem »Geschichte« untersucht bei Joh. Gust. Droysen 1933; sie zitiert u. a. den charakteristischen Satz Droysens: »Zwar ist jeder Mensch ein Historiker. Wer aber das ιστορειν zu seinem Berufe macht, der hat etwas in besonderem Maße Menschliches zu tun« (S. 97 f.).

16 *Nathan Söderblom,* Das Werden des Gottesglaubens 1916, S. 41 ff.

17 *Patzer* a. a. O. 90.

18 *Karl Reinhardt,* Sophokles, 2. Aufl. 1943. – *Paul Friedländer,* Platon II die platonischen Schriften 1930. – Ich weise auch auf *Reinhardts* Vorträge und Aufsätze hin, die 1948 unter dem Titel »Von Werken und Formen« erschienen sind.

19 Theol. Rundschau, N. F. II (1930), 44–46.

20 *Erich Auerbach,* Mimesis. Dargestellte Wirklichkeit in der abendländischen Literatur 1946. – In seinen »Bildnisstudien« (1947) versucht *Ernst Buschor* die stilistische Analyse einer man darf wohl sagen: existentialen Interpretation dienstbar zu machen, wenngleich schwerlich in hinreichend klaren Kategorien.

21 *Fritz Blättner,* Das Griechenbild J. J. Winckelmanns. Jahrbuch »Antike und Abendland« I (1944), S. 121–132.

22 Vgl. *Wach* a. a. O. I S. 106, 185.

23 Vgl. das Vorwort *Reinh. Buchwalds* zu den unter dem Titel »Deutsche Künstler« erschienenen Essays *Hermann Grimms*.

24 Die Formulierungen nach *Dilthey* a. a. O. 317, 328 und nach dem Referat von *Fritz Kaufmann,* Geschichtsphilosophie der Gegenwart (Philosoph. Forschungsberichte 10) 1931, S. 109–117.

25 Vgl. *Kaufmann* a. a. O. 54 f. in der Auseinandersetzung mit *Simmel* über das persönliche Verhältnis zum Geschehen der Geschichte. – Über das Vernehmen des Anspruchs der Geschichte bei *Droysen* s. *Astholz* a. a. O. 106; ebenda 120 f. über das Verstehen als ein Anliegen des Lebens, als Tat.

26 Briefwechsel zwischen *Wilhelm Dilthey* und dem Grafen *Paul York von Wartenburg* 1877–1897 (1923), S. 60.

27 Ebenda S. 120.

28 *Martin Heidegger,* Sein und Zeit I 1927, speziell §§ 31, 32. Über Heidegger *Fritz Kaufmann* a. a. O. 118 ff.

29 Vgl. *Kaufmann* a. a. O. 41: das Verständnis eines geschichtlichen Lebenszusammenhangs ist das Verständnis dafür, »wie Dasein einst seine eigene Problematik verstand oder mißverstand, aushielt oder floh«. Vgl. auch *Droysen* bei *Astholz* a. a. O. 121.

30 Sofern es sich nicht um die Verlegenheits- und Zufallswahl eines Themas für eine Dissertation handelt.

31 *Kaufmann* a. a. O. 41.

32 *Karl Barth,* die kirchliche Dogmatik III, 2 (1948), S. 534.
33 Ebenda 535.
34 Ebenda 535 f.
35 Ebenda 536.
36 Ebenda 536 f.
37 *Walter Klaas,* Der moderne Mensch in der Theologie *Rud. Bultmanns* 1947, S. 29. Die Schrift ist ein sachlicher und sympathischer Beitrag zur Diskussion. Nur ist zu bedauern, daß der Verf. den Sinn der »Entmythologisierung« als eines hermeneutischen Prinzips offenbar nicht verstanden hat und zwischen existentialem und existentiellem Versehen nicht zu unterscheiden weiß.

Ernst Käsemann

Begründet der neutestamentliche Kanon die Einheit der Kirche?*

Die Frage, ob der neutestamentliche Kanon die Einheit der Kirche begründe, muß um der Variabilität der Verkündigung im Neuen Testament willen vom Historiker verneint werden. Der Beweis für diese Behauptung kann im Rahmen eines Vortrags nur entwurfsartig, also unter Beschränkung auf einfache Tatsachen und wenige Beispiele, geführt werden.

1. Es ist ein theologisches Problem, daß der Kanon uns vier Evangelien statt eines einzigen bietet und selbst die ersten drei in ihrer Ordnung, Auswahl und Darstellung erheblich divergieren. Natürlich spielen die Verschiedenheit der jeweils benutzten Tradition und die Eigenart der Evangelisten dabei eine Rolle. Doch kann nur allzu vordergründige Betrachtungsweise, welche die Evangelien primär als Tatsachenberichte versteht und ihren Verkündigungscharakter letztlich ausschaltet, sich mit dieser Erklärung begnügen. Läßt sich doch mit Sicherheit feststellen, daß kein Evangelist den historischen Jesus selber gekannt hat. Für jeden von ihnen stand paradox ausgedrückt der erhöhte und geglaubte Kyrios vor dem incarnatus auf dem Plan und bestimmte den Aspekt, unter dem sie je auf ihre Weise den incarnatus sahen. Dabei gehören alle der hellenistischen Gemeinde an. Matthäus und Lukas setzen gemeinsam Markus und eine von uns gewöhnlich als Logienquelle bezeichnete Vorlage, alle drei eine schon vorhandene Passions- und Ostergeschichte voraus. Johannes benutzt zum mindesten eine verwilderte synoptische Überlieferung. Zeitlich stehen sie alle nicht in solchem Abstand, daß erhebliche Differenzen von da unvermeidbar würden. Gleichwohl folgen sie sämtlich einer andern Tendenz. Schematisch formuliert: Zeigt Markus mit seinen vielen Wundergeschichten die geheime Epiphanie dessen, der zu Ostern seine volle Glorie erhält, so Matthäus den Bringer der messianischen Thora, Johannes den Christus praesens, während Lukas historisierend und die Heilsgeschichte als Entwicklungsprozeß schildernd zum ersten Male ein sogenanntes Leben Jesu schreibt. Ein anderes Beispiel: Kein hellenistischer Christ hat je daran gezweifelt, daß Jesus das Gottessohnprädikat in metaphysischem Sinn gebühre. Markus läßt in seiner Taufgeschichte zwar noch erkennen, daß eine ältere Gemeindeanschauung wie in Röm. 1, 4; Apg. 2, 36; Hebr. 1, 5 eine adoptianische Christologie vertrat und die Taufe als Messiasweihe verstand. Doch hat er selbst diese Anschauung bereits verwischt und Jesus durchgängig in den Farben

* Vortrag, gehalten am 20. Juni 1951 in der Ökumenischen Vorlesungsreihe der Theologischen Fakultät zu Göttingen. Erstmals veröffentlicht in: EvTheol 11 (1951/52) S. 13–21. Text nach *Ernst Käsemann*: Exegetische Versuche und Besinnungen. I. Bd., Vandenhoeck & Rupprecht, Göttingen 1960, S. 214–223. Abdruck mit freundlicher Genehmigung des Verlages.

des hellenistischen theios anthropos gezeichnet. Die beiden andern Synoptiker sprechen schon von der göttlichen Erzeugung Jesu, wobei Matthäus den Messias als zweiten Moses und Retter des eschatologischen Gottesvolkes, Lukas das göttliche Kind im Rückgriff auf den hellenistischen Mythos wie die 4. Ekloge Vergils als Weltheiland darstellt. Im 4. Evangelium erscheint endlich auch das Motiv der Jungfrauengeburt für den unangemessen, der als Logos vom Anfang an bei dem Vater und mit diesem eins ist, darum allein Offenbarer sein kann. Das allen gemeinsame Bekenntnis zur Gottessohnschaft Jesu wird also mit Hilfe einer jeweils der Umwelt entnommenen Anschauung verschieden expliziert. Ein theologischer Aspekt läßt in unsern Evangelien den incarnatus modifiziert verkündigen.

Weil es sich so verhält, können die Evangelisten einander auch recht unbefangen kritisieren. Matthäus tat es schon der Quelle seiner Taufgeschichte gegenüber, deren Christologie er nicht mehr tragbar fand. Seine Nachfolger haben es nicht anders gehalten. Matthäus nimmt z. B. Anstoß an der drastischen Weise, mit welcher Mk. 5, 27 ff. die Heilung der Blutflüssigen erzählte. Daß die Gewandung des Wundermannes göttliche Kraft mitteilt, die bei Berührung überspringt und zu heilen vermag, ist eine vulgär hellenistische Vorstellung, die genauso im Bericht vom heilenden Petrusschatten und den wunderwirkenden Schweißtüchlein des Paulus Apg. 5, 15; 19, 12 erscheint und später den Reliquienkult bestimmt. Matthäus korrigiert diese grob magische Anschauung, indem er die Heilung nicht mehr durch die Berührung des Gewandes als solche, sondern durch Jesu Machtwort erfolgen läßt. Er reduziert überhaupt die breite Ausmalung der Wundergeschichten bei Markus, in der sich novellistische Erzählerfreude bekundet und selbst Motive profaner Erzählungstechnik angeschlagen werden, aufs äußerste, um die geheimnisvolle Hoheit Jesu stärker herausstellen. Zweifellos bewußt läßt Lukas die Verwünschung des Petrus durch Jesus in Mk. 8, 33 aus, weil sie ihm unerträglich ist. Er hat ja anders als die übrigen Evangelien die Berufung des Petrus zum Gegenstand einer eigenen Wundergeschichte gemacht und dabei wie anderswo die weiteren Apostel in den Schatten des Apostelfürsten gerückt, der für ihn der Repräsentant des kirchlichen Amtes ist. Ganz klar gestaltet Dogmatik den Aufriß des 4. Evangeliums. Deshalb geht den beiden ersten Teilen in Kap. 2 und 13 eine symbolische Einleitung voraus. Die Hochzeit zu Kana und die höchst eigenwillig an den Anfang gezogene Tempelreinigung charakterisieren Jesus als der Welt Heil und Krisis, die Fußwaschung illustriert, daß die vom Kosmos gehaßten Jünger in göttlicher Agape stehen. So hat der Evangelist auch den aus den Synoptikern bekannten Traditionsstoff durchweg als Anschauungsmaterial für die eigene Verkündigung verwertet und ihm damit die Selbständigkeit genommen. Zeigt sich das bei den Wundergeschichten besonders deutlich, so meldet sich dort zugleich am schärfsten johanneische Kritik gegenüber traditionell kirchlicher Betrachtungsweise: Ihr gelten die Wunder Jesu als Symbole, die in 4, 48; 6, 26; 20, 29 ausdrücklich einer christlich geläufigen Deutung als Glaubenslegitimation entzogen werden. Solcher Nachweis läßt sich unabsehbar weiterführen und selbst auf Stellen ausdehnen, in denen ein gleiches Wort durch einen andern Zusammenhang eine andere Interpretation erfährt. Wir können aus dem Gesagten bereits jetzt die Folgerung ziehen, daß die Differenzen in unsern Evangelien und sogar die abweichende Auswahl des Überlieferungsstoffes sich weithin aus der verschiedenen theologisch-dogmatischen Haltung der Evangelisten erklären.

2. Der Kanon erzeugt die gängige kirchliche und von theologischer Systematik oft geförderte Meinung, daß das Neue Testament uns ein einigermaßen ausreichendes Bild von Geschichte und Verkündigung der Urchristenheit gewähre. Tatsächlich wissen wir davon unverhältnismäßig mehr als von den meisten andern Dingen der Antike, weil die Kirche ihre Tradition sorgfältig erhalten und weitergegeben hat. Doch sollte uns das den fragmentarischen Charakter auch dieses Wissens nicht vergessen lassen. Wir stoßen darauf besonders eindrücklich bei dem Versuch, die authentische Jesusüberlieferung aus dem Neuen Testament zu eruieren. So gewiß man sagen darf, daß die große Masse dieser Überlieferung uns nicht den historischen Jesus gewahren läßt, so erlauben uns alle noch so vervollkommneten Methoden historischer Wissenschaft an diesem Punkte nur ein mehr oder minder zutreffendes Wahrscheinlichkeitsurteil, wie man aus den vielen höchst disparaten Darstellungen des Lebens und der Botschaft Jesu und der großartigen Geschichte der Leben-Jesu-Forschung von A. Schweitzer erkennen kann. Die notwendige Rekonstruktion wird uns paradoxerweise gerade nicht dadurch erschwert und muß zuweilen fast aussichtslos erscheinen, daß uns zu wenig, sondern daß uns zu viel überliefert wurde. Die urchristliche Gemeinde hat ja nicht wie wir zwischen dem historischen und dem erhöhten Herrn unterschieden. Palästinische wie hellenistische Prophetie sprachen im Namen des Erhöhten, was die Johannesapokalypse uns noch zeigt. Diese zum großen Teil im Ich-Stil gehaltenen Sprüche sind im Laufe der Tradition mit den Worten des historischen Jesus vermengt und diesem zugeschrieben worden, eben weil es der Urchristenheit nicht wie uns auf den Zeitpunkt ihrer Entstehung, sondern auf den sich hier wie dort offenbarenden Geist des Kyrios ankam. Wir können solchem Faktum nicht gleich unbefangen gegenüberstehen, sondern müssen kritisch scheiden. Denn die Inspiration des Propheten hebt ja nicht auf, daß er jeweils in den Ausdrucksmöglichkeiten seiner Zeit und also auch in ihren theologischen Vorstellungen sprach. Die uns erhaltene Jesus-Überlieferung läßt sich deshalb nicht auf einen einzigen Nenner bringen. Die formgeschichtliche Arbeit hat gezeigt, daß es um den Erzählungsstoff nicht anders steht als um die Sprüche, und daß die Rahmenstücke der Perikopen fast durchweg der Komposition der Evangelisten angehören und der Einzeltradition gleichsam als Gerippe Halt bieten. Nivellierung wird den historischen Sachverhalten also nicht gerecht, so sehr der Kanon als solcher dazu verlockt. Exegese vollzieht sich immer in der Nuancierung.

Mit dieser Erkenntnis verbindet sich sehr eng eine andere. Wir meinen gewöhnlich und werden darin wieder durch die Kanonisierung der nt.lichen Schriften, die gängige kirchliche Anschauung und nicht selten durch die systematische Theologie bestärkt, daß wir im Neuen Testament in sich ruhende Aussagen vor uns hätten, so daß es als Summe von dicta probantia verstanden werden könne. Damit wird dann der Gesprächscharakter der meisten nt.lichen Aussagen verkannt. In ihnen geht es ja um Antworten auf konkrete Fragen, Abwehr bestimmter Irrtümer, Mahnung und Tröstung konkreter Menschen, sie setzen bestimmte Prämissen voraus und lassen mancherlei Konsequenzen zu. Die Exegese leidet nun darunter, daß wir im allgemeinen den Gesprächspartner oder Gegner nur durch die Brille des Sprechenden zu Gesicht bekommen und dadurch zu einseitigen Urteilen und voreiligen Schlüssen verführt werden. Einige Beispiele mögen das wieder veranschaulichen: Hat Petrus auf die paulinischen Anklagen in Antiochien nicht zu erwidern vermocht und ihnen recht gegeben oder sind die Kontrahenten in offenem Konflikt geschieden? Welche Folgerungen hat der mitangeklagte Barnabas aus dem Streit gezogen? Lukas weiß noch um das Problem, begründet und verdeckt aber hier wie sonst sachliche Gegensätze mit persönlichen Meinungsverschiedenheiten. Warum scheint Antiochien seit diesem Konflikt für Paulus nicht mehr vorhanden zu sein? Was läßt die meisten paulinischen Gemeinden schon ein Menschenalter später in andere Führungsgewalt geraten? Was mag es um Apollos gewesen sein, auf den die korinthischen Enthusiasten sich doch wohl berufen? Mit welchem Recht konnten sie es tun? Wer sind die Neider, welche zur Abfassungszeit des Philipperbriefes die Gefangenschaft des Paulus gegen den Apostel ausnützen? Wie fragwürdig muß seine Autorität zu seinen Lebzeiten gewesen sein, wenn man das wagen konnte! Wie kam es zur Ablösung des Petrus durch Jakobus in der Urgemeinde, mit der sich gleichzeitig das Ende des palästinischen Enthusiasmus und das Aufkommen eines christlichen Rabbinates ereignet zu haben scheint? Welche Lehrunterschiede trennten die Palästiner und Hellenisten, von denen Apg. 6 berichtet? Nur Lehrunterschiede begründen doch, daß die letzten sich in Jerusalem nicht halten konnten, während die gesetzesstrenge Richtung zum mindesten 15 Jahre lang relativ unangefochten blieb. Aus welchem Milieu erwächst die rätselhafte Erscheinung des 4. Evangeliums oder auch des Jakobusbriefes? Diese beliebig zu vermehrende Fragenkette zeigt, daß das Neue Testament eine unabsehbare Fülle von ungelösten und teilweise wohl unlösbaren historischen und theologischen Problemen enthält. Aus ihm sprechen eben nur diejenigen zu uns, die zu schreiben vermochten und genötigt waren, und deren Schreiben aus irgendwelchen Gründen die spätere Kirche zu bewahren für gut befand. Aber sie bilden eine verschwindende Minorität den vielen gegenüber, welche die Botschaft weitertrugen, ohne einen schriftlichen Niederschlag und damit ein bleibendes Gedächtnis zu hinterlassen. Was berechtigt uns zu der Annahme, daß diese vielen nichts anderes zu sagen wußten und gesagt haben als die Schriftsteller des Neuen Testaments? Gelegentlich gewahren wir aus einem Echo auf ihre Stimme das Gegenteil, das doch schon aus der Mannigfaltigkeit des Neuen Testaments selber wahrscheinlich wird. Das heißt jedoch, daß uns im Kanon nur Fetzen des in der Urchristenheit geführten Gesprächs erhalten geblieben sind und daß die Variabilität des urchristlichen Kerygmas noch sehr viel größer gewesen sein muß, als die Beobachtung des im Kanon erhaltenen Tatbestandes wahrnehmen läßt.

3. Solche Variabilität ist jedoch bereits im Neuen Testament so groß, daß wir nicht nur erhebliche Spannungen, sondern nicht selten auch unvereinbare theologische Gegensätze zu konstatieren haben. Ein im allgemeinen nicht recht ernst genommenes Faktum mag den Weg zu dieser Einsicht öffnen. Der 4. Evangelist bedient sich bekanntlich des literarischen Mittels, ein ihm wichtiges Thema durch ein Mißverständnis der Jünger zu unterstreichen. Wirft er damit nicht ein höchst überlegenswertes theologisches Problem auf? Unsere Überzeugung, daß die älteste Christenheit ihren Herrn bzw. die Überlieferung von ihm durchgängig richtig verstanden und weitergegeben habe, ist keineswegs von vornherein stichhaltig und in nicht wenigen Fällen nachweislich falsch. Wenn Jesus in Mk. 7, 15 ablehnt, daß der Mensch von außen her verunreinigt werde, so verläßt er damit grundsätzlich den Boden der gesamten jüdischen Kultgesetzgebung. Führt er seinerseits alle Unreinheit auf des Menschen eigenes Herz zurück, so besagt das zweifellos, daß der Mensch als solcher verdorben ist und Heil nur in Vergebung erlangt. Kritische Analyse ergibt, daß die palästinische wie die hellenistische Christenheit das Jesuswort im übrigen Kapitel mit kommentierenden Zusätzen umgeben hat. Und zwar wird dem Spruch einerseits nur die polemische Antithese gegen das Rabbinat entnommen, welches den eigentlichen Gotteswillen mit seinen Sonderauflagen und seiner Kasuistik verdeckt. Auf der andern Seite biegt man den Spruch moralisierend um: Die wirkliche Unreinheit besteht in der Lasterhaftigkeit. Beide Kommentare sind nicht in sich unrichtig, aber beide brechen der Radikalität Jesu die Spitze ab. Die Pointe seines Wortes liegt gerade darin, daß es nicht zwischen göttlichem Gebot und menschlicher Auflage unterscheidet. Eine solche Unterscheidung wäre vom Judentum auch nicht anerkannt worden, da man dort die rabbinische Entscheidung als Entfaltung des göttlichen Gebotes versteht und ihr deshalb abgeleitete Offenbarungsautorität beimißt. So wird weiter durch Jesu Wort nicht bloß die rabbinische Auslegung und Praxis, sondern das Kult- und Reinigkeitsgesetz selbst getroffen: Jesus hat sich nicht gescheut, anzugreifen und außer Kraft zu setzen, was dem Judentum als göttliches Gebot galt und es nach dem Wortlaut des Alten Testaments war. Dieser Einsicht entzieht sich jedoch die palästinische Gemeinde durch ihre Unterscheidung zwischen göttlichem Gebot und menschlicher Auflage. Die hellenistische Christenheit schwächt Jesu Wort ebenfalls ab: Sie zählt böse Taten auf, vor denen man sich zu hüten hat und hüten kann, während Jesus unser Herz schuldig spricht und für die Entstehung der Bosheit verantwortlich macht. Die Aufdeckung unserer Verlorenheit

wird also zur moralischen Warnung, der Richter zum Lehrer einer besseren Ethik. Ähnlich steht es, wenn das Jesuswort Markus 2, 27, der Sabbat sei um des Menschen willen geschaffen, in Vers 28 durch den Zusatz eingeschränkt wird, der Menschensohn sei des Sabbats Herr. Ihrem Meister konnte die Gemeinde zubilligen, was sie für sich selbst nicht in Anspruch zu nehmen wagte. Ihr einschränkender Zusatz beweist, daß sie vor der durch ihn gegebenen Freiheit erschrak und in ein christianisiertes Judentum zurückflüchtete. Mit ihrer Polemik gegen den Pharisäismus als eine Heuchelei – man denke nur an Matthäus 23! – hat sie umgekehrt Jesu Angriff auf den Pharisäismus verflacht, der in Wahrheit ja das Trachten nach der eigenen Gerechtigkeit und deshalb jede Leistungsfrömmigkeit und faktisch jeden Menschen trifft. Wo man den Pharisäer durchgängig zum Heuchler macht, gilt Jesu Kritik bloß noch der Unmoral, ist die Bahn zur christlichen Leistungsfrömmigkeit freigegeben, welche Jesu Angriff auf den wirklichen Pharisäismus versperrt hatte. Das Zerrbild des Pharisäers als eines Heuchlers ist der Kirche selbst teuer zu stehen gekommen. Auch diese Beispiele sind aus einer Fülle von andern herausgegriffen. Sie sollen beweisen, daß die Geschichte der Christenheit und ihrer Lehrtradition nicht bloß in der Kontinuität zu Jesus gesehen und beschrieben werden darf. Sie ist genauso eine Geschichte der Diastase von Herrn und Jüngern. Bereits die älteste Gemeinde ist teils verstehende, teils mißverstehende Gemeinde. Die Hoheit ihres Herrn wird von ihr zugleich bezeugt und verdunkelt. Auch ihr Glaube barg sich im tönernen Gefäß ihrer Menschlichkeit, und ihre Rechtgläubigkeit war genauso zweifelhaft, wie Orthodoxie es stets ist.

Wird das jedoch zugestanden, so kann man sich nicht mehr darüber wundern, daß auch im übrigen Neuen Testament Lehrgegensätze hart aufeinanderprallen. Mir scheint Luther die theologische Unvereinbarkeit von paulinischer Rechtfertigungslehre und derjenigen des Jakobusbriefes zutreffend beurteilt zu haben. Die Aussagen der Apostelgeschichte über das paulinische Apostolat setzen keineswegs polemisch, sondern ganz selbstverständlich das voraus, was Gal. 1 mit höchster Leidenschaft bestreitet. Es ist mir unbegreiflich, wie man die Eschatologie des 4. Evangeliums und der Offenbarung ausgleichen will. Daß die »ein für alle Male überlieferte Glaubenslehre« von Jud. 3 und die »vorhandene Wahrheit« von 2. Petr. 1, 12 die Vorfindlichkeit der kirchlichen Tradition gegen die vom Geist immer neu offenbarte Wahrheit der Gnostiker ausspielen will und vielleicht ausspielen muß, liegt auf der Hand. Es fragt sich jedoch, was es um eine kirchliche Tradition ist, welche wie in Jud. 9 ff. unbefangen jüdischer Legende vom Kampf um den Mosesleichnam zwischen Michael und Satan kanonische Autorität einräumt und ebenso unbefangen den Christen nach 2. Petr. 1, 4 durch die Taufe Anteil an der göttlichen Physis gewinnen läßt. Es fragt sich weiter, ob mit solcher Polemik nicht auch die urchristliche, von Paulus und Johannes bezeugte und faktisch durch Jesus selbst vertretene Geistlehre verurteilt wird. Hier wirkt der Geist ja nicht mehr auch durch die Überlieferung, sondern hier geht er in der Tradition auf, ist deshalb wie bereits in den Pastoralen und der Apostelgeschichte das kirchliche Lehramt Besitzer des »Amtsgeistes«, kann wie geradezu klassisch in 2. Petr. 1, 20 jede nicht autorisierte Exegese und Interpretation der Schrift verboten werden. Hier gilt die Ordination als Index eines Legitimitäts- und Sukzessionsprinzips, kurz: Ist die Grenze des Urchristentums überschritten und der Frühkatholizismus etabliert. Die Zeit, in der man die Schrift als ganze dem Katholizismus entgegenhalten konnte, dürfte unwiederbringlich vorbei sein. Mit dem sogenannten Formalprinzip kann Protestantismus heute nicht mehr arbeiten, ohne sich historischer Analyse unglaubwürdig zu machen. Der nt.liche Kanon steht nicht zwischen Judentum und Frühkatholizismus, sondern gewährt in sich wie dem Judentum so auch dem Frühkatholizismus Raum und Basis.

4. Aus den drei aufgewiesenen Sachverhalten der Variabilität des neutestamentlichen Kerygmas, der außerordentlichen und das Neue Testament übergreifenden Fülle theologischer Positionen in der Urchristenheit und ihrer wenigstens teilweise zutage tretenden Unvereinbarkeit ist nun die Folgerung für unser Thema zu ziehen. Sie kann nur lauten: Der nt.liche Kanon begründet als solcher nicht die Einheit der Kirche. Er begründet als solcher, d. h. in seiner dem Historiker zugänglichen Vorfindlichkeit dagegen die Vielzahl der Konfessionen. Die Variabilität des Kerygmas im Neuen Testament ist Ausdruck des Tatbestandes, daß bereits in der Urchristenheit eine Fülle verschiedener Konfessionen nebeneinander vorhanden war, aufeinander folgte, sich miteinander verband und gegeneinander abgrenzte. Daß die gegenwärtigen Konfessionen sich sämtlich auf den nt.lichen Kanon berufen, ist von da aus durchaus begreiflich. Der Exeget kann ihnen grundsätzlich weder das methodische noch das sachlich fundierte Recht dazu bestreiten. Er muß es ihnen im Gegenteil grundsätzlich bestätigen. Ist der Kanon als solcher und im ganzen verbindlich, mögen die verschiedenen Konfessionen größere oder kleinere Partien, bekanntere oder unbekanntere Autoren des Neuen Testaments mit mehr oder weniger historischem Recht für sich in Anspruch nehmen. Ihr Rechtsanspruch ist grundsätzlich unbestreitbar und im einzelnen beweisbar, die Einheit der Kirche umgekehrt von solchem Ausgangspunkt her grundsätzlich unbeweisbar und jeder konfessionelle Absolutheitsanspruch bestreitbar. Ist also Lessings Fabel von den drei Ringen in Nathan dem Weisen auch unser letztes Wort? Ich würde es allerdings meinen, wenn die exegetische Aufgabe mit der historischen Feststellung endete. Wo man sich einzig auf das »Es steht geschrieben« zu stützen versucht, muß nach meiner Überzeugung und Einsicht kritische nt.liche Wissenschaft tatsächlich in der Anerkennung von Lessings Fabel enden. Damit wäre jedoch überhört, daß das Neue Testament selbst neben die theologische Aussage, also auch neben die Aussagen des Kanons, die theologische Aufgabe der diakrisis pneumatoon treten läßt. Anders gewandt: Man wird die Zusammengehörigkeit und den Unterschied von Buchstaben und Geist zu beachten haben. Was Paulus in 2. Kor. 3 dem

Alten Testament gegenüber geltend macht, darf nicht auf das Alte Testament beschränkt werden, sondern gilt genauso auch für den neutestamentlichen Kanon. Im Idealismus hat man die Antithese von Buchstaben und Geist griechisch, nämlich in Analogie zu der von Inwendigem und Äußerem, Inhalt und Form verstanden. Das ist sicher falsch. Paulus, der immer wieder die Leiblichkeit zum Herrschaftsgebiet des Geistes macht, ist kein Kronzeuge für ein Drängen nach Innerlichkeit. So darf man Buchstaben und Geist auch nicht derart voneinander trennen, daß man ihnen verschiedene Bezirke des Daseins zuordnete. Da beide für Paulus offensichtlich weltweite und weltbewegende Mächte sind, ergäbe sich sonst die Anschauung eines kosmologischen Dualismus, die dem Apostel fremd ist. Weiter hilft hier die Erinnerung, daß nach Paulus Geist und Fleisch nicht etwas an und für sich, sondern Existenzweisen des Gott gehorsamen oder ungehorsamen Menschen sind. Die paulinische Lehre vom Gesetz beweist, daß es sich mit Geist und Buchstaben nicht anders verhält. Sie ist ja dialektisch. Paulus hat sich nicht zum Antinomisten machen lassen, sondern daran festgehalten, daß das Gesetz als Gotteswille gerecht, heilig und gut sei. Von dem Gesetz als Gotteswillen unterscheidet er jedoch jenes Gesetz, das vom frommen Menschen in die Forderung nach der eigenen Gerechtigkeit verkehrt wird. Eben dieses zum Mittel unserer Selbstgerechtigkeit verkehrte Gesetz nennt er in 2. Kor. 3 Buchstaben. Auf die Frage, worin der Mißbrauch des Gotteswillens hier eigentlich bestehe, wird man antworten müssen: Darin, daß Menschen Gottes Anspruch nicht mehr den Anspruch Gottes bleiben lassen, sondern Gott in seinem Anspruch gefangen wähnen, darum das Gesetz nicht mehr als Bekundung des göttlichen Willens, sondern nur noch nach seiner Vorfindlichkeit beachten, es faktisch also an Gottes Stelle treten lassen. Genauso wird aus der Schöpfung der Kosmos und aus dem Geschöpf das Fleisch, wenn man die Relation des Vorfindlichen zum Schöpfer übersieht und damit die Gabe vom Geber isoliert, um sie zum Mittel menschlicher Willkür werden zu lassen. Daß sich alle Gaben Gottes mißbrauchen lassen, zeigt sich in Korinth, wenn die Enthusiasten das Herrenmahl zum Mahl der Seligen und zum pharmakon athanasias machen. Auch sie gründen ihre Sicherheit und Selbstbehauptung auf die göttliche Gabe wie der Nomist auf das Gesetz. Paulus hat gegen beide angekämpft, indem er die Gabe als Vergegenwärtigung des Gebers, nicht als seinen Ersatz verstehen lehrte. Man hat Gott eben nie dingfest in seiner Hand, weil er dann aufhört, Gott und unser Herr zu sein. Man hat ihn nur, wenn und solange er uns hat.

Das bedeutet auf unser Problem übertragen: Man hat Gott auch nicht im nt.lichen Kanon dingfest. Weil die Juden das dem Gesetz gegenüber meinen, spricht Paulus vom alttestamentlichen Kanon als dem Buchstaben, der tötet. Sofern wir das Neue Testament nicht anders verstehen, verhält es sich bei ihm nicht anders. In seiner bloßen Vorfindlichkeit ist der Kanon eben nicht mehr Gotteswort. Das kann er nur werden und sein, wo man nicht Gott in ihm dingfest zu haben meint und damit den

Kanon zum Ersatz des sprechenden und uns ansprechenden Gottes macht. Daß die Kirche stets die Neigung gehabt hat, Gott im Kanon dingfest zu machen, beweist bereits die Redewendung von der »vorhandenen Wahrheit« in 2. Petr. 1, 12. Wird die kirchliche Tradition mit der Wahrheit identifiziert, so wird von dem Geist abstrahiert, der nach Joh. 16, 13 immer neu und gegenwärtig in alle Wahrheit führt, wird vom anredenden und sich gegenwärtig manifestierenden Gott abstrahiert. Das heißt nun freilich nicht, daß man um des Geistes willen von der Tradition absehen könnte und dürfte. Dann würde ja geleugnet, daß Gott schon stets vor uns auf dem Plan stand und sich offenbart hat, der Geist nach dem gleichen Johanneswort eben nicht von sich selbst reden wird, sondern, an Jesu Wort erinnernd, das, was er gehört hat. Der Glaube steht nach Hebr. 11 immer in der Kontinuität göttlichen Handelns, aus welcher Geschichte sich nur Schwärmertum zu lösen versucht. Aber zwischen dieser Kontinuität göttlichen Handelns und menschlicher, also auch kirchlicher Überlieferung, gilt es zu unterscheiden. Beides ist nicht identisch. So dürfen die Väter, auf welche sich im 4. Evangelium die Juden berufen, eben nicht dem Christus praesens gegenüber ausgespielt werden. Sie sind nur dessen Zeugen und sind es wie die Wolke von Zeugen in Hebr. 11, sofern sie von Gott bzw. dem Christus Zeugnis empfangen, also in der Kontinuität der praesentia dei stehen. Wir enden in einer unaufhebbaren Dialektik: Der Geist widerstreitet nicht dem »Es steht geschrieben«, sondern manifestiert sich in der Schrift. Aber die Schrift kann jederzeit zum Buchstaben werden und wird es, wenn sie nicht mehr vom Geist autorisiert wird, sondern in ihrer Vorfindlichkeit Autorität sein und den Geist ersetzen soll. Die Spannung von Geist und Schrift ist konstitutiv. Das heißt, daß der Kanon nicht einfach mit dem Evangelium identisch und Gottes Wort nur insofern ist, als er Evangelium ist und wird. Insofern begründet dann auch er Einheit der Kirche. Denn allein das Evangelium begründet die eine Kirche in allen Zeiten und an allen Orten.

Die Frage jedoch, was das Evangelium sei, kann nicht mehr der Historiker durch eine Feststellung beantworten, sondern nur der Glaubende, vom Geist überführt und auf die Schrift hörend, entscheiden, so daß es auch die Einheit der Kirche nie vorfindlich und immer nur für den Glauben gibt. Die Einheit der Kirche wird wie das Evangelium nicht von den beati possidentes, sondern von den Ungesicherten und Angefochtenen in und trotz den Konfessionen, mit und gegenüber auch dem nt.lichen Kanon bekannt, sofern sie die das Evangelium Hörenden und Glaubenden sind.

Zusätzliche Literatur

N. Appel: Kanon und Kirche. Die Kanonkrise im heutigen Protestantismus als kontroverstheologisches Problem. Konfessionskundliche und kontroverstheologische Studien, Bd. 9, Paderborn 1965.

Hermann Diem: Theologie als kirchliche Wissenschaft, Bd. I, München 1951.

Ernst Fuchs: Hermeneutik, 3. Aufl., Marburg 1963.

Martin Noth

Die Vergegenwärtigung des Alten Testaments in der Verkündigung *

Es ist nicht schwer nachzuweisen, daß das Alte Testament eine in vollem Umfang und in jeder Hinsicht geschichtlich gewordene Größe ist. Das gilt schon für den alttestamentlichen »Kanon« im ganzen, der in einer geschichtlich bedingten Mehrheit verschiedener Gestalten existiert. Darin liegt ein Problem vor allem für die reformatorischen Kirchen deutscher Zunge, die das Alte Testament in der Luther-Bibel lesen. Denn die Luther-Bibel folgt in der Auswahl »kanonischer« Schriften nicht der alten und mittelalterlichen und noch heute bestehenden kirchlichen Tradition, die das Alte Testament in der Gestalt des in der hellenistischen Synagoge üblich gewordenen »Kanons« rezipiert und im wesentlichen in dieser Gestalt dann auch in der lateinischen Übersetzung weitergegeben hat; vielmehr hat Luther, was den Umfang des Alten Testaments anlangt, auf den synagogalen hebräischen Kanon zurückgegriffen, der bis dahin ohne kirchliche Legitimation war. Diese Geschichtlichkeit gilt für den gesamten Text des Alten Testaments, der nachweislich und offenkundig seine zeitbedingten Geschicke gehabt hat, wie sie handschriftlich überlieferte Literaturwerke aus alter Zeit auch sonst gehabt haben. Sie gilt für die einzelnen Bücher des Alten Testaments, die zu der Frage geradezu herausfordern, unter welchen geschichtlichen Umständen sie zustande gekommen seien. Ja, sie gilt für jedes einzelne Wort des Alten Testaments, das in einer Sprache formuliert ist, die ihre Zeit und ihre Geschichte gehabt hat und die nicht vollverständlich ist, wenn man ihre Zeit und ihre Geschichte nicht kennt. Die Feststellung dieses Tatbestandes beruht nicht auf einer bestimmten besonderen Betrachtungsweise, neben der es auch andere Betrachtungsweisen geben könnte; sondern hierbei handelt es sich um einen Sachverhalt, der mit dem Alten Testament einfach gegeben ist und von dem nicht beliebig abgesehen werden kann.

Vor allem aber – und damit kommen wir zum eigentlichen Mittelpunkt der Sache, um die es geht – steht der ganze Inhalt des Alten Testaments in einer engen und festen Verbindung mit einer vergangenen geschichtlichen Zeit und ihrer Anschauungs- und Vorstellungswelt, aus der er nicht losgelöst werden kann. Auf der anderen Seite gehört nun das Alte Testament als der eine Teil der christlichen Bibel mit zur Grundlage der christlichen Verkündigung in der Gegenwart und muß von da aus einen unmittelbaren Gegenwartsbezug haben. Von hier aus tut sich dann

* Zuerst veröffentlicht in »Evangelische Theologie«, 12. Jg., München 1952/53, S. 34–59. Text nach »Probleme alttestamentlicher Hermeneutik«. Herausgegeben von Claus Westermann, Theologische Bücherei, Bd. 11, Chr. Kaiser Verlag, München 1960, S. 54–68. Abdruck mit freundlicher Genehmigung des Verlages.

jene verhängnisvolle Kluft auf zwischen einer »historisch-kritischen« Exegese, die den gegebenen Tatbestand unerbittlich in das Auge fassen zu müssen glaubt, und einer Aktualisierung, die von den Erfordernissen der gegenwärtigen Verkündigung her an die Sache herantritt und sie von da her sehen zu müssen glaubt. Die Kluft trennt die theologische Wissenschaft in bedenklicher Weise, indem schon die systematische Theologie nur noch in Ausnahmefällen auf die Voraussetzungen und Methoden der wissenschaftlichen Exegese wirklich einzugehen vermag und erst recht die praktische Theologie von den Grundlagen der exegetischen Arbeit meist absieht; sie trennt das theologische Studium, indem der Student in den systematischen und praktischen Seminaren meist vergessen zu müssen meint, was er in den exegetischen Seminaren allenfalls gelernt hat; sie trennt einen wesentlichen Teil der wissenschaftlichen theologischen Bemühung von der Arbeit im praktischen Amt.

Hier stimmt offensichtlich etwas nicht. Es wäre aber müßig, zu fragen, wer etwa daran »schuld« sei. Vielmehr liegt die Schwierigkeit wohl in der Sache selbst; und so ist es gewiß angemessener, nach dieser sachbedingten Schwierigkeit zu fragen. Sie wird gewiß in der Richtung zu suchen sein, daß wir es im biblischen Zeugnis mit einer in der Geschichte geschehenen Offenbarung Gottes zu tun haben und daß doch Gott an Geschichte und Zeit nicht gebunden sein kann. Von dieser Einsicht aus werden verschiedene Fragen zu beurteilen sein, die man angesichts der bezeichneten Situation in der Theologie meinen könnte stellen zu müssen.

Zunächst scheint die Frage nahezuliegen, ob die historische Methode in der Exegese nicht doch ein Irrweg sei, der zu Unrecht davon ausgehe, daß man nicht grundsätzlich zwischen dem biblischen Zeugnis und sonstiger überkommener literarischer Überlieferung scheide. In der Tat herrscht weithin die Meinung, daß eine praktische Auslegung mit historischer Exegese nichts anfangen könne, weil diese doch nur »zufällige Geschichtswahrheiten«, aber nichts Verbindliches und Gültiges ermittle. Dabei wird jedoch davon abgesehen, daß nach dem biblischen Zeugnis Gott nicht in zeitlosem Mythos erscheint oder in einem System gültiger Sätze sich äußert, sondern in geschichtlichem Geschehen sich offenbart, und daß gerade das Alte Testament in einem erstaunlich weiten Ausmaß einfach Geschichtserzählung bietet, die ihrerseits im Verlauf der erzählten Geschichte entstanden ist, und daß angesichts dieser Tatsache eine »historische« Exegese einfach notwendig ist. Eine Ablehnung historischer Exegese würde bedeuten, daß die biblische Offenbarung anders sein müßte, als sie ist. »Historische« Exegese aber heißt notwendig auch »historisch-kritische« Exegese; denn der Frage nach dem, was in der Geschichte wirklich geschehen ist, kann nur mit »Unterscheiden« und »Prüfen« nahegetreten werden. Das »die Schrift prüfen«, das an den Christen in Beröa gelobt wird (Apg. 17, 11), bleibt eine notwendige Aufgabe; und das »richtet ihr, was ich sage«, das Paulus von den »Verständigen« fordert (1. Kor. 10, 15), gilt sachgemäß nicht nur den Worten des Paulus, sondern denen aller biblischen Zeugen gegenüber. Es ist gewiß zuzugeben, daß die historisch-kritische Arbeit in der Exegese vielfach mit einer Vorwitzigkeit betrieben worden ist, die ihrem Gegenstand nicht angemessen war, und daß sie es mit ihren Erzeugnissen den Nicht-Exegeten nicht immer leicht gemacht hat, ihre wesentlichen Voraussetzungen zu verstehen und ihren Ergebnissen diejenige Bedeutung beizumessen, die ihnen tatsächlich zukommt; und es ist ein dringendes Desiderium, daß die historisch-kritische Exegese ihre Arbeit so vorlegt, daß ihre Notwendigkeit und Angemessenheit und damit ihre theologische Wichtigkeit und Ergiebigkeit deutlich wird. Aber die Unzulänglichkeit ihrer Erscheinung ist in keinem Falle ein Argument gegen ihre grundsätzliche Berechtigung.

Dann bleibt aber doch die Frage: Führt ein legitimer Weg von dieser »historisch-kritischen« Exegese zu einer echten Verkündigung in der Gegenwart und für die Gegenwart? Ist jene Kluft wirklich zu überbrükken? Die reale geschichtliche Verflochtenheit des ganzen Alten Testaments ist ja nicht nur ein Gewand, das man dem Alten Testament ausziehen könnte, um einen darin verhüllten, zeitlos gültigen »Gehalt« in Erscheinung treten zu lassen. Sie gehört vielmehr zur ganzen Gestalt des Alten Testaments. Wir brauchen uns heute kaum mehr ernstlich mit der Auffassung auseinanderzusetzen, daß etwa die zahlreichen religionsgeschichtlich bedingten »unterchristlichen« und »vorchristlichen« Elemente des Alten Testaments ausgeschieden werden könnten, damit als wesentlicher »Kern« das blasse und unverbindliche Phänomen eines »ethischen Monotheismus«, einer »sittlichen Religion« übrigbleibe. Daß diese Auffassung dem konkreten Inhalt des Alten Testaments, in dem es um Geschehnisse in der Geschichte geht, nicht gerecht werden kann, kann kaum noch ernstlich bestritten werden. Wenn aber das geschichtliche Wesen des Alten Testaments in der Exegese an keinem Punkte ausgeschaltet werden kann, bleibt dann nicht doch schließlich angesichts der überlieferten Zugehörigkeit des Alten Testaments zur christlichen Bibel nur noch der Sprung über jene Kluft hinweg hinein in eine »praktische Auslegung« übrig, die von der Notwendigkeit der »historisch-kritischen« Exegese einfach absieht oder sogar absehen muß, vielleicht mit einem einigermaßen schlechten oder wenigstens unsicheren wissenschaftlichen Gewissen, das aber durch Übung am Ende sich beruhigen läßt, mit einem sacrificium intellectus, an das man sich gewöhnen kann. Es ist nicht übertrieben, wenn man sagt, daß eine »praktische Auslegung« dieser Art weithin üblich ist. Und man muß fragen, welchen Wert es dann noch hat, wenn im Gegensatz zu der Zeit der Verachtung und Verwerfung des Alten Testaments aus politischen Gründen mit Entschiedenheit an der Geltung des Alten Testaments in der christlichen Verkündigung festgehalten wird. Gilt dabei wirklich noch das Alte Testament so, wie es ist und wie es Jesus Christus als ein Zeugnis von ihm selbst (Joh. 5, 39) gelesen und seiner Gemeinde weitergegeben hat? Wäre es dann nicht schon ehrlicher, sich zu der im Grunde sachlich gar nicht so veralteten bekannten These

A. v. Harnacks[1] zu bekennen, daß es – leider – ein »Schicksal« war, »dem sich die Reformation noch nicht zu entziehen vermochte«, das Alte Testament »im 16. Jahrhundert beizubehalten«; daß es aber nur »als Folge einer religiösen und kirchlichen Lähmung« bezeichnet werden kann, das Alte Testament »seit dem 19. Jahrhundert als kanonische Urkunde im Protestantismus noch zu konservieren« – seit dem 19. Jahrhundert, d. h. seit dem Vorhandensein »religionsgeschichtlicher Erkenntnisse« (a. a. O. S. 221), seit der gewonnenen Einsicht in die geschichtlich-religionsgeschichtliche Bedingtheit des Alten Testaments? Diese These A. v. Harnacks abzulehnen – und darin würde heute gewiß weitgehende Einstimmigkeit zu erzielen sein – und das Alte Testament doch »beizubehalten«, kann aber nur dann sachlich begründet und von Wert sein, wenn man zugleich das Alte Testament so zu lesen entschlossen ist, wie es nun einmal gegeben ist. Alle Forderungen nach einer ad hoc überlegten, besonders qualifizierten Methode der Exegese speziell des Alten Testaments gehen im Grunde davon aus, daß man das Alte Testament nicht schlicht so lesen könne, wie es uns überliefert ist. Es muß schon Bedenken erwecken, daß solche Forderungen nach einer speziellen Exegese dem Neuen Testament gegenüber nicht in derselben Weise erhoben werden wie gegenüber dem Alten Testament. In Wirklichkeit kann es ja nur eine Exegese geben, deren Arbeit durch ihren Gegenstand bestimmt wird; diese ihrer Sache angemessene | Exegese kann mehr oder weniger zureichend oder unzureichend sein – und sie wird als Menschenwerk immer unzureichend bleiben –, aber es gibt keine Auswahl zwischen verschiedenen »Exegesen«.

Wir werden durch die bisherigen Überlegungen zu der Frage gedrängt: Gibt es eine exegetisch legitime »Vergegenwärtigung« des Alten Testaments, die nicht zu irgendeinem Zweck »gemacht«, sondern in der Sache selbst begründet ist? Um eine Antwort zu geben, wird nach allem Gesagten das Alte Testament selbst zu befragen sein. In der Tat kennt das Alte Testament den Vorgang einer Vergegenwärtigung von geschichtlich Geschehenem. Es wird darauf zu achten sein, was dabei »vergegenwärtigt« wird und in welcher Weise »vergegenwärtigt« wird.

Im alten Israel wurden alljährlich drei große Wallfahrtsfeste gefeiert, zu denen alle Männer an den Heiligtümern des Landes zu erscheinen hatten. Zwei dieser aus der kultischen Landestradition aufgenommenen Feste haben in Israel eine teilweise Umdeutung erfahren im Sinne einer »Historisierung«, d. h. eines Bezogenwerdens auf bestimmte Geschehnisse der Geschichte. Das Passah-Mazzen-Fest, von Hause aus die Kombination wahrscheinlich eines bei Wanderhirten zur Zeit des Aufbruchs zu den Sommerweiden üblichen apotropäischen Opferbrauchs mit einem Ackerbaufest der Weihe der beginnenden Getreideernte, sollte Jahr für Jahr in dem Monat gefeiert werden, in dem Jahwe Israel einst aus Ägypten herausgeführt hatte (Dtn. 16, 1), und dabei sollte zum *»Gedenken an den Tag des Auszugs aus Ägypten«* (Dtn. 16, 3) mit dem Essen ungesäuerten Brotes die damalige Situation »ängstlicher Eile« angedeutet werden; und auch die Situation der Aufbruchsbereitschaft, die nach

Ex. 12, 11 einst zu dem Passah unmittelbar vor dem Auszug aus Ägypten gehört hatte, sollte gewiß Jahr für Jahr wiederholt werden, wie denn die gesamte Passah-Anweisung von Ex. 12, 1–20 zweifellos für das jährlich zu wiederholende Passah bestimmt war (vgl. Ex. 12, 24. 25). Etwas Ähnliches gilt für das Hüttenfest im Herbst, bei dem das zunächst einfach zum Einernten der Baumfrüchte in den Baumgärten gehörige Wohnen in »Hütten« in Israel darauf bezogen wurde, daß Jahwe *»die Israeliten bei der Herausführung aus Ägypten in Hütten hatte wohnen lassen«* (Lev. 23, 43); das sollte Israel in allen seinen Generationen stets erneut »lernen«. An diesen beiden Festen wurde also die Situation des Herausgeführtwerdens aus Ägypten in bestimmten Einzelzügen immer wieder »vergegenwärtigt«. Die jährliche Wiederholung beruhte dabei auf dem Kreislauf des Ackerbaujahres, zu dem die Feste ursprünglich gehörten; die »Historisierung« führte dann zu der jährlichen »Vergegenwärtigung« bestimmter Elemente vergangenen geschichtlichen Geschehens.

Man ist heute im Hinblick auf die in der Religionsgeschichte weitverbreiteten Zusammenhänge von »Mythus und Ritual« und von »Kultus und Drama« vielfach geneigt, auch für den israelitischen Kultus ein starkes »dramatisches« Element anzunehmen, wobei es sich in diesem Falle freilich weniger um »dramatisierten Mythus« als vielmehr um »dramatisierte Geschichte« handeln würde. Man müßte dann wohl vermuten, daß beim Passah-Mazzen-Fest und beim Hütten-Fest der »Auszug aus Ägypten« kultisch »aufgeführt« wurde in einem »sakralen Drama«, dessen Einzelheiten uns nicht mehr überliefert wären, und daß auf diese Weise das Geschehene »vergegenwärtigt« worden sei. Es ist mir fraglich, ob man in dieser Annahme so weit gehen darf, wie es jetzt weithin geschieht; aber gewisse Züge einer »darstellenden Vergegenwärtigung« im israelitischen Kultus sind nach dem Gesagten im Alten Testament sicher belegt. Dazu kommt im Alten Testament aber nun etwas sehr Wesentliches noch hinzu. Im Zusammenhang der schon erwähnten Anordnung über die ständige alljährliche Wiederholung des Passah (Ex. 12, 24 ff.) wird weiter gesagt, daß man die gottesdienstliche Handlung erklären und d. h. einfach die Geschichte von der Herausführung aus Ägypten erzählen solle, damit die Kunde davon von Generation zu Generation weitergegeben werde (V. 26. 27a). Zur Vergegenwärtigung gehört also notwendig die erzählende Weitergabe der geschehenen Wundertat Gottes.

Diese Vergegenwärtigung durch das gesprochene Wort begegnet auch in dem sehr wichtigen Zusammenhang der nach Dtn. 31, 10–13 alle sieben Jahre am Hüttenfest ständig zu wiederholenden Gesetzesverkündigung. Man denkt im Hinblick hierauf gern an ein immer wieder zu feierndes »Bundesfest«, bei dem das Sinaigeschehen jeweils dargestellt und in diesem Rahmen die Gesetzesverkündigung vorgenommen worden wäre.[2] Auch hier mag man fragen, wieweit man in der Annahme einer immer wieder kultisch vollzogenen »Dramatisierung« des Sinaiereignisses gehen darf; daß aber die Gesetzesverkündigung dabei stets erneut so lautete, als höre das angeredete Israel das Gesetz zum ersten Male, das läßt sich vor allem am deuteronomischen Gesetz zeigen. Zwar ist ja das deuteronomische Gesetz als Rede des Mose an das Israel der Mosezeit, und zwar ursprünglich wohl an das am Horeb stehende Israel, formuliert. Aber dabei wird doch das spätere Israel mit dem Israel von einst identifiziert, und so konnte denn das deuteronomische Gesetz jene Form der Moserede erhalten, auch wenn es erst in nachmosaischer Zeit entstand. Besonders aufschlußreich in dieser Hinsicht ist die Formulierung in Dtn. 5, 3 im Zusammenhang eines sekundären Einleitungsstückes zum deuteronomischen Gesetz: *»Nicht mit unseren Vätern hat Jahwe diesen Bund geschlossen, sondern mit uns selbst, die wir alle heute hier lebendig dastehen.«* Daß mit dieser als Moserede formulierten Aussage der Gedanke abgewehrt würde, daß schon vor dem Horebgeschehen einmal ein Bund zwischen Jahwe und Israel geschlossen worden sei, ist kaum anzunehmen; denn zur Abwehr eines solchen Gedankens lag gar kein Anlaß vor. Vielmehr fällt der Autor hier »aus der Rolle«, indem er, von der Verlegung des deuteronomischen Gesetzes in der Mosezeit absehend, an die späteren Generationen Israels denkt, die bei der Gesetzesverkündigung das Gesetz immer so hören sollen, als ständen sie selbst (und nicht ihre Vorfahren) am Horeb, um die Forderungen ihres Gottes zu empfangen. In diesem Sinne ist dann auch das häufige »Heute« im Deuteronomium zu verstehen, auf das v. Rad (a. a. O. S. 25 f.) mit Recht hingewiesen hat, das nicht auf die geschichtliche Verumständung des Deuteronomiums, sondern auf die Aktualität der immer wiederholten Gesetzesverkündigung zu beziehen ist. Das gilt insbesondere für den feierlichen Schlußabsatz Dtn. 26, 16–19: *»Heute gebietet dir Jahwe, dein Gott . . . Jahwe hast du heute erklären lassen, daß er dir Gott sein will . . . Jahwe hat dich heute erklären lassen, daß du ihm ein Volk des Eigentums sein willst . . .«*

Sachlich schließen sich hier diejenigen Stücke, meist liturgischen Charakters an, in denen mit »wir« oder »ihr« von dem Israel der Vorzeit gesprochen wird, so als ob die späteren Generationen, um die es sich in Wirklichkeit dabei handelt, in der Situation des einstigen Israel wären. Wenn die Kinder fragen werden, was es mit den Satzungen für eine Bewandtnis habe, dann soll gesagt werden: *»Wir waren Sklaven des Pharao in Ägypten, und dann hat uns Jahwe mit starker Hand aus Ägypten herausgeführt . . .«* (Dtn. 6, 20 ff.). Ähnlich heißt es in der Bekenntnisformel von Dtn. 26, 5 ff.: *»Die Ägypter taten uns Böses an . . . aber Jahwe hörte unsere Stimme . . .«* Immer von neuem gilt es: *»Heute, wenn ihr seine Stimme hört, . . . verhärtet euer Herz nicht wie in Meriba, wie am Tage von Massa in der Wüste«* (Ps. 95, 7 f.), so als wären die Angeredeten in Meriba und Massa mit dabei gewesen.[3] Man kann diese Aussagen wohl kaum einfach mit dem Gedanken der Solidarität des Gesamtvolkes durch alle Zeiten seiner geschichtlichen Existenz hindurch erklären.[4] Vor allem das betonte »Heute« des Deuteronomiums wäre mit einem so allgemeinen Gedanken nicht verständlich zu machen. Vielmehr handelt es sich hier um stets erneute »Vergegenwärtigung« geschehener Dinge.

Eine solche »Vergegenwärtigung« kennt das Alte Testament aber nicht nur, wie es bei den bisher angeführten Beispielen der Fall war, für Vergangenes, sondern auch für Künftiges. Dabei soll von dem besonderen Fall des prophetischen »Orakelwortes« abgesehen werden, in dem der Prophet von kommenden Ereignissen spricht, die er in Vision und Audition als bereits gegenwärtig erlebt hat; | denn das prophetische Erleben ist eine Sache für sich. Wohl aber konnte im Rahmen des Kultes von Künftigem so gesprochen werden, als wäre es gegenwärtig schon eingetreten. Hier ist an die Psalmen von der »Thronbesteigung Jahwes« zu denken. Ohne daß auf die komplizierten Fragen der Erklärung und Datierung dieser Psalmen eingegangen werden müßte, läßt sich doch jedenfalls so viel mit Sicherheit sagen, daß es sich bei ihnen um kultische Lieder handelt und daß der für sie charakteristische Inthronisationsruf *»Jahwe ist König geworden«* [5], so lautet, als geschehe gerade in diesem Augenblick die Thronbesteigung Jahwes. Nun ist es ja umstritten, was mit der Thronbesteigung Jahwes in diesen Psalmen gemeint ist. Es mag wahrscheinlich sein, daß diese Psalmen von dem Gedanken eines urzeitlichen Königwerdens Gottes ausgegangen sind, das in ihnen kultisch »vergegenwärtigt« wird (z. B. Ps. 93). Es ist aber kaum zweifelhaft, daß mit dem Gedanken an die Urzeit sich zugleich der an die Endzeit verband; und einige der Thronbesteigungspsalmen – ich denke vor allem an Ps. 47 – fassen sicher die endzeitliche Königsherrschaft Gottes in das Auge.[6] Im Kult – denn auch die eschatologisch interpretierten Thronbesteigungspsalmen waren gewiß für das kultische Singen bestimmt – konnte der urzeitliche und wohl auch endzeitliche Herrschaftsantritt Gottes so ausgerufen werden, als handle es sich um ein gegenwärtiges Geschehen.

Das Thema der im Kult stattfindenden »Vergegenwärtigung« im Alten Testament, in der, wie es scheint, zu gewissen Elementen darstellenden Handelns vor allem die erklärende »Erzählung« oder auch das immer wiederholte fordernde Wort Gottes an Israel gehörte, könnte und müßte noch weiter und tiefer ausgeführt werden. Doch mag das Gesagte genügen, um nun die Frage zu stellen nach der Grundlage solcher »Vergegenwärtigung«. Man könnte im Hinblick auf die Bedeutung des Kultus als des Bereiches dieser »Vergegenwärtigung« angesichts der in vielen Dingen nachweisbaren Abhängigkeit des israelitischen Kults von kanaanäischen Kulturlandtraditionen und damit von dem gesamtaltorientalischen Kultwesen an einen etwaigen Zusammenhang mit dem altorientalischen »Kreislaufdenken« erinnern, nach dem im Laufe eines Jahres oder auch im Laufe bestimmter Zeitperioden alles Geschehen sich wiederholt und damit wieder »gegenwärtig« wird. In der Tat wurde ja in Babylon alljährlich der Inthronisationsruf »Marduk ist König geworden« beim großen kultischen Neujahrsfest im Rahmen der feierlichen Rezitation des Weltschöpfungsepos, mit der der Schöpfungsvorgang ständig vergegenwärtigt wurde, ausgerufen. Es hieße bekannte und klare Tatbestände wider besseres Wissen ignorieren, wollte man alle Zusammenhänge des hier in Rede stehenden alttestamentlichen Sachverhalts mit der im altorientalischen kultischen Handeln und Denken geläufigen Idee der ständigen Wiederkehr bestreiten. Aber auf der anderen Seite – und das bedeutet einen sehr wesentlichen Unterschied – betrifft die »Vergegenwärtigung« im altisraelitischen Festzyklus gerade nicht zeitloses mythisches, sondern seinem Wesen nach einmaliges historisches Geschehen, vor allem, wie gezeigt, die Herausführung aus Ägypten. Das ist etwas dem Alten Testament Eigentümliches und hängt mit der allgemein unmythischen, geschichtlichen Orientierung des Alten Testaments zusammen. Wie war im Alten Testament gerade auf dieser Grundlage jene »Vergegenwärtigung« noch möglich? Muß man an einen besonderen, alttestamentlichen oder vielleicht überhaupt biblischen »Zeitbegriff« denken? Es wäre vielleicht eine lohnende Aufgabe, wie für das Neue Testament so auch für das Alte Testament die Vorstellung von der »Zeit« einmal gründlich zu untersuchen. Aber es erscheint mir fraglich, ob dem hier zur Diskussion stehenden Sachverhalt mit der Ermittlung eines besonderen »Zeitbegriffs« beizukommen wäre, zumal dem Alten Testament begriffliches Denken ohnehin fernliegt. Vielmehr hängt in jedem Falle die eigentümliche Erscheinung der »Vergegenwärtigung« mit dem Gegenstande dieser »Vergegenwärtigung« zusammen, bei dem es um ein Handeln Gottes geht, und zwar um ein Handeln Gottes in der Geschichte.

Wie alle Geschichte so steht im besonderen diese Geschichte in der Spannung zwischen dem Zeitablauf und der nicht an Zeit gebundenen Gegenwärtigkeit Gottes, zwischen der »Mittelbarkeit« und »Unmittelbarkeit« aller Geschichte zu Gott, von der K. Barth im Hinblick auf die nicht aufhörende Schöpfung Gottes spricht.[7] Jene »Vergegenwärtigung« beruht darauf, daß Gott und sein Handeln immer gegenwärtig sind, daß aber Menschen in ihrer nicht zu umgehenden Zeitgebundenheit diese Gegenwärtigkeit nicht wohl anders fassen können, als daß in ihrem Gottesdienst das Handeln Gottes immer wieder »vergegenwärtigt« wird.

Damit ist die oben gestellte Frage im positiven Sinne beantwortet: Es gibt im Alten Testament – und für das Neue Testament ließe sich Entsprechendes zeigen – in der Tat die legitime Erscheinung einer »Vergegenwärtigung« von vergangenem Geschehen, und zwar im kultischen, gottesdienstlichen Bereich. Das ist exegetisch festzustellen; und es bleibt noch übrig, aus diesem exegetischen Befund die Konsequenzen zu ziehen. Wenn die christliche Verkündigung mit ihrer Begründung auf das biblische Wort Ernst machen will, so wird sie auch in der Frage der »Vergegenwärtigung« dem biblischen Befund folgen müssen.

Bei der Vergegenwärtigung im Alten Testament haben wir es mit dem Handeln Gottes in der Geschichte, mit seinen Heilstaten und seinen Forderungen, zu tun. Das ist eine auch in praktischer Hinsicht entscheidende Feststellung. Beim Passah soll erzählt werden, daß Jahwe *»schonend an den Behausungen der Israeliten in Ägypten vorüberging«* (Ex. 12, 27); das Passah soll in dem Monat gefeiert werden, in dem *»dein Gott Jahwe dich bei Nacht aus Ägypten herausgeführt hat«* (Dtn. 16, 1); das Wohnen in Hütten am Hüttenfest soll daran gemahnen, daß *»ich die Israeliten in Hütten habe wohnen lassen, als ich sie aus dem Lande Ägypten herausführte«* (Lev. 23, 43). Aus dieser Feststellung ergeben sich sogleich sehr eindeutige negative Schlußfolgerungen.

Gegenstand einer legitimen »Vergegenwärtigung« können nicht die einzelnen menschlichen Gestalten der biblischen Geschichte sein, weder als ethische »Vorbilder«, die sie gar nicht sind[8], noch als exemplarische »Glaubenshelden«, als die sie gar nicht Gegenstände der biblischen Erzählung bilden[9], noch auch als »Vertreter echter Menschlichkeit«, deren Erlebnisse psychologisch oder phänomenologisch oder sentimental vom gegenwärtigen Menschen aus nachzuerleben und auszumalen wären. Alle diese Gestalten sind für uns Menschen einer vergangenen Zeit, über deren menschliches Leben und Wesen wenig genug mitgeteilt wird und deren Bild abzurunden gewiß nicht die Aufgabe vergegenwärtigender Verkündigung sein kann.[10] Es mag sein, daß das zuletzt Gesagte keiner besonderen Betonung bedarf, da es weithin – wenn auch keineswegs überall – Zustimmung finden dürfte. Um so wichtiger ist aber wohl die Betonung der folgenden Negation: Gegenstand einer legitimen »Vergegenwärtigung« können auch nicht bestimmte geschichtliche Situationen sein, die im Alten Testament begegnen. Denn das geschichtliche Geschehen ist jeweils einmalig; dieser Satz wird im Alten Testament natürlich nirgends so formuliert, aber die gesamte Geschichtserzählung des Alten Testaments rechnet mit seiner Gültigkeit.[11] Der Gedanke einer im Rahmen einer Wellen- oder Kreislaufbewegung erfolgenden Wiederkehr der Dinge ist gerade nicht biblisch. Wie das einzelne Menschenleben so ist auch das geschichtliche Ereignis als eine einmalige und nicht wieder zurückzurufende Gelegenheit zu verstehen.[12] Ein Beispiel mag das verdeutlichen. Die geschichtliche Situation des Jahres 733 v. Chr., in der nach Jes. 7 dem König Ahas jenes »Gläubt ihr nicht, so bleibt ihr nicht« gesagt und jenes »Zeichen« als Hilfe für seinen Glauben angeboten wurde, ist in der Geschichte Israels nicht wiedergekehrt, und sie kehrt auch in der Weltgeschichte sonst nicht wieder. Damals ist eine einmalige und endgültige Entscheidung gefallen. Ob und wie die Geschichte – und d. h. die Heilsgeschichte Gottes – einen anderen Weg genommen hätte, wenn Ahas damals »geglaubt« hätte, ist eine müßige Frage. Das Gotteswort des Propheten, das damals als Botschaft ausgerichtet wurde, ist zwar ein gültiges Wort; aber mit der geschichtlichen Situation, in die hinein es seinerzeit gesprochen worden ist, kann eine beliebige andere geschichtliche Situation nicht identifiziert werden. Eine gleiche »Gelegenheit« kommt nicht wieder. Die Geschichte Israels wiederholt sich nicht in den Geschichten anderer Völker oder in der Weltgeschichte. Aus dem Handeln Gottes mit dem Volke Israel können Grundsätze einer »Weltpolitik Gottes« nicht abgelesen werden.

Gegenstand einer legitimen »Vergegenwärtigung« können nach dem Alten Testament nur die Heilstaten Gottes selbst sein, wobei zu diesen Heilstaten auch das verheißende und fordernde Wort Gottes und das strafende Richten Gottes gehört. Diese Heilstaten, die zwar in die »Mittelbarkeit« der Geschichte eingegangen und nur in dieser »Mittelbarkeit« für uns wahrnehmbar sind, sind doch als unmittelbare Taten Gottes immer gegenwärtig. Wir als Menschen, die wir in den Zeitablauf hineingestellt sind, können sie nur immer wieder »vergegenwärtigen«. Und wie geschieht solches »Vergegenwärtigen«? Dadurch, daß die Heilstaten Gottes verkündigt, d. h. »erzählt« werden. Die Elemente darstellenden Handelns, die sich in den alttestamentlichen Akten der »Vergegenwärtigung« finden, waren nach Ex. 12, 24–27a Veranlassungen zur der Frage »Warum das?« und damit Veranlassungen dazu, das Tun Gottes zu verkündigen. Was verkündigt werden muß, das ist in einer »Überlieferung« gegeben. Es ist gut, die Sache so schlicht und einfach zu formulieren, wie sie *K. Barth* einmal formuliert hat[13]: Wir haben es bei der Offenbarung mit einer »Nachricht« zu tun oder (besser gesagt) mit einem »Büschel von Nachrichten«, und diese »wörtlichen, buchstäblichen, schriftlichen Nachrichten« stehen »in einem Buch, und zwar im Buch des Alten und Neuen Testaments«; und wir haben zu fragen, wie diese Nachrichten« lauten, und sie so weiterzusagen, wie sie lauten.

Zur Beantwortung der Frage aber, wie diese – aus einer vergangenen Zeit überlieferten und in einer geschichtlichen Sprache fixierten – »Nachrichten lauten«, bedarf es der Exegese, einer der Sache angemessenen historischen Exegese, ja sogar einer »historisch-kritischen« Exegese, d. h. einer Exegese, die zu prüfen und zu »unterscheiden« weiß. Es gehört zu den Aufgaben einer solchen Exegese, | diese »Nachrichten« vor der bequemen Zusammenfassung in einem kurzen »Resumé« zu bewahren, das monoton immer zu wiederholen wäre, und die Vielzahl der Stimmen, in denen diese »Nachrichten« laut werden, mit ihren mannigfachen Nuancen hörbar zu machen. Das Erzählen der Heilstaten Gottes kann mit menschlichen Stimmen und Worten nur »vielfältig und auf vielerlei Weise« (Hebr. 1, 1) geschehen; es müßte verarmen, wenn diese Mannigfaltigkeit nicht ständig ergründet würde.

Zusätzliche Literatur

Albrecht Alt: Kleine Schriften zur Geschichte des Volkes Israel. 3 Bde., München 1953–59.

Friedrich Baumgärtel: Verheißung. Zur Frage des evangelischen Verständnisses des Alten Testaments, Gütersloh 1952.

Walter Eichrodt: Theologie des Alten Testaments, 4. Aufl., Stuttgart/Göttingen 1961.

Hans Joachim Kraus: Geschichte der historisch-kritischen Erforschung des Alten Testaments von der Reformation bis zur Gegenwart, Neukirchen 1956.

Martin Noth: Geschichte Israels, Göttingen 1950.

Otto Ploeger: Theokratie und Eschatologie, Neukirchen 1959.

Gerhard von Rad: Theologie des Alten Testaments, 2 Bde., München 1957/1960.

Klaus Westermann: Tausend Jahre und ein Tag. Unsere Zeit am Alten Testament, Stuttgart 1957.

Hans Walter Wolff: Bibel. Das Alte Testament. Eine Einführung in seine Schriften und in die Methoden seiner Erforschung, Stuttgart 1970.

Walter Zimmerli: Der Mensch und seine Hoffnung im Alten Testament, Göttingen 1968.

Fußnoten

1 Marcion[2] (1924) S. 217.

2 Vgl. besonders S. Mowinckel, Le décalogue (1927); auch G. v. Rad, Das formgeschichtliche Problem des Hexateuch (1938) S. 18 ff., Ges. Studien z. AT (1958).

3 Im folgenden Verse wird dann allerdings von »euren Vätern« gesprochen; aber gerade dieser unvermittelte Übergang zeigt, daß die Angeredeten so betrachtet werden, als wären sie in der Situation der Vorfahren.

4 Dieser Gedanke in dem speziellen Sinne einer Solidarität der Schuld käme vielleicht für die Bußgebete in Frage, in denen die Sprechenden mit »wir« die Schuld auch vergangener Zeiten als ihre eigene Schuld bekennen (Neh. 9, 33; Dan. 9, 5 ff.).

5 Vgl. H.-J. Kraus, Die Königsherrschaft Gottes im Alten Testament (1951) S. 2 ff.

6 Vgl. auch Kraus a. a. O. S. 99 ff.

7 Die kirchliche Dogmatik III 1 (1945) S. 83.

8 Wenn in Jak. 5, 10. 11 »die Langmut der Propheten« und »die Geduld Hiobs« als Vorbilder angeführt werden, so ist das eine isolierte Ausnahme.

9 In Röm. 4, 1 ff. geht es bei dem Glauben Abrahams nicht um die Vorbildlichkeit Abrahams, sondern um eine Antwort auf die Frage, was vor Gott »als Gerechtigkeit angerechnet« werde. Auch in Hebr. 11 liegt der Nachdruck wohl weniger auf der Vorbildlichkeit der hier genannten Menschen als darauf, zu zeigen, was der Glaube vermöge.

10 Das könnte sich allenfalls ein Dichter zur Aufgabe machen; man vergleiche Thomas Manns Roman über Joseph und seine Brüder.

11 Nur in der Endzeit, am Rande der Geschichte, wird sich auf anderer Ebene und in neuer Weise etwas von dem geschichtlichen Tun Gottes wiederholen; vgl. die Rolle, die das Wunder der Herausführung aus Ägypten in der eschatologischen Ankündigung Deuterojesajas spielt.

12 Vgl. K. Barth, Die kirchliche Dogmatik III 4 (1951) S. 652 f.

13 K. Barth, Das christliche Verständnis der Offenbarung, ThEx, NF 12 (1948) S. 9. 13 f.

Hans Joachim Iwand

Der Prinzipienstreit innerhalb der protestantischen Theologie*

Im Jahre 1908 erschien in der »Zeitschrift für wissenschaftliche Theologie« ein Artikel von Ernst *Troeltsch* »Rückblick auf ein halbes Jahrhundert der theologischen Wissenschaft«. Im Eingang seines Artikels bezieht sich Troeltsch auf ein ähnliches Unternehmen in derselben Zeitschrift, auf einen Rückblick, den fünfzig Jahre vor ihm Adolf *Hilgenfeld* über die letzten Jahre der Entwicklung gab, also über die Zeit seit der Krise von 1848. Wir werden uns daran gewöhnen müssen, den Punkt, den wir heute erreicht haben, als eine Station auf unserer Reise durch die Zeiten ausfindig zu machen. Die nach 1945 eingetretenen theologischen und kirchlichen Ereignisse lassen es angemessen erscheinen, das vergessene neunzehnte Jahrhundert wieder ein wenig ins Auge zu fassen, und wäre es auch nur, um nicht allzu gutgläubig auf die alten betretenen Wege einzubiegen. Das Jahr 1848 ist für die protestantische Theologie insofern bedeutsam gewesen, als es den Gedanken der Trennung von Staat und Kirche in Deutschland aufkommen ließ. Er ist seit der französischen Revolution das bleibende Thema aller politischen Umwälzungen in Europa geblieben und bildet ein zusammenhängendes Ganzes von den ersten Kirchenartikeln der französischen Revolution vom 21. Februar 1795 bis zu dem Dekret des Rates der Volkskommissare der UdSSR über die Trennung der Kirche vom Staat und der Schule von der Kirche vom 23. Januar 1918. Die 48er Revolution steht in dieser Hinsicht noch im Zeichen des Liberalismus. Die Trennung ist noch Postulat des aufgeklärten Bürgertums. Auf der anderen Seite sind diese Jahre der Jahrhundertmitte durch den Übergang aus den großen spekulativen Systemen des Idealismus zu der historischen Theologie gekennzeichnet. Wenn die großen systematischen Entwürfe erschöpft sind, wendet sich der wissenschaftliche Sinn dem Geschichtlichen zu, als ob er nach seinem hohen Flug wieder die Berührung mit der Erde, mit dem »wie es wirklich war« suchte. Es ist keine Frage, daß wir heute Ähnliches erfahren. Was aber Hilgenfeld besonders bewegt und erregt, ist jenes kurze Zwischenspiel der Restauration, der Vorstoß des dogmatischen Neuluthertums von damals, das sich zum Ziele gesetzt hatte, der Union in Preußen den Rechtsboden zu entziehen und seinerseits das Programm der Trennung von Staat und Kirche unter Betonung der kirchlichen Autonomie im konfessionslosen Staat aufzunehmen. Der König wird – jetzt erst – persona praecipua der Kirche, und in seiner Vertretung übt die neue Behörde des Oberkirchenrats ihre

* Vorlesung gehalten in Greifswald, Prag und Bonn. Veröffentlicht in: »Kirche in der Zeit«, 13. Jg., Düsseldorf 1958, S. 113–116 und 147–151. Text nach H. J. Iwand: Um den rechten Glauben. Gesammelte Aufsätze. Herausgegeben von Karl Gerhard Steck, Chr. Kaiser Verlag, München 1959, S. 222–246. Abdruck mit freundlicher Genehmigung des Verlages.

Funktionen aus. Es ist das Kirchenprogramm der Romantik, das sich jetzt zu Worte meldet. Mit der Einsetzung des Prinzregenten läßt die restaurative Welle nach und bilden sich jene liberalen Zustände heraus, die der wissenschaftlichen Theologie förderlich sind. So weit Hilgenfeld.

Das Zeitalter A. Ritschls und A. von Harnacks in der protestantischen Theologie bricht an. »Die Theologie ist viel gleichgültiger gegen kirchliche Probleme geworden« – so drückt Troeltsch den Wandel aus. Auch ihm sitzt noch das »unvergessene Grauen von der Verbindung kirchlicher und politischer Reaktion« in den Gliedern. Er sieht dafür eine andere Art der Verbindung zwischen Wissenschaft und Christentum heraufziehen. Nicht mehr eine solche, die an dogmatische Fixierungen gebunden ist, sondern eine religiös-praktische, die den innersten Gehalt der Geschichte durch historische Erforschung für die Gegenwart des christlichen Lebens nutzbar macht und ihn vor allem ethisch auszuwerten weiß. Die »Trennung von Historie und Dogmatik ... ist das Ergebnis der Situation«. »Das empfindet jeder Student, der von den historisch-exegetischen Studien zu den dogmatisch-ethischen übergeht, in beiden Gruppen herrscht ein verschiedener Geist.« Troeltsch sieht die Fülle der exegetisch-historischen Forschung vor sich ausgebreitet und nennt sie einen »immer ungeheuerlichen anschwellenden Strom, dem sich das allgemeine Leben zuwendet«, dagegen bilden die »dogmatischen Arbeiten ein schmales Rinnsal, das nur die speziell theologischen Gefilde tränkt«. »Darin steckt zugleich die Ermattung des philosophischen und metaphysischen Geistes, der gültige Erkenntnisse auf transzendenten Gebieten innerhalb und außerhalb der Theologie zu gewinnen überhaupt nicht mehr wagt und sich mit persönlichen Gewißheiten zufrieden gibt, bei denen es dann auf dogmatische Formulierungen so genau nicht mehr ankommt.« Troeltsch sieht in dieser wissenschaftlichen Entwicklung nicht einen Verfall oder eine bedenkliche Relativierung, sondern für ihn erfüllt sich darin das Programm Kants, Herders und Schleiermachers – es erfüllt sich besser, als es sich zu deren Lebzeiten erfüllt hat und erfüllen konnte. Die Religion ist eine Sache sui generis, und so wie Harnack in seinen zur Jahrhundertwende gehaltenen Reden die Entstehung der Logoschristologie als den eigentlichen Sündenfall der Theologie der alten Kirche beklagt – sie bedeutete für ihn die Preisgabe des schlichten Evangeliums Jesu – so sieht auch Troeltsch in dem Wiederaufleben der dogmatischen Denkweise das Verschüttetwerden der echten Quellen alles religiösen Lebens. Darum sein Lobpreis der »agnostischen Theorie vom Wesen der religiösen Erkenntnis die Rede ist, so bedeutet es, daß »auch in solcher praktisch-symbolischen Haltung ein Zugang zu den wirklichen Gründen des Lebens möglich ist, ja daß er erst wirklich in dieser Form sich vollzieht«. »Das fordert eine Kirche ohne Dogma.« Es geht im wesentlichen nach Schleiermachers Programm einer »religiösen Deutung der Welt und des Lebens unter der Wirkung der von Jesus ausgehenden Kraft«. Wenn mit Albrecht Ritschl und Wilhelm Herrmann eine stärkere Konzentration der protestantischen Theologie auf das ethische Problem und die Botschaft vom

Reiche Gottes erfolgt, so sieht Troeltsch darin eine fortschreitende Klärung der Lage. Denn allein vom Ethischen her ist die Absolutheit des Christentums, an der ihm im wesentlichen gelegen ist, zu halten. Daß dabei die Normen dieses ethischen Bewußtseins aus dem Wertgefühl der westlichen Kultur entnommen waren, hat ihn nicht beunruhigt. Von der Religionsphilosophie her soll die »Höchstgeltung des Christentums« erwiesen werden, womit dann »die gemeinsame Voraussetzung der wissenschaftlichen historischen Theologie und der praktisch-vermittelnden agnostischen Dogmatik« gegeben wäre.

Als wir als junge Studenten nach dem Ersten Weltkrieg erstmalig auf diese Thesen stießen, sahen wir sehr bald, wie brüchig dieses vermeintlich gemeinsame Fundament war: »Höchstgeltung des Christentums« – das war offensichtlich die Selbstzufriedenheit der abendländischen Kultur mit sich selbst. Wir begriffen diese Selbstzufriedenheit nicht mehr. Das Christentum – von der Ethik her zu erschließen? Auch wenn man Schleiermachers Verständnis des Ethischen als der Erfassung des Geschichtlichen zu Hilfe nimmt – so erschien uns das doch als ein Schlüssel, der nicht mehr schloß. Wir hatten den Eindruck, daß – um dieses Geheimnis, genannt Christentum, das uns zu einem uns nicht mehr loslassenden Rätsel, zu einer – nein, zu *der* entscheidenden Frage unseres Lebens geworden war, man einen anderen Zugang suchen mußte als den, den die Religionsphilosophie und die Religionsgeschichte bieten konnten. Wir wurden stutzig, ob der Gott, auf den uns der Begriff der Religion hinwies, mitsamt dem seltsamen Gebilde einer agnostischen praktisch-symbolischen Dogmatik wirklich so leicht und ohne Bruch zu dem Gott hinüberleitet, der uns als der Vater Jesu Christi bezeugt ist. »Der dort müßte der hier sein«, sagte damals in einem seiner frühen Vorträge Karl Barth – damit ist alles weitere angedeutet. Ja, auch die soviel geschmähte Dogmatik erschien uns in einem anderen Licht – vielleicht wußte sie doch über die Identität zwischen »dem dort« und »dem hier« etwas mehr zu sagen als die Philosophie.

Ja, und was ist eigentlich in den Jahren nach 1919 geschehen, in diesen Jahren der Fülle, des Niederreißens und des Aufbauens, des Abschieds und der neuen Ziele, in der alle Gebiete in sich einbegreifenden Bewegung innerhalb der Theologie, und nicht nur der protestantischen? Einer der wesentlichsten Anreger jener Tage war Ferdinand Ebner mit seinem bezeichnenden Buchtitel: »Das Wort und die geistigen Realitäten«. Ferdinand Ebner war zwar Katholik. Aber er eröffnete eine neue Thematik. Schon damals gab es diese seltsame Linie, die mitten durch die Konfessionen hindurchlief. Denn wo immer die Sache Gottes auf dem Spiel steht, da müssen alle Zäune fallen. Das wußte die Reformation wie der Pietismus, das erfuhren wir damals aufs neue. Ich brauche die großen und entscheidenden Ereignisse nicht im einzelnen zu nennen, von Barths Tambacher Rede angefangen über die Frage: »Der Christ in der Gesellschaft« und seinem Vortrag über die Theologie und das Wort Gottes, von dem Siegeslauf des Römerbriefs und dem ersten Angriff Gogartens auf den leeren Gottesbegriff der Philosophie mit seinem Credo: »Ich glaube an den dreieinigen Gott«, das späterhin – mit entscheidender Umformung – der Introitus für Barths Aufarbeitung der Dogmatik wurde. Aber ich möchte neben der dialektischen Theologie auf zwei Phänomene hinweisen, die den Abschied von dem ausgehenden 19. Jahrhundert bedeuten: Da war einmal die Entdeckung des Eschatologischen in der Geschichte Jesu. Mit Johannes Weiß und Albert Schweitzer tut die neutestamentliche Forschung einen Sprung nach vorwärts, zerreißt die Fesseln des ethischen Historismus und entdeckt jene Kategorie, die das ganze Thema Glaube und Geschichte neu in Bewegung bringt: Die des neuen Aeon! Ich kann nur jedem raten, noch einmal das XIX. Kapitel aus Albert Schweitzers »Von Reimarus zu Wrede«: Der konsequente Skeptizismus und die konsequente Eschatologie, nachzulesen. Als Resultat steht da – 1906 – acht Jahre vor dem großen Debakel des kulturseligen Europas zu lesen: »Weil sie das Allgemeine und Totale im Sinn hat, will die moderne Theologie ihre Weltbejahung bei Jesus wiederfinden. Darin liegt ihre Schwäche. Die Welt bejaht sich selbst durch den modernen Geist. Wozu denn den Kampf zwischen dem modernen Leben und weltbejahenden Allgemeingeist und dem weltverneinenden Geist Jesu aufheben ... es war Gefahr, daß die moderne Theologie, um Ruhe zu haben, die antiprotestantische Weltvereinung in den Worten Jesu aufhob, den Bogen entspannte und den Protestantismus aus einer religiösen eine Kulturmacht werden ließ. Es war vielleicht auch Gefahr, daß sie (die Theologie) innerlich unwahrhaftig wurde, weil sie es sich selbst und anderen nicht mehr eingestand, daß sie ihre Weltbejahung wider die Sprüche Jesu aufstellte, weil sie es mußte. Darum ist es gut, daß der historische Jesus den modernen stürzt, sich wider den modernen Geist erhebt, und auch uns den Frieden nicht sendet, sondern das Schwert. Er ist nicht ein Lehrer und Grübler, sondern ein Gebieter und Herrscher ... Die Namen, mit denen man ihn als solchen bezeichnete, Messias, Menschensohn, Gottessohn, sind für uns zu historischen Gleichnissen geworden. Wir finden keine Bezeichnung, die sein Wesen ausdrückt.« Und weiter: »Als ein Unbekannter und Namenloser kommt er zu uns, wie er am Gestade des Sees an jene Männer, die nicht wußten, wer er war, herantrat. Er sagt dasselbe Wort: Du aber folge mir nach! und stellt uns vor die Aufgaben, die er in unserer Zeit lösen muß. Er gebietet. Und denjenigen, welche ihm gehorchen, Weisen und Unweisen, wird er sich offenbaren in dem, was sie in seiner Gemeinschaft wirken, kämpfen und leiden dürfen, und als ein unaussprechliches Geheimnis werden sie erleben, wer er ist ...« Von diesem Buch nimmt Troeltsch im Jahre 1908 noch keine Notiz. Es liegt weit über seinen Gesichtskreis hinaus. Wir aber könnten hier schon etwas vernehmen von dem großen Kapitel in Barths Dogmatik »Jesus der Herr der Zeit« und von Dietrich Bonhoeffers »Nachfolge«. »Er gebietet.«

Das Jahr 1908 ist noch in anderer Weise denkwürdig. In diesem Jahre gibt Johannes Ficker das eigenhändige Vorlesungsmanuskript zu Luthers

Römerbrief heraus. Eine seit 400 Jahren uns unbekannte Quelle, das entscheidende Dokument für die Theologie des jungen Luther, wird entdeckt. Jetzt werden die Wurzeln seiner reformatorischen Tat bloßgelegt, sie liegen in der Theologie. Wir sehen, wie hinter dem werdenden Reformator die rätselhafte Gestalt des Paulus steht. Er rüstet den Mönch für seinen Kampf mit dem Papsttum. Und hier ist es vor allem Karl Holl, der 1921 in einem Band gesammelter Aufsätze den Kurs der Lutherforschung herumreißt, vom alten zum jungen Luther. Wie ein Nikodemusgespräch lesen sich seine mit philologisch-historischer Akribie gearbeiteten Aufsätze, der alte Gelehrte aus der Schule Ritschls kann nicht mehr los von dem, was der junge Doktor in bibliis ihm zu sagen hat. Mag er ihn auch noch so fragwürdig interpretieren mit seinem Begriff von »Gewissensreligion«, er hat den Unterschied zwischen dem, was er zu fragen und dem, was Luther zu sagen hatte, besser gewahrt als alle bis dahin üblichen Lutherdarstellungen: das wichtigste in diesem Buche steht unter dem Strich. Dort redet Luther selbst, und Holl läßt ihn so reden, wie wir kaum jemanden bis dahin unter uns hatten »theologisieren« hören. Das war die Entdeckung der theologischen Existenz, nach der uns verlangte. Hier wehte uns der Atem des Evangeliums entgegen, das nicht Gesetz war. Das hatten sie alle nicht mehr gesehen, weder Schleiermacher noch Ritschl noch Wilhelm Herrmann noch Martin Kähler, den grundlegenden Unterschied von lex und evangelium – darum konnten sie die Dogmatik auf die Ethik gründen. Nein, es mußte umgekehrt gelten, diese mußte auf der Botschaft, der Imperativ auf dem Indikativ gegründet sein. Aber noch ein anderes wurde hier deutlich: Daß die Auseinandersetzung mit der »Gegenkirche«, mit dem, was wir heute Katholizismus nennen, nicht so einfach liegt, wie es der Neuprotestantismus gemeint hatte, als ob die Reformation mit ihrem angeblichen Subjektivismus die Befreiung vom Dogma gebracht hätte. Die Sache lag offensichtlich sehr anders: In der Reformation brach die Frage nach der wahren Kirche auf. Sie war von Anfang an da. Die Frage, ob in der Kirche mit dem Dogma von Jesus Christus auch ernst gemacht wurde. »Es ist von Anbeginn zweierlei Kirche gewest« – das ließ Luther neu nach der wahren Kirche fragen. Wir brauchten damals selbst nicht lange zu warten. Die Zeit stand vor der Tür, da offenbar werden sollte, daß das recht verstandene Dogma die Ethik in sich enthält. Immer näher kamen wir, ohne es zu wissen und lediglich getrieben von dem, was man den geheimnisvollen Ductus unserer theologischen Existenz nennen könnte, dem entscheidenden Punkt, der Stunde, da das Unbegreifliche und bis heute noch nicht Begriffene in der Evangelischen Kirche Deutschlands einsetzte. Vielleicht ist es erlaubt, eine mündliche Reminiszenz an Julius Schniewind in diesem Zusammenhang wiederzugeben. Wer erinnert sich nicht mehr an die Blüte der protestantischen Theologie in jenen Jahren zwischen 1920 und 1930. Ob man an das Tübingen Heims und Schlatters denkt oder an das Erlangen von Elert und Althaus, an Hirsch und Stange in Göttingen, an Berlin, Bonn und Königsberg, vor allem aber an Karl Barth, Eduard Thurneysen und den Kreis der dialektischen Theologie – es war doch wohl kein Zufall, daß wir bei dem Ausbruch des Kirchenkampfes so viele und so ausgezeichnete junge Theologen hatten, und daß diese, als die einzigen unter der gebildeten Jugend Deutschlands (natürlich mit Ausnahme der bewußten Sozialisten und Kommunisten) nicht in corpore von dem Wahn ergriffen wurden, dem damals in großer Breite unsere akademische Jugend erlag. In jenen Jahren, kurz vor 1933, sagte mir Schniewind einmal: »Sehen Sie, wie alles reif ist zur Ernte. Das kann sich der Satan nicht mehr lange gefallen lassen.« Schniewind dachte, wenn er geschichtlich dachte, immer endzeitlich. Er sah die Zeitereignisse unter diesem Transparent. Das war aus dem Geiste der Reformation heraus gedacht. Und dann brach auch nur zu bald die ungeheure Wirrnis ein, die bis heute nicht überwunden ist; viele, die bis dahin zusammen gegangen waren, wurden Feinde, und andere fanden zueinander. Was wirklich damals geschah, warum das Präludium für den Untergang der Evangelischen Kirche in Deutschland sich so vollzog, was auf einmal theologische Sätze kirchlich-praktisch bedeuteten, was theologische Existenz bedeuten konnte, das haben wir vorher, das hatte die Generation um Troeltsch, aber wohl auch die um Schlatter nicht geahnt. Wir wußten trotz aller Leidenschaft und Freudigkeit, mit der wir uns auf diesem Feld der Entdeckungen und Erkenntnisse von 1918 bis 1933 bewegten, doch nicht um den ganzen Ernst dieser Sache. Jetzt sahen wir, wie schrecklich es war, wenn man in den nun aufbrechenden Entscheidungen nichts anderes als eine »agnostische Dogmatik« hatte, und nur ethisch mit der »Welt« verklammert war. Das Jahr 1933 bleibt darum so denkwürdig für die evangelische Kirche, weil es zeigt, wohin diese gerät, wenn sie ihre theologische Existenz verfallen läßt. Die theologische Existenz verachten, heißt das Kreuz verachten. Es war jene Stunde, da alles, was die Kirche eben noch zu tragen schien, nichts war. Die Volksmission und die apologetische »Zentrale«, die Werke der Inneren Mission und die konsistorialen Verwaltungsstellen der Kirche – alles wurde wie ein Rohr vom Sturm geknickt und von den schmutzigen Wassern jener Sturmflut hinweggeschwemmt. Es war schon ein bißchen so wie in Solowjows Erzählung vom Antichrist, die Kirche merkte es zunächst nicht, wer da aus den Zeitereignissen – aus dieser »Revolution von rechts«, wie Freyer sie nannte, redete, jedenfalls die Kirche merkte nichts, die gemeint hatte, ihrer theologischen Existenz entraten zu können. Aber es erging der Theologie selbst nicht anders. Gerade von den Theologen, die man ernst nahm, von den Göttingern, von den Erlangern, den Tübingern, von Gogarten und seinem Anhang hörte man auf einmal die seltsamsten Deutungen und Verklärungen dieses scheinrevolutionären Geschehens. Sie waren eine Zeitlang der Meinung, eine »Gottesstunde« zu erleben. Man sollte sich heute einmal in Erinnerung rufen, was damals von Theologen und Kirchenführern, wahrscheinlich im besten Glauben gesagt, gepredigt und »verordnet« wurde, um die Ratlosigkeit und Verlorenheit derer zu begreifen, die dabei nicht mitmachen konnten. Man darf nie vergessen, es war das eine verschwindend kleine Minderheit. Es waren Karl Barth und Ernst Wolf, v. Soden und Otto Schmitz, es waren Martin Niemöller und Hans Asmussen und es waren die beiden Präsides von Westfalen und Rheinland, die die ersten Kader des Widerstandes bildeten. Sie fragten nach der wahren Kirche, sie fragten nach der rechten Theologie! Und sie fragten danach, weil auch sie nicht mehr aus noch ein wußten! Und es waren im Grunde genommen die Unpolitischen, wenn man ihnen auch sehr bald vorwarf, daß sie ihre politische Opposition nur mit theologischen Motiven bemäntelten. Ihnen ging es nicht um politische Opposition, – sondern es ging ihnen um die wahre Kirche.

In jener Anfechtung einer grenzenlosen Verlassenheit sind die Sätze geboren worden, die heute unseren Prinzipienstreit ausmachen. Die verachtete Theologie – diese jedenfalls in den Augen der Menschen und der damals ihrer Sache so sicheren Staatspartei der Deutschen Christen als leer und abstrakt geschmähte, die zu den Toten geworfene Theologie wurde vielen Zuflucht und Rettung. Man muß das einmal betonen, weil Dankbarkeit in dieser Sache doch auch Klugheit sein dürfte. Was mit dieser theologischen Entscheidung sich vollzog, war im damaligen Augenblick ungemein schmerzlich. Eine Frontbildung innerhalb der evangelischen Kirche trat ein. Freilich, sie hatte sich schon vorher angekündigt, aber zuvor war doch alles im Rahmen einer theologischen Auseinandersetzung geblieben. Jetzt wurde das anders. Jetzt stand hinter der einen Gruppe die Macht – und hinter der anderen nichts. Jetzt umspannte die theologische zugleich eine kirchliche und politische Entscheidung. Es war über Nacht mit der Theologie ernst geworden. Kirche und Theologie waren neu und ungesucht eins geworden, so etwas wie eine »reformatorische« Entscheidung ging durch die Reihen der evangelischen Kirche. Der Ausdruck dieser Einheit von Kirche und Theologie waren die ersten großen Bekenntnissynoden. Daß diese dann bald wieder zerbrach, daß die helle Sicht der radikalen Antithesen, wie sie den ersten Jahren der nationalsozialistischen Revolution zu eigen war, bald verblaßte, daß die Sache des Anfangs auch nach 1945 nicht wieder hergestellt werden konnte – hat seine guten und schlechten Gründe und macht bis heute die innere Problematik unserer Lage aus.

Es ist die sich an uns wiederholende Wahrheit vom fahrenden Platzregen und im guten Sinne die des Kairos! Und es ist zugleich die Wahrheit von unserem Schwachsein und Versagen und von vielem Menschlich-Allzumenschlichen, was sich im Verlaufe des Kampfes und hernach, als die Täuschung offenbar wurde und die Macht auf die andere Seite trat, auch bei uns einschlich. Geblieben ist aber das Thema einer theologischen Erneuerung, das wir mit dem Bericht über den Prinzipienstreit anzeigen wollen. Das ist geblieben, und dieser Feuerbrand leuchtet, wenn auch für die Öffentlichkeit nicht so bemerkt, weiter. Wohin und mit welchen Auswirkungen – kann man schwer sagen. Noch fehlt uns ein Brennpunkt wie der, der 1933 alles aufdeckte. Manche meinen, das sei die Auseinandersetzung mit dem Marxismus. Ich glaube das nicht. Die

Sache liegt darüber hinaus, der wir entgegentreiben und ist mit diesen an der Oberfläche des heutigen Weltbildes liegenden Entscheidungen nicht zu fassen. So wenig, wie wir beim Aufbruch der dialektischen Theologie, bei unserem Abschiednehmen von der Theologie als Religionsphilosophie, bei der Wiederentdeckung der Eschatologie und der reformatorischen Kategorie des verbum Dei und der justificatio impii wissen konnten, welchen Entscheidungen wir damit zutrieben, genauso heute. Und mag es uns noch so oft in den Ohren klingen, daß die Theologie heute hinter den Tagesentscheidungen und -fragen zurückbleibe, wir kennen solche Reden! Wir kennen sie aus dem, was man uns aus berufenem Munde zugerufen hat, als wir jung waren. Schließlich sind die Letzten doch die Ersten gewesen. Sollten wir nun im Alter, in dieser Sache ein wenig reifer und von Gott doch wohl nicht ganz enttäuscht, solchen Reden zugänglicher sein? Ich hoffe nicht. Dazu kommt, daß auch in der Tat theologisch immer noch soviel los ist, soviel geschieht, daß man es schon verstehen kann, wenn heute Soziologen, Philosophen und sogar Mediziner ihr Studium aufgeben und sich der Theologie zuwenden. Es ist ähnlich wie vor hundert Jahren, in der ersten geistig so fruchtbaren Hälfte des 19. Jahrhunderts. Man kann nur Gott bitten, daß wir nicht ganz unter der Restauration erschlaffen und zugrunde gehen.

Fragen wir uns, welches denn die Hauptloci sind, die aus jenem Ringen um die theologische Erneuerung der Evangelischen Kirche hervorgegangen sind – an denen die Entscheidung fiel und noch fällt – so würde ich etwa in Erinnerung an Schleiermachers Windrose der vier Häresien ebenfalls vier nennen. Ob man auch von ihnen dasselbe wird sagen können, was Schleiermacher meinte, daß es nämlich nie andere und nie mehr geben könne, möchte ich bezweifeln. Wie denn überhaupt unsere Lage eine ganz andere ist als die von Schleiermacher damals vorgetragene: Als ob nämlich eine Häresie als solche von vornherein offenbar wäre, als ob man sie im Lehrbuch der Dogmengeschichte angezeigt fände und wir auf der Landkarte, nach der wir uns bewegen, ihren theologischen Ort sozusagen theoretisch und apriori ausmachen könnten, etwa in dem Sinne, hier muß der Abweg liegen. Die Sache liegt schwieriger. Die rechte Lehre wird im Augenblick der Anfechtung im Schein der Häresie stehen, sie wird Anteil haben müssen an der Torheit des Kreuzes und an dem Ärgernis. Ohne das Ärgernis kommen wir hier nicht voran. Es gibt keine andere Regel, als daß man das Auge, das sich daran ärgert, ausreißen muß, weil es besser ist, einäugig zum Himmelreich einzugehen, als sehend und doch blind zu sein.

I.

Der erste und entscheidende Punkt betrifft die Offenbarung, oder was dasselbe ist, die Lehre vom Worte Gottes. Was für die Reformation die Frage nach der Rechtfertigung war, scheint heute für uns die Lehre von der Offenbarung werden zu sollen. Oder, etwas vorsichtiger gesagt:

Erst wenn wir wieder an diesem Punkt die Theologie in Ordnung gebracht haben, wenn wir wissen, was es mit dem Wort Gottes auf sich hat, werden wir auch die Rechtfertigung und die Heiligung, werden wir die ganze Lehre von der Versöhnung neu verstehen. Es war eine seit langem innerhalb der theologischen Diskussion und Forschung vorbereitete Sache, daß die Frage der Offenbarung zum eigentlichen Differenzpunkt in den kirchlichen Entscheidungen wurde. War es doch eine in der herkömmlichen Theologie nicht gegebene, nicht vorfindliche These, wenn in Barmen gesagt wurde: Jesus Christus, wie er uns in der Heiligen Schrift bezeugt wird, ist das eine Wort Gottes. Das eine Wort Gottes – darum geht es bis heute! –, dieser Satz bedeutet zugleich ein Nein, eine Antithese, als gäbe es neben diesem einen Wort noch ein zweites, das in anderen Ereignissen und Machterweisungen, in geschichtlichen oder existentiellen Vorgegebenheiten als Rede Gottes da wäre und auf das die Kirche in ihrer Botschaft gleichfalls zu hören hätte. Man begreift doch wohl: Die Kirche, die Gottes Wort in Jesus Christus hört und hat, die hier seine Gewalt und seine Geschichte findet, hat kein Ohr mehr für die anderen Offenbarungen, die sich daneben anbieten. Man darf nicht übersehen, daß es sich hier um die Kirche handelt. Daß der Mensch als solcher jenen anderen Offenbarungen nachgeht und erliegt, daß er von ihnen beeindruckt, getäuscht und geblendet wird – das war ja damals gerade vor aller Augen. Aber die Kirche hat zum Unterschied dazu keine Entschuldigung, wenn sie dabei mitmacht. Für sie gibt es nur das eine Wort Gottes, und das eben ist Jesus der Herr. Und es gibt für sie nur dies eine Wort, weil kein anderes »bei Gott war« (Joh. 1, 2). Wo immer die Kirche redet, da sollte ihre Rede Offenbarung Gottes in Jesus Christus sein – das aber wird ihr nur geschenkt werden, wenn sie sich daran hält: Nur ein Wort ist wirklich und wahrhaftig Gottes Wort, das Wort seiner Gnade und seiner Nähe, das heißt Jesus Christus. Mit diesem Satz war auf einmal allen anderen Offenbarungen ihr Glanz genommen und mußte ihnen immer aufs neue genommen werden, es gibt keine Offenbarung Gottes an und für sich – etwa in seinem Schöpfersein, dem dann eine zweite, die Heilsoffenbarung in Jesus, zuzuordnen wäre. Dann hätten wir es zunächst und zuerst mit der Welt außer Christo zu tun und hernach mit der Welt in Christo, zuerst mit einem aus unserem Weltverhältnis gewonnenen allgemeinen Gottglauben und hernach mit einem aus unserem Verfallensein an die Welt und Erlöstsein von ihr sich ergebenden speziellen Christenglauben. Diese Zweiteilung innerhalb der Offenbarung stellte jene 1. These in Frage. Mit dieser Zweiteilung tritt die Zäsur ein, die sowohl den Ansatz der Schleiermacherschen Dogmatik wie auch den des Lutherverständnisses des 19. Jahrhunderts kennzeichnet. Diese Entscheidung aber trat nicht ein als ein stiller und friedlicher Prozeß innerhalb der theologischen Lehrentwicklung, sondern so, daß die einen zur Rechten, die anderen zur Linken traten, weil die Scheidung zusammenfiel mit einem wahrscheinlich noch längst nicht abgeschlossenen kirchlichen wie politischen Geschehen von erschütternden Ausmaßen. Mitten im Gericht

Gottes stehend – sind wir heimgesucht. Und hier versagt alles, was, wenn auch nur mit einem Fuße in der natürlichen Theologie stehend, dort seinen Halt sucht. Dieser Boden wankt. Es wird deutlich, was für ein Geist hier seinen Eingang findet, um die Stimme der Kirche unklar, verräterisch, hilflos und leer erklingen zu lassen.

Es ist von da aus leicht zu sehen, daß damit die Tür neu aufgetan ist, um das alte Bekenntnis der Kirche zu dem dreieinigen Gott neu schätzen zu lernen. Die Trinität ist die Einzeichnung des christologischen Geheimnisses in den Gottesbegriff. Wenn Jesus das eine ewige, mit dem Vater gleichzeitige und doch von ihm unterschiedene Wort ist, dann erst hat es Sinn, von der Einheit in der Dreiheit und der Dreiheit in der Einheit zu reden. Das ist die Verbannung des heidnischen, des ontologischen, des deistischen oder auch pantheistischen Gottesbegriffs, der lange Zeit im Abendland den Thron Gottes besetzt hatte. Mit dem Bekenntnis zum dreieinigen Gott lösen wir uns von dem Gott unserer Gedanken und Spekulationen. Es ist weiter deutlich, daß, wenn Jesus das eine Wort Gottes ist, das ewig beim Vater ist, dann Gott die feste Burg ist, die nur von innen her, aus Gottes eigenem Geist sich auftun und uns zur ewigen Rettung in sich selbst hineinnehmen kann. Hier führt keine Brücke von draußen, aus der Geschichte oder aus der Natur, aus der besonderen geschichtlichen Situation oder was es auch sonst sei, in das Innere hinein. Es gibt kein Aufsteigen zu Gott, es sei denn, er wäre zuvor zu uns herabgestiegen. Seine Offenbarung ist zugleich seine Epiphanie mitten unter uns, aber in alledem doch sein Er-Selber-Sein. Gott als der Vater Jesu ist nicht das Geheimnis hinter den Dingen, das X dort oben, sondern er ist mitten unter uns. Die ganze religiöse Hinterwelt fällt – weil Gott in Jesus mitten unter die Menschen, mitten vor unserer aller Augen getreten ist. Es gibt nur diese revelatio specialis, aber sie ist faktisch die revelatio generalis, denn sie gilt aller Welt und allen Menschen.

Wir können dies alles nur sehr knapp und kurz andeuten. Uns kommt es hier darauf an, zu zeigen, wie gegen diesen Ansatz, kaum daß die wildesten Stürme des Krieges vorüber sind, ein heftiger Gegenangriff geführt wird. Ich meine die Dogmatik von P. Althaus.* Diese ganze Dogmatik in ihrem systematischen Aufbau sagt dazu nein. Sie nennt diesen Ansatz mit einem von Schlatter geprägten Wort: Christomonismus. Sie stellt thematisch und grundsätzlich die Lehre von den zwei Offenbarungsquellen auf. Sie verwahrt sich freilich davor, von natürlicher Offenbarung zu reden und spricht von der Ur-Offenbarung. Aber sie ist der Meinung, daß diese Identitätstheologie – so muß ihr die Barmer Formel und die Barthsche Lehre vom Wort Gottes erscheinen – zerschlagen werden muß, wenn wir in der Linie der evangelisch-reformatorischen Tradition bleiben sollen. »Es war denn auch der Theologie bis in die letzten Menschenalter hinein selbstverständlich, von einer zweifachen Offenbarung Gottes zu handeln« (46). »Aber heute ist es weithin anders geworden ... der Be-

* Vgl. *Paul Althaus*: Die christliche Wahrheit. Lehrbuch der Dogmatik, 3. Aufl., Gütersloh 1952 (Anm. d. Hg.).

griff der Offenbarung wird auf das Handeln Gottes in Jesus Christus beschränkt.« Das ist eine »Enge der Offenbarungslehre«, die Althaus wieder durchbrechen möchte. Der Durchbruch geschieht mit dem Begriff der Ur-Offenbarung, unter Berufung auf Römer 1, 18 ff. und 2, 14 ff. Althaus versteht darunter eine »ursprüngliche, bleibende Wirklichkeit der göttlichen Bezeugung, der gegenüber jeder Mensch gegenwärtig schuldig ist«. Seiner Meinung nach wird mit der Einengung der Offenbarung auf Jesus Christus der Mensch seiner ihm innewohnenden Verantwortung vor Gott enthoben. Das Wissen um die Schuld, das die Botschaft von der Vergebung der Sünde voraussetzt, wäre gar nicht da, wenn nicht bereits ein ethisch fundiertes Wissen um Gott da wäre. »Von Schuld kann im Ernst nur da gesprochen werden, wo die Wirklichkeit Gottes, sein Angebot und Gebot dem Menschen zuvor kund geworden ist« (51). Es muß also eine »ursprüngliche Selbstbezeugung Gottes« im Menschen geben, auf die hin der Mensch als sündig angesprochen werden kann. »Wir unterscheiden von der Heilsoffenbarung Gottes in Jesus Christus seine ursprüngliche Selbstbezeugung oder Uroffenbarung oder Grundoffenbarung« (50). Uroffenbarung hat nicht historischen Sinn, sondern prinzipiellen. »Wir suchen die Uroffenbarung nicht am Anfang der Geschichte der Religion, sondern überall ›hinter‹ ihr.« Der entscheidende Grund liegt für Althaus in der »Rückbeziehung des Evangeliums auf die Uroffenbarung«. Aus drei Gründen: 1. Es kommt als Vergebung der Schuld, setzt also ein wirkliches Schuldiggewordensein des Menschen vor Gott schon voraus. 2. Es bestätigt die Uroffenbarung und will »sich an ihr als Wahrheit bewähren« und schließlich 3. es will die in der Uroffenbarung begründete Heils»erwartung« erfüllen. Althaus nennt das die Beziehung des Evangeliums »auf vorgegebene Wahrheit«. Er meint, daß wir doch nicht erst in der Begegnung mit Jesus in ein Gottesverhältnis treten, sondern – auch da, wo wir es nicht wissen noch anerkennen – je schon in einem solchen sind. Sonst wäre die Begegnung mit dem Menschen Jesus nicht als absolute einsichtig. Besonders auffällig ist dann die von ihm wie auch von E. Brunner vertretene Lehre von der Unterscheidung zwischen dem »Logos Gottes, der jeden Menschen erleuchtet« und dem Heiligen Geist Christi. »Die Theologie muß eine zweischichte Lehre vom Geiste Gottes haben« (53). Von da aus kann er sagen: »Das Evangelium steht in positiver Beziehung auch zu dem vorchristlichen Mythos« (59). »Es stellt sich dar als die Erfüllung des Mythos in seinem tiefsten Sinne, der sich erst von Christus her erschließt.« »Damit tritt der Mythos, die außerbiblische Heils- und Heilandserwartung in dieser Beziehung neben die Heilserwartung Israels.« Es ist kein Zufall, daß man vom Begriff einer Uroffenbarung ausgehend keine Möglichkeit hat, die bevorzugte Stellung der »Juden«, das »Judaiois prooton« des Neuen Testamentes zur Geltung zu bringen. In Wahrheit ist aber gerade das Alte Testament die Sicherung gegen den heidnischen Mythos – es, genau dieses Alte Testament, ist die Entmythologisierung der Offenbarung. Wer sie sich nicht von daher geben läßt, muß sich dann mit den Kategorien der philosophischen Aufklärung behelfen. Es ist erstaunlich, mit welcher Naivität nach allem, was wir mit dem deutschen Mythos erlebt haben, Althaus meinen kann, daß das Evangelium die Sehnsucht des Mythos aufnimmt und erfüllt. Oder wie er sogar zustimmend nun alle jene Theologen zitiert, die in Jesus den Übergang des Mythos in die Geschichte sehen, so etwa aus dem »Markusevangelium« von Paul Schütz: »Der Mythus geschieht, das ist das Christusereignis.« »Nicht weniger als im Gesetz hat sich Gott im Mythos sein Organon geschaffen.« Wir brechen hier ab. Althaus hat genug testes seiner veritas der doppelten Offenbarung angeführt, um denen, die sich dafür interessieren, weiterzuhelfen, darunter besonders Schlatter und Lütgert. Erst im Vergleich zu der hier bezogenen Position sehen wir – und sahen es 1947 mit sehr erstaunten Augen, wie weit uns der Kampf, in den wir hineingerissen wurden, von dieser hier skizzierten Position entfernt hat. Wir verstehen uns kaum noch. Wir müssen uns Mühe geben, den Irrtum nicht nur auf der anderen Seite zu sehen. Diese Rüstung mußten wir ja gerade ablegen, als es hieß, die Waffenrüstung Jesu Christi anzuziehen. Ich frage jetzt nicht, worin denn die Unterscheidung zwischen der natürlichen Theologie und der Uroffenbarung liegt. Sie wird nicht ganz leicht zu bestimmen sein. Aber ich frage ganz schlicht, ob denn wirklich das Evangelium von Jesus Christus das voraussetzt, was es nach Althaus voraussetzen muß, um gehört und verstanden zu werden: Nicht nur die erleuchtende und erweckende Wirkung des Heiligen Geistes, nicht nur das Wort, das den Lazarus aus dem Grabe ruft und die Toten auferweckt, sondern ein zweites, ein latentes Wissen um Gott, einen von diesem Geist Jesu verschiedenen, allgemeinen Logos, der jedermann erleuchtet. Und ich frage weiter: Ist es wirklich so, daß das Wissen um die Schuld ein Vorgegebenes sein muß, damit wir die Botschaft von der Vergebung unserer Sünde in Jesus Christus verstehen? Oder ist es nicht vielmehr im Unterschied zu allen Kulten und Religionen so, daß wir erst angesichts des Gekreuzigten das nostra maxima culpa begreifen? Erst als er vor Jesus steht, begreift Petrus, daß er ein sündiger Mensch ist. Kommen wir nicht auf allen diesen Wegen, ob wir nun Althaus' Uroffenbarung oder Bultmanns Vorverständnis oder Brunners Logos asarkos folgen, ob wir Uroffenbarung, Existenzverständnis oder Anknüpfung sagen, zu einem vorgegebenen Seinsverständnis des Menschen, zu dem das Wort deutend, klärend und bewußtmachend hinzukommt. Das Wort aber, das Jesus ist und bringt, ist das Wort Gottes, das schafft. »Er hat uns gezeugt mit dem Worte seiner Wahrheit.« Wo es kommt, da ruft es das Nichtseiende, daß es sei. Erfolgt nicht die Begegnung mit dem Wort an der Grenze von Sein und Nichtsein, ist seine Gegenwart nicht wie der erste Tag am Schöpfungsmorgen – nur mit dem Unterschied, daß hier schon etwas da ist, was aufgehoben, durchgestrichen, dem Gericht anheimgegeben werden muß, damit das, was nicht ist, unser neuer Mensch und unsere neue Gerechtigkeit ins Dasein treten kann? Der Satz, daß Jesus das eine Wort Gottes ist, redet keiner Identität das Wort, sondern einer Relation. Dies vorausgesetzt, werden wir grundsätzlich sagen müssen:

Die Offenbarung Gottes in Jesus Christus hat keinen Maßstab außerhalb ihrer, an dem sie gemessen, als Offenbarung erkannt und verstanden wird. Form und Inhalt in dieser Sache fallen in eins zusammen: Das Wort ist unsere Rechtfertigung sola fide, und unsere Rechtfertigung ist das in Jesus Christus ergangene Wort Gottes. Erst wenn wir das Deus dixit wieder ernst nehmen, werden wir auch das propter Christum voll und ganz gelten lassen.

II.

Die zweite Frage, die heute im Mittelpunkt unseres Prinzipienstreites steht, ist die nach dem Verhältnis von Gesetz und Evangelium. Sie hängt natürlich aufs engste mit der vorigen zusammen. Gibt es nur ein Wort Gottes und ist dieses das in Jesus Christus Fleisch gewordene, ewige Wort, wie stellt sich dann das uns aus der Reformation überlieferte Verhältnis von Gesetz und Evangelium dazu? Mit anderen Worten: Die Frage nach der Einheit der Offenbarung in beiden, in Gericht und Gnade, in Gebet und Verheißung, meldet sich gebieterisch zu Wort. Und auch hier hat der Nationalsozialismus und die Parole der Deutschen Christen: »Evangelium und Volkstum« die Entwicklung, der wir seit langem zutrieben, zu voller Reife gebracht. Jetzt entstand der Begriff des Volksnomos und in ihm ist, wie ich glaube, die bisher übliche Unterscheidung von Gesetz und Evangelium, vor allem aber die Isolierung des Gesetzes und die daraus resultierende Ohnmacht des Evangeliums im Bereiche des Politischen endgültig besiegelt worden. Es sind zwar heute diese Begriffe verstummt, aber die Folgen jenes Verrats an beidem, am Evangelium sowohl wie am Volkstum, sind vor unser aller Augen und noch hat man nicht gelesen, daß die theologischen Väter jener Formeln irgendwie den Spuren ihres verhängnisvollen, kirchlich wie schicksalhaft für uns so belangreichen Mißverstehens des göttlichen Gebotes nachgegangen wären. Gewiß, es werden manche sagen, das liege nun hinter uns und sei wert, vergessen zu werden – aber jene Parolen und Formeln sind doch nicht Schall und Rauch geblieben. Sie haben Geschichte gemacht, und das, was sie angerichtet haben, geht weiter. Meinen wir denn wirklich, wir könnten diese geistigen und die faktischen Vorgänge, innerhalb deren wir uns bewegen, voneinander trennen? Das damit Begonnene geht weiter, die Kugel rollt, auch dann, wenn der, der sie ins Rollen gebracht hat, seine Hände wegnimmt. Was aber bedeutete die Rede vom Volksnomos? Ich nehme als Beispiel den heraus, der noch am überlegtesten davon redet: Friedrich Gogarten in seiner Schrift »Einheit von Evangelium und Volkstum?« [2] Gogarten weist darauf hin, daß es nicht genügt, wenn die Kirche zwar die nationale Erhebung »freudig bejaht«, »im übrigen aber in ihrer geistigen Substanz die gleiche bleiben will, die sie schon immer gewesen ist«. Er fordert an Stelle dessen eine »Änderung der kirchlichen Substanz,

2 Vgl. *F. Gogarten:* Einheit von Evangelium und Volkstum, Hamburg 1933 (Anm. d. Hg.).

die nur durch ein von Grund auf neues Wollen erreicht werden kann, durch eine Bewegung, die der nationalsozialistischen Bewegung entspräche«. Sie soll aus dem »tiefsten Grunde der kirchlichen Existenz hervorbrechen«. Denn die »national-sozialistische Bewegung ist die elementare, aus den Tiefen der Selbsterhaltung der menschlichen Existenz, aus dem Schauder vor dem Abgrund entspringende Wendung«. Sie »erfaßt die Totalität unserer Existenz«. Die Grundfesten der menschlichen Existenz aber sind »Staat und Volk«. Der nationalsozialistische Staat ist nicht mehr »ohne Volk«. »Der Mensch gehört dem Staat, weil er seinem Volk gehört.« Aus dieser Sicht der Lage, die man rückwärts gesehen kaum noch nachzuvollziehen vermag, und die natürlich längst nicht mehr die Meinung Gogartens heute ist, ergibt sich die Lehre vom Volksnomos, die eine Art Umbildung der primus-usus-legis-Lehre, d. h. des Artikels vom usus legis civilis darstellt. »Die Herrschaft des neuen Staates hat uns wieder unter das Gesetz gestellt.« Und zwar nicht unter das Gesetz des formalen Rechtes, sondern unter das »sittliche Gesetz«. »Es ist nicht das Gesetz unserer freien Persönlichkeit, sondern es ist die Sittlichkeit, die Sitte, die Art unseres Volkes.« In dieser Hinsicht – also gegenüber diesem neuen Verständnis des Sittlichen, das sich aus dem Volksstaat ergibt – hat die Kirche »keinen Anspruch auf Selbständigkeit«. Denn eine solche Selbständigkeit »könnte doch nur heißen, daß es neben der aus den Kräften des Volkstums, der volkhaften Gebundenheit stammenden Sittlichkeit noch eine andere, eine besondere kirchliche geben soll, damit aber wäre die Totalität des staatlichen Anspruchs auf den Menschen in seinem eigenen Gebiet angegriffen«! Denn der Mensch »gehört seinem Volk und niemandem sonst«. Die Kirche ist in dieser Hinsicht »vornehmlich Pflegerin und Hüterin der Sitte. Aber als solche kann sie auch keine Selbständigkeit verlangen. Denn was sie da tut, tut sie nicht als Verkünderin des Evangeliums«. Das ist es, was ich die aus der Trennung von Gesetz und Evangelium resultierende Ohnmacht des Gebotes Gottes genannt habe. Dieses politische Gesetz, dem das Volk unterworfen wird, wird es zunächst einmal uniformieren. »Wenn ein Volk, das so außer Form geraten ist, wie das unsere, wieder in Form gebracht werden soll, dann muß es zunächst in Uniform gebracht werden ... denn die Not der Stunde fordert die vorbehaltlose Einheit um der inneren und äußeren Selbstbehauptung unseres Volkes willen.« Das Gesetz muß zur »Sitte« und zum »Wesen« des Volkes werden. So wird die Wurzel des Gesetzes, das in Gott ruht, abgeschnitten und das Volk seinem eigenen Gesetz überlassen. Die Eigengesetzlichkeit unseres irdischen, auch unseres völkischen Lebens ist der Tod. Irriger, unbiblischer konnte man wohl das Volk nicht sehen, als es hier geschieht. Diese Lehre von dem immanenten Volksgesetz ist sein eigener Untergang. Daß aber auch der Untergang seine Propheten hat, wen kann das erstaunen?

Es kommt noch ein anderes hinzu, was diese Lehre vom Volksnomos so böse und – fast möchte man sagen – so gottlos macht: Das ist ihr Formalismus. Die Gebote Gottes bestimmen doch inhaltlich unser Tun. Darum ist die Kirche immer wieder die Erzieherin der Völker geworden. Schon im Alten Testament finden wir diesen sich ins einzelne erstreckenden erzieherischen Charakter des Gebotes Gottes. Das Materiale des Nomos wird ebensowenig der völkischen Existenz überlassen wie der Hörer, an den das Wort Gottes ergeht. Das Gebot Gottes will uns frei machen zum bestimmten Tun des Guten. Und wie es uns frei macht, indem es uns in unserem vermeintlichen Guten richtet, das könnten wir sehr wohl an der Auslegung ersehen, die Jesus selbst dem Gebot gibt. Gerade in der Vollmacht seiner Auslegung wird das Gebot Gottes der Verwechslung mit der Sitte entnommen. Es sind also keineswegs leere Formalismen, die wir aus dem Gebote Gottes erfahren, kein bloßes »Du sollst« – dem auf unserer Seite ein ebenso leeres »Ich kann nicht« antwortet, sondern ein wahres, gottgefälliges Menschenleben ist es, das Gottes Gebot meint und verheißt: Das Leben, wie es in dem einem Menschen Jesus vor uns steht.

Wir werden wohl auch hier sagen müssen: Gesetz und Evangelium müssen begriffen werden aus dem einen Wort Gottes heraus, beide wurzeln in der *einen* Offenbarung, als gepredigtes, verkündetes Wort begegnet uns auch das Gesetz. Es kann nicht nur dann und wann frohe Botschaft sein, es *ist* in seinem Ursprung frohe Botschaft: Wenn ich dein Gebot nicht hätte, wäre ich vergangen in meinem Elend. Luther nannte nicht zufällig das Evangelium die lex spiritualis.

III.

Der dritte Problemkreis hängt wiederum eng mit dem eben berührten zusammen und betrifft die sogenannte Anthropologie. Man kann dieses Problem in eine Frage zusammenfassen, die an die Wurzel unserer ganzen ethischen Arbeit rührt. Nämlich in die Frage: Gibt es eine autonome Selbsterkenntnis des Menschen? Ist der Mensch etwas, das wir aus ihm selbst wenigstens der Idee nach erklären können? Es geht also um die berühmte cognitio sui! Oder ist das Geheimnis des Menschen so groß oder so tief, daß nur Gott uns darauf Antwort zu geben vermag? Wenn man die Spannweite dieser Fragestellung ermessen will, dann muß man die Lehre von der Gottmenschheit Jesu Christi, wie sie das 19. Jahrhundert ausgebildet hat, mit dem vergleichen, was heute bei Barth und Vogel theologisch sich vollzieht. Mag dies auch im einzelnen noch so verschieden sein, in dem einen stimmen doch diese beiden um das Thema der Inkarnation besonders verdienten und bemühten Theologen unter uns überein, daß sie nicht nur das Geheimnis Gottes, sondern auch das Geheimnis des Menschen in dem einen Menschen Jesus beschlossen sein lassen. Das 19. Jahrhundert dachte darin anders. Die Idee des Menschen entnahm es dem menschlichen Selbstbewußtsein und dieses wurde die Wurzel des Idealismus. Jesus fände dann sozusagen bereits eine Idee vom Menschen vor, eine innerhalb der Menschheit lebende latent vorhandene und immer wieder aufs neue herausgearbeitete Idee, die er mit

Realität erfüllt! Diese Idee wird Geschichte. Das wäre dann der »historische Jesus«. In ihm wäre die wahre Idee des Menschen Fleisch und Blut geworden. Wir aber, indem wir uns dieser Idee unterstellen, müssen erkennen, wie weit wir von ihr entfernt sind. So wäre es die Idee der Humanität, an der wir Nähe und Ferne zu Jesus ermessen. Die Einsicht in unsere Ferne – das wäre unser Schuldbewußtsein, die Einsicht in unsere Nähe – das wäre Gnade und Erlösung.

Wie aber, wenn wir erst aus diesem Menschen Jesus abzulesen hätten, was es heißt, ein wahrer Mensch zu sein, das heißt der Mensch, der Gott gefällt? Wenn das das Neue und Besondere an diesem Menschen Jesus wäre, daß hier der Mensch nicht gemessen wird an der Nähe oder Ferne zu seiner ihm selbst immanenten Idee, sondern daß dieser Mensch sich mißt und gemessen sein will an »dem Willen seines Vaters«. Die »Idee« des Menschen ging – wenn wir so wollen – in uns verloren, die Frage, was der Mensch ist, muß eine offene Frage bleiben. Der, der den Unterschied verwischt zwischen Gott und sich, muß sich nun mühen, wie er die Grenze findet zwischen sich und dem Tier. Aber nicht im Abfall von der Idee, sondern in dieser selbst liegt die Verfehlung. Der wahre Mensch ist erschienen, ist geboren, seine Menschwerdung steht nicht erst noch aus! Als der Jesus von Nazareth geht er im Zeugnis der Schrift durch die Zeiten – er hier vor uns und für uns stehend und bestehend durch das Wohlgefallen Gottes. Wir gehen heute daran, die Bedeutsamkeit und Inhaltlichkeit dieses wahren Menschen erst ganz zu erfassen, also nicht Jesus und sein Sein von einer allgemeinen Idee der Humanität aus zu verstehen und nachzuzeichnen, ihn umzuzeichnen nach den schwankenden Wertbildern, denen dieses schillernde Ideal im Zuge der Menschheitsgeschichte unterworfen ist, sondern von ihm zu lernen, was es heißt, ein wahrer Mensch zu sein. So wird er uns als der Fleischgewordene zur Auslegung des Gesetzes. »Nehmt auf euch mein Joch und lernet von mir.« Ich brauche nur an Barths Darstellung von Jesus dem wahren Menschen und Bonhoeffers Nachfolge zu erinnern, um die Spanne aufzuzeigen, die von Schleiermachers Ur-Bild Christologie und von Hegels gottmenschlicher Synthesis in unsere Tage hineinreicht und wir können die Bewegung ermessen, in der wir uns damit befinden.

Zwei Dinge werden von da aufs neue einsichtig: 1. Das Wunder der Weihnacht! Wir können an dem alten Bekenntnis der Kirche, daß der Sohn Gottes Mensch wurde, nicht mehr so leicht vorüber wie ehedem. Jesus Christus – das ist nicht der Mensch, der im Bekenntnis seiner Gemeinde zum Gott erhoben wurde, wie noch Bousset meinte, sondern das ist zunächst einmal der, der bei Gott war und Mensch wurde. Damit ist das eine Novum innerhalb unserer Menschheitsgeschichte gesetzt, das wir sonst vergeblich suchen. Dieses Ereignis ist ohne Analogie. Dieser Mensch ist aber anzunehmen als Gottes Tat an uns und für uns! Dies ist Gott selbst mit seiner Gegenwart mitten unter uns. Gott hat den Platz besetzt, der von uns verlassen worden ist. Das, was wir nicht sind noch sein wollen – das erfüllt er! Der im Alten Testament geweissagte Messias ist – wahrer Mensch! Mehr nicht? – fragten bereits die Juden! Was dem Gesetz unmöglich war, das tat Gott, indem er seinen Sohn sandte – antworten darauf die, die an ihn glauben. Das hieße aber, daß Adam darum der Typos des Kommenden ist, weil unser aller Menschsein nur von ihm her Sinn hat, weil er leer bleibt und leer bleiben muß – ohne den Kommenden, der gekommen ist. Wie ein Spiegel leer bleibt, wenn kein Bild in ihm erscheint, so bleibt die menschliche Existenz leer, wenn nicht das Bild seines Sohnes darin erscheint, jedenfalls leer vor Gott. Mit der Auseinandersetzung um diese Frage zwischen Christologie und Anthropologie, zwischen Christus und Adam – mit all den schwierigen Fragen, die sie aufwirft, betreten wir unsere allernächste Gegenwart. Die Frage der Humanitas ist heute eingeschlossen zwischen den beiden Kontrasten, dem Idealismus und dem Materialismus. Beide glauben diese Frage dogmatisch lösen zu können. Könnte das nicht damit zusammenhängen, daß beide nicht wissen, daß sie gelöst ist – und wir ihnen die Antwort um dieses »Perfectum« schuldig geblieben sind. Die Lösung auf die Frage, was der Mensch ist, liegt jenseits von Materialismus und Idealismus.

Das 2. aber besagt, daß neben dem Wunder der Weihnacht – also neben dem Satz: Gott ward Mensch – nun auch das andere Wunder der Stellvertretung Gottes neu erschlossen wird: Dir Mensch zugute! Dieser eine Mensch Jesus, der nicht um seinetwillen ist, was er ist, steht an unserer Statt. In ihm wird das »Für Euch« Gottes zur Tat, zur Geschichte. Neben das Wunder der Weihnacht tritt das der Versöhnung, des Austausches, der Stellvertretung. Solange wir vom Begriff des historischen, das heißt des gleich uns für sich lebenden und für sich existenten Jesus ausgehen, wird das stellvertretende Leiden und Sterben Jesu nach seinem Realitätscharakter unbegreiflich. Darin hatten die Sozinianer, die ersten Boten des moralischen Christentums, schon recht. Innerhalb des Rahmens dieser endlichen Geschichte kann nicht einer für den anderen eintreten, er kann ihm vielleicht einiges von seinen Lasten, aber nie seine Existenz abnehmen. Die menschliche Existenz ist unauswechselbar. Daß Christus für uns gestorben ist, konnte nur noch als religiöse Deutung seines Todes verstanden werden, aber nicht mehr als Realität! So wurde die Versöhnung verlagert ins bloße Bewußtsein des religiösen Subjekts, aber auf die Frage, wieweit diesem Bewußtsein ein Sein entspricht, gab es keine Antwort. Das Realitätsbewußtsein blieb irrational. Nunmehr aber wird die Versöhnung extra nos begriffen: Sie ist unsere Geschichte, die Geschichte, die anzuschauen und zu glauben wir berufen sind. Was wir sind, darauf stoßen wir in Jesus Christus. Im extra nos liegt unser, des Menschen, wahres Sein.

IV.

Es ist kein Zufall, daß sich mit dem Hervortreten eines positiven Verständnisses von Inkarnation und Stellvertretung als dem realistisch verstandenen pro nobis das von Troeltsch eingangs erwähnte Thema von historischer und dogmatischer Theologie neu stellt. Der Brennpunkt, an dem uns heute diese Problematik begegnet, ist die Hermeneutik. Wir erfahren wieder jene Divergenz von Exegese im Sinne einer historisch verstandenen Disziplin und Dogmatik, nur auf einer höheren Ebene. Eine ihrer Lehre auch im wissenschaftlichen Sinne wieder mehr gewisse und getrost gemachte Theologie ist an die Stelle dessen getreten, was Troeltsch die »agnostische Dogmatik« nannte, also jene Art, Sätze zu formulieren, die lediglich das fromme Selbstbewußtsein in einen möglichst adäquaten Ausdruck zu bringen hätten. Wenn die Dogmatik nicht mehr zu tun hätte, dann würde sie lediglich der Verständigung dienen und sich letzten Endes doch eben auf dem psychologischen Felde bewegen. Auch alle Exegese unterstünde als letztem Gesetz des in ihr geübten Verfahrens dieser Beziehung von Glaube und Verstehen. Aber die Dogmatik hat eine andere Aufgabe, sie gerade hat immer aufs neue das, was es zu verstehen gilt, außerhalb des Bewußtseins, auch des frommen Bewußtseins zu verlegen, in jenes schlechthinnige Außen, das dem Menschen grundsätzlich unzugänglich bleibt. Also darf die Dogmatik auch sich selbst mit diesem »Außen« nicht meinen. Wer meint, die Wahrheit der Offenbarung Gottes sei in bestimmten deutschen Sätzen zu fassen, der hat das, was wir dazu sagen, mit dem verwechselt, was Gott gesagt hat und sagt. Das ist das »extra nos« – wenn man so will, das ständige Gegenüber, das, was uns nach Luther immer nur als adversarius begegnen kann. Daß dieses Gegenüber immer uns gegenüber bleibt, daß wir aus dem schlechthin Transzendenten nicht etwas Immanentes machen – das ist und bleibt der Sinn des dogmatischen Wächteramtes. Ihm geht es um die Sache, darum, daß die Theologie eine Sache behält, daß diese Sache nicht aufgeht in dem, was wir glauben, lehren, meinen, in guten und schlechten Sätzen wiedergeben. Nein, die Sache der Theologie bleibt dieser immer transzendent, solange sie selbst noch theologia ektypos ist. Und dies eben verlangt sie nun auch von der Exegese, soweit diese theologisch relevant sein soll. Der oft zitierte Satz, daß man einen Text der Heiligen Schrift wie jeden anderen auszulegen habe, daß es gelte, mit den Mitteln der historischen Forschung zu ergründen, was war und was der Verfasser meint – genügt nicht. Es muß auch gesagt werden, wie es sich in Wirklichkeit damit verhält.

Es muß die Schrift interpretiert werden daraufhin, daß hier etwas ausgesagt ist über – nun ja, über das, was von uns Menschen her weder zu erreichen noch zu prüfen ist. Was aber uns erreicht und was die Menschen erreicht hat, die hier reden. Was dann weiter uns durch sie erreicht, aber nicht nur durch sie, wenn auch nicht ohne sie. Das gegenüberliegende Ufer, von dem aus das Wort Gottes uns erreicht – ist die Schrift. Die Dogmatik ist nicht drüben, sondern hier. Aber was in ihr wahr ist, muß von drüben sein, das heißt aus der Schrift. Daß es in der Dogmatik nicht heißt: Vielleicht war es so, vielleicht auch nicht, so hat Jesus gedacht, so Paulus die Versöhnung sich vorgestellt, so hat Markus, Lukas, der Apokalyptiker theologisiert – daß uns dies nicht genug ist, daß uns das alles nur Bilder, nur Meinungen sind, die wir uns von drüben machen und die Bilder derer, die sich selbst ihr Bild von drüben gemacht haben, liegt daran, daß wir mehr wissen, daß wir von einem *Ist* herkommen. Christus *ist* Gottes Sohn, er *ist* für uns gestorben, er *ist* auferstanden, und daß wir doch zugleich wissen, daß wir dieses Est nur haben in der Form der promissio Dei, also in der Form des Glaubens und der Hoffnung – das, nicht weniger und nicht mehr, bedeutet der Überschritt in die Dogmatik. Uns verlangt nach Sätzen, auf die wir uns verlassen können – aber wir wissen zugleich, daß wir diese Sätze nicht aus der Fabrik unserer dogmatischen Arbeit liefern können, sonst wären es eben nur kirchliche, aber nicht Gottes Sätze.

Darum haben unsere Väter die Schrift die Norma normans genannt, und nicht die Dogmatik. Darum ist das bei uns anders als in der römischen Kirche, wo das Dogma zum Lehrgesetz wird. Bei uns sollte die Dogmatik eigentlich nur die Exegese fördern, sie aber nie beherrschen. Kann sie das? Viele meinen heute, und eben darum streiten wir, sie behindere die Auslegung der Schrift, sie befruchte sie nicht. So dachte ja auch Troeltsch. Die Antwort darauf hängt ab von unserem Verständnis des Wortes Gottes. Ob wir es wirklich als das gelten lassen, als was es in der Schrift auftritt: Als das Prädikat, in dem Gott Subjekt ist (Barth). Ob wir diese Gleichheit und Ebenbürtigkeit von Subjekt und Prädikat anerkennen? Tun wir das nicht, erscheint uns das Verbum Dei als Reflex dessen, was Menschen über ihn gedacht, wie sie ihn erlebt, und wie sie mit ihm als dem grundsätzlich Stummen geredet haben, dann freilich ist es kein Wunder, wenn der Riß zwischen Dogmatik und Exegese unheilbar wird und Hermeneutik hier und dort etwas toto coelo Verschiedenes werden. Aber wenn – wie das doch gerade mit der Herausarbeitung des Begriffs von Kerygma in der Theologie Bultmanns der Fall zu sein scheint – wenn diese Voraussetzung beiderseits zutrifft, dann müssen alle Auseinandersetzungen zwischen Dogmatik und Exegese auf dieser Basis die fruchtbarsten Bewegungen auslösen, die wir uns für die Theologie nur denken können. Denn der gottmenschliche Charakter der Offenbarung – wenn man das einmal so nennen darf – also die Tatsache, daß uns Gottes Geist in Menschen begegnet, freilich in Menschen, die eben dadurch alle auf den einen Menschen ausgerichtet und bezogen sind – dieser Charakter der Schrift rechtfertigt den ersten Platz, den die Exegese innerhalb der Theologie einzunehmen hat.

Die Dogmatik aber – noch einmal muß ich das sagen – ist bei dieser Exegese an dem letzten Wort interessiert, am Prädikat sozusagen, an dem Est. Sie ringt darum, dieses Est nicht in den menschlichen Vorstellungen aufgehen zu lassen, in denen es uns begegnet. Sie weiß, daß dieses Est aus einer anderen Welt stammt, daß sich mit ihm die Treue Gottes an uns erweist, daß wir uns daran halten können. Sie weiß um den eschatologischen Rand dieser Geschichte, nein, besser noch, um ihre eschatologische Mitte – oder vielleicht am richtigsten: Um beides. Der in der Mitte steht, ist aber ein anderer als die, die am Rande stehen. Und dieser Rand ist nichts ohne jene Mitte und diese Mitte wiederum leer wie das Absolute selbst ohne den Rand. Wenn aber manche meinen, die Dogmatik verführe uns dazu, in die Schrift etwas hineinzulesen, was nicht drin steht, so zeigen sie damit die Gefahr an, in der sich die Lehre der Kirche allemal befindet. Wenn sie aber meinen, jenes Est stände nicht in der Mitte, dann befänden wir uns grundsätzlich außerhalb des Zusammenhanges von Offenbarung, Schrift und Botschaft. Es geht um das Ja Gottes, in dem alle Verheißungen wahr geworden sind, um Jesus Christus. Wo aber immer die Dogmatik dieses Est in der Schrift sucht, da legt sie nichts ein. Sie sucht nur, was sie je schon gefunden hat. Das ist die Bewegung, die sich innerhalb der protestantischen Theologie vollzieht. Es ist – wie ich glaube und hoffte – trotz aller Rückschläge eine Bewegung. Vielleicht darf man mit einem gewissen Stolz sogar sagen: Wir sind noch nicht der Starre, dem Gefriertode erlegen, der sich auf so manchen anderen Gebieten unserer Geisteswissenschaften so lärmend bemerkbar macht. Aber wer steht, der sehe zu, daß er nicht falle. Es geht eine ungeheure Drehung durch die protestantische Theologie, die man erst bemerkt, wenn man das Ganze in einem größeren zeitlichen Rahmen sieht. Eine Drehung, in deren Mittelpunkt das neu aufgebrochene, neu gesichtete, in seiner Neuheit aber erst kaum begriffene Verbum Dei steht. Der Mensch und das Wort Gottes – sie können beide nicht statisch einander gegenüberstehen, das eine verwandelt das andere ständig in sich, entweder der Mensch verwandelt Gott und sein Wort in seine Welt und in seine Art, oder umgekehrt, Gott verwandelt uns in sein Wort und in seinen Geist. Hier ist keine Neutralität möglich. In jeder Predigt, in jedem Tun und Lassen der Kirche und ihrer Lehrer, an jedem Tag und in jeder Nacht, da wir Gott zu fassen suchen, fällt diese Entscheidung. Von ihr hängt unser Leben ab, von sonst nichts, wirklich gar nichts. Das erkannt zu haben, heißt bereits, mit in diese Drehung hineingerissen sein . . .

Zusätzliche Literatur

Hermann Diem: Sine vi – sed verbo. Aufsätze, Vorträge, Voten, München 1965.
Peter Fischer-Appelt: Metaphysik im Horizont der Theologie, München 1965.
Hans Joachim Iwand: Glaubensgerechtigkeit nach Luthers Lehre, 3. Aufl., München 1959.
Hans Joachim Iwand: Nachgelassene Werke in 6 Bänden. Hg. von *H. Gollwitzer, W. Kreck, K. G. Steck* und *E. Wolf,* München 1962, et pass.
Hans Joachim Iwand: Predigt – Meditationen, 2. Aufl., Göttingen 1964.
Hans Joachim Iwand: Rechtfertigungslehre und Christusglaube, 3. Aufl., München 1966.
Karl Gerhard Steck: Lehre und Kirche bei Luther, München 1963.
Hans Emil Weber: Gesammelte Aufsätze. Hg. von *Ulrich Seeger,* München 1965

Herbert Braun

Die Heilstatsachen im Neuen Testament*

I. Der kritische Aspekt

Das objektive Erkennen von Tatsachen und Sachverhalten ist für einen Betrachter, der um das Einbegriffensein des erkennenden Subjekts in den Erkenntnisvorgang weiß, ein nicht leichtes Problem schon dort, wo die Erkenntnis sich auf die äußeren Gegebenheiten der Natur richtet; noch viel weniger leicht ist das Erkennen dort, wo geistige Phänomene in den Blick genommen werden. Diese Problematik steigert sich nun nochmals, wenn die Erkenntnis sich auf die zentralen Inhalte des christlichen Glaubens – nennen wir sie abgekürzt die im Neuen Testament bezeugten Heilstatsachen – zu richten anschickt. Denn die christliche Kirche meint, daß hier das Wesentliche zu erkennen sei nicht kraft eines dem Menschen zur Verfügung stehenden Erkenntnisvorganges, sondern durch Offenbarung. Wie aber ist Offenbarung, also das Auf-mich-zu-Kommen einer außerhalb meiner stehenden Einsicht, erkenntnistheoretisch denkbar, wenn gelten soll, daß ich als Erkennender bei jedem Erkenntnisakt immer schon mit im Spiele bin? Es kommt doch – davon hängt für den christlichen Glauben ja alles ab – entscheidend darauf an, daß ich beim Erkennen des Offenbarten keine Münchhausiade begehe, mich nicht am eigenen Schopfe aus dem Sumpfe ziehe, sondern bei diesem Erkennen das zu Erkennende wirklich fasse. Welcher Art ist dann aber das »extra me« der behaupteten Offenbarung? Sodann erhebt sich zusätzlich zu der soeben gekennzeichneten erkenntnistheoretischen die weitere historische Frage, die aber auch wieder ihre das Verstehen betreffende Seite hat: In welcher Weise, in welcher Form kommt die Offenbarung zu mir? Das evangelische Christentum ist überzeugt: In der Weise und Form des redenden und neu zum Reden gebrachten Bibelbuches, speziell des Neuen Testaments. Die Menschen des Neuen Testaments aber haben keine allgemeinen Lehrsätze formuliert, sondern haben die ihnen am Herzen liegenden Inhalte predigend so gesagt, daß sie dem *damaligen* geistigen und religiösen Umgangston und Modus dicendi zwar durchaus angemessen waren; daß aber diese gleichen Aussageweisen für *uns* zu schwer verstehbaren Chiffren geworden sind; so schwer verstehbar, daß die Auflösungsbedürftigkeit dieser Chiffren heute oft nicht einmal recht erkannt, noch viel seltener jedoch auch nur annähernd bezwungen wird.

* Dieses Kolleg wurde im Rahmen des Studium generale unter dem Gesamtthema »Objekt und Objektivität in der Wissenschaft« im Wintersemester 1959/60 an der Universität Mainz gehalten. Zuerst veröffentlicht in: Zeitschrift für Theologie und Kirche, 57. Jg., Tübingen 1960, S. 41–50. Text nach Herbert Braun: Gesammelte Studien zum Neuen Testament und seiner Umwelt. Verlag J. C. B. Mohr (Paul Siebeck). Tübingen 1962, S. 299–309. Abdruck mit freundlicher Genehmigung des Verlages.

Wie kann antike Rede über Gott, welche Offenbarung sein will, mich als modernen Menschen heute wirklich erreichen?

Über diese bisher skizzierte Problematik möchte ich nun nicht weiter *theoretisch* handeln, sondern das Objektive und Nichtobjektive des Erkennens anhand *konkreter* neutestamentlicher Aussagen mit Ihnen durchdenken, sozusagen durchexperimentieren.

Es liegt ja auf der Hand: Der zentrale Gegenstand christlichen Erkennens ist Jesus von Nazareth. Was läßt sich objektiv hinsichtlich dieses Objektes erkennen?

Wir evangelischen Theologen sind heute zum größten Teile – ich selber würde sagen: Mit Recht – der Meinung, die drei ersten Evangelien, die sogenannten Synoptiker, geben keine Lebensbeschreibung Jesu. Alles, was den Ablauf des Lebens Jesu im einzelnen betrifft, geht auf die gestaltende Hand der Tradition, bzw. der Endverfasser, über deren leitende Gesichtspunkte noch zu reden sein wird. Auch die Rede*kompositionen* als ganze sind Werk der Bearbeiter. Einzelne Worte dagegen, gerahmt oder ungerahmt, nach (hier nicht näher zu erörternden) kritischen Gesichtspunkten methodisch ausgewählt, bringen uns mit einem geringeren oder größeren Maße von Wahrscheinlichkeit das Reden und Denken Jesu von Nazareth selber zu Gehör. Das sich so ergebende Bild Jesu sieht folgendermaßen aus. Er predigt die noch in seiner Generation hereinbrechende Königsherrschaft Gottes als Weltende, als Endheil und Endgericht. Er verschärft die jüdischen Gesetzesforderungen in typischer Weise. Er proklamiert gleichwohl aber nicht zwei Klassen von Menschen, Fromme und Unfromme, sondern hilft Armen, Kranken und Sündern. Er erklärt den Gehorsam gegenüber dieser seiner Verkündigung als entscheidend für das Los seiner Hörer im nahen Endgericht. Er stirbt um dieser seiner Verkündigung willen den Schandtod. Als Messias hat er sich kaum betrachtet; in keinem Falle aber seine Anerkennung als Messias von seinen Hörern gefordert. Eine Kirche wollte er nicht gründen. Das sind, kurz gesagt, die objektiv erkennbaren Data über Jesus von Nazareth.

Bald nach dem Tode Jesu entsteht die Urkirche. Sie versteht sich als die Gemeinde der Endzeit. Sie bekennt Jesus als den Messias, der demnächst am Weltende kommt. Hier, im Schoße der Urkirche und der sich aus ihr und neben ihr entwickelnden Missionsgemeinden, erwächst nun die Predigt von den Vorgängen, die wir die neutestamentlichen Heilstatsachen im engeren Sinne nennen. Jesus gilt als nicht im Tode geblieben. Ein bekanntes antikes Schema findet auf ihn Anwendung: Er ist aufgefahren zu Gott, er ist auferstanden, u. U. am dritten Tage auferstanden. Er ist in einer Kette von Visionen seinen Anhängern erschienen. Ja, man beginnt später auch sein Grab als leer zu schildern und den Beweis für seine Auferstehung mehr oder weniger massiv zu führen. Seine Messianität datierte ursprünglich seit seiner Auffahrt. Aber allmählich wird sie vorverlegt. Zunächst in die Taufe, die er wohl tatsächlich von Johannes dem Täufer an sich hat vollziehen lassen. Dann in seine Geburt, die in

Anlehnung an ähnliche hellenistisch-orientalische Aussageweisen einem kleinen Teile der Tradition als wunderhaft zustande gekommen, als Geburt aus der Jungfrau gilt. Dann schließlich gilt er als Gottwesen, als hellenistischer Gottessohn, als Kyrios und Logos schon vor seiner Geburt, da er sich in der Seinsweise Gottes befand; er ist Heilsträger schon in seiner Präexistenz. Diese Überzeugung liefert den Verfassern der Evangelien die leitenden Gesichtspunkte, von denen oben die Rede war. In diesen die Gesamtdarstellung nun beherrschenden Rahmen werden jene älteren Stoffe von dem verkündigenden und helfenden Rabbi Jesus eingefügt. Rahmen und alte Worte Jesu bilden jetzt in unsern Synoptikern ein spannungsvolles Ganzes. Objektiv erkennbar an diesem soeben dargestellten Komplex von Heilstatsachen ist das Phänomen, daß nach dem Tode Jesu die nach ihm sich nennende Endgemeinde entstand. Die eigentlichen Heilstatsachen selber dagegen kommen uns zu Ohren lediglich in dem sich vielfach widersprechenden Zeugnis der älteren und jüngeren Gemeinde und entbehren der objektiven Erkennbarkeit.

Ihnen ist längst deutlich geworden: Es war die Rede vom Predigen und Helfen Jesu, das als solches – unter methodischer Anwendung kritischer Betrachtung – uns objektiv faßbar ist; daneben aber von einer Reihe wunderhafter Ereignisse (Auffahrt, Jungfrauengeburt, Präexistenz) und hoheitlicher, ja gottheitlicher Titulaturen, für welche Objektivität und Faktizität nicht feststellbar sind. Ist diese generelle Zweiteilung (hie Tatsachen – da mythologische Schemata mitsamt ihren Titulaturen) nicht unberechtigt? Ist diese Zweiteilung nicht selber der Subjektivität meiner Betrachtungsweise verhaftet und somit falsch? Ist diese Zweiteilung nicht auch textwidrig? Reden denn nicht die gleichen Texte von Jesu Predigen und Helfen ebenso wie von seiner Auferstehung und Präexistenz? Was berechtigt zu der von mir vorgenommenen Zweiteilung? Wie steht es um die Objektivität der genannten Heilstatsachen?

Zur Begründung der in Rede stehenden Zweiteilung innerhalb der bisher behandelten Berichte über Jesus muß hier nun ein doppeltes Wort der Klärung gesagt werden.

Einmal. Meine Aussagen basieren auf einem gewissen Konsensus des einen Flügels der gelehrten Erforschung des Neuen Testamentes. Es ist keineswegs die gesamte Forschung, die meiner bisherigen Darstellung zustimmen würde; aber es ist ihr kritischer Flügel. Auch innerhalb seiner würde die Zustimmung sehr modifiziert erfolgen. Aber auf diesem kritischen Flügel würde man sich doch auf folgendes einigen. Die Heilstatsachen sind so widerspruchsvoll berichtet, daß ein glaubhafter Ausgleich zwischen den einzelnen Berichten nicht möglich ist; das gilt besonders von der Auferstehung und der Geburt Jesu. Die Herkunft der Aussageweisen für diese Tatsachen aus der religiösen Umwelt läßt sich einfach nicht abstreiten. Die Zeitpunkte, zu denen diese vorgegebenen Schemata auf Jesus angewendet werden, liegen auf der Skala der urchristlichen Gedankenbildung an sehr verschiedenen Orten. Die Heilstatsachen *sind* also nicht Geschichte im üblichen Sinne der Vokabel. Sie *haben* vielmehr eine Geschichte; aber doch eine Geschichte, welche vom ersten Zeitpunkt, da das Schemata ihrer Aussageweise uns erkennbar angewendet wird, reicht, bis in das Stadium ihrer kompletten ausdrücklichen theologischen Durchreflektiertheit. Das ist das eine.

Das zweite hängt mit dem eben Genannten zusammen, ist aber noch gewichtiger. Hier bei diesem zweiten würde die Zustimmung auch seitens des kritischen Flügels der Forschung nicht mehr so allgemein sein wie zu dem soeben gezeichneten Konsensus. Gleichwohl muß dies zweite klar ausgesprochen werden. Es geht um den Begriff der Wirklichkeit, des Objektes. Ein heute weithin sehr beliebter Weg, der es ermöglichen soll, die neutestamentlichen Heilstatsachen doch als objektive Tatsachen zu bejahen, ist der Versuch, die Wirklichkeit, die Welt der Objekte zu teilen. Da kommt auf die eine Seite jene Wirklichkeit zu stehen, wie sie uns aus unserem Alltagsleben bekannt ist: Die Welt, innerhalb deren wir mit kausalen Abläufen rechnen. Wo diese Abläufe den uns bekannten Gesetzen zu widersprechen scheinen, denken wir nicht an den unmittelbaren Eingriff eines Gottwesens, sondern fragen dann eben noch gründlicher nach den uns grundsätzlich erforschbaren Gesetzen. Hier ist ein Wunder im antiken Sinne, das Hineinwirken eines Gotteswesens in den normalen Ablauf, dem Denken verboten und stellt einen Anachronismus der Betrachtungsweise dar. Hier entfällt die Geburt aus der !ungfrau ebenso wie die Auferstehung, sei sie als Wiederbelebung gedacht oder als Auffahrt in die göttliche Sphäre eines räumlichen Oberhalb. Dieses große Feld der Wirklichkeit ist zu einem Teile erforscht und ist in seiner Gesamtheit grundsätzlich erforschbar, weil es den uns bekannten oder in Zukunft erkennbaren Gesetzen unterliegt. Daneben aber existiert – für den in Frage stehenden Weg der zweigeteilten Wirklichkeit – ein anderer Bereich. Er ist auch ein Teil der welthaften Wirklichkeit. Nur ist er viel kleiner als der eben beschriebene. In ihm gelten all die Regeln nicht, die für den großen Bereich in Kraft stehen. Hier greift Gott direkt in den Weltlauf ein. Hier sind die neutestamentlichen Wunder und Heilstatsachen angesiedelt. Die exorbitantesten Ungewöhnlichkeiten, deren zweifelsfrei nachgewiesenes Auftreten in jenem großen ersten Bereich sofort das fragende und nachdenkende Forschen auf den Plan rufen würde, erregen hier, in diesem zweiten kleinen Bereich, kein besonderes Aufsehen. Hier ist sozusagen zwei mal zwei fünf. Hier hat man es angeblich mit der Welt Gottes zu tun, in der das Regelwidrige ohne weiteres die Regel sein kann. Es liegt auf der Hand, warum wir uns diese soeben skizzierte Zweiteilung der Welt verboten sein lassen müssen.

Diese Zweiteilung ruiniert den Begriff redlichen Erkennens, weil sie die welthafte Wirklichkeit nicht ernst nimmt. Sie bringt das Wesentliche neutestamentlicher Aussagen in den unberechtigten Verdacht eines gedanklich unredlichen, anachronistischen Museumswertes. Rudolf Bultmanns bekanntes Programm der Entmythologisierung betont zu Recht diesen Aspekt nachdrücklich. Diese abzulehnende Zweiteilung der Wirklichkeit ist aber auch einmal »biblisch« im Sinne des damals tatsächlich bestehenden weltanschaulichen Gesamthorizontes. Denn der Bereich, in dem die neutestamentlichen Wunder und Heilstatsachen damals als wirklich galten, war ja nicht, wie bei der heute üblichen Zweiteilung, ein kleiner ausgegrenzter Naturschutzpark, angelegt zum Zwecke der Aufrechterhaltung des sogenannten biblischen Weltbildes; der Bereich der neutestamentlichen Heilstatsachen war damals vielmehr das ganze weite antike Weltbild, das gerade in jenen ersten Jahrhunderten der christlichen Zeitrechnung von Wundern und göttlichen Einflußnahmen als dichtestens durchsetzt galt. Seitdem dieses Weltbild – etwa von den Tagen der Renaissance an – für uns dahin ist, meinte man, die neutestamentlichen Wunder und Heilstatsachen in einen engeren Bezirk retten zu können, der nun nur ihnen allein noch vorbehalten sein soll. Das ist nicht biblisch, weil im Neuen Testament das Biblische des Weltbildes im wesentlichen noch gesamt-antik war.

Nehmen wir den Konsensus historisch-kritischer Forschung und die unaufgebbare Einheit der Wirklichkeit zusammen, so bleibt von den neutestamentlichen Heilstatsachen als objektive Gegebenheit folgendes übrig. Objektiv erkennbar ist uns ein gewisses Bild vom Reden und Tun Jesu einerseits und das Faktum der Entstehung der ersten Gemeinde, der Urkirche, andererseits. Die neutestamentlichen Heilstatsachen im engeren Sinne aber sind uns verstehbar nicht mehr als objektive Fakten, sondern als eine nach damals zeitüblichen Schemata verfahrende Betrachtungsweise, durch welche die Anhänger Jesu seine Bedeutsamkeit zum Ausdruck bringen.

II. Das rechte Verstehen

Sind wir mit der bisher vorgenommenen kritischen Reduktion der neutestamentlichen Heilstatsachen bereits zum rechten Verstehen des mit diesen Heilstatsachen Gemeinten vorgestoßen? Hier ist mit einem runden Nein zu antworten. Recht verstanden haben wir bisher noch keineswegs. Freilich muß von vornherein klar sein, wenn wir nun den Weg des Verstehens weitergehen: Es kann sich nicht um eine auch nur partielle Aufhebung des bisher kritisch Erkannten handeln. Die Widersprüchlichkeit der Berichte über die Heilstatsachen, ihr Zusammenhang mit den Schemata des antiken Weltbildes bleibt bestehen. Die Einheit der welthaften Wirklichkeit wird nicht aufgehoben durch eine Zweigleisigkeit, die innerhalb der Welt normale und nicht-normale welthafte Objekte oder Fakten zu kennen und zu erkennen behauptet.

Und doch können wir dem mit den Heilstatsachen Gemeinten noch näherkommen. Einige Vorerwägungen mögen das verdeutlichen. Bisher haben wir gehandelt im Subjekt-Objekt-Schema: Hier das erkennende Subjekt, dort das zu erkennende Objekt. Der Erkenntnisvorgang ist dabei verstanden als das Eingliedern des Objektes in das Ganze, wobei das

Subjekt sich seiner Subjektivität in möglichst hohem Maße zu begeben und all seine Aufmerksamkeit auf das Objekt zu richten hat. Nun ist dieser Entsubjektivierungsprozeß, dieser unbedingte Wille zur unparteiischen Sachlichkeit für rechtes Erkennen unabdingbar und unerläßlich. Er muß jedoch, zwar nicht beschränkt, wohl aber ergänzt werden, kontrapunktiert werden durch einen Prozeß intensivster Beteiligung seitens des Erkennenden. Nur der mit philosophischem Eros Begabte versteht Plato, Beethoven nur der für Musik Ansprechbare, das Neue Testament nur der für das hier Gewollte Offene und sich Öffnende. Gerade die Sachgemäßheit gegenüber diesem Objekt wie gegenüber allen ernsthaften Objekten fordert, als Kontrapunkt zur Objektivität, das höchste persönliche Dabeisein des Erkennenden. Hier gibt es kein Erkennen ohne persönlichen Einsatz. Hier wird alle bloße sogenannte Objektivität zur Begriffsklapperei, die hier ebenso wie ja doch jedem ernsthaften Objekt gegenüber gerade keine »Werktreue« bedeutet. Hier wird rechte Objektivität höchst subjektiv sein *müssen*. Man hat die Heilstatsachen im Neuen Testament eben noch nicht recht verstanden, man ist also diesem Objekt noch nicht sachgemäß, noch nicht richtig objektiv gegenübergetreten, wenn man nur die (an sich richtige) Feststellung trifft, die wir oben getroffen haben: Die Heilstatsachen sind die wertende Betrachtungsweise, mittels deren die Anhänger die Bedeutung Jesu herausstellen: Denn es fragt sich ja nun: Welche Bedeutung Jesu ist es denn, die da, antik verschlüsselt, so unterstrichen wird? Geht diese Bedeutung uns, geht sie mich etwas an? Erst wenn *ich* ins Spiel komme, kann von wirklich sachgemäßem, werkgetreuem Erkennen die Rede sein. Die Höhepunkte neutestamentlicher Gedankenbildung ebenso wie ein bekannter Grundzug Lutherisch-reformatorischer Aussagen bestätigen die Unerläßlichkeit persönlichster Beteiligung bei *diesem* Erkennen, dem Erkennen neutestamentlicher Grundtatsachen. Die Begegnung mit dem auferstandenen Jesus fällt im Neuen Testament zusammen mit dem Gläubigwerden an ihn und mit der Berufung in seinen Dienst. Ein nur objektives Fürwahrhalten des Monotheismus gilt im Neuen Testament als ein wertloser Glaube, wie ihn die Dämonen auch haben, die trotz dieses sogenannten Glaubens zittern. So hat auch Luther die Fides historica oder philosophica, die das »pro me« ausläßt, gar nicht als rechten Glauben angesehen. Freilich fehlt dieser neutestamentlichen und Lutherischen starken Unterstreichung des persönlichen Einsatzes beim rechten Erkennen noch jene historisch und erkenntnistheoretisch engagierte Kritik gegenüber dem Faktum an sich, wie wir sie oben betrieben haben. Aber das kann doch deutlich werden: Historisch-kritische Betrachtung der Heilstatsachen, Einordnung der Heilstatsachen in unsere einheitlich genommene welthafte Wirklichkeit verstößt – recht verstanden – gerade nicht gegen die Grundintentionen des vom Neuen Testament und der Reformation Gewollten. Denn Neues Testament wie Luther sind sich darin einig, daß alle Heilstatsachen erst dann richtig, erst dann objektiv verstanden werden, wenn sie mich engagieren.

Welcher Art ist denn nun dieses Engagement; wie kommt es dazu? An Beispielen aus den drei großen neutestamentlichen Kreisen, aus synoptischen, Paulinischen und Johanneischen Texten mag verdeutlicht werden, wie die Texte uns in das von ihnen Gewollte hineinnehmen.

Der Jesus der Synoptiker (entsprechend den im folgenden von mir verwendeten Worten im wesentlichen der historische Jesus) sagt, ich solle, auf die eine Backe geschlagen, die andere dem Schläger hinhalten. Ich soll, des Leibrockes beraubt, auch den Mantel drangeben. Ich soll, von einem Menschen gehaßt, den betreffenden Menschen lieben. Denn ebenso macht es Gott. Er gibt den Sonnenschein Guten und Bösen. Er läßt regnen über Gerechte und Ungerechte. Er verhält sich also souverän gegenüber dem Unterschied, der zwischen Guten und Bösen von uns gemacht wird. Wenn ich in dieser Souveränität meine Mitmenschen nehme, dann handle ich sohnesgemäß. Sagt uns das etwas? Ich könnte in der gleichen Weise fortfahren: Erst wenn ich aus *einem* Stück, ungeteilt bin ich meinem Wahrheitsagen, ungeteilt in meinem Gutsein gegenüber den Mitmenschen, erst dann lebe ich sohnesgemäß. Und dieser gleiche Mann, der nicht nur für unser Empfinden, sondern schon für den Maßstab seiner Zeitgenossen die Forderung so unerhört verschärft, macht nun doch gar keine Unterschiede zwischen den Frommen und Unfrommen, zwischen Gerechten und Ungerechten. Er nimmt nicht zwei Klassen von Menschen an. Und er behauptet: *So* tut Gott, *so* handelt Gott am Menschen; in dieser bestürzenden Souveränität der Güte. So hält es dieser Jesus mit Menschen, die wir heute Landesverräter, Entkirchlichte, leichte Mädchen nennen: *So* tut Gott. Dies Nebeneinander, ja diese Kontrapunktik von radikaler Forderung an den Menschen und radikaler Annahme des Menschen, besagt das *uns* etwas? Nicht, daß wir Zug um Zug zu Affen Jesu werden sollten. Aber hilft diese Luft von Strenge und schrankenloser Güte uns dazu, daß wir dadurch leichter leben, neu Lust und Freude am Leben bekommen? Diese Frage: »Kann ich so richtiger leben?«, erst sie ist die Frage des Glaubens. Erst von hier aus verstehe ich Jesus von Nazareth sachgemäß, in rechter Objektivität.

Oder machen wir uns die Fragestellung einmal von der Seite Paulinischer Texte her klar. Paulus verdeutlicht uns, was geschieht, wenn ich etwas soll. Ich kann die Forderung abschütteln und übertreten. Das wäre noch die weniger schlimme Möglichkeit; denn dann ist ja klar, daß ich nicht gehorcht habe. Es kann aber auch sein, daß ich mich zum Gehorsam entschließe. Das wäre der schlimmere Fall. Ich habe mich nicht versprochen. Eben dies befremdliche Urteil lerne ich aus den Paulinischen Texten. Denn in diesem zweiten Falle, bei meinem Gehorchen, gehorche ich und gehorche dabei doch nicht. Deswegen gehorche ich doch nicht, weil ich mich meines Gehorchens vor mir rühme, weil ich mit meinem Gehorchen prahle. Ich nehme, in meinem Gehorchen, den Sinn meines Lebens, mein Heil, in meine eigene Hand, in eigene Regie: »Hast du nicht alles selbst vollendet, heilig glühend Herz?« Ich verderbe, in meinem Gehorchen, meinen Gehorsam. Ich will das Leben, und tatsächlich erwirke ich in diesem Wollen mir den Tod. Geholfen – sagt Paulus – ist mir erst, wenn ich aus diesem ganzen Schema herauskomme. Wenn es nicht mehr nach der Regel geht: Ich soll, damit ich das Leben bekomme. Sondern wenn ich begreife: Ich soll, *weil* ich das Leben habe. Wenn das Leben zuerst nicht Aufgabe, Forderung, sondern Gabe, Geschenk ist. Es gilt, zu leben von der Einsicht her: Ich bin angenommen, ich bin gehalten. Diese Einsicht gewinnen, sie durchhalten, das heißt bei Paulus, als an den Herrn glauben. Sagt mir das etwas? Ahne ich etwas von der Befreiung, die mit dem Zerbrechen dieses Schemas – »Ich soll, damit . . .« – gegeben ist? Erst von hier aus verstehe ich den Glauben an Jesus, wie Paulus ihn meint, richtig, sachgemäß, objektiv.

Lassen sie uns schließlich auf den Johanneischen Gedankenkreis exemplifizieren! Der Johanneische Jesus, der ja sicher nicht der historische ist, sondern in der Art einer sehr bestimmten, uns religionsgeschichtlich auch leidlich ortbaren Begrifflichkeit lebt und redet, macht mir klar: Ich meine, mein Leben zu haben in und aus dem Gegebenen. Aus diesem Brot, das ich esse; diesem Wasser, das ich trinke. Von diesem Sehen her, das meine Augen betätigen. Von der Geburt her, die an mir aus dem Leibe meiner Mutter geschah. Und nun gilt es einzusehen und zu erkennen: All das, was ich Leben nenne, ist nicht wirklich Leben. Das Gegebene ist nicht Leben, nicht Heil. Auch das religiös Gegebene und Vorgegebene ist nicht Leben, nicht Heil. Auch das, was ich in Anlehnung an diese Gegebenheiten und in Ableitung von ihnen Gott nenne, ist nicht Gott. Die Juden wollen aus dem ihnen religiös Gegebenen leben. Darum reden sie, wenn sie »Gott« sagen, de facto vom Teufel. Solches Leben aus dem Gegebenen läuft darauf hinaus, daß man aus dem Eigenen redet und handelt, daß man seine eigene Ehre sucht. An Jesus glauben aber bedeutet nun: Diese Maßstäbe fahren lassen, sich diese Gegebenheiten zerbrechen lassen. Ihr Zerbrechen aber ist die Einsicht: Gott schenkt souverän. Die Johanneischen Texte sagen: Gott liebt. Gottes Geschenk ist das Zerbrechen meiner Befangenheit, die mich an die Maßstäbe des Gegebenen bindet. So ist Jesus das Zerbrechen dieser mich gefangen haltenden Maßstäbe. Er ist die Entscheidung darüber, ob ich wirklich Leben habe oder nur das habe, was diesen Namen nicht verdient. Sagt mir das etwas? Ahne ich etwas von der Befreiung, die in dieser Sicht an mir geschieht? Erst so verstehe ich den Johanneischen Jesus sachgemäß, richtig, objektiv.

Ich breche ab. Es sollte klargeworden sein: Rechtes Verstehen gibt es nur um den Preis des persönlichen Engagements. So paradox es klingt: Objektivität gegenüber der im Neuen Testament gemeinten Sache gibt es nur in höchster Subjektivität. Das wird deutlich auch an folgendem Phänomen. Das Neue Testament ist geschrieben, damit die Hörer die Inhalte sich zu eigen machen und weitersagen; damit sie – wie das Neue Testament selber terminologisch formuliert – »bekennen«. Bekennen heißt ja aber nun nicht, ehrfürchtige Formeln rezitieren; sondern heißt: Etwas verstehend sich zu eigen machen und es dann so weitergeben, daß der Hörer merkt, hier spricht einer aus, was ihm Halt, Leben und Freude ist und wofür er sich auch wirklich einsetzen wird, wenn es hart auf hart kommt. Erst wo dieses Bekennen geschieht, ist das Neue Testament so genommen, wie es selber genommen werden will, ist es sachgemäß, objektiv genommen. Freilich bedeutet dieses Bekennen nun nicht, daß ich die antiken Verschlüsselungen wörtlich meinend mir aneigne, daß ich die historisch-kritischen Maßstäbe fahren lasse und die neutestamentlichen Vokabeln nachplappere oder kraft eines Sacrificium intellectus sie als biblisches Weltbild *neben* meinem modernen Weltbild, also als frommes christliches Sonderweltbildlein etabliere. Ich darf vielmehr in diesem Bekennen frank und frei mir und anderen eingestehen: Jene Formulierungen, in denen das Neue Testament die Heilstatsachen aussagt, waren damals gültige Weltanschauung. Heute sind sie Chiffre. Ich kann sie gebrauchen. Aber ich muß wissen, was ich damit meine; Bultmann sagt mit Recht: Ich muß sie interpretieren. Darauf nämlich kommt es an, daß ich von dem Trend, der Intention der Texte mitgenommen werde und mich weisen lasse. Die Art, in der ich das vom Neuen Testament Gewollte heute neu sage, wird ebensowenig endgültig sein, wie die Formulierungen des Neuen Testamentes selber es sind. So kann ich ehrlich sein, und so kann ich gläubig sein. So trete ich diesem besonderen Objekt sachgemäß, objektiv gegenüber, in der Objektivität des Engagements.

Zusätzliche Literatur

Herbert Braun: Jesus. Der Mann aus Nazareth und seine Zeit, Stuttgart/Berlin 1969.

Fritz Buri: Dogmatik als Selbstverständnis christlichen Glaubens, 2 Bde., Basel 1956/1962.

Oscar Cullmann: Christus und die Zeit. Die urchristliche Zeit- und Geschichtsauffassung, 2. Aufl., Zürich 1948.

Ernst Fuchs: Jesus. Wort und Tat, Tübingen 1970.

Helmut Gollwitzer: Von der Stellvertretung Gottes. Christlicher Glaube in der Erfahrung der Verborgenheit Gottes. 2. Aufl., München 1968.

Dorothee Sölle: Stellvertretung. Ein Kapitel nach dem »Tode Gottes«, 3. Aufl., Stuttgart/Berlin 1966.

Dorothee Sölle: Phantasie und Gehorsam. Überlegungen zu einer künftigen christlichen Ethik, Stuttgart 1968.

Ernst Troeltsch: Gesammelte Schriften, 3 Bde, Tübingen 1919–1922.

Ernst Troeltsch: Der Historismus und seine Überwindung, Berlin 1924.

Ernst Troeltsch: Die Absolutheit des Christentums und die Religionsgeschichte, 3. Aufl., Tübingen 1929.

III.
Die Öffnung zur Ökumene

Josef L. Hromadka

Die Souveränität Jesu Christi *

Im Vermächtnis unserer Reformation erklingt von Hus bis Comenius immer wieder ein mächtiger Hinweis auf die Souveränität der Herrschaft Jesu Christi. Wir haben sie schon am Anfang unserer Ausführungen erwähnt. In verschiedenen Formen weisen darauf alle Studien dieses Buches hin. Unsere Väter wollten sagen, daß das Evangelium nicht nur eine Botschaft von der Vergebung der Sünden und der Erlösung von ihnen und von dem Bösen ist, sondern ebenso auch eine Botschaft von der umgestaltenden Macht Christi im ganzen irdischen Leben. Jesus Christus herrscht über uns, ruft uns zum Gehorsam und zur Verantwortung, ist uns die letzte und höchste Autorität in allen Dingen des inneren und äußeren Lebens. Wir nehmen von ihm Gnade um Gnade, und so folgen wir ihm nach. Wir schauen auf seine Fußtapfen, und wenn wir ihm treu sind, fällt ein Abglanz seiner königlichen Würde auch auf uns. *Comenius* erinnert uns daran, daß wir nicht das königliche Zepter Christi vergessen und ihm Gehorsam, Dienst, Ehre und Ruhm darbringen sollen. Christus hat ständigen Anspruch auf unser Inneres und unser Herz, ebenso auf unseren Verstand und unseren Leib. Er hat Anspruch auf uns, mögen wir uns, sei es wie es sei, bei irgendeiner Arbeit befinden, mögen wir im Gotteshaus versammelt sein oder an der Maschine stehen, mögen wir im Zuge fahren oder uns im Freundeskreis erfreuen. Er hat auch Anspruch auf unsere Entscheidungen im öffentlichen Leben. Erinnern wir uns an das Wort, das wir schon gesagt haben: Bei unserer Entscheidung geht es nicht darum, welches unsere persönlichen, unsere Klasseninteressen sind, ob uns wohl oder nicht wohl ist, was uns beliebt oder nicht beliebt. Es kommt darauf an, ob wir als Bürger dieser Welt dem gehorsam sind, der unseren Fluch am Kreuz getragen, aber um unserer Gerechtigkeit willen von den Toten auferstanden ist. Das ist ein gewaltiges Vermächtnis unserer Reformation. Und es ist deswegen gewaltig, weil es auch heute noch lebendige Gültigkeit besitzt und uns durch seine innere Kraft nötigt, es neu auf unsere heutigen Fragen und Verhältnisse zu übertragen. Es wird uns viel helfen, wenn sich jeder persönlich, an welcher Arbeit und vor welcher Entscheidung er auch steht, darum bemüht, zu erkennen, worin die Bedeutung der Autorität Christi für uns besteht und wozu sie uns gerade im gegenwärtigen Augenblick verpflichtet. Das sind schwierige Fragen, aber der Glaube erweist seine Lauterkeit und Kraft in den alltäglichen, scheinbar allermateriellsten und allerpraktischsten Fragen. Wir sind verpflichtet, unsere Ansichten über die Wirklichkeit, das Studium der gegenwärtigen Verhältnisse, unsere Sachkenntnis in den öffentlichen

* Text aus: Josef L. Hromadka: »Von der Reformation zum Morgen«, Koehler und Amelang-Verlag, Leipzig 1959, S. 374–388. Abdruck mit freundlicher Genehmigung des Verlages.

Fragen – ob der sozialen und politischen oder der kulturellen – mit unserem Gehorsam gegenüber unserem Herrn Jesus Christus – wir wiederholen –, dem Herrn des Lebens und des Todes, zu klären und zu vertiefen.

Aber gehen wir weiter. Unser Gehorsam der königlichen Macht und Autorität Jesu Christi gegenüber befreit uns von der Starrheit und Unbeweglichkeit der irdischen Ordnungen. Christus König ist mehr als ein Wort, ist mehr als Dogma oder Losung. Christus König, als das gekreuzigte Lamm, wird das zerstoßene Rohr nicht zerbrechen und den glimmenden Docht nicht auslöschen. Er schenkt seinen Frieden, welcher höher ist als alle menschliche Vernunft. Seine Gegenwart ist Arznei und Balsam für blutende Wunden. Er tröstet die durch Sünde gebrochenen und mit Schuld beschwerten Herzen. »Doch darin freuet euch nicht, daß euch die Geister untertan sind. Freuet euch aber, daß eure Namen im Himmel geschrieben sind« (Luk. 10, 20). Und dieser Christus allein unterwirft sich die bösen Geister und gibt Macht, auf Schlangen, Skorpione und allerlei feindliche Mächte zu treten (Luk. 10, 19). Wir wollen das wörtlich nehmen. Jesus Christus geht durch diese Welt wie ein Sturmwind. Er zerschlägt, was alt und morsch geworden ist, und läßt es nicht zu, daß wir uns an irgendwelche Ordnungen, mögen sie kirchlich oder weltlich sein, binden. Wir treffen auch heute auf Theologen, die die Macht Christi nur in die geistlichen Bezirke einschließen wollen. Sie trennen sein Königtum von dem Königtum dieser Welt. Sie proklamieren, es gäbe auf Grund des Schöpfungswillens Gottes bestimmte Ordnungen, die nicht durch die Macht des Königtums Christi gebrochen werden können. Sie lehnen jeden Versuch ab, die Macht des Evangeliums in diese Welt hineinzutragen, wodurch die irdischen Ordnungen erschüttert würden. Das macht den Christen frei in den Bezirken des Geistes; aber es unterwirft ihn gewissen Ordnungen, die durch den Schöpfungswillen Gottes gegeben sind. Der Glaube an die Macht Jesu Christi über die Welt und ihre Ordnungen, der Glaube, daß die Macht Jesu Christi irdische Ordnungen, politische und soziale Institutionen erschüttern kann, erscheint ihnen als unerlaubtes Schwärmen. Die deutschen Theologen nennen dies »Schwärmerei«. Wir verstehen die Befürchtung dieser Theologen, daß dadurch das Evangelium in ein Gesetz oder Programm für die irdische Wirksamkeit umgewandelt werden könnte. Das Evangelium ist mehr als Gesetz und läßt sich nicht direkt in soziale oder politische Ordnungen umbilden. Aber es bedeutet, daß der Gekreuzigte, der über Verdammnis, Sünde und Tod gesiegt hat, als Auferstandener auch souveräner Herr über unser Leben auf Erden, über die menschliche Gesellschaft und die Geschichte ist. Wer darf seine Autorität und Herrschaft begrenzen? Wer darf ihm vorschreiben, wie weit seine Macht reichen darf? Mit welchem Recht entreißen wir seiner Hand das Zepter über diese Welt? Das Evangelium ist die Botschaft von der Gnade, aber es ist auch die Botschaft von der souveränen Macht Christi oder, wie wir es einmal formuliert haben, von seinen königlichen Rechten auf diese Welt. Das ist für uns keine tote Lehre.

Das ist für uns eine Aufforderung und ein Befehl, in bußfertigem Gehorsam und barmherziger Liebe den Menschen in seinem Gewissen und auch in seiner alltäglichen Arbeit frei zu machen. Es ist wahr, daß das Evangelium keine revolutionären Programme schafft. Es ist wahr, daß sich der gläubige Christ gegenüber allem, was auf der Welt geschieht, immer eine freie Einstellung bewahrt. Aber der wirkliche Glaube sieht in den Ereignissen, die die Welt erschüttern, nicht nur die Hand des finsteren, verborgenen Gottes. Die prophetische Botschaft und das apostolische Zeugnis geben dem Menschen den Mut, hinter den Verwirrungen und Katastrophen, aber auch in dem neuen Entschluß zur Arbeit und Umstellung die Gegenwart des Auferstandenen zu sehen. In diesem Licht muß man das Wort des Psalmisten verstehen: »Vor dem Herrn bebte die Erde, vor dem Gott Jakobs, der den Fels wandelte in einen Wassersee und die Steine in Wasserbrunnen« (Ps. 114, 7. 8). Die Gegenwart des Gottes Jakobs ist die Gegenwart des Gottes Jesu Christi. Ja, es ist die Gegenwart Jesu Christi selbst. Diese Gewißheit gibt der Kirche Christi das Bewußtsein, daß sie sich auch mitten in allen Stürmen in der Hand und unter der Führung Jesu Christi befindet. Aber noch mehr. Sie vergewissert die gläubigen Glieder der Kirche, daß sie sich auch auf den Ruinen der alten Ordnungen, beim Planen neuer Wege und beim Neuaufbau nicht in der Fremde, außerhalb des Königreichs ihres Herrn befinden. Befreit von der Vergangenheit und in der sicheren Gewißheit der Gegenwart Christi, begeben sie sich ohne Furcht an die Arbeit. Sie wollen an den schwierigsten Stellen, die scheinbar von Jesus Christus und dem Wesenskern der Kirche ganz weit entfernt sind, gehorsam Bekenner des Evangeliums sein. Und so entstehen hier unter der Autorität, der Führung und der Kraft dessen, der wirklich von den Toten auferstanden ist und nicht aufhört, neue Herzen und schließlich auch neue Ordnungen zu schaffen, neue Dinge. Dieses Bewußtsein gibt dem gläubigen Bekenner und der ganzen Kirche die Kraft und auch den Mut, sich nicht nur mit der gesellschaftlichen Erschütterung abzufinden, sondern auch die Mittel zu finden, wie in die neuen Ordnungen der Reichtum des Evangeliums, die Echtheit der Verantwortung und die selbstaufopfernde Liebe zu den Menschen hineinzutragen sind. Das ist nicht Schwärmerei, das ist Freiheit und Freude in Jesus Christus, das ist Gehorsam und starke Hoffnung.

Fassen wir unsere Bemerkungen in einigen abschließenden Punkten zusammen. Wir haben uns in dem Gestern umgesehen, damit wir das Heute verstünden und den Weg in das Morgen sähen. Das war alles nur ein Versuch, dem Leser zu helfen. Jeder Bruder und jede Schwester sind verpflichtet, sich ihre Fragen in eigener Verantwortung durchzudenken. Wir können keinem ein Rezept geben, wie er sich mit den privaten und öffentlichen Fragen abzufinden hat. Jeder von uns hat seinen Standort, der sich von dem Standort unserer Nächsten und Brüder unterscheidet. Jeder von uns hat den besonderen Klang der biblischen Botschaft persönlich zu hören und sich mit allem Ernst mit ihr auseinanderzusetzen. Aber dabei können und sollen wir einander helfen. Wir können Zeugnis darüber ablegen, was mit uns persönlich geschah, als uns das Wort des lebendigen Gottes auf unserem Wege traf. Wir sind uns gegenseitig Offenheit und Wahrhaftigkeit schuldig. Und wenn auch mancher unter uns das, was wir gesagt haben, nicht einfach nachvollziehen kann, so sollen wir uns miteinander beraten und den Weg aufzeigen, den *wir* geführt worden sind. Gott der Herr baut deswegen seine Kirche, damit einer des anderen Last trage, damit wir auf die Gefahren und Abgründe, die wir selber erlebt haben und vor denen unsere Brüder, Nächsten und Allernächsten verschont bleiben möchten, achtgeben. Es geht – wir wiederholen – nur darum, daß die Atmosphäre unserer Aussprache und unserer Gemeinschaft frei von aller Unklarheit, allem Argwohn, allem Dunst und Mißtrauen bleibt und wir einander ernst nehmen und Verständnis füreinander aufbringen. Der Sinn aller meiner Ausführungen liegt bis zu einem gewissen Grade darin, den Brüdern in der Heimat und jenseits der Grenzen aufzuzeigen, was war und was im Hintergrund unserer Entscheidung, unserer Worte und Taten in den vergangenen Jahren steht. Es ist heute maßlos schwierig, sich durch das Dickicht aller Vermutungen, Vorstellungen und Verdachte hindurchzuzwängen, die ein jeder vom anderen hat und gegen ihn hegt und die unsere Kirche beschmutzen und unsere persönlichen Berührungen erschweren. Und doch ist es notwendig, alles zu tun, damit wir zueinander kommen. Jeder von uns muß die Verantwortung für die Atmosphäre des Mißtrauens und Nichtverstehens auf sich nehmen. Es wäre feig, über den Mangel an gutem Willen bei den anderen zu jammern und nur seine Wunden zur Schau zu tragen. Wir sollten uns geloben, daß wir wirklich, jeder von seiner Seite aus, alles tun, um den Nebel und Dunst zwischen uns zu beseitigen und alles Dickicht, das in unserer Mitte gewuchert hat, auszumerzen.

Wenn ich ganz persönlich reden soll, sozusagen für mich selbst, will ich drei Punkte (»Motive«) anführen, die in den letzten sieben bis acht Jahren meine Entscheidungen und meine Arbeit bestimmt haben.*

a) Ich ging und gehe von der Überzeugung aus, daß wir mit dem Jahre 1948 in einen Zeitabschnitt getreten sind, aus dem es – menschlich gesprochen – keinen Weg mehr zurück gibt. Mit anderen Worten, wir sind verpflichtet, den tiefen Einschnitt in unser Leben, der durch die Ereignisse in den ersten Monaten des Jahres 1948 geschehen ist, ernst zu nehmen und ihm Verständnis entgegenzubringen, nicht nach rückwärts zu schauen, sondern nach vorn zu sehen. In der Geschichte gibt es tatsächlich nichts Bleibendes. Wir sind der ständigen Veränderung unterworfen. Manchmal ist es notwendig, Abzweigungen zu gehen und Umwege zu machen. Auch in unserer Gegenwart ist der Weg nach vorn nicht geradlinig, sondern hat viele Windungen und Umleitungen. Es kommt aber darauf an, wohin der Weg führt, welche Richtung er hat, wenn uns auch auf dem

* Nochmals möchte ich betonen, daß meine Entscheidung nicht selten auf Widerspruch unter unseren Geistlichen, meine ehemaligen Studenten eingeschlossen, stoßen und daß ich auch diesmal gebeten wurde, meine Leser auf diese Tatsache aufmerksam zu machen.

Wege Hindernisse oder Abzweigungen aufhalten. In den entscheidenden Wochen Ende des Winters und Anfang des Frühjahrs 1948 war es mir klar, daß wir eine bestimmte Epoche, unsere alte gesellschaftliche und politische Struktur, verließen und am Anfang einer neuen Epoche standen. Woher kam diese Überzeugung? Aus dem Glauben oder aus der Beurteilung der ganzen Lage in der Heimat und auch in der Welt? Das ist die Frage, die ich mir im Augenblick der Entscheidung vorlegen mußte und auf die ich auch heute noch verpflichtet bin zu antworten. Gewiß, meine Entscheidung war das Ergebnis von Erwägungen und Überlegungen. Das ist nicht anders möglich. Das gläubige Glied der Kirche Christi steht mitten im weltlichen Alltag, ist mit ihm leiblich und geistig verflochten. Es ist verpflichtet, nüchtern seine Arbeit zu verrichten, die ihm der Beruf, der Ort und die Umstände aufgeben, in denen er mitten unter gläubigen und auch ungläubigen Menschen lebt. Der gläubige Bauer ist verpflichtet, sich zu bilden, Erfahrungen zu sammeln und in seiner Umgebung mitzuarbeiten. Er ist verpflichtet, weise und mit aller Vorsicht und Rücksicht auf die persönlichen und auch fremden Erfahrungen seine Arbeit in seiner Wirtschaft zu verrichten. Das gilt auch für alle anderen. Auch für den Politiker, der die Sorge um die öffentlichen Angelegenheiten und die Sorge um die Führung seines Staates zu tragen hat, was dessen innere und äußere Beziehungen angeht. Der Glaube enthebt den Menschen nicht der Verpflichtung, zu beobachten, abzuschätzen, zu wägen und die Wirklichkeit zu untersuchen, wie sie ist. Im Gegenteil, der Glaube, wie wir ihn aus der biblischen Botschaft verstehen, führt in die Wirklichkeit hinein und öffnet Augen und Ohren für das, was geschieht. Der gläubige Christ bewegt sich nicht in Sphären, die aller irdischen Sorgen, Aufgaben und Verpflichtungen enthoben sind. Wir wollen uns als Leser daran erinnern, was oben über diese Sache gesagt worden ist. Wir wollen uns gleichfalls daran erinnern, wie wir versuchten, den Zusammenhang zwischen dem Leben unserer Gemeinde und unseres Volkes einerseits und den umstürzenden Weltgeschehnissen andererseits zu begreifen. Die Geschichte verläuft nicht nach unserem persönlichen Geschmack oder unserer persönlichen Abneigung, nach unserem Belieben oder Mißfallen. Wir sind verpflichtet, sorgfältig und mutig den Sinn des gegenwärtigen Augenblicks und der derzeitigen Geschehnisse zu untersuchen und, so sorgfältig und nüchtern wie möglich, an ihre Wurzeln heranzugehen. In diesem Sinne kann ich sagen, daß auch meine Entscheidung in jenen revolutionären Tagen von 1948 von der Beurteilung der ganzen Lage in der Heimat und in der Welt bestimmt war. Jahre hindurch habe ich Aufsätze und Kommentare zu den jeweiligen Geschehnissen geschrieben, belastet mit menschlicher Fehlbarkeit und Unzulänglichkeit. Ich wage zu sagen, daß ich mich jedoch im *wesentlichen* in der Beurteilung dessen, wohin uns der Ausgang des zweiten Weltkrieges geführt hat, in der Beurteilung der umwälzenden Zeiten, in die wir geraten sind, nicht geirrt habe. Stutzig gemacht hat mich die Launenhaftigkeit und Kurzsichtigkeit, aber auch die Verantwortungslosigkeit und Leichtfertigkeit, mit der sich die Menschen auch in unseren Kirchen mit solch weitreichenden Ereignissen abgefunden haben. Es hätte mehr Bemühen um das rechte Verständnis der Bedeutung dessen, was geschehen ist, es hätte ein verantwortungsvollerer und selbstverleugnenderer Blick in Hinsicht auf das Einzel- und Gesamtgeschehen vorhanden sein müssen. Deswegen habe ich soviel über die Ereignisse in Europa und Asien gesprochen, was scheinbar nicht viel Gemeinsames mit der theologischen Arbeit hat. Aber es war notwendig, über diese allerweltlichsten und uns manchmal auch räumlich sehr fernliegenden Ereignisse zu schreiben, um den gegenwärtigen Augenblick in seiner ganzen Wirklichkeit zu erfassen.

Und noch wage ich zu sagen, daß die Entscheidung, die ich gefällt habe, eine Glaubensentscheidung war, eine Entscheidung aus dem Glauben, der den Menschen von Interessen und Liebhabereien befreit und die Ereignisse und die Wirklichkeit im Lichte der Souveränität und Barmherzigkeit des lebendigen Gottes sehen lehrt. Der Glaube befreit von Furcht, wendet die Angst und wirft auch dorthin Licht, wo sonst nur Dunkelheit oder ein undurchdringliches, finsteres Dickicht zu sehen ist. Der Glaube vernimmt nicht immer das göttliche »Nein« dort, wo sich die Menschen in Selbstzufriedenheit hinter den Mauern von kirchlichen Institutionen oder Gotteshäusern verbergen. Aber der Glaube vernimmt das göttliche »Ja« dort, wo sich die Kirchen aus den Schreckbildern nicht herauszuarbeiten vermögen, wo sie das Gericht über die Welt sprechen und sich gegen das Auftreten neuer menschlicher, gesellschaftlicher Schichten wehren. Die Theologen, die Priester und Prediger verrichten ihren »prophetischen« Dienst nach ihren Maßstäben und traditionellen Auslegungen der Schrift. Manchmal halten sie ihre sittliche Entrüstung für einen prophetischen Akt. Jeder von uns ist verpflichtet, auf der Hut zu sein, damit er nicht *seine* sogenannten religiösen Gefühle und sittlichen Erregungen für das wirkliche Echo des prophetischen Wortes hält. Wir müssen ständig um Gnade bitten, damit wir nicht nur hören, wenn der Herr sein »Nein« spricht, sondern auch sein göttliches »Ja«, das der Herr mit seinem Wort zum sündigen Menschen, zur verderbten Welt und zu den Ereignissen, die unseren religiösen oder kirchlichen Gewohnheiten widersprechen, sagt. Ich möchte nur folgendes sagen: Das Glied der Kirche Christi darf niemals einen dicken Strich zwischen der Entscheidung aus einem rein äußerlichen »prophetischen« oder irgendwelchem anderen Ermessen und der Entscheidung aus dem Glauben ziehen. Beides geht Hand in Hand und ist ineinander verflochten. Der gläubige Christ beobachtet und schätzt ab, aber er stellt seine Beobachtung und sein Ermessen in den Dienst seines Glaubens, seiner Liebe und seiner Hoffnung.

b) In den entscheidenden Augenblicken des Jahres 1948 wurde mir die Überzeugung noch deutlicher und wichtiger, daß nur eine gründliche, echte Theologie und ein lebendiger und starker Glaube die Situation meistern können. Ich schreckte vor den Stimmen zurück, die sich erhoben, hier schwächer, dort stärker und aufgeregter, daß Kirche und Glaube in ihrem Wesen durch die umwälzenden Ereignisse und den mächtigen Aufmarsch der durch den Marxismus organisierten und geführten Arbeiterklasse bedroht seien. Ich beobachtete, wie schwach wir im Glauben und in der Theologie sind, ja wie unser Glaube verstört und feig ist. Und noch mehr, wie verstörter und feiger Glaube aufhört, Glaube zu sein und ohnmächtig dem Gefühl der Schicksalhaftigkeit weicht. Dieses Gefühl der Schicksalhaftigkeit räumt die Positionen und weicht von Stellungen zurück, an die die Kirche mit ihrer Botschaft und mit ihrem Dienst gewiesen ist. Das Gefühl der Schicksalhaftigkeit untergräbt die Kräfte und betäubt den Sinn mit einem lähmenden Pessimismus. Pessimismus, das ist die düstere Betrachtung der Ereignisse; ohne Hoffnung für die Zukunft, gehört er nicht in das Leben eines Christen wie auch nicht in das theologische Vokabular. Ein starker Glaube und eine wirkliche Theologie sind immer mit einer hoffnungsvollen Erwartung neuer und immer neuer Wunder und Siege Gottes verbunden. Die Hauptaufgabe dieses Augenblicks war, sich auf das Bemühen um eine echte und wahrhafte Theologie und um einen echten und standhaften Glauben zu konzentrieren. Die Kirche löst sich auf, wenn sich der Gläubigen die *Stimmung* der Trostlosigkeit bemächtigt und wenn die Kirche vor dem Sturm und der Unruhe, vor den Strapazen und vor der Verantwortung in einen Schlupfwinkel und in ein Versteck flieht. Und die Theologie verliert die schöpferische Kraft, wenn sie ihrer Sendung untreu wird, wenn sie Schlagworte und auch Definitionen, Formeln und Aufforderungen wiederholt, die noch vor kurzem ihre Wirkung und Funktion hatten, aber in der schnell veränderten Situation den Sinn verloren haben. Bei uns und auch im Ausland haben sich gerade hervorragende Theologen und gute Kämpfer für die Kirche im Kampf der Bekennenden Kirche in Deutschland (aber auch in gewissem Sinne in Norwegen, Dänemark, Holland, Frankreich) daran gewöhnt, sich auf bestimmte Worte und theologische Formulierungen festzulegen, und konnten sich dadurch nicht recht über die Ereignisse und Umwälzungen, durch die sich die Struktur der europäischen Gesellschaft und die Situation der Kirche sozusagen bis in die Grundlagen hinein verändert hat, orientieren. Die Theologie und auch der Glaube werden früher oder später verfallen, wenn sie die neuen, Aufgaben, Anforderungen, Fragen und Meinungen nicht erfassen und die Aufgaben des gegenwärtigen Augenblicks nach Rezepten aus einer großen, aber doch schon vergangenen und untergegangenen Zeit behandeln wollen. Die Frage, die auf mich zukam, aber sicher auch auf viele Prediger und Bekenner der Kirche, war: Ob unsere Theologie lebendig, frisch, schöpferisch und tief genug sei, um die Situation zu meistern und der Kirche bei ihren schwierigen und verantwortungsvollen Aufgaben zu helfen. Die Gefahr für die Kirche und die Theologie steckt in ihnen selbst, niemals in der ungläubigen Welt. Kein Aktivismus wird uns schaden, keine irdischen Mittel werden uns überwinden, wenn wir in unserem Glauben gewiß und in unserer Theologie ohne Furcht in den Tiefen des gewaltigen Wertes des Herrn verankert sind.

c) Von Anfang des neuen Zeitabschnittes an war mir deutlich, daß wir in dem Bereich der Welt, in dem Hunderte von Millionen Menschen von der Elbe bis zum Stillen Ozean leben, einen der verantwortungsvollsten Kämpfe der Kirche Jesu Christi führen und führen werden. Dieser Kampf muß freilich in voller Glaubensbejahung mit jenem gewaltigen Ja und Amen geführt werden, das aus dem Evangelium Jesu Christi für die ganze Welt, für die Kirche und auch für diejenigen, die außerhalb ihrer Grenzen sind, erschallt. Dieser Kampf muß mit einem tiefen Erfassen der geschichtlichen Situation verbunden sein, worüber wir oben einige Male gesprochen haben. Er muß ohne Trotz geführt werden, ohne trotzige Bitterkeit über das, was uns auf den ersten Blick nicht gefällt; er muß mit offenen Augen gegenüber dem neuen und immer wieder neuen Geschehen geführt werden. Gerade deswegen wird es kein leichter Kampf sein. Er wird eine tiefe, erschütternde Selbstkritik von uns fordern. Ist unser Glaube wirklich frei von Aberglauben, der den Sinn des Menschen verdunkelt? Ist unser Glaube durch das Feuer, das auf dem Horeb brannte, und durch den Tod Christi und auch seinen Sieg über alle Ablagerungen von Frömmelei, religiöser Eigensucht und gesetzlicher Selbstrechtfertigung geläutert? Der feurige Busch, aus dem der Herr zu Mose sprach, um ihn zu den Brüdern nach Ägypten zu senden, brennt immer weiter, auch wenn die Kirche und ihre Gläubigen versuchen würden, das Feuer mit dem Sand ihrer Gewohnheit, Unbeweglichkeit und Selbstzufriedenheit zu ersticken. Er brennt, wie der Brand im Herzen Jeremias (Jer. 20, 9) und in der Gemeinschaft der Jünger in Jerusalem am 50. Tage nach der Auferstehung Christi (Acta 2, 3). Es ist nichts so wichtig, als daß dieses Feuer uns, unsere Gemeinden, ihre Prediger, Presbyter und auch die Jugend durchglüht. Alle unsere Gebete und unsere Arbeit müssen darauf abzielen, daß auch wir eine Schar furchtloser Zeugen und Bekenner verwandelt hat, entzündet und erfüllt werden. Aber auch das Kreuz von Golgatha steht heute unter uns mit dem Menschensohn, der unsere Verdammnis, Verderbtheit und Hoffnungslosigkeit trägt. Wir singen Lieder über ihn, malen ihn, ja, manchmal stellen wir ihn auch in unseren Kirchen auf, aber wir nehmen ihn nicht ernst und fliehen vor ihm. Wir sind nicht bereit, wie der Gekreuzigte, solidarisch mit ihm und auch mit der verdorbenen Welt, die Verantwortung für unsere Nächsten in der Kirche und auch außerhalb der Kirche, ihre Not und ihre Aufgaben zu tragen. Das Evangelium hat sich für uns in zierliche Etiketten verwandelt, mit denen wir unsere gewöhnlichen menschlichen Interessen, unsere Eigensucht und oft auch unsere Bosheit und Verstocktheit bekleben. Und so geschieht es, daß wir sozusagen mit jedem Schritt denen recht geben, die behaupten, daß die Religion ein Überbleibsel alten Aberglaubens und alter Vorstellungen von der Welt und den Menschen, daß sie Opium und Branntwein sei, mit dem wir uns selbst und auch unsere Nächsten betrunken machen, nur deswegen, um nicht die wirkliche menschliche Not, die wirklichen Bedürfnisse und Aufgaben zu sehen, die uns an unserem Ort und in unserer Zeit anvertraut sind. Wir geben denen recht, die behaupten, daß die menschliche Religion immer und auch heute noch das Ergebnis unserer rein menschlichen, persönlichen und klassenbedingten Interessen ist, daß sich in ihr keineswegs die ewige Wahrheit, sondern unsere rohen, begrenzten »Wahrheiten« manifestieren. Wir bestätigen durch unser »religiöses Leben« und auch durch unsere Praxis die Ansichten derer, die schon längst, aber heute in erhöhtem Maße, Religion und Kirche als ein vorübergehendes Produkt der menschlichen Gesellschaft erklären. Es nützt gar nichts, wenn wir an diesen Erklärungen Anstoß nehmen und in Erregung geraten. Keine Diskussionen und Streitigkeiten helfen unserem Anliegen. Erinnern wir uns auch hier wiederum daran, was in unseren Ausführungen schon verschiedene Male aufgeklungen ist, nämlich, daß die heutigen umwälzenden Ereignisse viele Heiligtümer und Kirchen, viele Gewohnheiten und Ansichten kläglich zu Fall bringen.

In der Theologie der heutigen Welt wird viel über den Unterschied zwischen dem wirklichen biblischen Glauben und der sogenannten Religion gesprochen. Es wird oft auf die Tatsache hingewiesen, daß die kirchlichen, kultischen und religiösen Institutionen das von Ewigkeit an brennende Feuer der Gegenwart Gottes erstickt haben, daß die Menschen immer wieder den lebendigen Gott und sein Wort durch Götter, Altäre und Götzen ersetzt haben, daß in ihren Gotteshäusern Göttern, die sie sich selbst nach ihrem Bilde schufen, Lichter brennen. Wir wissen doch, daß sich durch die ganze Schrift des Alten und Neuen Testaments der Bericht davon hindurchzieht, wie der lebendige Gott Israels ständig von verschiedenen Baalen und Götzen zurückgedrängt worden ist. Die schreckliche Situation entstand, als der heidnische Götzendienst mit dem Namen *des Herrn* (aber hier tatsächlich nur dem äußeren Namen nach) verziert wurde. Ebenso ist auch das gesamte Neue Testament ein Zeugnis davon, wie ein hochmütiges, frommes und selbstzufriedenes Herz sich Gott widersetzt hat, dem Gott, der sich am schimpflichen und verfluchten Kreuz offenbart hat und in die menschliche Ohnmacht und Verderbtheit herabgestiegen ist. Wird es uns Dei gratias gelingen, unsere ausgetretenen Wege eines billigen Aberglaubens, einer angenehmen Frömmelei, besonders aber eines unaufrichtigen religiösen Pharisäismus zu verlassen, damit wir tatsächlich mit dem lebendigen Gott dort zusammenkommen, wo er selbst spricht, mit dem lebendigen Christus, der als der Gekreuzigte und Auferstandene auf uns wartet, dort, wo das Feuer des Heiligen Geistes die tiefsten Tiefen des menschlichen Herzens entzündet und zum Brennen bringt? Wollen wir unsere geheiligten religiösen Interessen preisgeben, damit wir dort zusammenkommen, wo der Menschensohn die Versuchung überwindet, die Teufel austreibt, die Fesseln menschlichen Hochmuts zerbricht, aus der Verschlafenheit aufweckt, Sünden vergibt, mit Freude erfüllt und sich seine wahre Kirche aus sündigen und schwachen Menschen baut? Werden wir unsere Arbeit dort beginnen, wo wahrer Glaube entsteht, wo die menschliche Religiosität und auch der Götzendienst schon abgestorben sind und der lebendige Gott selbst sein Werk tut? Dort, wo die Kirche von allen menschlichen Mythen und allem Aberglauben, von aller religiösen Eigensucht frei ist und schon aufgehört hat, ein Produkt menschlicher, gesellschaftlicher Interessen, eine Stütze der sich auflösenden Welt und ein Zufluchtsort verdrossener Unzufriedenheit zu sein? Nur dann werden unsere Arbeit und unser Zeugnis eine neue Gemeinschaft formen, werden sie die edle Erhabenheit und auch Menschenwürde, dieselbe Achtung vor der Wahrheit, denselben Durst nach Gerechtigkeit, Freude, Freiheit und auch die Unbegrenztheit selbstaufopfernder Liebe in sie hineintragen. Ein solcher Glaube und eine solche Kirche werden ein Aufrufungszeichen, ein Wegweiser und Hilfe auch denen sein, die nicht glauben und die mit ihrer wissenschaftlichen Kritik an einer abergläubischen und menschlichen Interessen verteidigenden Religion recht haben. Der Glaube an den lebendigen Gott, den Gegenwärtigen im Fluch des Kreuzes von Golgatha, der ein neues Leben an der Stätte des Todes und der Ohnmacht schafft, der Glaube an einen solchen Gott fürchtet keine Kritik, auch nicht die allerradikalste der wissenschaftlichen Forschung. Er fürchtet sich vor keinem Umsturz, vor keinem Umbruch in der menschlichen Gesellschaft und in der Geschichte der Menschheit. »Darum fürchten wir uns nicht, wenngleich die Welt unterginge und die Berge mitten ins Meer sänken, wenngleich das Meer wütete und wallte und von seinem Ungestüm die Berge einfielen. Seid stille und erkennet, daß ich Gott bin. Ich will Ehre einlegen unter den Heiden, ich will Ehre einlegen auf Erden. Der Herr Zebaoth ist mit uns, der Gott Jakobs ist unser Schutz« (Psalm 46, 3. 4. 11. 12). Und noch eins: »Fürchte dich nicht, ich bin der Erste und der Letzte und der Lebendige; ich war tot, und siehe, ich bin lebendig von Ewigkeit zu Ewigkeit und habe die Schlüssel der Hölle und des Todes« (Offb. Joh. 1, 17 f.). Der Glaube an diesen Herrn des Lebens und des Todes hat mit der allerwirklichsten Wirklichkeit, niemals aber mit menschlichen Gedanken, Aberglauben, Mythen oder Interessen etwas zu tun. Diese allerwirklichste Wirklichkeit steht außerhalb der Reichweite menschlicher Kritik, menschlicher Begriffe und Vorstellungen. Diese allerwirklichste Wirklichkeit ist der eigentliche Inhalt des Evangeliums. In diesem Sinne können wir sagen, daß die erste Voraussetzung unserer Arbeit die innere Gewißheit, der brennende Eifer unseres Herzens und die bußfertige Freude am Evangelium ist. Jedes Wort unserer Theologie, alle theoretische Arbeit, die wir an den Fakultäten und in den Gemeinden leisten, muß das Siegel eines wirklichen Glaubenskampfes an die allerverantwortlichsten Orte tragen, an die Orte, an die wir durch die Barmherzigkeit Gottes gestellt worden sind. Solange die Theologie und die Prediger nur *über* Gott, *über* Erlösung und *über* Kirche reden, bleiben sie immerfort außerhalb des eigentlichen Kampfplatzes. Erst dann, wenn sich Gott selbst der Theologen, ihrer Lehren und Systeme bemächtigt, erst dann, wenn Gott selbst die Prediger erschüttert und sie durch sein unausweichliches Gebot auf die Kanzel zu führen beginnt, erst dann, wenn der Gekreuzigte die aufgescheuchten, erschrockenen, matten und sündigen Herzen um sich versammelt, um sie mit dem Geist der Freude und Liebe zu erfüllen, erst dann beginnt der wirkliche geistige Kampf. Haben wir begriffen, daß wir gerade zu einem solchen Kampfe berufen sind? Daß wir mitten in außerordentlich verantwortungsvollen und dringenden Aufgaben stehen?

Zusätzliche Literatur

Von den Arbeiten Josef L. Hromadkas liegen in deutscher Sprache folgende Titel vor: Kirche und Theologie im Umbruch der Gegenwart. Ein tschechoslowakischer Beitrag zu den ökumenischen Gesprächen, Hamburg 1961; Evangelium für Atheisten, Berlin 1958; Von der Reformation zum Morgen, Leipzig, 1959; Theologie und Kirche zwischen gestern und morgen, Neukirchen, 1960; Sprung über die Mauer, Berlin 1961; Das Evangelium auf dem Wege zum Menschen, Berlin 1961; An der Schwelle des Dialogs zwischen Christen und Marxisten, Berlin 1964; Das Evangelium bricht sich Bahn. Predigten, Betrachtungen, Vorträge und Aufsätze aus den Jahren 1948–1961, Berlin 1968.

Edmund Schlink

Der Kult in der Sicht evangelischer Theologie*

Wir kommen alle her von dem geschichtlichen Ereignis des Todes Jesu Christi für die Welt, und wir gehen alle entgegen dem kommenden endgeschichtlichen Ereignis, da Jesus Christus seine Herrlichkeit der Welt, für die er gestorben ist, richtend und rettend offenbaren wird. Die ganze Menschheit ist von diesen beiden Ereignissen umgeben, ob sie es weiß oder nicht – ob sie es wahrhaben will oder nicht.

Wir sind aber von Jesus Christus nicht nur umgeben als einem Ereignis einer immer ferner werdenden Vergangenheit und als von einem Ereignis einer unbestimmt fernen oder nahen Zukunft, sondern wir sind alle Jesus Christus als dem gegenwärtigen Herrn unterstellt. Der Gekreuzigte ist der gegenwärtige Herr. In seiner Erhöhung ist ihm bereits von Gott alle Macht und Herrlichkeit gegeben, die er in seiner Parusie offenbaren wird. Zugleich aber hört er als der Erhöhte nicht auf, der Mensch zu sein, der die Narben seines Kreuzestodes an seinem verklärten Leibe trägt. Als der, der sein Leben am Kreuz geopfert hat, ist der Erhöhte der ewige Hohepriester, der auf Grund seines einmaligen geschichtlichen Selbstopfers vor Gott für seine Brüder eintritt. Auch hier ist zu sagen: Die ganze Menschheit ist diesem Herrn unterstellt – ob sie ihn als Herrn anerkennt oder nicht.

Aber inmitten der Welt ist die Kirche die Gemeinschaft derer, die sich diesem Herrn im Glauben unterworfen haben, die ihn als Herrn preisen und ihn der Welt als das alleinige Heil verkündigen.

Die Kirche lebt in dieser Welt in einer doppelten Lebensbewegung: Sie lebt als das aus der Welt herausgerufene Gottesvolk, das durch die Taufe in Jesus Christus einen neuen Ursprung erhalten hat, errettet aus den Bindungen und der Gerichtsverfallenheit dieser Welt. Sie lebt zugleich als das in die Welt hineingesandte Volk der Propheten, Priester und Könige, gesandt, der Welt das Heil zu verkündigen und fürbittend für sie einzutreten. So ist sie das Aufgebot und Organ der in die Welt hereinbrechenden Königsherrschaft Gottes.

Diese doppelte Lebensbewegung der Kirche hat ihre Mitte in der gottesdienstlichen Versammlung. Was geschieht in dieser Versammlung?

Wenn ich auf diese Frage zu antworten suche, muß ich vorausschicken, daß im Bereich evangelischer Theologie immer wieder eine deutliche Hemmung spürbar ist, den christlichen Gottesdienst als Kultus zu bezeichnen. Man spricht vom heidnischen Kult, auch vom alttestamentlichen Kult, aber nur selten vom christlichen Kult.

* Vortrag, gehalten am 1. August 1960 auf dem römisch-katholischen Internationalen Wissenschaftlichen Kongreß. Text nach Edmund Schlink: Der kommende Christus und die kirchlichen Traditionen. Beiträge zum Gespräch zwischen den getrennten Kirchen, Verlag Vandenhoeck & Ruprecht, Göttingen 1961, S. 116–125. Abdruck mit freundlicher Genehmigung des Verlages.

Denn Jesus Christus hat das Sühnopfer für die Sünden der Welt ein für allemal am Kreuz Gott dargebracht. Ja, Gott selbst hat dies in der Dahingabe des Sohnes ans Kreuz getan. Christi Tod ist darum das Ende des Opferkultes, durch den der Mensch Gott zu versöhnen sucht. Aber auch der erhöhte Christus bringt sich nicht nochmals Gott als Opfer dar, sondern als der am Kreuze ein für allemal Geopferte ist er der ewige Hohepriester, der unablässig vor Gott für die Seinen eintritt.

Auf Grund dieser Heilstat am Kreuz ist der christliche Gottesdienst im Entscheidenden kein Dienst der Menschen vor Gott, sondern der Dienst Gottes an den Menschen. Gott gibt hier der Gemeinde Anteil an dem, was Christus für sie vollbracht hat. Christus der Herr schenkt sich im Gottesdienst der Gemeinde, die er durch sein Blut am Kreuz erworben hat.

So unterscheidet sich der christliche Gottesdienst vom alttestamentlichen Kultus wie das Evangelium vom Gesetz. Durch das Gesetz hat Gott den Gehorsam des Menschen gefordert und die Erlangung des Lebens von dem Gehorsam gegen seine Forderung abhängig gemacht. Durch das Evangelium aber schenkt Gott das Leben und mahnt, auf Grund dieser Neuschöpfung in einem neuen Leben zu wandeln.

Wie Jesus Christus das Ende des Gesetzes ist, so ist er auch das Ende des Kultes. Daß Christus des Gesetzes Ende ist, bedeutet nun allerdings nicht, daß er das Ende des göttlichen Gebietens wäre. Aber Gottes Gebot begegnet den an das Evangelium Glaubenden nicht mehr als Gesetz, sondern als Paraklese, als tröstliche, väterliche Mahnung. Demgemäß vermeiden es die neutestamentlichen Briefschreiber – nicht nur Paulus –, den Imperativ des Evangeliums als Gesetz zu bezeichnen. Daß Christus das Ende des Kultus ist, bedeutet ebensowenig, daß er das Ende des Gottesdienstes wäre. Aber es geschieht nun in ihm etwas so völlig Neues, daß die alten Bezeichnungen nicht mehr zureichen.

Was geschieht in der gottesdienstlichen Versammlung der christlichen Gemeinde? Auf diese Frage hat Luther in seiner berühmten Predigt bei der Einweihung der Schloßkirche zu Torgau 1544 geantwortet, »daß nichts anderes darin geschehe, als daß unser lieber Herr (Jesus Christus) selbst mit uns rede durch sein heiliges Wort und wir wiederum mit ihm reden durch Gebet und Lobgesang« (M. Luthers Werke, Weimar, Bd. 49, 588 Z. 15 ff.). So ist der christliche Gottesdienst Tat Gottes an der Gemeinde und Antwort der Gemeinde auf Gottes Tat. Hierfür können wir auch sagen: Der Gottesdienst ist Dienst Gottes an der Gemeinde und Dienst der Gemeinde vor Gott. Diese doppelte Antwort der reformatorischen Theologie auf unsere Frage kehrt in der Geschichte der evangelischen Theologie des Gottesdienstes immer wieder, so auch in der bedeutendsten neueren Darstellung der »Lehre vom Gottesdienste der im Namen Jesu versammelten Gemeinde« von Peter Brunner (Leiturgia, Handbuch des Evangelischen Gottesdienstes, Bd. I, 1954, 82–361). Diese beiden Aussagen über das gottesdienstliche Geschehen will ich im folgenden in der gebotenen Kürze zu erläutern versuchen, um sie sodann ekklesiologisch und kosmologisch zu entfalten.

I. Der Dienst Gottes an der Gemeinde

Im christlichen Gottesdienst geschieht die Erinnerung an Gottes große Taten und an die Verheißungen, die Gott gegeben hat. Diese Erinnerung bezieht sich auf alle Taten Gottes: Auf die Erschaffung und Erhaltung der Welt, auf die Erwählung und Führung Israels und der Kirche, vor allem aber auf seine Heilstat in Christi Tod und Auferstehung. Sie bezieht sich ebenso auf alle Verheißungen Gottes, vor allem aber auf die Verheißung der Parusie Jesu Christi.

Diese Erinnerung geschieht auf Grund der Heiligen Schrift: Als Schriftlesung, als Lehre und Verkündigung. In dieser Erinnerung wird laut der Anspruch und Zuspruch, die Forderung und die Gabe, die in den Taten und Verheißungen Gottes für die versammelte Gemeinde beschlossen sind. Vor allem aber geschieht sie im Zuspruch des Evangeliums: Christus ist für euch in den Tod gegeben! Er ist für euch auferstanden!

In diesem Gedächtnis der Heilstat Gottes ist Gott selbst rettend gegenwärtig. Durch die Verkündigung seiner Heilstat gibt er das Heil. Der neutestamentliche Ausdruck »Evangelium Christi« sagt nicht nur, daß das Evangelium Christus verkündigt, sondern daß es von ihm ausgeht, und wiederum nicht nur, daß es von ihm historisch ausgegangen ist, sondern daß er als der gegenwärtige Herr durch das Evangelium wirkt – daß er durch das Evangelium Anteil gibt an seinem Tod und an seinem Leben. Das Evangelium ist Tatwort Gottes, Kraft Gottes. So ist es nicht nur die Botschaft von der Versöhnungstat Gottes am Kreuz, sondern durch das Evangelium macht uns Gott zu Versöhnten. Es ist auch nicht nur die Lehre, daß Gott den Sünder um Christi willen rechtfertigt, sondern durch das Evangelium spricht Gott den Sünder gerecht. Und zwar ist dieses Urteil als Gottes gnädiges Urteil zugleich sein neuschaffendes Wort, deklaratorisch und effektiv zugleich. Indem uns Gott durch das Evangelium die Gerechtigkeit zuspricht, die er in Christo am Kreuz geoffenbart hat, entnimmt er uns dem kommenden Zornesgericht und gibt uns jetzt schon das Leben, das einst in der Auferweckung von den Toten sichtbar werden wird. Er gibt uns durch das Evangelium somit nicht nur Anteil an Jesus dem Gekreuzigten, sondern auch an dem Erhöhten, der als der Weltenrichter kommen wird.

In der Erinnerung an Jesus Christus werden sodann Brot und Kelch genommen, gesegnet und zum Essen und Trinken der Gemeinde dargereicht. In der Erinnerung an Jesu letztes Mahl werden hierbei dieselben Worte gesprochen, die als Jesu Spendeworte überliefert sind: »Das ist mein Leib für euch«, »das ist der neue Bund in meinem Blut«. Auch mit dieser Handlung wird Christi Tod verkündigt. Zugleich wird des von Jesus verheißenen zukünftigen Mahles gedacht, das er mit den Seinen im Reiche Gottes feiern wird.

Auch in diesem Gedächtnismahl ist Jesus Christus wirkend gegenwärtig. Er selbst, der Erhöhte, lädt die Gemeinde zum Mahl. Er selbst gibt ihr das, was seine Spendeworte sagen: Seinen Leib und den neuen Bund in seinem Blut. Er selbst, der Herr, ist hier der Geber und die Gabe zugleich, zur Vergebung der Sünden und zur Vereinigung mit ihm. Indem er in seinem Geben seinen Leib und sein Blut unterscheidet, gibt sich der Herr der Gemeinde als der, der sein Leben für sie am Kreuz dahingegeben hat. Als der ewige Hohepriester gibt er in diesem Mahle Anteil an dem Sühneopfer, das er am Kreuz Gott dargebracht hat. Sich gebend nimmt er die Gemeinde hinein in den neuen Bund, den Gott in seinem Blute in Kraft gesetzt hat. Auch die Erinnerung an das von Jesus verheißene kommende Mahl im Reiche Gottes bleibt nicht bloße Erinnerung oder Erwartung. Indem sich der Herr der Gemeinde als der Geopferte darbietet, gibt er ihr zugleich Anteil an seinem Sieg und an seinem Kommen in Herrlichkeit. Die Bitte »maran atha« ist zugleich das Bekenntnis »der Herr kommt!«. Er kommt im Abendmahl auf Erden und gibt darin jetzt schon Anteil am kommenden Hochzeitsmahl des Lammes mit der Gemeinde.

So dient Gott der Gemeinde durch Wort und Sakrament. Durch beide macht er Christi Kreuzessieg und Parusie anteilgebend gegenwärtig und nimmt uns in sein Heilshandeln hinein. Durch beide handelt er an der Gemeinde rechtfertigend, heiligend, lebendigmachend, mit Christus einend. Die Verkündigung ist weder nur Hinführung zum lebenspendenden Mahl, noch ist das Abendmahl nur Vergewisserung des lebenspendenden Wortes. Sondern durch beide zusammen gibt uns Gott das Leben. Ist es doch ein und derselbe fleischgewordene Logos, der sich durch Wort und Sakrament uns schenkt. Die Verhältnisbestimmung von Wort und Sakrament ist letztlich nur deshalb ein so überaus schwieriges theologisches Problem, weil die Gabe der göttlichen Gnade unermeßlich ist.

II. Der Dienst der Gemeinde vor Gott

Wie dient die Gemeinde dem Gott, der sich in Jesus Christus so tief zu ihr herabneigt?

Der Dienst der Gemeinde besteht vor allem anderen darin, daß sie dieses Dienen Gottes an sich geschehen läßt und daß sie seine unerschöpfliche Gabe so empfängt, wie es der Maiestas des göttlichen Gebers entspricht. Wie empfängt sie den Herrn »wahrhaft würdig und recht«? Nicht anders als in der totalen Hingabe des Menschen, des Herzens und aller Glieder, an den, der sich für uns Menschen dahingegeben hat und sich uns immer wieder gibt. Diese Hingabe geschieht in der Abkehr von uns selbst, in der Reue über unsere begangenen Sünden, im Verzicht auf selbstgewählte Pläne und Wege und zugleich in der Hinwendung zu ihm, im Sichanklammern an sein Wort und im Hinzutreten zum Mahl des neuen Bundes. Für dies beides – für die Umkehr und für die Zuwendung – können wir auch sagen: Der Dienst der Gemeinde vor Gott ist vor allem der Glaube. Denn Glaube ist nicht ohne Buße und ist das Eingreifen der Gnade. Zugleich aber ist der Glaube des Heils gewiß, nicht wegen unserer Buße und unseres Ergreifens, sondern allein wegen der uns ergreifenden Gnadentat Gottes.

Dieses Empfangen im Glauben kann nicht stumm bleiben. Hat doch Gott den Menschen zu seinem Ebenbild geschaffen, auf daß er ihm die Antwort gebe, die seiner Anrede entspricht.

So dient die Gemeinde Gott mit dem *Bekenntnis der Sünden*. Sie bekennt sich unwürdig, den Herrn in ihrer Mitte zu empfangen.

Sie dient ihm ferner mit dem *Lobpreis seiner Gnade*. Sie dankt ihm für alle seine großen Taten und Verheißungen, vor allem für die Heilstat am Kreuz, für seine Taten einst und für seine Tat, die er jetzt im Gottesdienst selbst vollbringt, für seine Heilstat an uns selbst und an der ganzen Welt.

Die Gemeinde dient Gott ferner mit *Bitten* im Namen Jesu für die Kirche und für die Welt. Im Namen Jesu zu Gott beten – das heißt, Gott betend vorhalten das Opfer, das Jesus auf Golgatha ihm dargebracht hat für die Sünden aller Menschen.

Sie bleibt aber in ihrem Dienst nicht stehen bei dem Dank für die geschichtliche Heilstat und bei der Bitte um weitere Taten, die Gott verheißen hat, sondern auf Grund dieser Taten verherrlicht sie Gott durch Jesus Christus als den, der er *ist* von Ewigkeit zu Ewigkeit. In der *Doxologie* rühmt sie die ewige Selbigkeit des göttlichen Seins und Wesens, in der die Wahrheit der Verheißung gründet.

Alle diese Antworten aber sind konzentriert im *Bekenntnis des Glaubens*. Im Credo sind – wie in der Taufe so auch im Gottesdienst – Sündenbekenntnis, Lobpreis, Anbetung und öffentliches Zeugnis in eigentümlicher Weise konzentriert. In der Mannigfaltigkeit dieser Antworten und in der Spontaneität ihres Ausdrucks bekennt die Kirche, allein von Gottes Gnade täglich neu zu leben.

In dieser Selbsthingabe des Glaubens und des Bekenntnisses bringt sich die Gemeinde durch Jesus Christus Gott als Opfer dar. Der Dienst der Gemeinde vor Gott ist das Dank- und Lobopfer, das das Opfer preist, das Christus am Kreuz für die Sünden der Welt Gott dargebracht hat und an dem er ihr durch Wort und Sakrament Anteil gibt. Dieser Dienst ist das Opfer der Eucharistie, das die Kirche in ihrem Gottesdienst Gott darbringt. Dieses Opfer ist ein totales. Es kann nicht beschränkt sein auf das Herz und auf den Mund des Menschen. Es ist gefordert auch als Opfer des Leibes und als Opfer alles dessen, was des Menschen ist. So werden auch die irdischen Gaben, die für den Dienst der Kirche von ihren Gliedern Gott dargebracht werden, als Opfer bezeichnet.

Ich halte hier zunächst inne und frage: Wie verhalten sich nun im christlichen Gottesdienst zueinander der Dienst Gottes an der Gemeinde und der Dienst der Gemeinde vor Gott? Lassen sie sich überhaupt unterscheiden?

Der Dienst Gottes an der Gemeinde geschieht durch den Dienst von Menschen. Gott redet und handelt an der Gemeinde durch menschliches Reden und Tun. Nicht nur die Antwort des Lobpreises und des Gebetes, sondern auch der Zuspruch der Verkündigung und das Dankgebet über Brot und Kelch geschieht in der Spontaneität der glaubenden Kirche und ihrer Glieder. Wiederum ist der Dienst der Gemeinde vor Gott bei aller Spontaneität der glaubenden Gemeinde zugleich Gottes Tat. Dieser Dienst ist nicht nur Antwort auf Gottes Tat, sondern gewirkt durch Gottes Tat. Er ist das Lobopfer, das Gott sich selbst bereitet durch den Heiligen Geist. Der Dienst Gottes an der Gemeinde und der Dienst der Gemeinde vor Gott gehören somit nicht nur zusammen, sondern sie durchdringen einander in *einem* pneumatischen Geschehen.

Mit der Reihenfolge Dienst Gottes und Dienst der Gemeinde kann also nicht gemeint sein die Reihenfolge der Worte und Handlungen im Aufbau des Gottesdienstes. Mit dieser Unterscheidung ist auch nicht gemeint, daß der Dienst Gottes und der Dienst der Gemeinde in exklusiver Weise auf die verschiedenen Stücke des Gottesdienstes verteilt werden könnten. Wohl aber bezeichnet diese Unterscheidung und diese Reihenfolge von Gottes Dienen und Dienst der Gemeinde eine unumkehrbare innere Ordnung des christlichen Gottesdienstes, eine innere Ordnung, die zugleich der heilsgeschichtlichen Ordnung entspricht, auf der der christliche Gottesdienst gründet und in der er steht:

Vor dem Gottesdienst der Kirche geschah die Heilstat Gottes in Christus: Die Sendung des Sohnes ins Fleisch, die Dahingabe Jesu ans Kreuz und die Proklamation des Kreuzessieges Jesu in seiner Auferweckung aus dem Grabe. Vor dem Gottesdienst der Kirche steht der Auftrag Jesu Christi, seiner zu gedenken und ihn der Welt zu verkündigen. Vor dem Gottesdienst der Kirche steht die Verheißung, daß er stets bei den Seinen bleiben und durch sie seine Taten tun wird. Vor dem Gottesdienst der Kirche stehen die Apostel als die berufenen Augenzeugen der Auferstehung Jesu Christi und als die Bürgen und Diener seines Auftrags und seiner Verheißung. Und vor dem Gottesdienst der Kirche geschah die Ausgießung des Heiligen Geistes, sie aber nicht nur als einmalige Tat, wie Christi Tod und Auferstehung, sondern als erstmalige Heilstat, der immer neue Geistesausgießungen auf immer neue Menschen folgen.

Diese heilsgeschichtliche Ordnung, auf der der Gottesdienst gründet, ist zugleich die innere Ordnung, in der der christliche Gottesdienst zu geschehen hat. Alles menschliche Tun, durch das Gott hier der Gemeinde dienen will, ist endgültig bestimmt durch Gottes geschichtliche Heilstat und den damit verbundenen Auftrag und die Verheißung des Herrn. Die geistliche Spontaneität der Zeugen und Hirten, durch die Gott an der Gemeinde handelt, hat allein der Ausführung des geschichtlichen Auftrages zu dienen, den Christus der Kirche gegeben hat und der uns durch die Apostel überliefert ist. Ist es doch das Wesen des Heiligen Geistes, daß er »nicht redet von sich selber« (Joh. 16, 13), sondern »erinnert« an all das, was Jesus Christus gesagt hat (Joh. 14, 26). Alle Vergegenwärtigung, Entfaltung, Konkretisierung der Herrenworte durch den Geist bestätigt die Endgültigkeit dessen, was Jesus Christus ein für allemal gesagt und getan hat. So ist das menschliche Reden und Tun, durch das Gott der Gemeinde dient, gänzlich umschlossen von Gottes Tun und hineingenommen in die eine große Bewegung der Herablassung Gottes in die Tiefen der Menschheit, hineingenommen in die eine große Bewegung seiner Selbsterniedrigung von der Menschwerdung an bis zur Darreichung von Christi Leib und Blut im Abendmahl an die Gemeinde. Diese eine durchgehende Bewegung göttlicher Herablassung darf vom Menschen an keiner Stelle durchbrochen oder abgekürzt werden, weder im Handeln dessen, der den Gottesdienst leitet, noch im Denken der theologischen Reflektion. Denn die Bewegung des göttlichen Erbarmens zielt auf den Zuspruch: »Für euch gegeben.« Sie kommt zur Erfüllung in dem Empfang seiner Gaben durch die Gemeinde.

So ist der Mensch, durch den Gott seiner Gemeinde dient, nur Werkzeug der Zuwendung Gottes zu den Menschen. Er hat nicht Gott mit den Menschen zu versöhnen. Gott hat ja in Christo die Welt versöhnt mit sich selber (2. Kor. 5, 18). Der Mensch hat diese Versöhnungstat nur zu verkündigen und zu mahnen: »Lasset euch versöhnen mit Gott!« – und hierbei darf er gewiß sein, daß Gott durch ihn mahnt (V. 20). Der Mensch hat Gott kein Sühneopfer darzubringen. Christus hat ja dies Sühneopfer dargebracht am Kreuz. Der Mensch hat Gottes Bundesschluß in Christi Blut nur zu verkündigen, er hat nur Brot und Kelch zu nehmen, zu segnen und darzureichen. Und hierbei darf er gewiß sein, daß Christus selbst in diesem Mahl seinen Leib und sein Blut der Gemeinde darreicht und ihr damit Anteil gibt an seinem Opfertod am Kreuz.

Die evangelische Theologie ist streng asketisch gegenüber allen naheliegenden religionsgeschichtlichen und syllogistischen Möglichkeiten einer symbolischen oder auch einer realistisch gemeinten Ausdeutung des segnenden und spendenden menschlichen Tuns, durch das Gott der Gemeinde dient. Sind doch die neutestamentlichen Schriften bekanntlich gerade an diesem Punkt äußerst zurückhaltend mit ihren Aussagen. Im Gottesdienst opfern wir Christus nicht, und auch Christus opfert sich nicht abermals durch unser Tun. Der christliche Gottesdienst ist kein von Menschen Gott dargebrachtes Sühneopfer, sondern das von Gott den Menschen zugewandte ein für allemal vollbrachte Sühneopfer Christi, das die Gemeinde im Glauben lobpreisend empfängt. Das Tun der Kirche im Gottesdienst ist nicht sacrificium propitiatorium, sondern sacrificium eucharistikon auf Grund des sacrificium propitiatorium Christi am Kreuz, an dem uns Gott durch Wort und Sakrament Anteil gibt (vgl. Artikel XXIV der Confessio Augustana und ihrer Apologie, hier besonders § 16 ff.).

III. Die ekklesiologische Entfaltung des Dienstes Gottes an der versammelten Gemeinde

Indem im christlichen Gottesdienst Gott den hier versammelten Menschen dient, vereinigt er sie mit sich und untereinander. Indem sie Christi Leib empfangen, sind sie ein Leib, sein Leib. Aber Gott vereint die örtlich

Versammelten nicht nur miteinander, sondern mit allen Glaubenden auf Erden. Denn es ist der eine Herr, der sich hier und an allen Orten den Seinen schenkt. Demgemäß bezeichnet dasselbe Wort »ekklesia« im Neuen Testament sowohl die Ortsgemeinde als auch das ganze Gottesvolk auf Erden. In der örtlichen gottesdienstlichen Versammlung manifestiert sich die Gemeinschaft aller Glaubenden.

Diese Gemeinschaft ist nicht nur Gemeinschaft mit den Brüdern, die gleichzeitig mit uns leben, sondern zugleich Gemeinschaft mit den Vätern, die uns im Glauben vorausgegangen sind. Denn es ist ja zu allen Zeiten der eine Herr, von dessen Gnade die Glaubenden leben, derselbe Herr, der einst an ihnen gehandelt hat und der heute an uns handelt. Sie alle, auch die Frommen des Alten Bundes, lebten von dem Opfer Christi. Der alttestamentliche Opferkult war schon der Schatten dieser kommenden Wirklichkeit. So dienen wir Gott in Gemeinschaft mit den Aposteln und den alttestamentlichen Propheten und mit den bekannten und unbekannten Gliedern des alt- und neutestamentlichen Gottesvolkes. Im christlichen Gottesdienst manifestiert sich die Kirche aller Orte und Zeiten. Und zwar besteht diese Gemeinschaft nicht nur in einer historischen Erinnerung an die, die uns vorausgegangen sind und auf deren Dienst wir gründen; sie besteht nicht nur darin, daß wir im Gottesdienst ihre Lehre bewahren und mit ihren Gebeten Gott preisen. Im Gottesdienst haben wir mit ihnen Gemeinschaft als mit solchen, die leben, wenngleich sie starben. Indem wir im Herrenmahl jetzt schon teilhaben am kommenden Hochzeitsmahl des Lammes, haben wir über den Abstand der Zeit und auch über die Problematik des Zwischenzustandes hinweg Gemeinschaft mit allen, die der Herr einst in seiner Parusie aus allen Ländern und Zeiten versammeln wird zur ewigen Freude. In der Anbetung des einen Herrn ist das auf Erden wandernde und das ans Ziel gekommene Gottesvolk eines.

IV. Die kosmologische Entfaltung des Dienstes Gottes an der versammelten Gemeinde

Durch seinen Dienst erschließt uns Gott zugleich die kosmische Dimension des Lobpreises, den er sich bereitet hat in der außermenschlichen Kreatur, des Lobpreises, der durch den Fall des Menschen nicht zum Verstummen gebracht worden ist. Gott ist im christlichen Gottesdienst gegenwärtig als der Herr, den die Scharen der Engel unaufhörlich preisen. Indem die Gemeinde das Gloria in excelsis und das Sanctus anstimmt, tritt sie herzu zu dieser himmlischen Liturgie.

Zugleich erschließt Gott ihr den Lobpreis, auf den hin er die außermenschliche sichtbare Kreatur geschaffen hat. Trotz aller Entstellung und allem Seufzen der irdischen Kreatur erkennt der Glaube, daß sie dem Ruhme Gottes dient. Aus der Gemeinde heraus ergeht so mit dem Psalter der Anruf an Himmel und Erde: »Lobet *im Himmel* den Herrn . . ., lobet ihn, Sonne und Mond, lobet ihn, alle leuchtenden Sterne ...!« und: »Lobet den Herrn *auf Erden*, ihr Walfische und alle Tiefen, Feuer, Hagel, Schnee ..., Berge, Bäume, Tiere ...!« (Psalm 148). Jedes Geschöpf lobe den Herrn auf seine Art.

Im christlichen Gottesdienst hebt so der einhellige Lobpreis an, auf den hin Gott das All geschaffen hat. Himmel und Erde sollen den Herrn rühmen und in ihrer Mitte der Mensch als Gottes Ebenbild. Noch wird der Lobpreis der Gemeinde auf Erden nur laut unter Bitten, Flehen, Seufzen, Klagen. Noch haben wir nur im Glauben teil an der Anbetung der Vollendeten und der himmlischen Scharen der Engel. Noch ist der Gottesdienst der Gemeinde umgeben vom Seufzen der außermenschlichen Kreatur. Und doch ist die Kirche schon jetzt der Mund des Lobpreises, den einst die ganze neue Schöpfung Gott darbringen wird.

So ist im gottesdienstlichen Geschehen die ganze Heilsgeschichte in eigentümlicher Weise konzentriert, nämlich die Taten, die Gott als Schöpfer, Erlöser und Neuschöpfer an Menschheit und Kosmos getan hat und tun wird, und die diesen Taten angemessene Antwort des Menschen inmitten aller Kreatur. Gottes Tat und Menschentat kommen im Gottesdienst zur Einheit, indem Gott sich in Christo dienend herabläßt und die Gemeinde dem gekreuzigten Christus als Herrn und Gott die Ehre gibt. So hat das gottesdienstliche Geschehen als Ganzes, wie auch die Darreichung von Christi Leib und Blut »in, mit und unter« Brot und Wein teil an der Struktur der Inkarnation.

Ich komme zum Schluß, indem ich nochmals auf die Einleitung meiner Ausführungen zurückkomme:

Als Konzentration des Heilshandelns Gottes ist die gottesdienstliche Versammlung die lebenspendende Mitte der Lebensbewegungen der Kirche inmitten der Welt. Denn immer wieder sammelt hier der Herr die in der Welt Zerstreuten heraus aus der Welt, reinigt sie von ihren Sünden, stärkt sie in ihren Anfechtungen, eint sie aufs neue mit sich. Immer wieder sendet zugleich der Herr hier die Seinen hinein in die Welt. Indem er ihnen dient, befiehlt er ihren Dienst in der Welt, und indem er sie stärkt, gibt er ihnen die Vollmacht für diesen Dienst, den Dienst der Rettung an denen, die mit der Welt dem Gericht verfallen sind, wenn sie nicht zum Glauben kommen. Das Opfer der Hingabe kann also nicht beschränkt bleiben auf die gottesdienstliche Versammlung. Ist hier wahre Hingabe, dann bricht das Lobopfer der Gemeinde von hier aus hinein in die Welt, und es wird das ganze Leben der Glieder der Gemeinde zum Lobopfer, das Christus preist. »Alles, was ihr tut mit Worten oder mit Werken, das tut alles in dem Namen des Herrn und danket Gott und dem Vater durch ihn« (Kol. 3, 17). So ist der gebotene Gottesdienst der Christen das tägliche Opfer des ganzen Menschen im Gehorsam des Tuns und des Leidens. Der Glaube, der Gottes Gabe empfängt, kann nach reformatorischer Lehre nicht ohne gute Werke bleiben, wenngleich der Glaubende die Gnade nicht wegen der Werke empfängt. Aber der Glaube an Christus macht uns zu Sklaven dieses Herrn, und als seine Sklaven sind wir befreit zur Freude seines Dienstes.

In dieser doppelten Lebensbewegung, heraus aus der Welt und hinein in die Welt, wird die Kirche von Gott auferbaut und ist sie der wachsende Christusleib, wachsend an Gaben und wachsend an Gliedern. Sie wächst von Christus dem Haupte her, der in der gottesdienstlichen Versammlung Anteil an seinem geopferten Leibe gibt.

Freilich wäre sowohl die Sammlung heraus aus der Welt als auch die Sendung hinein in die Welt verkannt, wenn man hier nur an die örtlich versammelte Gemeinde denken würde. Da sich im örtlichen Gottesdienst durch das Sich-Schenken des einen Herrn die eine Kirche aller Orte und Zeiten manifestiert, entbindet der Gottesdienst wesensgemäß den Drang, über die örtlichen Grenzen hinaus die in Christus gegebene Gemeinschaft aller Glaubenden sichtbar werden zu lassen in wechselseitigem Trösten und Mahnen, Helfen und Geben und in der wechselseitigen Teilhabe an den Gaben und Leiden, mit denen Christus die Seinen auszeichnet. Dieser Drang kann auch nicht haltmachen an den Grenzen der Spaltungen, die die verschiedenen Teile der Christenheit voneinander trennen. Er ist vielmehr das sehnsüchtige und liebende Suchen der Gemeinschaft mit allen, die durch den Christusnamen gezeichnet sind, um mit ihnen allen gemeinsam der Welt den Herrn zu verkündigen, dessen Eigentum sie bereits ist, auch wenn sie es noch nicht erkennt.

Zusätzliche Literatur

George R. Beasley-Murray: Die christliche Taufe. Eine Untersuchung über ihr Verständnis in Geschichte und Gegenwart, Kassel 1968.

Peter Brunner: Pro Ecclesia. Gesammelte Aufsätze zur dogmatischen Theologie, 2 Bde., Berlin/ Hamburg 1962/1966.

Gerhard Gloege: Heilsgeschehen und Welt. Theologische Traktate, Bd. 1, Göttingen 1965.

Gerhard Gloege: Verkündigung und Verantwortung. Theologische Traktate, Bd. 2, Göttingen 1967.

Kirche und Abendmahl: Studien und Dokumente zur Frage der Abendmahlsgemeinschaft im Luthertum. Hg. von *Vilmos Vatja*, Berlin/Hamburg 1963.

Koinonia. Arbeiten des ökumenischen Ausschusses der Vereinigten Evangelisch-Lutherischen Kirche Deutschlands zur Frage der Kirchen- und Abendmahlsgemeinschaft, Berlin 1957.

Leiturgia. Handbuch des evangelischen Gottesdienstes, 4 Bde., Hg. von *Karl Ferdinand Müller* und *Walter Blankenburg*, Kassel 1954/1961.

Edmund Schlink: Theologie der lutherischen Bekenntnisschriften, München 1940.

Willem Adolf Visser't Hooft

Die Rolle des Christen im rapiden Wandel der Gesellschaft*

Es gibt zwei Möglichkeiten, dieses Thema zu behandeln. Einmal kann man einen Aspekt dieses riesigen Problems herausgreifen. Zum andern kann man es als Ganzes zu verstehen versuchen, aber dann freilich nur in fast stenografischer Form. Ich habe mich für das letztere entschieden, weil wir gegenwärtig in einer Zeit der Verwirrung auf dem Gebiet der Sozialethik leben und deshalb fast nichts mehr für selbstverständlich halten können. Ich nenne darum die offenbar ausschlaggebenden Punkte, die ein kurzer sozialethischer Katechismus, dessen wir dringend bedürften, enthalten sollte, bin mir aber im klaren darüber, daß es nicht möglich ist, diesen Plan in adäquater und befriedigender Weise auszuführen.

1. Christen sind in die Welt gesandt, um durch Wort und Tat die Herrschaft Christi zu bezeugen. Das Leben der Welt ist im wesentlichen durch soziale und politische Faktoren geformt. Christen sind berufen, ihrem Herrn in diesem Lebensbereich, wie in jedem anderen, zu dienen.

Es scheint, als redeten wir hier über eine Selbstverständlichkeit. Leider ist aber die alte Häresie noch nicht tot, daß Politik ein weltlicher Bereich sei, der nichts mit dem christlichen Glauben zu tun habe. Die christliche Kirche ist für das Entstehen dieser Häresie weitgehend selbst verantwortlich, weil sie lange Zeit die Königsherrschaft Christi in ihrer alles umfassenden Fülle nicht verkündigt hat. Sie hat das Schriftwort »nicht von der Welt« interpretiert, als hieße es »außerhalb der Welt«. Es ist eine der größten Gaben, die Gott uns heute gegeben hat, daß wir deutlicher sehen, daß unser Herr Priester, Prophet und König ist und daß seine aktuelle Herrschaft, die wir nicht sehen, aber im Glauben anerkennen, in allen Bereichen des Lebens zu verkündigen ist.

2. Zeugnis zu geben im politischen Bereich heißt nicht nur, daß der Christ als Bürger oder Staatsmann persönliche christliche Tugenden wie Ehrlichkeit, Gleichheit, Unbestechlichkeit verteidigt, sondern daß er darüber hinaus die Strukturen der Gesellschaft im Licht des Evangeliums Christi untersucht, um solchen Strukturen zu widerstehen, die Ungerechtigkeit schaffen, und für eine Umgestaltung der Gesellschaft wirkt, damit Menschen ihre volle Berufung als verantwortliche Geschöpfe Gottes, für die Christus gestorben ist, erfüllen können.

* Vortrag in Mindolo/Zambia auf einer Tagung des Ökumenischen Rates der Kirchen über die Beziehungen zwischen den Rassen im südlichen Teil Afrikas (1964). Text aus: W. A. Visser't Hooft: Die ganze Kirche für die ganze Welt. Hauptschriften, Bd. 1, Kreuz-Verlag, Stuttgart/Berlin 1967, S. 82–95. Abdruck mit freundlicher Genehmigung des Verlages.

Auch das scheint eine Selbstverständlichkeit zu sein. Tatsächlich aber hat sich die Kirche so weitgehend auf eine Ethik des persönlichen Lebens und der persönlichen Beziehungen konzentriert, daß der Eindruck entstanden ist, als seien die Strukturen sakrosankt oder unveränderlich. Wir verdanken es weitgehend dem gemeinsamen Erleben des Nationalsozialismus und des Kommunismus, daß die Kirchen endlich angefangen haben – erst angefangen haben! –, eine christliche Kritik der sozialen und politischen Strukturen zu entwickeln. Es ist klar, daß diese Aufgabe nicht von kirchlichen Verwaltungsstellen und Theologen allein bewältigt werden kann und darf. Christliche Laien haben viel zu lange auf den kirchlichen »professional« gewartet. Die Wiederentdeckung der Rolle des Laien in unserer Zeit muß darin zum Ausdruck kommen, daß der Laie die sozialen und politischen Strukturen im Licht des Evangeliums in der Vorhut durchdenkt.

3. Das Instrumentarium des Christen, der im Leben der Gesellschaft auftritt, besteht nicht in einem Gesetzeskodex allgemeiner Moralrezepte oder in einem sozialethischen System, das auf unwandelbare Ordnungen der Schöpfung oder auf dem Naturrecht gegründet ist.

Gott hat nämlich seinen Willen nicht in der Form legaler Vorschriften geoffenbart, die man auf alle Situationen anwenden kann. Sollten wir ein solches Gesetzessystem entwickeln, sind wir in der Gefahr, daß wir dem System statt Gott gehorchen. In ihrer Geschichte war die Kirche wegen solcher Gesetzlichkeit oft unfähig, phantasievoll und schöpferisch neuen Situationen zu begegnen. Die grundlegende Schwäche dieser Gesetzlichkeit besteht darin, daß sie das christliche Leben unpersönlich und letzten Endes verantwortungslos macht. Denn wenn man lediglich von mir fordert, daß ich einem Kodex gehorche, habe ich nicht mehr im Glauben zu entscheiden, was Gottes Wille hier und jetzt für mich ist. Statt daß eine Person dem augenblicklichen Ruf Gottes antwortet, ist sie zu dem geworden, was Paulus einen »Sklaven des Gesetzes« nennt.

4. Die Aufgabe des Christen in der Gesellschaft besteht darin, die göttliche Geschichte inmitten der säkularen Geschichte zu repräsentieren. Die Entscheidungen, die er im konkreten und wechselvollen Kontext seines täglichen Lebens trifft, müssen den Geist des ewigen und unwandelbaren Kontextes des göttlichen Planes atmen, der im Bericht der großen Taten Gottes in der Heiligen Schrift geoffenbart ist.

In diesem Sinn ist christliche Ethik Kontextualethik. Der Christ lebt in zwei Kontexten – in dem der Welt und in dem der Heilsgeschichte. Der entscheidende Kontext ist aber nicht die konkrete Situation, in der ich mich vorfinde, sondern der Kontext der göttlichen Geschichte. Mit G. B. Shaw in einem seiner Schauspiele könnte man sagen: »Wir spielen das kleine Spiel, aber das große Spiel wird mit uns gespielt.« Der Christ versucht das kleine Spiel im Licht des großen Spieles zu spielen.

5. Aus der göttlichen Geschichte, wie sie im Alten und Neuen Testament berichtet wird, empfängt der Christ eine Schau des Planes Gottes in der Welt und Hinweise für das Wesen christlichen Gehorsams im Leben der Gesellschaft.

Was er aus Gottes Offenbarung lernt, ist kein genaues Rezept für sein Verhalten. Was er lernt, ist etwas viel Wichtigeres – nämlich: Wie die Wirklichkeiten des menschlichen Lebens sub specie aeternitatis im Licht des ewigen Gotteswillens aussehen. Das deuteronomische Gesetz, das vorschreibt, wie man seinen Knecht behandeln soll, will nicht von einem heutigen Betriebsführer in seinen Beziehungen zu dessen Arbeitern kopiert sein. Aber dasselbe Gesetz enthält eine Sicht menschlicher Beziehungen, die heute ebenso gültig ist wie zu jenen Zeiten, als das Buch des Deuteronomiums zusammengestellt wurde. Gleichermaßen erwartet man nicht von uns den primitiven Kommunismus der ersten Gemeinden, wie er in der Apostelgeschichte beschrieben wird, und dennoch hat jene Geschichte eine wesentliche Bedeutung für unser Verständnis von den Grenzen des Rechtes auf Privateigentum. Wichtiger aber als das alles ist, was wir aus der Schrift über den Umgang Gottes mit den Menschen lernen, werden uns doch hier die Umrisse des Lebens der neuen Schöpfung oder der neuen Menschheit gezeigt, jener exemplarischen Gemeinschaft, die wir in dieser Welt zu vertreten berufen sind. Dasselbe gilt von der Bergpredigt. Sie sagt uns nicht genau, wie wir in einer bestimmten Situation zu handeln haben. Sie sagt uns aber etwas über das Wesen des Reiches, zu dem wir gehören, über die Qualität des Lebens, über die Beziehungen zwischen Menschen in diesem Reich. Sie ist, wie schon gesagt worden ist, die Thronrede, die die Aufrichtung des neuen Reiches ankündigt. Man kann sie in buchstäblichem Verständnis unmöglich als Grundriß für eine Gesellschaft unserer Zeit verwenden. Jeder, der, wie Tolstoi, es so versucht hat, ist gescheitert. Das heißt aber nicht, daß wir die zentrale Botschaft Christi mißachten dürfen, denn wenn wir ihm folgen, sind wir Glieder des Reiches, das er beschreibt. Darum haben wir immer von neuem zu fragen: Wie muß ich als Repräsentant eines solchen Königs leben und handeln in einer Welt, deren Struktur vom Reich Gottes so total verschieden ist? Anders gesagt: Wir sind niemals aus der Pflicht entlassen, in jedem Augenblick zu entscheiden, wie wir diesem Reich inmitten der harten Realität der alten Welt am besten treu bleiben können.

Um den Willen Gottes in einer konkreten Situation zu erkennen, muß ich dreierlei tun: Ich muß einmal den Versuch machen, zu begreifen, was meine Wahl und Entscheidung beinhalten, besonders sofern sie andere berühren. Dazu habe ich alle Quellen des Wissens und Verstehens zu gebrauchen, die mir zugänglich sind. Darüber hinaus muß ich zu entdecken versuchen, welches Licht das Offenbarungshandeln Gottes und sein Plan für die Menschheit auf die Situation wirft. Hier ist das Studium der Bibel unaufgebbar, jedoch ein Studium, das die Interpretation der Schrift im Leben der Kirche ernst nimmt. Drittens muß ich ringen um Einsicht in den Willen Gottes und bitten um die Bereitschaft des Gehorsams. Hier hängt alles an der Wirklichkeit meines Glaubens.

6. Christliches Handeln in der Politik ist durch die Tatsache charakterisiert, daß es weder von Utopismus noch von Defaitismus beeinflußt ist. Es ist nicht utopisch, weil es jeden Versuch, die Probleme der Gesellschaft zu lösen, als vorläufige und relative Lösung versteht. Es ist nicht defaitistisch, weil es aus dem Glauben genährt wird, daß die Arbeit für die Sache der Gerechtigkeit und des Friedens in jedem Falle nicht vergeblich ist in dem Herrn.

Utopismus ist darum so gefährlich, weil er zur Selbstgerechtigkeit oder letztlich zum Totalitarismus führt und weil er vom Zynismus bedroht ist, wenn die Utopie sich nicht verwirklicht. Der Utopist, der seine Ideologie oder seinen sozialpolitischen Traum zum Maßstab aller Dinge macht, verabsolutiert das Relative. Da es aber höchstens ein Absolutes geben kann, ist er gezwungen, das wahrhaft Absolute, also das Übermenschliche, als etwas nur Relatives zu behandeln. Da das Absolute, wie es im christlichen Glauben Gestalt angenommen hat, sich einer Relativierung widersetzt, wird der Utopist antireligiös. Christen betrachten alle sozialen Strukturen als geschichtlich bedingte Antworten auf konkrete Situationen. Sie sind nicht gleich gut oder gleich schlecht, vielmehr muß unter ihnen ausgewählt werden. Trotzdem ist keine von ihnen die eine ein für allemal zutreffende Antwort, die man allen Menschen überall aufzwingen könnte.

Jean Paul Sartre berichtet über eine Unterhaltung mit einem sowjetischen Schriftsteller, der häufig als offizieller Sprecher des Kommunismus dient. Der Schriftsteller sagte: »An dem Tag, an dem der Kommunismus regiert (das heißt: Wohlfahrt für alle), wird die Tragödie des Menschen beginnen: Nämlich seine Endlichkeit.« Hier stehen wir vor einem höchst bemerkenswerten Zugeständnis. Ein offizieller Sprecher des Marxismus bekennt, daß die Ideologie die tiefste, die wesentliche Frage unbeantwortet läßt. Sartre jedoch gibt einen anderen und überraschenden Kommentar: »Noch ist es nicht Zeit, diese Entdeckung zu machen. Der Geist, die Freiheit, die Moral kommen später. Alle Menschen müssen Menschen werden durch die Verbesserung ihrer Lebensbedingungen, ehe eine universale Ethik entwickelt werden kann.« Die Feststellung des russischen Schriftstellers und der Kommentar Sartres zeigen auch, wie eine utopische Ideologie dazu führen kann, das Erste zum Letzten zu machen. Als ob der Mensch vom Brot allein leben würde! Als ob der Aufstand der Massen nicht ebenso sehr ein Kampf um Würde und wahre Freiheit wie um einen größeren Anteil an den materiellen Gütern wäre.

Andererseits kann der Christ nie Defaitist werden. Gerade weil er weiß, daß der Kampf gegen die Sünde in seinem eigenen Leben nicht hoffnungslos ist, kämpft er fortwährend auf Hoffnung gegen die sozialen Sünden. Wenn auch aller Augenschein gegen ihn ist, gibt er nicht auf, weil er sich am Sieg Christi und nicht an dem zu beobachtenden historischen Fortschritt orientiert. Ich fragte einmal Max Huber, den früheren Präsidenten des Internationalen Gerichtshofs und des Internationalen Roten Kreuzes, ob er irgendeinen Unterschied bemerken könne zwischen Christen und anderen Menschen im internationalen politischen Leben. Es war in den tragischen Tagen unmittelbar vor dem Zweiten Weltkrieg, als das ganze Gerüst des internationalen Lebens zusammenbrach. Er sagte: »Nur an einem Punkt. Die Christen kämpfen noch immer für den Frieden, selbst wenn die Situation aussichtlos scheint. Die anderen geben einfach auf.«

7. Für Christen ist das Kriterium des sozialen und politischen Handelns nicht der Erfolg irgendeines Systems, einer Partei, einer nationalen, rassischen oder gar religiösen Gruppe, sondern das allgemeine Wohl. Die entscheidende Frage lautet immer: Wird diese oder jene Entscheidung oder Aktion Menschen helfen oder hindern, ihre menschliche Berufung zu erfüllen.

Unser Herr ist für Menschen – für alle Menschen – gestorben. Wie man es heute gelegentlich sagt: Christen leben das Leben der Proexistenz. Wenn sie im Lauf der Geschichte den Aktionen einer Gruppe Widerstand leisten müssen, dann schreiben sie ihre Gegner damit nicht ab, als wären sie die Inkarnation des Bösen. Vielmehr behalten sie deren Bedürfnisse und Interessen im Auge und predigen nicht den Haß. Sie halten den Weg frei für eine Lösung des Konflikts und für echte Versöhnung. Mir scheint, daß uns die Führer der »Freiheitsbewegung« in den USA, die den Versuch unternehmen, die Farbigen in den Genuß der vollen Bürgerrechte zu bringen, ein bemerkenswertes Beispiel jener Haltung geben, die realistische Opposition gegen Ungerechtigkeit mit einer positiven christlichen Einstellung gegenüber dem Gegner verbindet. Ich zitiere aus einem Bericht: »Die Art und Weise, in der die Bewegung sich Ausdruck verschafft, ist eindeutig von der Vision der neuen Menschheit in Christus inspiriert. Man sieht den christlichen Inhalt noch deutlicher in den Methoden, die die Bewegung im Blick auf die Ziele anwendet – die gewaltlose Methode vergebender Liebe, der Versuch, den Gegner zum Bruder zu gewinnen im Wissen, daß niemand frei sein kann ohne den andern.« Die Kirche ist jene Gemeinschaft, die die Kraft der Versöhnung über alle Mächte manifestiert, die Menschen voneinander trennen. Kirchen, die die Rassentrennung betonen, statt auf die Versöhnung der Rassen in Gott und Christus hinzuweisen, verleugnen die zentrale Wahrheit des Evangeliums von der Versöhnung.

Hier läßt sich die Bedeutung der ökumenischen Bewegung tiefer und klarer erkennen. Noch denken manche Menschen, es sei die entscheidende raison d'être der ökumenischen Bewegung, die Zusammenarbeit unter den Kirchen und die Ausbreitung eines guten Einflusses in der Welt zu fördern. Aber es gilt, weit mehr als das zu tun. Die ökumenische Bewegung ist dazu da, um die versöhnende Kraft des Kreuzes zu bezeugen. Wenn die Kirche darin versagt, Christen verschiedener Nationen, Rassen und Klassen näher zusammenzubringen, versäumt sie die Gelegenheit, die verwandelnde Kraft des Kreuzes zu demonstrieren, und macht es der Welt schwerer, zu verstehen, worum es in der Botschaft von der Versöhnung überhaupt geht. Die, die wahrhaft versöhnt sind, können nie mehr einen Menschen oder eine Gruppe als totalen Feind sehen, als Feind im vollen und radikalen Sinn des Wortes. Christus starb für alle. Darum kann ich nie mehr irgendeinen Menschen vollkommen abschreiben. Ich kann nie mehr nein sagen zur Existenz eines anderen Menschen. In unseren Tagen verstehen wir uns so vorzüglich auf das »anti«, und mit dem »anti« meinen wir, daß wir hundertprozentig dagegen sind. Im Neuen Testament meint das Wort »anti« im allgemeinen gerade das Gegenteil – »anti« im Neuen Testament bedeutet meistens »im Namen von«, »um Willen«. So ist es für die Versöhnenden typisch, daß ihr »anti« dieses neutestamentliche »anti« meint: Um der anderen willen. So können Christen in dieser Welt nie eine Partei sein und sich nie von der übrigen Menschheit isolieren. Darum können sie auch nie sagen: »Ich tue etwas, um mein Ziel zu erreichen.« Der Zweck heiligt niemals solche Mittel, die auf eine Verleugnung der Menschenwürde und der menschlichen Solidarität hinauslaufen.

8. Da Gott mit allen Menschen als verantwortlichen Wesen umgeht, stehen Christen für eine Gesellschaft, in der sämtliche Beziehungen durch Verantwortung bestimmt sind. Die Regierung muß anerkennen, daß der Staat kein Ziel an sich ist, sondern Verantwortung gegenüber dem hat, was den Staat transzendiert, und sie muß ihren Bürgern gegenüber verantwortlich sein. Die Bürger müssen frei sein, als verantwortliche Wesen zu handeln, die verantwortlich sind für die Wohlfahrt ihrer Mitbürger und für das gemeinsame Leben in der Gesellschaft.

Der christliche Glaube, der einen starken Nachdruck auf die Berufung Gottes für alle Menschen legt und eine persönliche Antwort fordert, ist unausweichlich ein Ferment der Geschichte, das auf die Transformation rein autoritärer und kollektivistischer Gesellschaften hinwirkt zu Gesellschaften, in denen alle als Personen an der gemeinsamen Verantwortung für das gemeinsame Leben teilhaben können.

Die letzte Verantwortung des Menschen gilt nicht dem Staat, sondern Gott. Nationen, die die Loyalität gegenüber dem Staat zur letzten Norm erheben, machen aus dem Staat ein Idol und sind auf dem Weg zum Totalitarismus. Die Selbstbegrenzung des Staates muß sich in der Erkenntnis ausdrücken, daß der Staat nicht Schöpfer, sondern Diener der Gerechtigkeit ist und daß sein Handeln im Licht von Normen zu beurteilen ist, die den Staat transzendieren. Aus diesem Grund ist es von so lebenswichtiger Bedeutung, daß die Rechtsprechung genuine Unabhängigkeit besitzt.

Bürger müssen in der Lage sein, an den allgemeinen Entscheidungen zu partizipieren, die das Leben ihrer Gesellschaft berühren. Bei dem Gespräch in Cottesloe 1960 haben mehr als 80 Prozent der Teilnehmer der südafrikanischen Kirchen, die damals noch Mitglied im Weltrat der Kirchen waren, mit Recht festgestellt, »wir sind überzeugt, daß das Recht, Land zu besitzen und an der Regierung dieses Landes Anteil zu nehmen, ein Teil der Würde des mündigen Menschen ist und daß aus diesem Grund eine Politik, die dem nichtweißen Mann fortgesetzt das Recht auf Mitarbeit in der Regierung des Landes, dessen Bürger er ist, bestreitet, nicht gerechtfertigt sein kann«.

Darum können Christen keine Form der sozialen Beziehungen, keine Politik im Bereich der Rassenbeziehungen akzeptieren, wenn sie nicht von den entscheidenden Gruppen, die es angeht, freiwillig bejaht wird. Wie gut auch immer die Absichten derer sein mögen, die an der Macht sind: Wollen sie ihre Pläne nicht dem Urteil derer aussetzen, die am stärksten betroffen sind, dann leugnen sie implizit, daß die Angehörigen jener Gruppen Recht und Fähigkeit besitzen, ihr eigenes Schicksal zu bestimmen.

Normal ist, daß der Bürger die Rolle bejaht, seines Bruders Hüter zu sein, daß die Wohlfahrt seiner Mitbürger und der ganzen Gesellschaft zu seinem Anliegen wird.

9. Christen haben jeden Machtgebrauch im geistlichen Bereich abzulehnen. Sie müssen aber erkennen, daß im Bereich der Gesellschaft Machtgebrauch unausweichlich und notwendig ist.

Macht ruht nicht nur bei der Regierung oder beim Geld, sondern auch in der Presse, in der Gewerkschaft, in der Wahlurne und in der öffentlichen Meinung. Darum lautet die Frage nicht, ob Macht gebraucht werden soll oder nicht, sondern wie sie gebraucht wird. Es ist oft wahr, daß Macht korrumpiert, und es ist immer wahr, daß absolute Macht absolut korrumpiert. Macht aber, die es akzeptiert, unter die Kontrolle eines freiwillig angenommenen Gesetzes und unter den ausdrücklichen Willen des Volkes gestellt zu werden, schafft ihren eigenen Gegenpol und muß daher keinen korrumpierenden Einfluß haben. Die christliche Lehre vom Menschen behauptet nicht, daß Menschen gut sind und deshalb der Wille der Mehrheit richtig ist, sondern vielmehr daß kein Mensch und keine Gruppe gut genug ist, um der Versuchung unkontrollierter Macht zu widerstehen. Darum kann das Leben eines Staates und einer Gesellschaft nur gesund sein, wenn wirkungsvolle Gegenkräfte und Ausgleiche sichergestellt sind. Aus diesem Grund ist die Demokratie trotz all ihrer Schwächen immer noch die am wenigsten gefährliche Regierungsform.

10. Ihrem Wesen nach ist die christliche Kirche verpflichtet, für die Armen und Unterdrückten einzustehen und gegen Ausbeutung und Unterdrükkung in ihren verschiedensten Formen einzutreten.

Im Alten Testament plädieren sowohl die prophetischen Stimmen (wie beispielsweise Amos) als auch die priesterlichen Stimmen (wie im deuteronomischen Gesetz) für Gerechtigkeit gegenüber den Benachteiligten. Im Neuen Testament lassen Lukas und Jakobus keinen Zweifel darüber, daß die Armen, die seliggesprochen werden, nicht nur die Armen im Geist sind, sondern auch die Armen »tout court«. Die klassischen Worte des Magnificat dürfen nicht in einer abstrakt spiritualisierten Weise interpretiert werden: »Er zerstreut die hoffärtig sind in ihres Herzens Sinn. Er stößt die Gewaltigen vom Stuhl und erhebt die Niedrigen. Er füllt die Hungrigen mit Gütern und läßt die Reichen leer.« Durch lange Perioden hindurch hat die christliche Kirche diesen wesentlichen Teil der christlichen Botschaft vergessen oder übersehen. Aber er hat im Zeugnis prophetischer Christen beiderlei Geschlechts weitergelebt und ist im Gewissen der Kirche immer wieder erweckt worden.

Es ist eine erstaunliche Tatsache, daß Johannes Calvin, der so oft als gestrenger Autoritärer und als Vater des Kapitalismus gezeichnet worden ist, so deutlich ausgesprochen hat, daß die Kirche auf die Seite der Armen und Unterdrückten gehört. Er erklärt sogar, daß eine Regierung an dem Kriterium zu messen sei, ob sie mit den Armen gerecht verfährt. Ja, er geht noch weiter: Das Gefühl des Aufruhrs, das in den Herzen der Unterdrückten geboren wird, ist von Gott. Da viele Schüler Calvins, aber auch viele, die ihn nicht schätzen, kaum glauben werden, daß Calvin eine so scheinbar revolutionäre Sprache geführt hat, die man heute in gewissen Kreisen als »kommunistisch« bezeichnen würde, möchte ich das genaue Zitat bringen. Calvin sagt in seinem Kommentar zu Habakuk 2, 6: »Wenn jemand sieht, daß es die armen Leute nicht länger aushalten, sondern so furchtbar unterdrückt sind, dann ruft jeder: Wie lange noch! Und dieser Ruf, weil er natürlich ist und seinen Ursprung und sein Recht in der Gleichheit hat, wird von Gott gehört. Denn was liegt hinter der Tatsache, daß Menschen in Not ausrufen: Wie lange noch! Daß sie wissen, daß eine solche lange Verwirrung und ein solcher Umsturz aller Ordnung und Gerechtigkeit unmöglich toleriert werden können. Ein solches Gefühl und eine solche Einsicht aber ist uns von Gott gegeben.«

Das ist geschrieben worden dreihundert Jahre ehe es so etwas wie ein social gospel gab. Alle, die heutzutage die Forderungen der Massen in der ganzen Welt für einen Platz an der Sonne der Gerechtigkeit als Phänomen interpretieren, das nicht nur politische und soziale, sondern auch religiöse Bedeutung habe, stehen in einer großen und zutiefst originär christlichen Tradition.

11. Indem Christen für Gerechtigkeit und die freie Ausübung von Verantwortung durch jedermann einstehen, sind sie gerufen zum Widerstand gegen Ungerechtigkeit und Unterdrückung. Wo Ungerechtigkeit und Unterdrückung in politischen oder sozialen Systemen institutionalisiert sind, kann dieser Widerstand die Form des Widerstandes gegen die Obrigkeit annehmen.

Christen wissen, daß die Regierung »Gottes Diener den Menschen zugut ist« (Römer 13). Die Autorität hat daher den Anspruch auf Gehorsam in allem, was gerecht und billig ist. Christen werden daher keiner Autorität widerstehen, es sei denn, daß ganz klar ist, daß sie in entscheidenden Fragen nicht dem Willen Gottes dient und dem Wohl der Menschen zuwiderhandelt. Diese Lehre von der Notwendigkeit und den Grenzen des Widerstandes hat starke Zeugen in der Kirchengeschichte. Calvin entwickelte den Widerstandsgedanken gegen Tyrannei und Ungerechtigkeit nicht durch Individuen, sondern die »unteren Magistraten«, die gewählt sind, um das Volk zu vertreten. John Knox ging noch weiter. Als er gefragt wurde, ob es nicht gefährlich sei, zu lehren, daß man der Obrigkeit auch trotzen könne, antwortete er: »Und welches Leid sollte der Allgemeinheit angetan werden, wenn korruptes Handeln törichter Herrscher gedämpft und gezügelt würde durch die Weisheit und Besonnenheit frommer Untertanen, so daß sie keinem Menschen mehr Gewalt antäten?« Die Spannung zwischen der Gehorsamspflicht gegenüber dem Staat und der Widerstandspflicht unter bestimmten Umständen zeigt sich am deutlichsten in der Schottischen Confession of Faith von 1560. Sie erklärt einerseits, daß die, die der obersten Gewalt Widerstand leisten in Dingen, die ihres Amtes sind, Gottes Anordnung widerstehen und daher nicht schuldlos sein können (Kapitel 24). Auf der anderen Seite führt sie bei der Interpretation der guten Werke, die Christen zum Wohl ihrer Nächsten vollbringen sollen, den Widerstand gegen Tyrannei und den Schutz der Unterdrückten auf. Und es wird hinzugefügt, es sei böse, wenn man es leide, daß unschuldiges Blut vergossen wird, sofern man es verhindern kann (Artikel 14).

Hier wird das Problem in den richtigen Rahmen gestellt. Widerstand darf niemals aus eigensüchtigen Motiven geleistet werden. Er ist nur gerechtfertigt, wenn er dem Nächsten in seiner Not hilft. Das Kriterium, das Vergießen unschuldigen Blutes zu verhindern, gilt sowohl für den Verteidiger der Autorität als auch für den Widerständler. Wilhelm von Oranien hat derartige Überzeugungen in die Praxis umgesetzt, und in unserer Zeit haben tiefernste und verantwortliche Christen, die eine führende Rolle im Widerstand gegen Hitler spielten, wie auch die Christen in den Widerstandsbewegungen der von ihm besetzten Länder ihre Aktionen mit denselben Überzeugungen begründet. Es ist nötig, vier Formen des Widerstandes zu unterscheiden:

Zunächst gibt es den geistlichen Widerstand, der sich im Gebet, in der Verkündigung, im Bekenntnis der Kirche ausdrückt, oder, wenn die Kirche passiv bleibt, in geistlich wachen Minderheiten der Kirche. Hier haben wir die Grundform des Widerstandes vor uns. Wo die Kirche ihre Rolle als Wächter und als prophetischer Anwalt der Ausgebeuteten und Unterdrückten nicht ausübt, muß der Widerstand in destruktiven Nihilismus abgleiten.

Dann gibt es den Widerstand, der die legale Form politischer Opposition annimmt dort, wo eine solche Opposition noch möglich ist. Eine solche Opposition muß immer positiv und konstruktiv sein. Sie muß zeigen können, welche spezifischen Alternativen zur Politik der Regierung vorhanden sind.

Wo die Opposition in legaler Form unmöglich geworden ist, kann es notwendig werden, zu illegalen Mitteln zu greifen – sei es, daß man sich weigert, ungerechte Gesetze auszuführen, oder indem man Widerstand auf Wegen organisiert, die durch das Gesetz nicht erlaubt sind. Christen werden diesen Weg nie ohne ernste, vom Gebet begleitete Überlegung wählen. Sie werden sich nie an illegalen Handlungen beteiligen, um die Regierung in Schwierigkeiten zu bringen. Sie werden diesen Weg nur einschlagen, wenn sie davon überzeugt sind, daß dies der einzige Weg ist, den es noch gibt, um gegen offensichtliche Ungerechtigkeit aufzutreten, und die einzige Möglichkeit, Menschen in tiefer geistiger oder materieller Not zu helfen. Sie werden dann sich nicht beklagen, wenn sie die Konsequenzen zu tragen haben, wie das viele Männer der Kirche in den Jahren des zweiten Weltkrieges auf sich zu nehmen hatten.

Schließlich gibt es den gewaltsamen Widerstand. An dieser Stelle sind Christen immer im tiefsten Zwiespalt gewesen und sind es noch. Calvin hat vor dem Gebrauch von Gewalt gewarnt, aber die Tür offengelassen für das, was er als »Retter der Vorsehung« bezeichnet hat: Von Gott Berufene, ungerechte Regierungen zu stürzen. Wir wissen auch, wie die holländischen Christen des 16. Jahrhunderts und eine bemerkenswerte Gruppe von Christen in Deutschland in unseren Tagen zu dem Schluß kamen, daß die Unordnung, die von der Regierung verschuldet war, schlimmer sei als das Elend, das eine gewaltsame Intervention bringen würde.

Man muß sicher sagen, daß der Unterschied zwischen gewaltsamem und gewaltlosem Widerstand nicht so absolut ist, wie die radikalen Pazifisten behaupten. Beides sind Formen des Druckes bzw. eher des Gegendruckes. Beide sind ethisch gefährdet, weil sie Macht gebrauchen, und der Gebrauch von Macht ist niemals rein. Es muß hinzugefügt werden, daß Gewalt ihre eigene Dynamik hat, weil sie neue Gewalt hervorruft. Darüber hinaus schafft Gewalt zwischen nationalen, sozialen und rassischen Gruppen im allgemeinen einen so tiefen Zwiespalt, so daß es fast unmöglich wird, irgendeine Form friedvoller Koexistenz zu erreichen. Die tiefste Trennung zwischen Völkern ist ein Strom von Blut. Wir können die Möglichkeit nicht ganz ausschließen, daß Christen sich in bestimmten Situationen am gewaltsamen Widerstand beteiligen müssen. Es muß aber dabei bleiben, daß sie das niemals tun dürfen, wenn sie nicht den teuren Preis überschlagen haben und überzeugt sind, daß dies die eine und einzige Möglichkeit ist, der Sache der Gerechtigkeit zu dienen. Es scheint mir, daß die meisten Situationen sehr viel mehr Möglichkeiten für gewaltlosen Widerstand bieten, als die meisten sich klarmachen. Im Licht der Erfahrungen vergangener Jahre denke ich ganz besonders an jene Grundform des Widerstandes, von der alle anderen Formen des Widerstandes abhängen: Die Verbreitung der Grundvorstellungen vom Menschen, menschlichen Beziehungen, Gesellschaft und Politik, die man durch systematische Bildung, Erziehung und positive Propaganda ausstreut und damit einen echten Inhalt für den Willen zur Transformation der Gesellschaft beisteuert. Wenn ich gefragt werde, ob dies unter Regierungen, die die neuesten Techniken der Polizeiüberwachung besitzen, tatsächlich möglich sei, behaupte ich, daß es in jeder Hinsicht bewiesen wurde, daß es möglich ist, eine entsprechend perfekte Technik auf dem Gebiet der Literatur, der Zeitschriften und der Vorbereitung der Massen für einen neuen Tag im Untergrundbereich zu entwickeln. Ich erinnere mich aus den Kriegsjahren und aus dem Kampf gegen den Nationalsozialismus, wie viele ganz gewöhnliche Menschen, nicht nur junge Männer, sondern auch alte Damen, plötzlich eine erstaunliche Fähigkeit entwickelten, eine bemerkenswerte und konstruktive Untergrundpresse zu verbreiten, die in jenen Jahren ungeheuer viel ausrichtete, um die Moral zu heben und Menschen zu helfen, die in Gefahr waren. Freilich bedarf es dazu phantasievollen Denkens und Handelns, um derartige Möglichkeiten herauszufinden, und es bedarf sehr geduldiger geistlicher Vorbereitung.

Es steht mir natürlich vor Augen, daß besonders auf dem Felde der internationalen Beziehungen die Christen des Westens oft zur Gewalt gegriffen haben, längst ehe die gewaltlosen Möglichkeiten erschöpft waren, und daß sie aus diesem Grund in einer schwachen Position sind, wenn sie vor dem Gebrauch der Gewalt warnen. Andererseits wissen die, die so viel Gewalt verübt oder erlitten haben, welch tiefes geistiges und physisches Elend im allgemeinen daraus entsteht, und sie sprechen deshalb aus einer Erfahrung, die ihre Bedeutung für die Menschen in aller Welt hat.

Es ist unvermeidlich, daß in dieser delikaten Frage Christen nicht überall zur gleichen Entscheidung finden. Sie werden nämlich nicht alle zur gleichen Analyse einer konkreten Situation kommen. Wir müssen sogar weitergehen. Es ist keineswegs ausgemacht, daß alle die gleiche Aufgabe haben und genau dasselbe göttliche Gebot empfangen. Es gibt verschiedene Berufungen. Nur zweierlei ist klar. Keiner, der nicht selbst in der konkreten Situation lebt, in der die Entscheidung zu treffen ist, kann denen in dieser Situation sagen, was ihre Pflicht ist. Wenn es vorkommt, daß Christen in derselben Situation nach ernstlicher Überlegung und Gebet zu verschiedenen Schlüssen über ihre Pflicht gelangen, dürfen sie einander nicht verurteilen, sondern müssen die Gemeinschaft aufrechterhalten.

12. In unserer Zeit und Generation ist es notwendig, zwischen zwei Weltanschauungen zu wählen: Nach der einen wird die Zivilisation von der weißen Rasse beherrscht, und sie muß die Stellung halten und ihre Interessen um jeden Preis gegenüber den anderen Rassen verteidigen. Die andere besagt, daß die Welt eine multirassische internationale Gesellschaft mit gleichen Chancen für alle werden muß.

Der gegenwärtige Zeitpunkt repräsentiert eine »Enthüllungssituation« – eine Zeit, in der wir etwas Entscheidendes lernen über den Willen Gottes für die Menschen. Die ökumenische Bewegung hat sich entschieden auf die Seite der zweiten Weltanschauung gestellt. Sie hat klargestellt, daß sie nicht für die Verteidigung einer bestimmten Zivilisation eintritt, zum Beispiel einer weißen westlichen und sogenannten christlichen Zivilisation. Schon in den ersten Jahren hat die Oxford-Konferenz 1937 von der unrealistischen und falschen Schau gesprochen, nach der die Kirchen versuchen sollten, vom Ideal des Corpus Christianum und seiner Privilegien und Autoritäten so viel als möglich zu erhalten. Seit 1937 ist den Kirchenführern in aller Welt zunehmend deutlich geworden, daß die Verteidigung einer christlichen Zivilisation mit politischen Mitteln (was in Wirklichkeit die Verteidigung der Interessen rassischer oder sozialer Gruppen als Träger dieser Zivilisation bedeutet) nicht nur geistlich falsch ist, sondern auch strategisch selbstzerstörerisch wirkt. Denn die Identifizierung des Christentums mit privilegierten Klassen oder Rassen ist ohne Zweifel das stärkste und wirkungsvollste Argument jeder antichristlichen Propaganda und schlägt der Mission und der Evangelisation mehr Türen zu als jeder andere Faktor.

Die ökumenische Bewegung hat sich entschieden für die multirassische Weltgesellschaft ausgesprochen, weil hier eine deutliche Analogie besteht zwischen der wahrhaft ökumenischen Kirche, in der alle Nationen und Rassen zu Hause sind, und einer Weltgesellschaft, die gleichen Raum, Platz und Gelegenheit allen Nationen und Rassen verschafft. Ihrem innersten Wesen entsprechend verwirft die ökumenische Bewegung alle Formen eines rassischen oder nationalen Narzißmus und lehnt jeden Anspruch rassischer oder nationaler Vorherrschaft ab.

13. In der Frage der Rassenbeziehungen befinden sich die Kirchen in den Ländern, wo dieser Gegenstand jetzt das gegenwärtige und künftige Hauptproblem darstellt, im »status confessionis« – das heißt, ihre Integrität als Vertreter der neuen Menschheit und als Träger des göttlichen Wortes von Gerechtigkeit und Versöhnung, kurz: Ihr Gehorsam gegenüber ihrem Herrn steht auf dem Spiel.

Sie müssen bekennende Kirchen werden. Kirchen, die sich auf das besondere Bekenntnis oder Zeugnis konzentrieren, das in dieser Stunde der Entscheidung gefordert ist, und dieses, bis das Ärgernis der rassischen Diskriminierung in Kirche und Gesellschaft beseitigt ist. Sollten die offiziellen Kirchen dazu nicht bereit sein, stumm bleiben oder gar das System einer privilegierten Rasse unterstützen, dann müssen Gruppen innerhalb der Kirchen gebildet werden, die die Aufgabe übernehmen, das konkrete Bekenntnis in der Kirche und für die Kirche abzulegen. Solche Pioniergruppen in den offiziellen Kirchen werden nicht gebildet, um die bestehenden Kirchen zu zerstören. Sie übernehmen vorläufig eine stellvertretende Rolle im Vollzug dessen, was die offizielle Kirche noch nicht kann oder will. Sie müssen darin auf die volle Unterstützung der christlichen Gemeinschaft in allen anderen Ländern zählen können. Denn das Rassenproblem ist ein Weltproblem, in das alle Kirchen verwickelt waren und noch sind, sei es durch ihre Aktivität oder durch ihre Passivität. Darüber hinaus sind wir auch des Zusammenhanges der Sache Christi mit der Solidarität der Kirchen, aller Kirchen in der Welt, gewahr geworden und teilen die Verantwortung für ein klares Zeugnis in dieser Sache.

Eine Bekenntniskirche ist eine prophetische Kirche. Ihre Botschaft an ihre Glieder lautet nicht: Die Rassenfrage gehört in den politischen Bereich, und in diesem Bereich gibt es viele mögliche Entscheidungen; die Kirche überläßt es daher dem freien Willen jedes einzelnen, welche Haltung er einnehmen zu müssen glaubt. Eine Bekenntniskirche spricht im Blick auf das entscheidende Problem der Stunde diese Sprache: »So spricht der Herr.« Sie sagt das im Blick auf diese Grundentscheidung, nicht im Blick auf technische Arten der Durchführung. Im Blick auf das Wesentliche: Die Anerkennung des Mitmenschen als verantwortliches menschliches Wesen, die Verwerfung des rassischen Kriteriums als eines entscheidenden Kriteriums für menschliche Beziehungen, die Forderung nach echter menschlicher Solidarität und sozialer Gerechtigkeit, der Ruf zum Amt der Versöhnung – in diesen Dingen wage die Kirche nicht mehr zu sagen: »Vielleicht« – oder »hier geht es um Fragen des persönlichen Urteils«! Hier muß sie vielmehr demütig, aber mit unmißverständlicher Klarheit die Sprache des Bekenntnisses sprechen, indem sie feststellt, daß auf der Grundlage der Offenbarung Gottes in der Heiligen Schrift das göttliche Gebot dieser Stunde klar ist und daß Christen daher für sich persönlich, aber auch miteinander zu sagen haben: Hier stehe ich – ich kann nicht anders. Heißt das, daß unter bestimmten Umständen die Kirche für den Widerstand gegenüber den eingesetzten Autoritäten eintreten soll? Meine Antwort heißt, daß der einzige Widerstand, für den die Kirche tatsächlich eintritt, ein geistlicher Widerstand ist. Die Kirche widersteht einer häretischen Theologie oder einer nichtchristlichen bzw. subchristlichen Anthropologie, aber sie tut das durch ihr positives Zeugnis in Predigt und Unterricht. Sollte sie das in Konflikt mit einer Regierung bringen, übernimmt sie die Konsequenzen ohne Bitterkeit; denn sie ist gewarnt worden, daß die Kirche in der Welt dessen gewärtig zu sein hat. Andererseits glaube ich nicht, daß die Kirche jemals politischem Widerstand gegen eine bestimmte Regierung das Wort reden sollte, sei es mit Gewalt oder sei es gewaltlos, weil dies nie die Rolle der Kirche ist. Politischen Widerstand gegen einen bestimmten Staat zu propagieren, würde bedeuten, daß die Kirche sich in eine politische Partei verwandelt hat. Die Frage des Rechtes oder gar der Pflicht des Widerstandes gegen die Obrigkeit ist eine Frage, die Christen einzeln oder in Gruppen in jeder konkreten Situation selbst beantworten müssen. Sie sollten die Lage ihres Landes analysieren, sie sollten sich fragen, ob es wirklich so klar ist, daß es keinen anderen Weg mehr gibt, um die Ziele zu erreichen, die Christen zu verfolgen haben, außer dem Weg des direkten Widerstandes. Sie sollen auf die Stimmen der Vergangenheit hören, sie sollen von den Erfahrungen der Christen anderer Länder lernen, sie sollen den Versuch machen, die Konsequenzen ihrer Wahl zu ermessen, und sollen schließlich unter dem Gebet um Erleuchtung und Mut ihre Entscheidung treffen.

Zusätzliche Literatur

Gelebte Einheit. Ökumenischer Dialog. Festschrift für *W. A. Visser't Hooft*. Hg. von *Robert C. Mackie* und *Charles West*, Stuttgart 1965.
Helmut Gollwitzer: Forderungen der Freiheit. Aufsätze und Reden zur politischen Ethik, München 1962.
W. A. Visser't Hooft: »Kein anderer Name«. Synkretismus oder Universalismus? Basel 1965.
Rasse, Kirche und Humanum. Ein Beitrag zur Friedensforschung. Herausgegeben in Zusammenarbeit mit einer Arbeitsgruppe von *Klaus-Martin Beckmann* (Veröffentlichungen des Sozialwissenschaftlichen Instituts der evangelischen Kirchen in Deutschland, Bd. 1), Gütersloh 1969.
Heinz Dietrich Wendland: Die Kirche in der revolutionären Gesellschaft. Sozialethische Reden und Aufsätze, Gütersloh 1967.

Günther Jacob

Die Verkündigung an den säkularisierten Menschen *

I.

In zahlreichen Veröffentlichungen der jüngsten Zeit ist der Versuch gemacht worden, die äußere Signatur und das geistige Profil des Zeitalters näher zu kennzeichnen, an dessen Schwelle wir jetzt mit der gesamten Menschheit auf dem ganzen Planeten stehen. Indem wir genötigt werden, über eine solche Schwelle zu treten, vollziehen wir einen tiefen, vielleicht radikalen Bruch mit der gesamten bisherigen Geschichte der Menschheit, die ihren Weg vom Jägerzeitalter über das Bauernzeitalter, in dem wir noch gestern lebten, genommen hat. In groben Plakatierungen wird das heraufkommende Zeitalter, das für uns schon begonnen hat, als das Atomzeitalter, das Zeitalter der Weltraumforschung und Weltraumfahrt, das Zeitalter der industriellen Massengesellschaft, das Zeitalter der politischen, ökonomischen und technischen Revolutionen, und zwar in allen Kontinenten, und als das Zeitalter der Herrschaft der Wissenschaft und des triumphalen Siegeszuges der Technik skizziert. Diese wenigen Stichworte zeigen die ungeheuren, nun wahrhaft revolutionären, das heißt das Bisherige umwälzenden Ereignisse an, von denen der Mensch heute in allen Lebensbereichen mit seiner persönlichen Existenz aufs tiefste in Angst und Zuversicht, in Sorge und Hoffnung mitbetroffen wird. Im Blick auf die geistigen Anzeichen dieses heraufsteigenden Zeitalters, das man vielleicht in Zusammenfassung der verschiedenen Aspekte das technische Zeitalter nennen sollte, könnte man von einem Zeitalter sprechen, in dem der Säkularismus seine konsequente Herrschaft aufrichtet und durchsetzt.

In einem Aufsatz »Evangelium ohne Religion für eine Welt ohne Gott« hat der amerikanische Theologieprofessor Harvey Cox dargelegt, daß die Kirche in der DDR, deren Leben zu studieren er Gelegenheit hatte, nur auf eine besondere Weise dem neuen Zeitalter einer säkularen, technologischen Welt ausgesetzt sei. Es geht in der DDR nicht so sehr um eine Auseinandersetzung mit dem Kommunismus, sondern um eine Begegnung mit dem Säkularismus, der im raschen Tempo vordrängt, und mit der ihn begleitenden Rationalisierung einer Welt, die vordem stark traditionsgebunden war. In diesem Zusammenhang macht Professor Cox die wichtige Bemerkung: »Insofern ist die Situation (nämlich in der DDR) der in Westeuropa und den Vereinigten Staaten nicht unähnlich. Sie tritt nur viel unverhüllter zutage. Die religiöse Fassade zur Straße hin ist

* Ursprünglich veröffentlicht in: Zeichen der Zeit, Heft 5, 1965, S. 166 ff., Text nach: Günther Jacob. Kirche auf Wegen der Erneuerung. Gesammelte Aufsätze aus drei Jahrzehnten, Verlag Vandenhoeck & Ruprecht, Göttingen 1966, S. 76–86. Abdruck mit freundlicher Genehmigung des Verlages.

weggerissen.« Auch Heinz Zahrnt kann von seinem westlichen Standort her in einem Essay in dem Sammelband »Protestantismus heute« sagen: »Die Säkularisierung stellt heute auf allen Gebieten des menschlichen Lebens die selbstverständliche Signatur des modernen Daseins- und Wirklichkeitsverständnisses dar. Die metaphysischen Sockel sind überall gestürzt. Wirtschaft, Politik, Kunst, Recht und Moral verstehen sich aus sich selbst und haben ihren eigenen Gesetzen zu folgen. Der Mensch kommt ohne die Arbeitshypothese Gott aus. Er wird mit der Welt ohne Gott fertig. Höchstens duldet er die Religion noch als eine Provinz am Rande des Lebens, als eine gewisse Ergänzung der Wirklichkeit durch Gott.« Ein besonders eindrückliches Zitat des Zürcher Systematikers Gerhard Ebeling sei noch aus seinem Aufsatz »Glaube und Unglaube im Streit um die Wirklichkeit« aus dem Sammelband »Wort und Glaube« angeführt: »Was harmlos im Namen der Wissenschaft begann, scheint sich als Revolution des Unglaubens gegen den Glauben zu erweisen. Die Neuzeit brachte eine Lawine der Verweltlichung aller Lebensbereiche, der weitgehenden Entchristlichung des öffentlichen Lebens, des großen Abfalls vom Glauben ins Rollen. Gewiß mit Schwankungen und zeitweisen Gegenströmungen. Wir leben jetzt im Westen wieder einmal in einer Phase der Restauration. Aber es wäre kurzschlüssig, darin eine grundsätzliche Wandlung der Situation zu sehen. Der christliche Glaube befindet sich, trotz gelegentlichen Prestigegewinns der Kirche, in einer Defensive, einer hoffnungslosen Defensive, wie viele meinen. Die Zahl derer, denen Gott zu einer unverständlichen Vokabel geworden ist, ist nicht bloß im Osten, sondern auch im Westen viel größer, als die bewußt christlichen Kreise zu meist ahnen. Das ist nicht einfach böser Wille. Man vermag den überlieferten christlichen Glauben und die Erkenntnis der Wirklichkeit nicht mehr zusammenzubringen. Das Christentum bekommt das in seinem eigenen Bereich in erregender Weise zu spüren. Die Methoden haben in Anwendung auf die Bibel die traditionellen Anschauungen vielfach erschüttert. Und das moderne Wirklichkeitsverständnis, dem sich ja auch der Christ als neuzeitlicher Mensch nicht entziehen kann, verursacht zumeist Unsicherheit und Ängstlichkeit, schlechtes Gewissen und eine unselige innere Gespaltenheit bei dem Versuch, dennoch die überlieferten Glaubensaussagen und Glaubensvorstellungen festzuhalten. Ein solcher Glaube hat dann begreiflicherweise auch keine überzeugende Kraft.«

Man kann sich die Auswirkungen dieser Säkularisierung, die jetzt im weltweiten Maßstab in das Endstadium einer konsequenten Besetzung aller Lebensbereiche tritt, an einfachen Fakten veranschaulichen. Wenn zum Beispiel in früheren Generationen Seuchen, Hungersnöte, Wirtschaftskrisen und Kriege als göttliche Schickungen hingenommen und als Prüfungen ertragen wurden, so erwarten die Menschen jetzt, wo die Ursachen solchen Unglücks, aber auch die wirksamen Heilmittel in medizinischer Hygiene, in politischer und ökonomischer Strategie bekannt sind, daß die Regierungen solche Krisen energisch überwinden. Die früher für unerklärbar gehaltenen Phänomene, die im Zusammenhang mit höheren göttlichen Machten und Gewalten gesehen wurden, werden jetzt rational erkannt und rational bewältigt. Die Möglichkeiten der Abschirmung und Sicherung des früher durch Krankheit, Armut und Hunger so unendlich gefährdeten Lebens sind in einem unvorstellbaren Maße erweitert und geben Anlaß zu optimistischen Zukunftsperspektiven, ganz zu schweigen von der Durchbrechung des Schwerefeldes der Erde und den Vorstößen in die interstellaren Bereiche. Im Mittelalter betete man zur Abwehr von Gewitterschäden den Anfang des Johannes-Evangeliums, heute stellt man Blitzableiter auf und vertraut im übrigen der Feuerversicherung. Das auf seine Weise grandiose Weltbild der Christenheit, wie es bis an die Schwelle der Neuzeit gültig war, stellt in der Deutung von Natur und Geschichte ein großartiges Szenarium von einer faszinierenden Geschlossenheit dar. Über der Erde wölbte sich der Himmel, in dessen verschiedenen Schichten Gott und die Engel wohnten. Unter der Erde war der Ort der Hölle, das Reich des Satans und der Qualen. Da gab es weder im Kosmos die unendlichen Räume der Myriaden von Milchstraßen mit ihren gigantischen atomaren Explosionen. Es gab aber auch in der Menschheitsgeschichte, die ganz im Schema der biblischen Chronologie gesehen wurde, nicht jene unheimlich-gespenstischen Zeiträume des Werdens und des Entstehens der Erde und der Menschheit, die die heutige Kosmologie, Geologie und Paläontologie über Jahrmillionen hin so im Blick haben, daß die eigentliche Menschheitsgeschichte doch nur den Bruchteil einer Sekunde im Terminkalender der Geschichte des Universums darstellt.

In diesem mittelalterlichen, als christlich verstandenen Weltbild hat auch Martin Luther als Kind seiner Zeit noch selbstverständlich gelebt. Von da aus hat er sich leidenschaftlich gegen die umstürzenden Entdekkungen des Kopernikus gewehrt. Auch diese Welt Luthers ist dem heutigen Menschen ferngerückt. Die Frage nach dem gnädigen Gott ist ihm unverständlich geworden. Seine Frage lautet gar nicht mehr: Ist Gott mir gnädig? – eine Frage, die das Weltregiment Gottes ja als gegeben voraussetzt. Seine Frage lautet – wenn er eine solche Frage überhaupt noch als sinnvoll und notwendig empfindet: Gibt es überhaupt einen Gott? Von hier aus können natürlich naive Gemüter leicht dazu verführt werden, in rückschauenden Betrachtungen auf eine melancholische Weise die Prozesse der Säkularisierung bis hin zur Entstehung des modernen Atheismus als den großen Abfall vom Christentum und als den böswilligen Angriff auf die Kirche Jesu Christi zu deuten, zu beklagen und zu verdammen. Diese naiven Gemüter versuchen dann, in einer gewissen Angleichung und Modernisierung allerlei Kräfte in einer Verteidigungshaltung in Bewegung zu setzen, um diesem in ihren Augen zerstörerischen Gefälle mit einem kirchlichen Patriotismus entgegenzutreten und mit starrem Bekenntnispathos zu retten, was eben noch zu retten ist.

Sie gehen dabei von theologisch höchst problematischen Voraussetzungen aus. Sie setzen das Evangelium von Jesus Christus mit einer christlichen Religion gleich, so daß ein durch den Säkularismus heraufbeschworenes Ende aller Religionen auch den Untergang des Evangeliums bedeuten müßte. Sie setzen den christlichen Glauben als den Glauben an Jesus Christus mit der Bejahung eines christlich-mittelalterlichen mythologischen Weltbildes gleich, so daß ein durch Wissenschaft und Technik heraufgeführtes Ende dieses religiös-mythologischen Weltbildes notwendig auch das Ende des christlichen Glaubens bedeuten müßte. Es ist gerade in den Kreisen unserer Kerngemeinden sehr beliebt, in einer kurzschlüssigen und die gottlose Welt verklagenden Weise so zu argumentieren. Man ist dann unfähig zum echten Dialog mit den Fragestellungen der heutigen Welt. Hier liegen die Ursachen für so viele Verklemmungen, Ratlosigkeiten, Unsicherheiten und Ängstlichkeiten in der gegenwärtigen Begegnung zwischen Christen und Nichtchristen.

II.

Um so dankbarer sind wir, daß der holländische Theologe Hendrik Kraemer vor allem in seinem Buch »Die Kommunikation des christlichen Glaubens« solchen Simplifizierungen im Blick auf die Beurteilung der Säkularisierungsproesse mit aller Entschiedenheit abgesagt hat. Kraemer charakterisiert diesen Vorgang der Säkularisierung als einen von Gott ironischen Wegen, die Kirche auf ihre wahre Natur und Berufung zurückzuweisen, damit sie ihre rechten Aufgaben und Ansprüche wieder kenne, nämlich die Herrschaft Christi über alle Lebensgebiete zu verkündigen und zu festigen, aber dies, genau wie ihr Herr selber, als Diener, der sogar bereit ist, ein leidender Diener zu sein, und nicht als eine Macht, die sich auf Sonderrechte stützt. Kraemer wendet sich in diesem Zusammenhang eindeutig gegen »die zögernde, jammernde, abwehrende Haltung, die die Kirche heute zumeist einnimmt«.

Es geht also darum, endlich in theologischer Besinnung zu erkennen, daß mit diesen Prozessen der Säkularisierung nur etwas zur Vollstreckung kommt, was im christlichen Glauben selbst ursprünglich und wesenhaft angelegt ist, nämlich die Entgötterung der Welt. Die Säkularisierung hat damit begonnen, daß in der Bibel selbst die Natur als Bereich mythischer, polytheistischer Mächte durch den Glauben an Jahwe als den einen Schöpfer von Anfang an radikal entgöttert und als entgötterte Natur dem zum Partner des einen Gottes Jahwe berufenen Menschen zum »Bebauen und Bewahren« (1. Mose 2, 15) zur Verfügung gestellt worden ist. Und die Säkularisierung hat damit begonnen, daß in der Bibel selbst die Geschichte auf der überhöhten Bühne eines im Mythos gestalteten Götterdramas bestritten und alle Menschheitsgeschichte als die Geschichte der Begegnungen dieses einen Gottes und Schöpfers Jahwe mit dem Menschen, mit seinem Volk Israel und mit allen Völkern gesehen worden ist. So sind also Natur und Geschichte, diese beiden großen Bereiche des Menschen der Neuzeit, durch die Bibel selbst entgöttert und damit entzaubert und entmythologisiert worden. Das Neue Testament hat dann im Bericht über Jesus von Nazareth die Entgötterung von Schöpfung und Geschichte vollendet. Denn das entscheidende Ereignis der Gottesoffenbarung stellt sich jetzt in dem höchst weltlichen Akt der Hinrichtung eines Verurteilten unter Pontius Pilatus dar, im Sterben eines der Gotteslästerung und der Staatsfeindschaft beschuldigten Menschen für andere Menschen auf einem verrufenen Galgenplatz außerhalb aller sakralen Bezirke und abseits von allen religiösen Weihestätten. Der Tod Jesu Christi ist wirklich das Ende aller Religionen!

Hier müßten wir jetzt den Fragen standhalten, die Dietrich Bonhoeffer während seiner letzten Haftzeiten in den Briefen, veröffentlicht in »Widerstand und Ergebung«, in fragmentarischen Sätzen und in zugespitzten Formulierungen als die Frage nach der religiösen Verkündigung und nach der nichtreligiösen Interpretation biblischer Begriffe aufgeworfen hat. Aus der Fülle der Literatur zu Dietrich Bonhoeffers Fragen ist ein Aufsatz von Gerhard Ebeling unter der Überschrift »Die nichtreligiöse Interpretation biblischer Begriffe« von besonderer Bedeutung. Ebeling begründet mit großer Klarheit seine Kernthese, daß die nichtreligiöse Interpretation bei Bonhoeffer nichts anderes als die christologische Interpretation ist. Es geht Bonhoeffer in den letzten Gefängnismonaten um die eine Frage: Wer ist Christus heute eigentlich für uns, und wie kann Christus auch der Herr der Religionslosen werden? Bonhoeffer hat im Blick auf die von uns aufgezeigte Entwicklung der Säkularisierung das Fazit gezogen, wenn er sagt: »Der Mensch hat gelernt, in allen wichtigen Fragen mit sich selbst fertig zu werden ohne Zuhilfenahme der Arbeitshypothese Gott. In wissenschaftlichen, künstlerischen, auch ethischen Fragen ist das eine Selbstverständlichkeit geworden, an der man kaum mehr zu rütteln wagt. Seit etwa hundert Jahren gilt das aber in zunehmendem Maße auch für die religiösen Fragen. Es zeigt sich, daß alles auch ohne Gott geht, und zwar ebenso gut wie vorher. Ebenso wie auf wissenschaftlichem Gebiet wird im allgemeinmenschlichen Bereich Gott immer weiter aus dem Leben zurückgedrängt, er verliert an Boden.« Bonhoeffer wendet sich gegen die Verfälschung der Botschaft von Jesus Christus zu einer christlichen Religion. Nach ihm sind die Grundstrukturen der Religion so zu bestimmen: Die Ergänzung der Wirklichkeit durch einen Lückenbüßergott, die Bemühung, diesem Gott noch einen Raum auszusparen, die Lokalisierung der Transzendenzerfahrung als Grenzerfahrung, das Aufspüren und Ausnutzen der menschlichen Schwächen zum Nachweis des Anwesend-Sein-Gottes, die Schwerpunktverlagerung in ein individualistisches Heilsverständnis, in die Innerlichkeit, in das Jenseits, wobei die Welt im Grunde sich selbst überlassen bleibt. Bonhoeffer will die Vokabel »Gott« auf dem Hintergrund einer solchen religiösen Vorstellungswelt ausräumen, um den Blick für Jesus Christus und damit für den Gott der Bibel als den in Jesus Christus allein anwesenden Gott freizubekommen. Er hat erkannt: »Wir gehen einer völlig religionslosen Zeit entgegen. Die Menschen können einfach so, wie sie nun einmal sind, nicht mehr religiös sein.« Man wird Bonhoeffer darin recht geben müssen, daß wir heute hinsichtlich des Phänomens der Religionen in einer gegenüber der gesamten bisherigen Menschheitsgeschichte neuen Situation stehen und daß diese als Säkularismus bezeichnete Situation etwas Neues ohne jede geschichtliche Parallele darstellt.

Angesichts der unerbittlichen, nicht nur ungemütlichen Fragestellungen, die uns Dietrich Bonhoeffer aus seinen letzten Briefen hinterlassen hat, mag uns ein tiefes Erschrecken befallen. Wir sind hier genötigt, wie in einen Abgrund zu schauen und einer Grundlagenkrise der traditionellen Theologie standzuhalten. Diese Grundlagenkrise in der Theologie zeigt sich ebenso an in der von Bultmann und seinen Schülern seit zwei Jahrzehnten in Gang gebrachten Entmythologisierungsdebatte und in der Schule der existentialen Interpretation und Hermeneutik, wie sie zum Beispiel von Ernst Fuchs und Herbert Braun vertreten wird. Sie zeigt sich auch an in der überraschenden Tatsache, daß das theologische Werk eines der Theologie Karl Barths gegenüber doch so andersartigen Denkers wie Paul Tillich heutzutage eine immer stärkere Beachtung auch im europäischen Bereich findet. Hinzu kommt in unserer besonderen Situation, daß eine weltanschauliche Propaganda unter atheistischem Vorzeichen uns ständig die mit dem christlichen Glauben und mit der traditionellen Verkündigung zusammenhängenden Fragen nach dem Weltbild stellt: Die bekannten Themen vom Sputnik und dem lieben Gott, von Wundern und Mirakeln, von Himmel und Hölle, von Adam und Eva usw. Diese Fragen und Zweifel können wir nicht durch Verbot zu Tabus erklären und ausklammern, wenn wir nicht unglaubwürdig werden und eine eigene tiefe Unsicherheit mit fragwürdigem Erfolg krampfhaft verdecken wollen.

Man kann also die Grundlagenkrise in der Theologie nicht länger verneinen. Man darf sie aber auch in der Praxis der Kirche nicht länger übersehen. Denn alles praktische Handeln der Kirche, ob es sich um Predigt, Unterweisung oder Seelsorge handelt, muß doch immer theologisch verantwortet werden. Man darf diese Grundlagenkrise auch nicht in einer falschen, wenn auch begreiflichen Sorge vor Beunruhigungen und Erschütterungen im Alltagsleben unserer Gemeinden dadurch einzugrenzen suchen, daß man sie in den Zirkeln interner theologischer Auseinandersetzungen unter Verschluß zu halten versucht, oder dadurch, daß man sich aus einer tiefen, uneingestandenen Angst vor ihren nicht abzusehenden Folgen sehr schnell in einer restaurativen, konfessionalistischen Theologie versteift. Wir müssen uns zunächst einmal offen und redlich, honest to God, wie der anglikanische Bischof Robinson in seinem inzwischen berühmt gewordenem Buche sagt, die Ratlosigkeit eingestehen, in der wir uns heute als Prediger, Seelsorger und Katecheten mit der uns überkommenden Gestalt unserer Verkündigung in der säkularen Welt und keineswegs nur unter irgendwelchen Angriffen von seiten einer Propaganda befinden. Wir müssen uns in der Erkenntnis dieser unserer heutigen Ratlosigkeit, Verlegenheit und Hilflosigkeit zu intensiver gemeinsamer theologischer und exegetischer Arbeit im mutigen Blick auf die in unserer praktischen Arbeit aufbrechenden Probleme rufen lassen. Die Schwierigkeiten, die heute mit der Frage nach der rechten Verkündigung an den säkularisierten Menschen gegeben sind, brechen sowohl im Osten wie im Westen auf. Im Osten liegen sie nur offen zutage, während sie in der westlichen Welt noch künstlich in einem Klima allgemeiner Christlichkeit eingenebelt werden können. Diese Schwierigkeiten sind wahrhaftig nicht dadurch zu beseitigen, daß man in einer Art frommer Vogel-Strauß-Politik vor ihnen die Augen verschließt und einfach die früher bewährten Praktiken fortsetzt.

III.

Unsere kirchliche Situation von heute ist dadurch gekennzeichnet, daß die biblischen Schlüsselwörter, Bilder und Begriffe den Religiös-Kirchlichen, also den älteren Gliedern der Kerngemeinde, natürlich durchaus vertraut sind, weil sie ja eben die von der Vergangenheit her überkommene und von uns bisher ständig gebrauchte Kirchensprache darstellen, daß sie aber als Folge langer Entwicklungsprozesse und als Auswirkung eines vielfältigen Mißbrauchs und falscher Auslegungen durch Mißverständnisse, Vorverständnisse, mitschwingende Gedankengänge weithin verändert, überschattet, ja entartet sind. Von der religiösen Vokabel »Gott« und ihren problematischen Vorstellungsbereichen ist schon die Rede gewesen. Und wie selbstverständlich und leichtfertig wird doch gerade diese Vokabel ständig verwandt, und es wird dann so getan, als ob sie nicht sofort mißverstanden würde als Generalnenner für zahlreiche apokryphe, den nach dem Zeugnis der Bibel in Jesus Christus anwesenden Gott verdeckende Vorstellungen und Bilder. Ebenso bedeutet es in der Sache noch gar nichts, Jesus Christus Herr und Heiland zu nennen, das heißt mit Worten, die völlig verblaßt bzw. sentimental erweicht sind und heute nichts mehr enthalten von der Substanz der entsprechenden neutestamentlichen Wörter Kyrios – Herr und Soter – Retter, Heiland. Oder man denke an Wörter wie »selig« und »ewiges Leben« und halte sich dann die sofort gegenwärtigen grotesken Jenseitsvorstellungen vor Augen, wie sie trotz aller grundsätzlichen theologischen Belehrung auch in unsern gottesdienstlichen Gemeindekreisen in Verbindung mit fragwürdigen überkommenen Bildern noch immer herumspuken. Wir müssen jetzt darauf verzichten, hier eine Liste solcher biblischen Schlüsselwörter und Kernbegriffe aufzuführen, von denen die religiös-kirchlichen Menschen selbstverständlich noch überzeugt sind, daß sie ihren Sinngehalt ohne weiteres verstünden, während diese Wörter und Begriffe in Wirklichkeit längst in unseren Wortmühlen zermahlen sind. Wir müssen nur darauf aufmerksam machen, daß zahlreiche biblische Bilder wie »Himmel und Hölle« im Bewußtsein der Frommen so unlöslich mit einem antiquierten Weltbild verbunden erscheinen, daß man es um dieser Bilder willen als eine kirchliche Pflicht ansieht, auch dieses vorkopernikanische Weltbild festzuhalten. Damit setzt man sich dann engstirnig in einen hoffnungslosen Widerspruch zu allen wissenschaftlichen Erkenntnissen im technischen Zeitalter.

Über diese Prozesse der Umgestaltung und Entartung der biblischen Wörter, Begriffe und Bilder und über das nunmehr erreichte Endstadium einer durch die atheistische Propaganda nur beschleunigten Krise dürfen wir uns nicht mehr länger täuschen. Von da aus dürfen wir den gleichsam naiven Umgang mit allen diesen Wörtern, Begriffen und Bildern nicht mehr durchgehen lassen. Es geht dabei nicht nur um die Absage an jedes gedankenlose Spielen mit großen feierlichen Worten. Es geht vor allem darum, daß durch ein solches Umgehen mit dem ererbten Vokabular der eigentliche Zugang zur biblischen Wahrheit durch unsere eigene Schuld heute auf eine hoffnungslose Weise verbaut würde. Wir stehen als Prediger, Seelsorger und Katecheten auf der Kanzel, in der Wohnstube und im Unterricht jetzt vor der Aufgabe, von der wir uns nicht länger frei machen können, nämlich alle diese biblischen Schlüsselwörter gründlichst von einer jahrhundertealten religiös-mythologischen Patinaschicht zu reinigen, von allen sentimentalen Erweichungen und falschen Tönungen. Diese Aufgabe der Reinigung und Wiederherstellung der ursprünglichen Leuchtkraft und Sprengkraft kann nur so gelöst werden, daß die apokryphen Vorverständnisse und Mißverständnisse bei Namen genannt und in der Gegenüberstellung mit der biblischen Botschaft abgebaut werden. Dies darf nicht als bloßes Zerstören angesehen werden. Denn diese Enttrümmerung ist die Voraussetzung für einen echten Aufbau. Diese Aufgabe ist wahrhaftig nicht mit einer Technik moderner Übersetzung geleistet oder mit der bloßen Auswechslung der durch die Tradition belasteten Vokabeln. Diese Aufgabe kann nur durch intensive theologische und exegetische Arbeit erfüllt werden. Es geht wirklich nicht darum, die Zügel der theologischen Arbeit locker zu lassen, sondern sie im Gegenteil straffer anzuziehen. Es geht nicht darum, die Tradition der biblischen und theologischen Begriffe einfach über Bord zu werfen und statt dessen einem »snobistischen Freibeuterjargon«, wie Ebeling es nennt, zu verfallen, sondern es geht im Gegenteil um ein neues Zur-Sprache-Kommen des Wortes Gottes.

Wir dürfen uns freilich keinen Illusionen mehr hingeben über die ungeheuren Schwierigkeiten, die hier unmittelbar vor unseren Kirchen stehen. Wenn es wahr ist, daß das Jahrtausende umspannende bäuerliche Zeitalter jetzt durch das technische Zeitalter abgelöst wird, dann müssen wir eine wesentliche Schwierigkeit darin sehen, daß die Vorstellungs- und Bilderwelt der Heiligen Schrift ganz und gar im bäuerlichen Zeitalter verwurzelt ist. Wörter, Begriffe und Bilder, die mit ihrem Gleichnischarakter sozusagen bis gestern den Dienst einer Veranschaulichung unmittelbar leisten konnten, können diesen Dienst im technischen Zeitalter eben nicht mehr leisten, sondern sie bedürfen nun ihrerseits erst der Erklärung. Ich will die Dringlichkeit dieses Problems noch an zwei Beispielen beleuchten. Wenn in der Bibel Gott oder Jesus Christus immer wieder als König bezeichnet wird oder als Herrscher, so hatten diese Bezeichnungen um ihres Analogiecharakters willen die Funktion einer Verdeutlichung. Sie konnten für das Verständnis hilfreich sein. Wo erleben heute Menschen einen König, dessen Königtum in irgendeiner Weise Abglanz des Königtums Gottes oder Christi sein könnte? Wir aber weigern uns in unserer Kirchensprache beharrlich, von diesen Strukturveränderungen überhaupt Kenntnis zu nehmen. Wir bringen die biblische Botschaft damit in den Geruch des Antiquierten, des Muffigen und Musealen!

Wenn im Neuen Testament Jesus Christus als der eine gute Hirte dargestellt wird, so war für die Menschen eines bäuerlichen Zeitalters das echte Bild des Hirten noch in der Anschauung deutlich und kräftig. Heutzutage müssen wir schon erhebliche Mühe in Predigt und Unterricht aufwenden, um herauszuarbeiten, was es im Ernst um den Hirten, diesen sein Leben einsetzenden, diesen von Wölfen und Banditen bedrohten Hirten ist im Gegensatz zu dem alten Schäfer, der uns gelegentlich in der Feriensituation auf dem Lande noch begegnen mag, von einer sentimentalen Romantik umwittert! Aber selbst dieser Schäfer wird allmählich am Rande der industrialisierten Gesellschaft verschwinden und nur noch in Märchenbüchern stehen. Wir können natürlich nicht auf solche biblischen Bilder verzichten. Wir können sie auch nicht durch Bilder oder Formeln unseres technischen Zeitalters ersetzen. Denn die Kirche Jesu Christi lebt aus der Heiligen Schrift, die sie in Kontinuität bewahren und immer neu auslegen muß. Es wäre grotesk, Gott jetzt etwa im Bilde eines Staatspräsidenten oder Jesus Christus im Bilde eines Bergmanns einzuführen, der sein Leben zur Rettung eingeschlossener Kumpel wagt. Natürlich kann man solche Parallelen einmal anführen, aber man kann aus der Sprache der Bibel und aus der Sprache des Gottesdienstes nicht die alten Bilder vom König und vom Hirten herausstreichen. Man muß nur sehen, welche Probleme der Auslegung hier auf dem Spiel stehen, und man darf sich nicht länger mit Berufung auf die Traditionsgebundenheit der kirchlichen Kreise, wie sie heute noch da sind, weigern, diesen Problemen standzuhalten.

Dietrich Bonhoeffer ging es in der Absage an alle religiösen Gottesvorstellungen und damit an alle natürliche Gotteserkenntnis um die Verkündigung von Jesus Christus, dem Gekreuzigten und Auferstandenen. Nichtreligiöse Interpretation der biblischen Begriffe heißt für Bonhoeffer im strengen Sinn christologische Interpretation. Aber auch das Kreuz darf nicht religiös als Zeichen und Symbol mißverstanden werden. Das Kreuz muß wieder als der nackte Galgen erkannt werden, an dem sich »draußen vor dem Tor« (Hebr. 13, 12) dieser Eine in seiner Liebe für die Menschheit im Ganzopfer seines Lebens hinrichten ließ. Nur im Blick auf Jesus Christus und sein Kreuz, nicht aber im Blick auf Natur und Geschichte kann im Ernst Gott bezeugt werden als der Gott, der sich nach einem Wort Bonhoeffers aus der Welt herausdrängen läßt ans Kreuz, der ohnmächtig und schwach in der Welt erscheint und gerade und nur so bei uns ist und uns hilft. Wieviel natürliche Theologie spukt aber noch immer in unsern Predigten und in unsern Katechesen herum! Wieviel Metaphysik wird noch immer bei einer isolierten Betrachtung des 1. Artikels aufgeboten! Wieviel Theismus wird bei uns noch immer verkündet und gegen den Atheismus dann tapfer verteidigt!

Wieviel Apologetik wird noch immer zum Beweis der Existenz Gottes als eines höchsten Wesens über dem Sternenzelt betrieben! Dem allen müssen wir entschlossen absagen, nicht weil wir unter dem Ansturm des Säkularismus solche Bastionen nicht mehr halten können, sondern weil uns in theologischer Besinnung auf die Mitte der Heiligen Schrift deutlich wird, daß wir allein im Leben, Sterben und Auferstehen Jesu Christi Gott begegnen können, dem Gott der Bibel, den wir eben nicht verwechseln dürfen mit dem Gott oder den Göttern, die die Philosophen behaupten oder auch bestreiten.

Zusätzliche Literatur

Bund der Evangelischen Kirchen in der DDR. Dokumente zu seiner Entstehung ausgewählt und kommentiert von *Reinhard Henkys,* Witten 1970.
Friedrich Wilhelm Krummacher: Die Wandlungen der Struktur der Kirche in unserer Zeit, in: Lutherische Monatshefte, 2. Jg., Hamburg 1963, S. 446–449.
Werner Krusche: Diener Gottes, Diener der Menschen, in Junge Kirche, 32. Jg. Bremen 1971, S. 225–236.
Albrecht Schönherr: Das Zeugnis der Christen in der DDR, in: Kirche in der Zeit, Jg. 15, Düsseldorf 1960, S. 331–335.
Albrecht Schönherr: Kirchenzucht. Verlegenheit und Auftrag; Gütersloh 1966.
Albrecht Schönherr: Aufgaben und Ziele des Bundes der Evangelischen Kirchen in der DDR, in: Junge Kirche, 32 Jg., Bremen 1971, S. 237–241.

Richard Shaull

Die revolutionäre Herausforderung an Kirche und Theologie *

Seitdem die moderne Welt um uns in der Renaissance und Aufklärung Gestalt anzunehmen begann, neigten die Kirchen des Westens dazu, sich aus der Feuerlinie des menschlichen Kampfes herauszuhalten und der sozialen Veränderung gegenüber eine konservative Haltung einzunehmen. Das ökumenische Sozialdenken hat in diesen Jahren versucht, diese Haltung zu überwinden, und angesichts der Vorbereitungen für diese Konferenz – und dessen, was hier bis jetzt geschehen ist – ist es gut möglich, daß sich ein wichtiger Durchbruch vollzieht. Darauf deutet die Aufmerksamkeit, die den jüngsten technischen und sozialen Veränderungen geschenkt wurde, und die Anwesenheit einer beträchtlichen Anzahl von Menschen unter uns, die voll an dieser Entwicklung teilnehmen; das zeigt auch die Akzentverlagerung in unserem theologischen Denken über soziale Probleme. Im Vorbereitungsband wird in vielen Beiträgen die These entwickelt, daß Gottes Erlösungswerk in der Geschichte, wie es in den zentralen Glaubenslehren zum Ausdruck kommt, uns aufruft, für die Umwandlung der Gesellschaft zu arbeiten; in der Tat für eine neue soziale Ordnung. Um ein Beispiel zu zitieren: Professor Roger Mehl sagt, daß Gott »in Christus alle Dinge neu gemacht hat und von uns fordert, an dieser Verwandlung der Welt teilzunehmen«. Das nahe Bevorstehen des Reiches Gottes bedeutet nicht nur, daß die Zukunft weit offensteht, sondern auch, »daß diese Zukunft schon gegenwärtig ist«; und die Herrschaft Christi »zerbricht die bestehende Ordnung, die bestehende Ungerechtigkeit und fordert uns auf, teilzuhaben an der großen Erneuerung der Geschichte«.

Professor Wendland hat weit eingehender die Bedeutung und die Konsequenzen dieser eschatologischen Perspektive herausgearbeitet, und er hat uns zu dem Punkt geführt, wo wir aufgerufen sind zu erkennen, daß – um den Ausdruck Arthur Richs zu gebrauchen – die christliche Existenz eine revolutionäre Existenz ist und daß es der Dienst der Kirche an der Welt ist, Vorkämpfer jeder sozialen Reform zu sein, ohne dabei Forderungen für das Christentum aufzustellen oder zu versuchen, die Revolution zu christianisieren. Ich bin mir darüber klar, daß nicht jeder Theologe diese Interpretation akzeptieren wird; gleichzeitig fühle ich mich aber verpflichtet, sie theologisch zu unterstützen, und freue mich darüber. Ich sehe hier ein Zeichen der Hoffnung, daß von jetzt an diejenigen, die auf Grund ihres christlichen Glaubens sich zur Mitarbeit am revolutionären Kampf aufgerufen wissen, sich für theologische und

* Vortrag vor der Weltkonferenz für Kirche und Gesellschaft, Genf 1966 in: Appell an die Kirchen der Welt. Herausgegeben vom Ökumenischen Rat der Kirchen, Kreuz-Verlag, Stuttgart/Berlin 1967, S. 91–99. Abdruck mit freundlicher Genehmigung des Verlages.

moralische Unterstützung an die christliche Gemeinschaft wenden können.

Heute abend will ich jedoch versuchen, die Diskussion etwas weiterzutreiben. Eine neue Generation von Christen in vielen Teilen der Welt nimmt diese Verantwortung für die Revolution, »für die große Erneuerung der Geschichte« ernst. Sie finden dabei eine seltsame, neue – oft schockierende – Welt vor und werden Teil eines dynamischen, geschichtlichen Vorgangs. Innerhalb dieser Situation sehen einige Fragen ganz anders aus, als sie Außenstehenden erscheinen, und die spezifischen Fragestellungen ändern sich auf dem Weg in die Zukunft. All unser ermutigendes theologisches Denken wird der neuen Revolution nicht viel helfen, wenn es nicht in den Zusammenhang dieser konkreten revolutionären Situation gestellt und mit den dort entstehenden Fragen in Beziehung gesetzt wird. Dieser Schritt ist unsere erste theologische Aufgabe.

Das heißt meiner Meinung nach, daß wir sorgfältiger untersuchen müssen, was heute beim Hervorrufen des sozialen Umbruchs zur Diskussion steht, wie also der revolutionäre Kampf konkret aussieht. Dazu nenne ich als Diskussionsgrundlage drei Punkte:

1. Wir entdecken, daß die Technik in ihren fortgeschrittenen Stadien trotz ihres revolutionierenden Einflusses auf die Strukturen der modernen Gesellschaft die Tendenz auf ein totales System sozialer Beherrschung und auf ein Ethos hat, die fast unbegrenzte Möglichkeiten für die Bewahrung der bestehenden Ordnung bietet. Eines der wesentlichsten Merkmale der neuen revolutionären Haltung ist die Überzeugung, daß diejenigen, die eine weitreichende Umformung der Gesellschaft zustande bringen wollen, sich einem totalen Machtsystem gegenübersehen und dazu aufgerufen sind, in der Tendenz und in der Struktur dieses Systems grundlegende Veränderungen zu bewirken. Diese Schlußfolgerungen ergeben sich im großen und ganzen aus der Erfahrung von Leuten, die mit dem Versuch kleiner sozialer Reformen begannen und zu einer radikaleren Position gezwungen wurden. In den Entwicklungsländern hat sich herausgestellt, daß Entwicklung nicht nur eine Frage des raschen technischen Fortschritts und der Industrialisierung ist, sondern der Veränderung des gesamten Gefüges der Faktoren, die die feudale, koloniale Ordnung ausmachen, wie die Arbeiten des brasilianischen Gelehrten Candido Mendes de Almeida zeigen. Gleicherweise finden die Studenten und Führer der Armen in den städtischen Gettos der Vereinigten Staaten bald, daß ihnen in den Stadtkernen eine vergleichbare Situation gegenübertritt und daß sie die Probleme nicht lösen können, bevor nicht grundlegende Veränderungen in der gesamten Struktur eintreten. Im Augenblick geht die Bürgerrechtsbewegung einer neuen Phase der Radikalisierung entgegen, teilweise als Ergebnis einer ähnlichen Entdeckung.

Der wichtige Faktor ist in all diesem die zunehmende Erkenntnis, daß die Macht der errichteten technischen Ordnung selbst all diese Entwicklungen überspannt und in gewissem Sinne aufrechterhält. Deshalb machte in den letzten Monaten das Buch »Der eindimensionale Mensch«

von Herbert Marcuse einen so großen Eindruck auf die jetzige Studentengeneration in Nordamerika. Seine These lautet, daß eine fortgeschrittene Technik zusammen mit dem sie begleitenden Ethos ein System herbeiführt, das zum Totalitarismus neigt. Die Entwicklung immer größerer wirtschaftlicher und politischer Einheiten, verbunden mit der Integration der wirtschaftlichen und politischen Ordnungen, schafft eine Gesellschaft, in der bestimmte materielle Bedürfnisse eines hohen Prozentsatzes der Menschen befriedigt werden, daß Menschen aber keine nennenswerten Möglichkeiten haben, sich an den Entscheidungen über ihre eigene Zukunft zu beteiligen. Das System hat nicht nur ungeheure Macht, sondern es vermindert auch die Kräfte bis zur Wirkungslosigkeit, die sonst ständigen Druck nach sozialer Umwandlung ausüben könnten. Der Angestellte wie der Arbeiter sind in gewissem Sinne mit dem System zufrieden, wenn sie nicht sogar ein festes Interesse an ihm haben. Die größeren politischen Parteien bieten in der Struktur und der Richtung sozialer Entwicklung keine grundsätzlichen Alternativen mehr; eine Politik der allgemeinen Zustimmung sucht tiefergehende politische Konflikte zu vermeiden. Gegensätzliche Kräfte gibt es, aber nur, soweit sie nicht das ganze System in Frage stellen; und die gesamte Ordnung ist in ihrer Irrationalität so rational, daß ihre Gegner leicht als Menschen mit mangelnder Urteilskraft und fehlendem gesundem Menschenverstand dargestellt werden können. Für Marcuse sind diese Entwicklungen auf dem wirtschaftlichen und politischen Feld von einem Ethos der »Säkularität« begleitet, das die Sozialwissenschaften zur empirischen Analyse von vorgegebenen Strukturen reduziert, das Universum aus den Untersuchungen der Philosophie ausklammert und der Kultur die kritische, weiterführende Macht nimmt, die sie in der Vergangenheit oft besaß. Das Resultat könnte eine eindimensionale Existenz sein, ohne Vitalität, Schöpfergeist und Anregung; eine Gesellschaft ohne die Kraft zu ihrer eigenen Erneuerung.

Ich habe nicht vor, Marcuses These zu werten. Ich will nur zeigen, daß heute eine beträchtliche Anzahl junger Menschen von ganz verschiedener Herkunft, die sich dem Aufbau einer gerechteren und menschlicheren Gesellschaft verschrieben haben, in eine Position gedrängt wurden, in der ihnen diese Gedanken richtig erscheinen. Infolgedessen sind sie überzeugt, daß die Technik auf die Dauer nur zum Wohl des Menschen und seiner Erfüllung beitragen kann, wenn sie durch eine Revolution in Frage gestellt wird, und die deshalb die Revolution als einzigen Weg wählen, auf dem sie für die Zukunft des Menschen arbeiten können. Darüber hinaus schafft diese Tatsache eine neue Einheit der Anschauung und des Ziels zwischen den Revolutionären der Entwicklungsländer und einer Minderheit in technisch fortgeschrittenen Gesellschaften.

2. Hier ergibt sich ein Problem. Wenn wir überzeugt sind, daß eine Revolution für die Vermenschlichung der modernen Gesellschaft notwendig ist, dann müssen wir uns auch der Möglichkeit stellen, daß die traditionelle Form einer sozialen Revolution, die einen Umsturz der

ganzen Gesellschaftsordnung und einen radikalen Machtwechsel erstrebt, heute praktisch unmöglich geworden sein mag. Falls eine solche Revolution zufällig Erfolg haben sollte, könnte sich daraus soziale und wirtschaftliche Unordnung ergeben, die lange Zeit verhängnisvolle Folgen haben würde.

Im Vorbereitungsmaterial wird das am schärfsten von Professor André Philip betont, dem man wirklich nicht nachsagen kann, daß er den Status quo erhalten wolle. Er fordert, daß das jetzt notwendige Vorgehen technischen Charakter haben müsse, aber in keiner Weise revolutionär oder gewaltsam sein dürfe. Gewaltanwendung scheine unmöglich, selbst wenn man ethische Erwägungen beiseite lasse. In den Industrieländern sei die technische Struktur so stark entfaltet und die verschiedenen Elemente überschnitten sich so sehr, daß ein plötzlicher Umbruch nicht ohne eine Erschütterung des gesamten Produktionssystems und damit einer Verarmung der Massen geschehen könne. Ohne große Mühe können die meisten von uns sich vieler Ereignisse in der jüngsten Geschichte erinnern, die diese Feststellung bestätigen.

3. Für André Philip bedeutet das das »Ende der Revolution«. Für diejenigen von uns, die dieses Zutrauen in die Fähigkeit der bestehenden Ordnung, sich selbst ohne revolutionären Zwang zu erneuern, nicht haben, bedeutet das, daß eine neue Strategie für die Revolution gesucht werden muß. Gewisse Merkmale der Gesellschaft ermöglichen und rechtfertigen eine solche Suche, die jetzt in unserer Umwelt Gestalt annimmt. Bisher sind technischer Fortschritt und Bewahrung der bestehenden Ordnung Hand in Hand gegangen. Wie mir aber Robert Theobald erklärt hat, gibt es in der Technik selbst nichts, woraus sich dieses Hand-in-Hand-Gehen mit Zwangsläufigkeit ergibt. Beim Fortschritt der Technik könnten die Mittel und die Atmosphäre, die sie hervorbringt, ebenso leicht soziale Veränderungen und Emanzipation fördern. Darüber hinaus ermöglichen der Zusammenbruch der stabilen, ontokratischen und autoritären Modelle der Vergangenheit und der dynamische Charakter der modernen Gesellschaft neue Unausgeglichenheit und gefährden das soziale Gleichgewicht. Plötzlicher Druck, der wirksam zur rechten Zeit an der rechten Stelle ausgeübt wird, kann überraschend tiefgreifende Auswirkungen haben; und kleine Veränderungen können die Kräfte in Bewegung setzen, die in der Zukunft zu viel größeren Wandlungen führen. In dieser Situation muß die revolutionäre Strategie Grundlagen entwickeln, von denen aus ein System, das keine größeren, dringend verlangten Veränderungen schaffen will, beständig durch Forderung kleiner Veränderungen an verschiedenen Stellen unter Druck gesetzt wird. Ohne solche revolutionären Kräfte in unserer heutigen Gesellschaft sind die Aussichten für die Zukunft nicht ermutigend. Diese Bemühungen könnten aber dazu beitragen, die Gesellschaft offen und flexibel zu erhalten, sie gegen ihren eigenen Willen zu erneuern, einen neuen sozialen Kontext für die Technik zu schaffen und vielleicht zu guter Letzt sogar zu einer sozialen Institution zu führen, die für die menschlichen Bedürfnisse empfänglich genug wäre, um eine Revolution überflüssig zu machen.

In den letzten Jahrzehnten ist durch den Guerilla-Krieg die militärische Strategie umgekrempelt worden. Kleine revolutionäre Gruppen konnten durch die Strategie konzentrierter Überraschungsangriffe, die von kleinen disziplinierten Einheiten mit einem begrenzten Ziel ausgeführt wurden, auch gegenüber einer überwältigenden militärischen Macht in einigen Fällen den Sieg davontragen. Beweglichkeit und Operationsfreiheit ermöglichten es, daß sie stets die Initiative ergriffen und neue Fronten bildeten, wenn sie an den alten nichts mehr erreichen konnten. Der Guerilla-Krieg ist ein Mittel der militärischen Strategie; ihr Ziel war es gewöhnlich, einen Kampf mit allen Mitteln zu führen und die alten Träger der Macht zu stürzen. Ein genaues Studium dieser Bewegungen könnte jedoch auch eine Strategie für eine wirksame politische Aktion revolutionärer Art nahelegen. In der Tat kann die Bildung solcher »Guerilla«-Einheiten mit einem klaren Selbstverständnis, die ein neues Sozialgefüge schon klar vor Augen haben und sich an einem ständigen Kampf für einen Umbruch innerhalb und außerhalb gewisser sozialer Strukturen engagieren, eine interessante Aussicht für die Bildung einer neuen Gesellschaft in unserer Zeit eröffnen.

Dieser begrenzte Kampf kleiner Gruppen in einer permanenten Revolution wird hier hauptsächlich als ein Mittel der politischen Strategie betrachtet. Je mehr Erfolg er hat, desto mehr wird die Versuchung der Unterdrückten, zu Gewaltmitteln zu greifen, vermindert werden. Aber wir möchten nicht so weit wie Professor Wendland und André Philip gehen und auf ein völlig gewaltloses Vorgehen drängen oder darauf bestehen, daß sich die Christen nicht an Gewaltmaßnahmen beteiligen. Es kann wirklich einzelne Situationen geben, in denen nur die Drohung oder der Gebrauch von Gewalt eine Wandlung einleiten können. Wichtig ist nicht, ob die Gewalt geächtet ist, sondern ob ihre Anwendung, wenn sie absolut notwendig ist, der Strategie eines permanenten Kampfes für begrenzte Wandlungen in der Gesellschaft angepaßt ist oder ob sie, wie so oft in der Vergangenheit, im Rahmen des totalen Krieges und des totalen Umsturzes der Gesellschaftsordnung stattfindet.

Wenn die vorgeschlagene Strategie Erfolg haben soll, dann kann sie nicht eine Sache isolierter, sporadischer Bemühungen sein. Sie muß vielmehr die Bildung kleiner revolutionärer Kernzellen in der ganzen Gesellschaft einschließen, intensive Bemühung um die Art der Erziehung, die neue Perspektiven auf soziale Probleme und den Weg zu neuen Experimenten und neuen Lösungen eröffnet, und die enge Koordination der Arbeit, die von den verschiedenen revolutionären Gruppen geleistet wird.

Auf diesem ersten Diskussionsfelde ziehe ich folgenden Schluß: Wenn die Kirche wirklich geneigt ist, die Aufgabe ernst zu nehmen, zu der Professor Wendland und andere sie gerufen haben, dann sollte sie auch den Rahmen schaffen, in dem die Menschen dazu befreit und ermutigt werden, diese revolutionäre Verpflichtung anzunehmen, und in dem ihnen geholfen wird, eine theologische Perspektive und eine Ethik für die Revolution auszuarbeiten. Keiner kann garantieren, daß die Kirchen oder sogar die ökumenische Bewegung eine solche Herausforderung annehmen werden. Wir würden aber schon einen großen Schritt weiterkommen, wenn wir uns wirklich dazu entschließen könnten, denen Gehör zu schenken, die aus den Entwicklungsländern kommen, den Repräsentanten einer neuen Studentengeneration in unseren eigenen weitgehend technisierten Gesellschaften, und den anderen, die die Dringlichkeit radikaler und schneller Veränderungen in unserer gegenwärtigen Gesellschaftsordnung verkörpern.

Das führt zum zweiten Hauptproblem, das ich zur Diskussion stellen möchte, nämlich das Verhältnis von Theologie und revolutionärem Kampf. Professor Wendland hat seine Einstellung klar dargelegt, wenn er sagte, daß die Christen positiv und kritisch für eine Revolution arbeiten sollten, und zwar ohne die Ideologie einer totalen Revolution und ohne die utopischen Träume von einer vollkommenen Gesellschaft. Daraus schließe ich, daß es unsere wesentlichste theologische Aufgabe ist, den latenten Götzendienst in allen diesen Bewegungen aufzudecken und anzugreifen. Das ist für die Christen in der Gesellschaft stets eine wichtige Aufgabe, und besonders wichtig bei denen, die den Preis für den revolutionären Kampf zahlen müssen. Ich bin aber nicht überzeugt, daß das beim gegenwärtigen Stand der Revolution unsere wesentlichste theologische Verantwortung ist. Das liegt zum Teil daran, daß andere Kräfte in der gegenwärtigen Gesellschaft hierin bessere Arbeit als wir zu leisten scheinen. »Christus inkognito« – wenn ich diesen Ausdruck benutzen darf –, der durch die Technik und die Säkularität wirkt, hat die Vorherrschaft der alten Absolutheiten gebrochen und die utopischen Träume zerstört. Heute kann man bei den neuen Revolutionären in Lateinamerika, den linksstehenden jungen Studenten in den Vereinigten Staaten und den neuen Philosophen- und Schriftstellergruppen in der marxistischen Gesellschaft ein starkes Gefühl dafür finden, daß das Wissen um die Gesellschaft begrenzt und der revolutionäre Kampf ambivalent ist. Die machtvollste Erklärung dieser Haltung, die ich kenne, findet sich in einem Aufsatz des polnischen Philosophen Kolakowski unter dem Titel: »Der Priester und der Narr.« Alle diese Gruppen brauchen wohl die Ermutigung und die Unterstützung des christlichen Glaubens, unsere größte Verantwortung aber liegt auf anderem Gebiet.

Wenn der neue Revolutionär einen langen und anstrengenden Kampf ohne Absoluta und ohne utopische Illusionen durchstehen soll, dann wird etwas ganz anderes verlangt. Was er jetzt braucht, sind jene Mittel des Verstehens und der Gemeinschaft, die dieses Bemühen unterstützen und ausrichten können: Der Glaube an eine offene Zukunft, die Hoffnung, daß Schwäche die herrschende Macht überwinden kann und daß Sinn und Erfüllung in einem Leben möglich sind, das in intensivem revolutionärem Ringen gelebt wird. Wichtiger ist vielleicht noch, daß der neue Revolutionär die Möglichkeiten zur Überschreitung und Überwindung der Bindungen des säkularen, empirischen Ethos braucht, um neue

Träume über die Zukunft des Menschen zu träumen und die schöpferische Vorstellungskraft zu entfalten, so daß er über neue Probleme neu nachzudenken und neue Ziele und Modelle für eine neue Gesellschaft herauszuarbeiten vermag. Der Revolutionär braucht, mit den Worten von Professor Roger Mehl, »eine neue Weltanschauung und ein neues Verständnis des Menschen«.* Die eigentliche theologische Frage besteht daher in der Lebenskraft der jüdisch-christlichen Tradition, in ihren verschiedenen Formen und in ihrer Fähigkeit, sich auf die menschliche Situation heute zu beziehen, daß alte Bilder, Symbole und Vorstellungen abgelöst und neue geschaffen wurden, die diese Aufgabe erfüllen können.

Können wir angesichts der gegenwärtigen Lage der Kirchen und der Theologie darauf hoffen? Jeder von uns muß hierauf von seinem Glauben und seiner Erfahrung her antworten. Auf Grund meiner eigenen Erfahrung mit revolutionären Bewegungen auf zwei Kontinenten bin ich überzeugt, daß es eine lebendige Möglichkeit ist, vorausgesetzt, daß die Theologen die Tatsache des Todes und der Auferstehung des *logos* als Hinweis auf den einzigen Weg ernst nehmen, der uns in dieser Situation offensteht. Abschließend will ich versuchen, an zwei Beispielen zu zeigen, was dies bedeuten kann:

1. Vieles an unserem christlichen Sozialdenken wurde und wird immer noch in einem bestimmten Maße von unhistorischem Denken bestimmt. Ich wurde hieran wieder erinnert, als ich den Beitrag von Professor John M. Hallowell in Band II und besonders sein Zitat von Cicero las: »Es gibt in der Tat ein wahres Gesetz – nämlich die rechte Vernunft –, das in Übereinstimmung steht mit der Natur, auf alle Menschen zutrifft und unveränderlich und ewig ist ... Dieses Gesetz durch menschliche Gesetzgebung zu verletzen, ist niemals moralisch rechtmäßig, noch ist es jemals erlaubt, seine Wirksamkeit zu beschränken; es aufzuheben, ist völlig unmöglich ... Es wird nicht eine bestimmte Ordnung für heute und eine andere für morgen sein. Vielmehr wird es ein Gesetz geben, ewig und unveränderlich, bindend zu allen Zeiten für alle Menschen; und es wird, wie es auch schon immer war, einen gemeinsamen Herrn und Herrscher der Menschen geben, nämlich Gott, der der Urheber des Gesetzes, sein Erklärer und Förderer ist.«

Ich vermute, daß dies für Menschen, die heute in einer revolutionären Bewegung stehen, wie eine Stimme aus einer fernen Vergangenheit und aus einem völlig fremden Weltbild klingt. Denn die dem Revolutionär bekannte Wirklichkeit besteht in seinem Eingefügtsein in eine dynamische geschichtliche Existenz, die ständig in sehr konkreter und unerwarteter Weise geformt und neugeformt wird. Es ist nicht eine beständige, ewige, vernünftige Ordnung, sondern eine Ordnung, die zu gestalten er leise hoffen darf, indem er die Zukunft in Richtung auf bestimmte Ziele hin zu formen versucht. Mit anderen Worten, wir sind uns heute sehr wohl dessen bewußt, was Troeltsch bereits vor Jahrzehnten

* Kirche als Faktor, S. 31. Roger Mehl zitiert mit diesem Satz Gunnar Hillerdal in »Kirche und Sozialethik«, Gütersloh 1963.

als »die grundlegende Historisierung all unseres Denkens über den Menschen, seine Kultur und seine Werte« beschrieben hat, und wir können uns seiner Folgerung nicht entziehen, daß allein die in der reinen Tatsächlichkeit der konkreten historischen Ereignisse gegründete Form des Denkens in dieser Situation von Nutzen sein kann.

In den vergangenen Jahren ist darüber diskutiert worden, ob sich das ökumenische Sozialdenken in erster Linie Prinzipien, Werten und mittleren Axiomen zuwenden oder ob es situationsbezogen werden oder ob eins das andere berichtigen sollte. Die Diskussion auf dieser Ebene wird nach meiner Überzeugung nur magere Ergebnisse zeigen. Vielleicht besteht unsere Aufgabe im Augenblick darin, diese Tatsache der radikalen Historisierung all unseres Denkens anzuerkennen und deren theologische Folgerungen durchzudenken, wohin wir dabei auch immer geführt werden.

Heute abend können wir lediglich auf dieses Problem aufmerksam machen. Ich verstehe es so, daß eine ethische Klärung und Zielsetzung nur dann erreicht werden kann, wenn Werte umgesetzt werden in spezifische soziale Ziele, spezifische menschliche Bedürfnisse und spezifische technische Möglichkeiten und Prioritäten. Keine Gruppe von abstrakten Prinzipien oder Ideen, wie die der verantwortlichen Gesellschaft, wird uns hier helfen, wenn uns diese Aufgabe der Umsetzung nicht gelingt, die immer wieder in veränderten Situationen getan werden muß. Ein andauernder Prozeß der Reflektionen über spezifische Fragen kann dazu wesentlich beitragen. Entscheidend dafür sind die Geschichtsauffassung, die uns durch die bestimmte Epoche gegeben wird, in welche wir als Christen hineingestellt sind, und das Bild des neuen Menschen, der in dem Abbild des einen Menschen, Jesus von Nazareth, Wirklichkeit wird. Aus dieser biblischen und theologischen Reflektion heraus können die weiteren Denkformen über die Erneuerung des Menschen und seine geschichtliche Existenz im Zentrum des revolutionären Ringens festgehalten werden, indem sie Grenzen durchbrechen, die der Mensch seinem Denken und Handeln aufzuerlegen neigt, und indem sie eine höhere Ordnung des Lebens verwirklichen, unter deren Urteil alle seine Errungenschaften stehen.

Das mag alles ganz gut klingen, doch viele christliche Revolutionäre erfahren heute, daß die Theologie, die wir für sie entwickelt haben, sie nicht zu einer solchen Überschreitung und Überwindung im weltlichen Bereich befähigt. Ein Großteil unserer traditionellen Theologie – wie auch unseres ethischen Denkens – zeigt ein solches Maß von Anpassung des Christentums, daß es seine bilderstürmende und umgestaltende Kraft verloren hat. In unserer jüngsten Vergangenheit hat während einer kurzen Zeitspanne die Neo-Orthodoxie diese Aufgabe in überraschender Weise erfüllt. Mit ihrer Betonung des Andersseins Gottes, des Wortes, das allem menschlichen Denken und allen Leistungen gegenübersteht, hat uns besonders das Werk von Karl Barth eine erstaunliche neue Freiheit in bezug auf Kultur und Gesellschaft und eine neue Sicht des

Menschen und der menschlichen Beziehungen geschenkt. Leider führte dieses Bemühen, wie es Bonhoeffer verstand, schließlich zu einer theologischen Restauration, der Restauration von Vorstellungen und Begriffen, die einer ganz anderen Weltsicht und historischen Situation angehörten. Auf diese Weise wurde unser theologisches Denken über die Welt mit all ihrem potentiellen Reichtum sogar noch enger an Vorstellungen gebunden, die heute weitgehend bedeutungslos sind. Die Erfahrung der Beteiligung an der radikal geschichtlichen Existenz durch soziale Revolution hat dies heute ganz deutlich gemacht.

Aus diesem Grunde haben viele Menschen einer neuen Generation lediglich eine Erinnerung an einen sinngebenden christlichen Glauben, aber keine Möglichkeit, diesen konkret anzunehmen oder ihn zu den Problemen der persönlichen und gesellschaftlichen Existenz in Beziehung zu setzen. Gerade diese Situation hat zu einem neuen Aufbruch in der Theologie geführt. Es erscheinen jüngere Theologen auf der Bildfläche, die überzeugt sind, daß all die alten Bilder und Vorstellungen ihre Kraft verloren haben; diese können nicht länger als Träger der christlichen Botschaft eines radikalen Umbruchs und einer Überschreitung dienen oder zur Formung eines neuen Bildes des Menschen oder einer neuen Lebensform schöpferisch beitragen. Daher suchen diese Theologen nach einer neuen Sprache, die angemessen auf diese Wirklichkeit hinweisen kann. Zumindest in den Vereinigten Staaten zeigen selbst die extremsten der »Gott-ist-tot-Theologen« diese Sehnsucht nach einer neuen Sprache, die in unserer Zeit das leisten kann, was unsere orthodoxeren Lehren getan haben, als sie zum erstenmal ausgearbeitet wurden.

Diese Suche nach einer neuen Sprache des Glaubens ist keine einfache Sache. Sie fordert nicht in erster Linie eine neue Sprache, sondern Präsenz und Beteiligung an denjenigen Stellen in der Welt, an denen Gott am dynamischsten wirksam ist. Und diese Präsenz und Beteiligung muß von Geduld begleitet werden, denn wir müssen vielleicht lange warten, bis sich wirklich eine neue theologische Sprache und neue Vorstellungen herausbilden. Bis dahin gibt es eine Arbeit, die getan werden muß, und die Theologie ist dazu gerufen, sie zu tun: Das schwierige, aber doch nicht unmögliche Gespräch zwischen der umfassenden biblischen und theologischen Tradition und der gegenwärtigen menschlichen Situation weiterzuführen und herauszufinden, wie in diesem Rahmen konkret auf Zeichen der Hoffnung und der Gnade, der Sinngebung und Erfüllung inmitten des weitergehenden Ringens um die Zukunft des Menschen hinzuweisen ist. Dies ist nach meiner Meinung Harvey Cox in seinem Buch »Stadt ohne Gott«* gelungen. Es ist genau dieses zurückhaltende Hinweisen auf Gottes Werk der Erneuerung inmitten der sozialen Revolution, das nach meiner Meinung zum gegenwärtigen Zeitpunkt dringend notwendig ist. Aus einer solchen Kreuzigung des *logos* der Theologie heraus wird sich vielleicht eine theologische Auferstehung neu ereignen.

* Stuttgart/Berlin, Kreuz-Verlag 1966.

Zusätzliche Literatur

H. J. Benedict und *H. E. Bahr:* Kirchen als Träger der Revolution. Konkretionen Bd. 1, Hamburg 1968.
E. Feil und *R. Weth* (Hg.): Diskussion zur Theologie der Revolution, München/Mainz 1969.
Helmut Gollwitzer: Die reichen Christen und der arme Lazarus. Die Konsequenzen von Uppsala, München 1968.
T. Rendtorff und *H. E. Tödt:* Theologie der Revolution. Analysen und Materialien, Frankfurt 1968.
Richard Shaull: Befreiung durch Veränderung. Herausforderungen an Kirche, Theologie und Gesellschaft, München/Mainz 1970.
Christian Walther: Christenheit im Angriff. Zur Theologie der Revolution, Hamburg 1969.
Weltarmut. Eine kritische Denkschrift. Herausgegeben, eingeleitet und kommentiert von *Klaus-Martin Beckmann* und *Klaus Lefringhausen*, Stuttgart 1967.
Die vier Vorbereitungsbände der Konferenz von Genf 1966:
a) Christian Social Ethics in a Changing World, hg. von *John C. Bennet*
b) Responsible Goverment in a Revolutionary Age, hg. von *Z. K. Matthews*
c) Economic Growth in a World Perspektive, hg. von *Denys Munby*
d) Man in Community, hg. von *Egbert de Vries* – alle London 1966.

M. M. Thomas

Das Evangelium und der Aufbruch des modernen Asien *

Ich bin ein Laie, der sich mit der asiatischen Politik, Gesellschaft und Religion in ihrem rapiden Wandel näher beschäftigt; und es geht mir darum, Bedeutung und Relevanz der Idee der Heilsgeschichte für all das zu verstehen, was die moderne asiatische Geschichte ausmacht. Ein solches Verstehen gibt erst den Rahmen her, innerhalb dessen eine Definition der gesamten christlichen Mission in Asien heute möglich wird; was christliche Verkündigung, christliches Dienen und christliches Leben bedeuten, erhellt allein auf Grund eines solchen Rahmens. In der Tat hat die East Asia Christian Conference die Frage »Was tut Gott-in-Christus in Asien heute« ins Zentrum ihrer Beratungen über das christliche Zeugnis gerückt; und ich beabsichtige heute, einige Aspekte des Aufbruchs des modernen Asien und einige Facetten dessen zu bedenken, was im Blick hierauf das Evangelium von der Erlösung in Jesus Christus sagt und bedeutet.

Natürlich bin ich mir dessen durchaus bewußt, daß ein Reden von Asien oder auch nur von Ost-Asien in dieser Allgemeinheit eine gefährliche Simplifikation bedeutet; und abgesehen selbst von meinen ausgesprochen engen Kontakten und Studien, die sich freilich weithin auf Indien beschränken: Asien ist mit seinen Völkern, Kulturen und religiösen Traditionen bei weitem zu vielfältig, als daß sich Verallgemeinerungen verifizieren ließen. Selbst wenn man nur seine Geschichte innerhalb der Moderne visiert: Die verschiedenen Geschichten der Beziehungen zum Westen verliefen während der Kolonialzeit ja durchaus verschieden, und das gleiche gilt für die Tage, wo man um die politische Unabhängigkeit kämpfte; und überdies stößt man auf divergierende Ideologien und unterschiedliche Stufen von Modernisierung. Ein Blick etwa auf die Unterschiede zwischen China, Indien, Japan und beispielsweise Indonesien läßt hinreichend deutlich werden, daß man unmöglich von Asien wie von einer einheitlichen Gegebenheit reden kann. Doch unerachtet dieser Differenzen läßt der derzeitige Prozeß dessen, was man als Nation-Werdung bezeichnet hat, einen neuen Geist erkennen; er ist gemeinasiatisch und steht ganz zweifellos in Wechselwirkung mit verschiedenen kulturellen Vorgegebenheiten und nimmt verschiedene historische Formen auf. M. E. ist es daher gerechtfertigt, innerhalb bestimmter Grenzen die Formel von der Asiatischen Revolution im Singular zu gebrauchen; und ich meine sogar, daß wir von *dem* Aufbruch des modernen Asien reden dürften.

* Vortrag, gehalten am 26. Oktober 1966 vor dem Union Theological Seminary, New York. Text nach »Evangelische Theologie«, 29. Jg., Chr. Kaiser-Verlag, München 1969, S. 371–388. Abdruck mit freundlicher Genehmigung des Verlages.

Doch es stellt sich noch eine weitere Frage; statistisch denkende Soziologiestudenten bringen sie häufig vor nach ihren Überblicken über das gegenwärtige Asien: Inwieweit ist das heutige Asien wirklich Repräsentant des neuen Geistes und des neuen Aufbruchs? Denn quantitativ gesehen ist das traditionelle Asien immer noch das eigentliche Asien; und manche Beobachter sehen ausschließlich die Vorherrschaft des traditionellen, nicht aber des modernen Asien. Seit der Zeit etwa der »Mutter Indien« von Katharine Mayo über den »Spruch über Indien« von Beverley Nichol bis hin zu der – etwas neueren – »Krise Indiens« von Ronald Segal tönte und tönt es im Chor, daß Indien seinen Traditionen verhaftet war und verhaftet bleiben werde; der moderne Aufbruch werde nur von einer »mikroskopischen Minderheit« getragen. In diesem Urteil liegt m. E. ein gut Teil Wahrheit beschlossen, und zwar nicht nur im Blick auf Indien, sondern auf Asien überhaupt. Doch Geschichte erwuchs noch stets aus der Dynamik schöpferischer Minderheiten. Und vielen Wissenschaftlern fehlten, als sie sich ihren Asien-Studien zuwandten, Methodologie wie auch Interpretationstechnik; sie erst würden sie in den Stand gesetzt haben, die kraftgeladene Bewegung in ihrer geistigen Tiefe abzuschätzen bzw. diejenigen wirksamen Kräfte herauszufinden, die für die Zukunft entscheidend sind; – jedenfalls überkommt einen als Asiaten dies Gefühl angesichts einiger gängiger Studien über Asien. Das traditionelle Bild von Asien ist natürlich das von Menschen, die, kaum erwacht, alsbald sich wieder schlafen legen. Und viele Kommentare, die man zu hören bekommt, lassen den Eindruck entstehen, nach der Periode des westlichen Einflusses und der nationalen Gärung befände Asien sich nunmehr an der Schwelle des Zurücksinkens in seine jahrhundertealten Traditionen und sein bloß vegetierendes Leben. Nun, das will ich nicht einfach als unmöglich ausschließen; doch angesichts der bis in die Wurzeln gehenden geistigen Gärung ist es ausgesprochen unwahrscheinlich. So rede ich vom modernen Asien nicht deshalb, weil das traditionelle keine größere Macht mehr wäre, sondern weil die Zukunft Asiens bestimmt wird durch das, was durch die Dynamik der Moderne – und sei sie nur durch eine Minderheit repräsentiert – an Gutem und an Übel heraufgeführt wird.

Wir werden unsere Zeit nun nicht damit vertun, von den vielen Kämpfen des modernen Asien zu reden – sie wurden geführt um die Gewinnung neuer, nationalstaatlicher Strukturen, die Konsolidierung der nationalen Gemeinschaften, den Aufbau einer dynamischen und leistungsstarken Wirtschaft, das Erreichen eines höheren Lebensstandards, die Umformung sozialer Institutionen, die Neuinterpretation einheimischer kultureller und religiöser Traditionen. Gewiß, das charakterisiert den Geschehensverlauf im modernen Asien und läßt eine Fülle von Problemen und viele entscheidende Fragen entstehen. Doch wollen wir in diesem Vortrag das Wesen jenes geistigen Erwachens untersuchen, das diese Kämpfe des heutigen Asien um Modernität trägt und prägt, die Bewegung hinter all den vielen Fragen, die vom Asiaten immer wieder gestellt werden.

Ganz offenkundig bildet den geistigen Mittelpunkt des asiatischen Aufbruchs heute ein neues menschliches Selbstverständnis bzw. das Leitbild von einer neuen Dimension menschlichen Existierens, oder – wenn man so will – ein neuer Humanismus. Von dieser neuen Dimension kann man in verschiedenen Weisen reden, z. B. indem man sie definiert als das Bild vom Menschen als personalem Wesen, d. h. vom Menschen als Freiheit in Verantwortung, der dazu berufen ist, seine historische Bestimmung in zielstrebiger Aktivität zu verwirklichen. Asien hat natürlich seinen eigenen traditionellen Humanismus; es hat Wesen und Funktion des menschlichen Selbst als eines Teils des universalen Geistes, als die Einheit einer in die kosmische Ordnung eingefügten funktionalen Gesellschaft untersucht bis hin in die letzten Tiefen, und es hat auf dieser Basis seine eigenen Vorstellungen von Selbstverwirklichung. Doch nun ist man der Berufung des Menschen gewahr geworden, verantwortlich an der Schaffung und Neuformung von Strukturen und Werten weltlicher und sozialer historischer Existenz teilzuhaben, hin auf die Gefahr kosmischer und geistiger Disharmonie. Damit hat sich für Asien eine Dimension des Selbst eröffnet, die, selbst wenn sie nicht völlig neu ist – in Spuren gab es sie stets im Protest gegen das traditionelle Asien –, nun doch inzwischen anerkannt wird als Grundlage einer Revolution der herkömmlichen Vorstellungen von Selbstverwirklichung. Dieser neue Humanismus kommt in drei Weisen zum Ausdruck:

Zunächst in einer neuen Suche nach Identität. Man kann hier zwei Aspekte unterscheiden. Einerseits sucht man nach einer *menschlichen* Identität, also nach jener, die jeder Person, Gruppe oder Nation eignet auf Grund ihrer Zugehörigkeit zur Menschheit überhaupt, woraus sich universale menschliche Rechte herleiten. Andererseits fragt man nach jener Identität, die jede Person, Gruppe oder Nation von anderen unterscheidet, also nach einem jeweils typischen Selbst mit der ihm eigentümlichen Berufung. Als vor einiger Zeit die East Asia Christian Conference eine Tagung der christlichen Führer der Stammesgemeinschaften Asiens einberief, lag das Schwergewicht der Beratungen auf der Wiederentdekkung der ethnischen Personalität, und zwar im Kontext von Kirche und Nation. Dort also die Suche nach der mehr allumschließenden Menschlichkeit in »Kirche und Nation« und zugleich die nach der charakteristischen ethnischen bzw. Stammespersonalität. Blicken wir etwa auf den sich ändernden Status, die sich ändernde Rolle der Frau in den asiatischen Gesellschaften, so begegnet uns hier wiederum der Anspruch auf fundamentale Rechte, nämlich als menschliche Person dem Manne im häuslichen, im rechtlichen und im öffentlichen Leben gleich zu sein; gleichzeitig aber findet man bei den Frauen die Suche nach ihrer spezifischen Identität als Frau. Natürlich sind sie an einem Punkt festgelegt: Niemals nämlich werden sie den Männern darüber die Entscheidung zugestehen, welches ihre besondere Identität und Berufung sei. Immerhin, es gibt diese Suche; und das eben Gesagte diente nur ein wenig der Illustration eines Phänomens, auf das man überall in Asien stößt.

Zum anderen: Der neue Humanismus drückt sich aus in der Suche nach einer mitwirkenden Gesellschaft. Herkömmliche Gesellschaften, besonders auf der Kulturstufe, die Kenneth Boulding als Zivilisation mit Agrikultur und dörflicher Basis charakterisiert, waren stets durch eine Machtstruktur geprägt, durch die viele große Gruppen von der vollen Teilhabe am Gesamtleben der Sozietät ausgeschlossen blieben, und zwar namentlich auf jenen Ebenen, wo die Entscheidungen über Schaffung und Neuformung der gesellschaftlichen Werte, über die Güterverteilung und über die Dienstleistungen innerhalb der Gesellschaft fallen. Teilweise geschah es, weil die wirtschaftliche und soziale Produktivität sich auf niedrigem Stand befanden; in knappen Zeiten mußten darum die herrschenden Klassen und Kasten die Massen von der Macht fernhalten, um ihrerseits in der Lage zu sein, sich den Künsten, der Philosophie, der Religion und anderen Zivilisationsgütern in bequemer Muße zu widmen. Die Sozialstrukturen waren patriarchalisch: Schutz durch die Starken und Gehorsam seitens der Schwachen. Und nun ist das grundlegende Charakteristikum des modernen Asien das Aufwachen der Massen, ihre Ablehnung des Patriarchats als Verletzung der Menschenwürde und ihre Forderung nach Rechten und verantwortlicher Mitwirkung. So steht hinter dem, was man die Revolte gegen die Armut genannt hat, also hinter der Suche nach Wegen zu industrieller Entwicklung bzw. der »Revolution der steigenden Erwartungen« in Wirklichkeit nicht einfach das Brot, das man – natürlich – sucht, sondern Brot als Symbol der neuen Selbstverwirklichung durch Mitwirkung in der Gesellschaft. Also selbst das Motiv der Entwicklung bildet ein neues Ideal von sozialer Gerechtigkeit.

Drittens: Der neue Humanismus drückt sich im Empfinden der historischen Bestimmung des Menschen aus. Jahrhundertelang war das Eingefügtsein in die Gesamtnatur oder das Aufgehen im universalen Geist als schließliches Ziel des Menschen für Bewußtsein, Kultur und Geisteshaltung Asiens bestimmend. Dadurch wurde die Entwicklung des Gedankens von der Eroberung der Natur durch den Menschen und von der geistigen Befreiung des Menschen als Quelle schöpferischen Handelns in gesellschaftlicher und geschichtlicher Existenz verhindert. Derartige Gedanken tauchten zwar immer wieder auf, doch stets nur, um sofort wieder unterdrückt zu werden durch die beherrschende Idee: Irdisch-historische Existenz gilt als Fall aus dem Sein selbst, als etwas, was man allenfalls dulden kann. Heute jedoch drückt sich der neue Humanismus aus in einer neuen Würdigung von säkularer Welt und geschichtlicher Existenz als Werten an sich. Die technische Entwicklung wurde für die Asiaten selbst zum primären Kriterium für die Beurteilung jeder Sozietät; und daß Asien sich auf die Teilung der Welt hin entwickelte und Entwicklungsgesellschaften eingelassen hat, ist Ausdruck der neuen Welteinschätzung. Vieles in der kraftvollen Bewegung des revolutionären Nationalismus, Sozialismus und Kommunismus in Asien gibt Zeugnis von Asiens Erwachen zu einem neuen Geschichtssinn und, dahinter, zu neuer historischer Zwecksetzung. Und in Wirklichkeit ist Säkularismus, ob er sich dogmatisch-antireligiös gibt oder bei aller Kritik der traditionellen Religion doch zugleich für sie offen ist, ebenfalls das Zeugnis einer neuen Wertschätzung des Weltlichen und Geschichtlichen, wie man sie im Zentrum der revolutionären Gärung Asiens antrifft.

Man könnte weiterfahren und von anderen Ausdrucksweisen eines Leitbildes des modernen Asiaten von neuen Dimensionen verantwortlichen Selbststandes und Selbstverwirklichung handeln. Doch das bereits Gesagte läßt deutlich genug erkennen, daß das geistige Zentrum des asiatischen Gärungsprozesses das Streben nach vollerem und reicherem menschlichen Leben bildet, also nach einer neuen Menschlichkeit. Ich rede von diesem Zentrum als »geistigen«, weil man in dem neuen Ideal vom Wesen der Menschlichkeit des Menschen als verantwortlichen Selbstsein auf eine Transzendenz des Selbst stößt sowie auf das Suchen nach einem neuen Verstehen von Quelle, Grundlage und Ziel des neuen Selbstbewußtseins und der neuen Verantwortlichkeit. So ist das moderne Asien heute tatsächlich überall eingespannt in das Ringen um eine Ordnung von Sinn und Glauben. Sie wird das neue Leitbild seine Kraft entfalten lassen, sie wird den Menschen instand setzen, in seiner revolutionären Situation zwischen human und inhuman zu unterscheiden, und sie wird das Vermögen freisetzen, die gesuchte vollere Menschlichkeit zu verwirklichen. Diese Suche nach einem geistigen Ordnungsgefüge ist grundlegend für jedes Verständnis des Wiederauflebens der nicht-christlichen Religionen, des Auftauchens neuer Religionen, des Auftretens mächtiger säkularer Ideologien und selbst der Erneuerung des Christentums im heutigen Asien. Religiöser wie säkularer Glaube tasten in dem neuen Geist, der dem neuen Humanismus zugrunde liegt, nach Selbstverständnis und Selbsttranszendenz; sie suchen sie zu erfassen, zu interpretieren, zur Erfüllung kommen zu lassen. Selbstverständlich kommt manches Unvergorene unter; man versucht jedoch ständig, es auszuscheiden, damit es nicht tödlich wirke. Mit alledem ist tatsächlich ein Teil der geistigen Situation gekennzeichnet. Doch auf vielen Wegen geht Asiens geistiges Streben heute über das Christentum wie auch über andere Religionen und säkulare Glaubenshaltungen hinaus; ihrer aller lebendige Wirklichkeit fällt genau zusammen mit ihren Beziehungen einmal zu dem neuen geistigen Ideal und zum anderen untereinander innerhalb jenes allgemeinen Ordnungsgefüges, das sie hervorbrachte. Der cardo rerum in der Bewegung des modernen Asien kann daher nicht definiert werden als »Christentum gegen die anderen Religionen« noch als »Religion gegen Weltlichkeit«. Die wirkliche Trennungslinie verläuft vielmehr zwischen menschlich und entmenschlichend und geht häufig quer durch Christentum, nicht-christliche Religionen und säkulare Ideologien hindurch. Man mag geradezu sagen, daß das allgemeine Ringen um Menschlichkeit und deren geistige Begründung sie alle in gewisser Weise in denselben »theologischen Zirkel« stellt – wenn man das einmal so formulieren darf. Und ihrer aller »Theologie«, d. h. die zugrunde liegenden Wirklichkeitsverständnisse werden geprüft im Blick auf Angemessenheit und Bedeutung für den Aufbruch der Asiaten einer volleren Menschlichkeit entgegen.

Wie verstehen wir rebus sic stantibus die Bedeutung des Evangeliums vom Heil in Christus sowie die der Heilsgeschichte? Kann zum Beispiel dabei eine lediglich auf die Geschichte der christlichen Kirche eingeschränkte Heilsgeschichte verstanden werden? Das ist natürlich ausgeschlossen; das gesamte Fragen des modernen Asien nach neuer Humanität trägt ja doch, unabhängig davon nun, ob es sich säkular, nicht-christlich oder christlich artikuliert, das signum der Begegnung mit Jesus Christus und seiner Menschlichkeit, und zwar unabhängig davon, ob diese Begegnung direkt durch das Christentum oder indirekt durch ein vom Evangelium geprägtes Kulturgut zustande kam. Möglicherweise darf man die Dinge auch so sehen: In gewisser Weise steht der gesamte geistige Aufbruch des modernen Asien in entscheidender historischer Beziehung zum Evangelium von Jesus Christus, allerdings nicht so, als wäre es sein alleiniger Ursprung. Seit nun dieser Aufbruch über die Kirche hinausgeht, hat man Christi Heilswerk überall dort zu erkennen, wo Menschen sich darum bemühen, der neuen Vorstellung von Menschlichkeit zu entsprechen. Als Bischof Lesslie Newbigin von der Church of South India einst über die sozialen Veränderungen sprach, wie sie in Indien vor sich gehen, sagte er: »Ich glaube, daß das machtvolle Emporkommen einer Lebenskraft, die sich im ganzen Leben des Landes Ausdruck verschafft – in der ländlichen Entwicklung, in Industrie und Technologie, in Politik und gesellschaftlichen Wandlungen –, im letzten Grunde die Frucht der Begegnung des Evangeliums mit der Seele Indiens ist. Dabei meine ich nicht nur das Evangelium, wie es die Missionare brachten, sondern wie es in der westlichen Zivilisation und Literatur, Naturwissenschaft und Jurisprudenz, politischen Ideen und vielen anderen Weisen tausendfältig sich widerspiegelt und bricht – und dabei freilich auch verzerrt wird. Indien nimmt diese Berührung nunmehr zum erstenmal mit seiner ganzen Kraft auf. Das eröffnet unermeßliche Möglichkeiten wie auch unermeßliche Gefahren. Der Begriff Christi bedeutet stets Gnade und Gericht.« Er fuhr fort: »In diesem Augenblick der Entscheidung werden wir Indien verlieren und unseren Herrn verleugnen, wenn die Kirche nicht mehr Bereitschaft zeigt als jetzt, sich ungleich vorbehaltloser mit dem Leben der Nation zu identifizieren und Christus als Den zu bezeugen, in dem alle Dinge, aller Reichtum aller Nationen und alles Geschaffene ihre Harmonie und Erfüllung finden sollen.«[1] Was hier ausgesprochen wird, wird man durchaus zum Kanon für die kirchliche Mission im ganzen heutigen Asien erheben dürfen. Ich lasse auf sich beruhen, was diese Bemerkungen für Leben und Mission der Kirche in Asien implizieren, und betone zweierlei: Einmal, daß im Rahmen der Neukonstituierung Asiens die kirchliche Mission wesentlich innerhalb des Kontextes einer christlich-nichtchristlichen Partnerschaft im Kampf für ein volleres menschliches Leben in allen seinen Bereichen zu sehen ist. Innerhalb dieses Partnerschaftsverhältnisses werden auch die Christen eingespannt sein in das tastende Ringen mit den geistigen Fragen in deren voller Tiefe, die der Aufbruch des modernen Asien stellt. Und nur soweit die Christen an diesem allgemeinen geistigen Engagement teilhaben, werden sie das Recht erringen und die Gelegenheit finden, mit den Anhängern anderen Glaubens und des Nicht-Glaubens in den Dialog darüber einzutreten, was Christus und sein Heil besagen. Zum anderen wird das Evangelium in dem neuen dialogischen Kontext definiert und bezeugt werden müssen als die Frohbotschaft der Neuen Menschlichkeit in Jesus Christus und somit als eine Botschaft, die in ihrer Bedeutung für das tiefgehende menschliche und geistige Streben des modernen Asien nachgerade herausfordert, sowie als Quelle, Prüfstein, Erlösung und Erfüllung der asiatischen Revolution.

Unter den asiatischen Kirchen und Theologen ist ein neues Interesse an dem Akzent der Weltweitheit erwacht, den das Evangelium trägt als Botschaft von der neuen Menschheit bzw. von der Neuschöpfung in Jesus Christus – ein Akzent, der Herausforderung und Bedeutung des Evangeliums für den Kampf des modernen Menschen, mit Einschluß der modernen Asiaten, um ein menschlicheres Leben erst zur Geltung kommen läßt.

In diesem Zusammenhang möchte ich von zwei indischen christlichen Theologen und ihrer Theologie der Neuen Schöpfung sprechen – ich denke dabei an das starke Interesse, das die Kirchen sowohl in Indien als auch außerhalb an der Theologie von Justice P. Chenchiah und an der von Dr. Paul D. Devanandan zeigen. Chenchiah gehört zur vorigen Generation und wird regelmäßig mit »Rethinking Christianity in India« assoziiert; dies Buch wurde vor dem Treffen des International Mission Council 1939 in Tambaram geschrieben, um Hendrik Kraemers »Christian Message in a non-Christian World« zu konterkarieren. Doch in der Blütezeit des biblischen Realismus hatte Chenchias Jesusverständnis gegenüber Kraemer keine Chance: Jesus als der transzendente Anfang einer neuen Schöpfung, die die Menschlichkeit und den Kosmos selbst in einem immanenten Prozeß einem neuen Ziel entgegenführt. Chenchiah wurde von der theologischen Welt nach Tambaram weithin ignoriert. Heute indes haben seine Gedanken neue Bedeutsamkeit erlangt. Chenchiahs Christologie gründete – mit seinen eigenen Worten –: »1. in der Entdeckung und Wiedergewinnung der Paulinischen Theologie der Inkarnation, und zwar als des Neuen Adam, 2. in der Ausarbeitung einer Theologie des Menschensohnes im Gegensatz zu der traditionellen des Gottessohnes, 3. ... in ihrer (sc. der Inkarnation) festen Verknüpfung weniger mit dem Kreuz als vielmehr primär mit der Auferstehung«.[2] In seiner Besprechung des Kraemerschen Buches unterschied er zwischen »dem juridischen und dem schöpfungsbezogenen« Verständnis Jesu. Die juridische Interpretation geht aus von des Menschen Sünde und Schuld sowie der Notwendigkeit der Versöhnung; sie nimmt an, daß Jesus die Funktion hatte, »die Menschheit oder jedenfalls ihren gläubigen Teil in ihren ursprünglichen Zustand, also in den Urstand zurückzubringen«.

Für Chenchiah ist eine Theologie, die von Jesus nur handelt im Blick auf die Wiedererlangung des verlorenen Paradieses für den Menschen, in sich verdorben; zu ihrer Charakteristik bemerkt er: »Gott ist Richter, das Gesetz Befehl, der Mensch Verbrecher und Jesus das Gotteslamm, das als Versöhnungsgabe geopfert wurde. Bei dieser Sicht steht das Kreuz im Zentrum wie am Rande.« Er fragt dagegen: »Was können wir eigentlich noch zu einem Evangelium sagen, das alles christliche Streben auf die Wiedereinsetzung des Menschen in seinen ursprünglichen Stand beschränkt? Diese Versöhnung bzw. Wiederherstellung kann nur Anfang zu einem neuen Leben sein, aber nicht dessen positiver Inhalt. Gibt es für den Menschen einen neuen Zugang zu Jesus über die Wiedererlangung des verlorenen Grundes hinaus?«

Im Gegensatz zu dieser juridischen Auffassung Jesu sieht die andere theologische Richtung Jesus als Träger der neuen Schöpfung, der Menschheit und Kosmos in eine neue Geburt führt. »Die wirkliche Einheit der Christenheit«, so meinte er, »basiert auf der Lehre oder vielmehr der Tatsache der Neuschöpfung, der Wiedergeburt.« »Faßt man ihn als Ausbruch resp. Einbruch in die Geschichte auf, so ist Jesus die Manifestation eines neuen schöpferischen Wirkens Gottes. Dabei ist die kosmische Kraft von *sakti* der Heilige Geist, die Neuschöpfung Christus, die neue Lebensweise das Reich Gottes.« Jesus Christus markiert für Chenchiah den Punkt, »wo die Schöpfung gleichsam umschlägt zu einem Aufstieg«.[3] Darum möchte Chenchiah, daß die indische christliche Theologie statt bei den Mythen von Adam und vom Fall bei der Tatsache des Neuen Adam, bei Christus einsetzt; entsprechend nicht bei dem Kreuz, sondern bei Menschwerdung und Auferstehung. Chenchiahs Kritik an Kraemers biblischer Theologie geht dahin, daß Jesus hier aus dem Prozeß der Schöpfung heraus in ein Jenseits abgedrängt werde; und er stellt fest: »Welchen Wert die Jenseitigkeit Gottes auch haben mag, jedenfalls ist kein hinreichender Grund für die Jenseitigkeit Jesu zu finden ... Die Menschwerdung zielt auf die Schöpfung; sie umzuwenden und auf den Himmel zu richten, heißt ihren Sinn auf den Kopf stellen ... Indien wird sich nicht scheuen, Jesus als Haupt der Menschheit und Menschensohn für die eigene Rasse zu reklamieren. Das ist die Botschaft der Christenheit, daß das Wort Fleisch geworden ist und Gott Mensch. Man lasse darob keine barthianische Nervosität zu! Christsein heißt, dieses Bewußtsein zu erwerben, diesen Sinn für eine harmonische Vermischung mit dem Göttlichen. Die Menschwerdung umfaßt gleicherweise, was der Mensch werden soll und was Gott geworden ist ... Jesus ist also keine Bombe, sondern bezeichnet eine Geburt, nicht eine Tangente, sondern den Radius.«[4] Er ist für Chenchiah »der neue Mensch – der Mensch ohne *karma*. Man kann – noch sollte man es! – ihn nicht aus der Menschheitskette herauslösen und in das ewige Geheimnis jenseits der Menschheit absperren ... Jesus war vielmehr gerade der Mensch im Gottesreich, der entscheidende Teil der neuen Schöpfung. Barth entwickelt ein Christentum, in dem Gott, Jesus und das Reich Gottes über Mensch und Welt schweben – anziehungskräftig zwar, doch ohne jemals die Ordnungen unserer Welt zu berühren oder als Teil in sie einzugehen. Jesus hinterläßt niemals einen derartigen Eindruck.« Chenchiah faßt die Inkarnation so auf: Gott nehme die Menschheit »ständig« an »als Vollendung des schöpferischen menschlichen Prozesses«.[5] Er kritisiert das Barth-Kraemersche Inkarnationsverständnis, weil es dem hinduistischen näher stehe als dem christlichen, und meint: »Ein bestimmter Typus christlicher Theologie nähert sich in seiner Funktion dem hinduistischen *avatar.* Der Sohn wurde Jesus, um sein Leben am Kreuz als Versöhnungsopfer darzubringen; nach der Vollendung dieser Mission zog er sich in seine himmlische Heimat zurück. In diesem Fall jedoch ist die Menschwerdung lediglich ein Abenteuer, ein Zwischenspiel im Leben des Ewigen Sohnes, ohne bleibende Gegenwart auf Erden oder im Himmel.«[6] Chenchiah legt demgegenüber den Ton darauf, daß Jesus als Jesus gen Himmel fuhr und seinen Platz als zweite Person in der Trinität nicht mehr einnahm. »Seit der Himmelfahrt gibt es keine Trinität Vater, Sohn und Heiliger Geist mehr, sondern nunmehr Vater, Jesus und Heiliger Geist. Die Menschheit hatte sich Jesus nicht ausgeborgt zu nur vorübergehendem Aufenhalt auf Erden; umgekehrt: Wir haben ihn an den Himmel ausgeliehen, damit er dort eine gewisse Zeit bleibe.« Für ihn ist Jesus »Gottes ständiges Einwohnen in der Schöpfung«; er führt »eine neue Ordnung in der Schöpfung« herauf – »die Antwort auf das Gebet des Menschen um Überwindung seines Geschickes«.[7] Er notiert: »Christentum ist kein juridisches oder gesetzliches, sondern ein Problem des Entstehens . . . wie die Fortpflanzung, so ist Christentum ein Geburtsprozeß«, doch ein solcher, in dem das ganze Menschengeschlecht und der gesamte Kosmos vorangetragen werden dem Reiche Gottes entgegen; und dies umschließt alle die Lebensäußerungen einer neuen Menschheit, wie sie in religiösen und weltlichen Bewegungen zum Vorschein kommen.

Dr. Paul Devanandan hat dieses Thema von Jesus Christus als Neuschöpfung im geschichtlichen und kosmischen Prozeß aufgenommen, allerdings nicht in einem System prae, sondern post Kraemer, in dem Versöhnung, Jenseits und Eschatologie zu ihrem Recht kommen. Devanandan streicht die Bedeutung Jesu Christi für die Erneuerung der Person heraus und fährt dann mit der Erklärung der sozialen und kosmischen Aspekte der Erlösung Christi fort. Er schreibt: »An der Schwelle zu diesem Jahrhundert sprachen wir von Evangelisation in der Sprache eines sozialen Evangeliums. Wir irrten dabei zwar im Verständnis seiner wahren Natur; aber wir sind nun doch dahin gelangt, zugeben zu müssen: Gottes Erlösungswerk muß die menschlichen Beziehungen innerhalb der Gesellschaft bis in die Wurzeln beeinflussen. Vielleicht werden wir etwa um die Mitte unseres Jahrhunderts allmählich einsehen, daß der ganze Strom von Frohbotschaften Gottes gesamte Schöpfung umhüllt. Das letzte Ende ist ein neuer Himmel und eine neue Erde, eine neue Schöpfung. Wie ganz unmöglich ist es für jeden Bruchteil der Menschheit, sich zu wandeln, wie unmöglich erst recht für das ganze Menschengeschlecht, verwandelt zu werden, wenn sich die handgreiflichen materiellen und rein animalischen Gegebenheiten des irdischen Lebens nicht ebenfalls ändern! Ist nicht gerade das der Grund dafür, daß das Faktum des auferstandenen Herrn den Kern des Evangeliums ausmacht, welches wir verkündigen? So jedenfalls verhielt es sich vom Beginn des apostolischen Wirkens an.«[8]

Devanandan wurde von der theologischen Bewegung des biblischen Realismus beeinflußt und erkannte an, »daß wir in der Gegenwart im Bereich der Inkarnation und der Vorwegnahme des zweiten Advents leben«; doch er weist den Gedanken zurück, das christliche Leben sei »in der Schwebe zwischen einem ›schon vollendet‹ und einem ›noch nicht‹«. Denn es ist eine Tatsache in unserer Gegenwart, nicht nur im Raume der Kirche, sondern der Menschheit überhaupt – um es zu zitieren: »Alle Menschen haben nun an der neuen Schöpfung in Christus teil . . . Nunmehr ist eine neue Menschheit im Entstehen, in der alle versöhnt sind: Mit Gott, untereinander, je mit sich selbst«; das impliziert, »daß die gesamte Schöpfung in der Totalität ihres Seins durch Christi Werk erlöst ist, daß das Evangelium primär die Frohbotschaft dieser neuen Seinsordnung ist, die den Menschen dazu ruft, sich so anzunehmen, wie er ist«. Darum löst sich jede einfache Unterscheidung zwischen Glaubenden und Nichtglaubenden, zwischen christlicher und nichtchristlicher Welt auf, gerade auch, weil »der Verkehr über die Grenzen gewichtig geworden ist«. Und weiter: Wenn der Neue Mensch in Jesus Christus »die Trennmauer« zwischen Juden und Heiden »niedergerissen hat«, bedeutet das dann nicht auch – so seine Frage –, daß die neue Menschlichkeit in Christus über die christliche wie die nichtchristliche hinausgeht und daß die Unterscheidung zwischen Christentum, den Religionien und dem Säkularismus gegenstandslos wird, wo das Bild des neuen Menschen in Jesus Christus sie verändert? Auch wenn die Heilsgeschichte von der Kirche wahrgenommen werden sollte, so darf man sie doch nicht mit der Kirchengeschichte identifizieren. Man sollte sie am ehesten definieren als eine profane Geschichte, »die vom zwecksetzenden Willen Gottes gelenkt wird«. Hier wird die Neuschöpfung also als ein Prozeß gesehen, der den der Menschheitsgeschichte von innen her ergreift, ihn gestaltet und ausrichtet. Dadurch wird es dem Glauben möglich, auf die Zeichen der Neuschöpfung Gottes in Christus acht zu haben, und das nicht allein im verklärten Leben von Individuen, sondern auch in den Kämpfen und dem Streben der Menschen nach Erneuerung der Gesellschaftsstrukturen, der kulturellen und religiösen Gegebenheiten, nach Umformung von Erde und Himmel im Namen der Würde und der Bestimmung des Menschen. Dabei betonte Devanandan, obschon sein Arbeitsfeld die Religionsgeschichte war, speziell der Hinduismus, nicht die menschliche Religiosität, sondern die Menschlichkeit und das Streben nach vollerer Menschlichkeit als Zeichen der Gegenwart Christi; ja, gerade in der allgemeinen Menschlichkeit und in dem allgemeinen Suchen nach Erneuerung des menschlichen Lebens, wie sie in den anderen Religionen zutage traten, erkannte er das Werk Christi und die Neuschöpfung. Und für ihn bedeutete das die Möglichkeit zu einem Gesamtrahmen für den Dialog zwischen den verschiedenen Glaubensweisen; er vermerkt: »Man sollte nicht vergessen, daß bei den Glaubenden der sich erneuernden Religionen wie auch bei den Nichtglaubenden sich eine gemeinsame Welt der Verständigung findet, und sie gründet in den spontanen Reaktionen in allen Lebensbereichen. Wir alle stehen mitten in einer allgemeinen sozialen Krise und finden uns verbunden durch Gemeinsamkeit der Interessen. Unsere gemeinsame Menschlichkeit dient als gemeinsamer Nenner, und an den Grenzen der sich erneuernden Glaubensbewegungen hemmen doktrinäre Hindernisse nicht länger mehr den Austausch. Daß die Neuartigkeit des Lebens in den wiederaufkommenden nicht-christlichen Religionen so hervorbrechen konnte, geht auf den zunehmenden Verkehr über die Grenzen zurück. Zum einen stellten sich viele christliche Wahrheiten, abgelöst von ihrem ursprünglichen Kontext, als die unausgesprochenen Voraussetzungen dessen heraus, was man als den begrifflichen Gesamtrahmen nicht-christlich religiösen Handelns bezeichnen könnte.« Devanandan war davon überzeugt, daß bei der Suche des modernen Asien nach menschlicher Identität, menschlicher Gesellschaft und menschlicher Geschichte die modernen Religionen und säkularen Bewegungen Asiens hineingezogen werden in den Bereich des Neuschöpfungsprozesses in Christus, wie er in der gegenwärtigen Geschichte wirksam ist. Und da sie unter dem Zwang stehen, sich mit dem neuen Humanismus zu arrangieren und den geistigen Fragen auseinanderzusetzen, die er aufwirft, müssen sie sich Jesus Christus auf neue Weise öffnen oder aber sich ihm gegenüber in neuer Weise und noch fester verschließen. Dementsprechend hat die Kirche die Mission, an der asiatischen Revolution teilzuhaben, in ihr die Gegenwart Christi (und des Antichrist) auszumachen und die Neuschöpfung in Christus als Quelle, Heil und Erfüllung für den Aufbruch des modernen Asien zu bezeugen.[9]

Natürlich findet die neue Betonung des Evangeliums als die Neue Menschlichkeit im derzeitigen Ablauf der Profangeschichte auch im Westen ihren Ausdruck, und zwar in der neuen radikalen Theologie. Viele Ströme münden in sie ein. Sie hat einige wesentliche Fragen nach Gott, dem Menschen und der Welt gestellt, besonders aber nach der theologischen Bedeutung des augenblicklichen Ringens der Menschheit um Naturbeherrschung, die Errichtung einer neuen technischen säkularen pluralistischen Gesellschaft sowie die Schaffung der Strukturen und des Ethos einer Menschheitsgesellschaft. Viele dieser neuen radikalen Theologien erwuchsen aus den Gegebenheiten der hochentwickelten westlichen Gesellschaften und wenden sich an sie. Dies Voraussetzungen sind in Asien noch nicht gegeben, und folglich verstehe ich sie nicht in ihrer ganzen Tiefe. Doch innerhalb des sich etablierenden Ökumenismus ist asiatische Theologie gar nicht anders möglich als unter westlichem Einfluß. Darum haben die Asiaten ihre Verantwortung wahrzunehmen, sich aus spezifisch asiatischem Blickwinkel in die Debatte einzuschalten. Dazu fehlt mir die theologische Kompetenz. Doch ein paar knappe Bemerkungen zu den neuen radikalen theologischen Strömungen, und zwar streng im Blick auf ihre Bedeutung für das theologische Verständnis des modernen asiatischen Aufbruchs, mögen, so hoffe ich, nicht unangebracht sein. Wenn auch die Bedeutsamkeit für das menschliche Leben entscheidender Teil eines jeden zu entwickelnden Wahrheitskriteriums ist, bin ich mir doch darüber im klaren, daß Relevanz für das gegenwärtige Asien wahrscheinlich kein angemessenes Wahrheitskriterium darstellt. Meine Bemerkungen wollen darum auch nur einige asiatische Reflexionen über gewisse theologische Strömungen sein, freilich aus ziemlicher Nähe.

Die Strömungen, die unter dem Einfluß der Bultmann-Schule des theologischen Existentialismus das Evangelium zu entmythologisieren trachten, sind nicht mehr neu; doch sie bilden den Übergang zu den Theologien nach Bultmann, und wir haben weiter mit ihnen zu rechnen. Gewiß, in der Geschichte geht es um das menschliche Selbstverständnis und des Menschen Erwachen zu sinnvoller Existenz; die ganze These dieses Vortrags ist, daß der neue asiatische Geschichtssinn das Bild einer neuen Dimension verantwortlicher personaler Existenz impliziert. Aber das personale Selbst ist kein isoliertes Individuum, und andere individuelle Selbste bilden nicht die einzige Welt, auf die es in der geschichtlichen Existenz trifft. Das Selbst wurzelt in sozialen Strukturen, politischen Ordnungen und in der Welt der Dinge; in sie ist es hineinverwoben. Selbstverständnis besagt zugleich Verantwortungsbewußtsein im Blick auf deren Neuformung. Und sie prägen die Sprache der Beziehung des Selbst zu den anderen Selbsten. Sogar die Natur wurde ja Geschichte, und zwar in der Technologie. Trotz des Bemühens von Dr. Macquarrie, innerhalb der Entmythologisierungsbewegung das subjektive Selbst in seinem Austausch mit der objektiven oder wenigstens der geschichtlichen Welt zu definieren, bleibt die Unfähigkeit des theologischen Existentialismus der Bultmannschule, Grundlagen für eine Sozialethik zu gewinnen, weiterhin erregend. Selbst heute erkennen sie ja nur in sehr bescheidenem Maße an, daß die vom Kerygma ausgehende Selbstbesinnung auch ein Erwachen zur sozialen und politischen Verantwortung bedeutet. Möglicherweise hängt das zusammen mit ihrer Verneinung von körperlicher Wirklichkeit in ihrem Glauben an Jesu Auferstehung. Wie dem auch sei, jedenfalls scheint der theologische Existentialismus das Evangelium dadurch in einen neuen individualistischen Pietismus verborgen zu haben, daß man seine Relevanz allein auf das innergeistige Leben einschränkte. Das Programm der Entmythologisierung Christi ist dem indischen *vedanta*-Programm der Enttribalisierung Christi nicht unähnlich – etwa in der Ramakrishna-Mission. Enttribalisierung meint den Versuch, Jesus aus den Zusammenhängen herauszulösen, die man als das semitische Stammesdenken des Alten Testaments bezeichnet, und zwar mit Einschluß der prophetischen Geschichtsdeutung, und ihn statt dessen als einen *yogi* aufzufassen, der in seinem geistigen Inneren die Selbstverwirklichung erreichte. Selbstverständlich haben westliche Entmythologisierung und östliche Enttribalisierung verschiedene Voraussetzungen und Ausgangspunkte. Doch sie verleugnen beide die geistige Bedeutung des neuen Sinnes der Profangeschichte, zu dem Asien heute erwacht, ein Geschichtssinn, der die Verantwortung für die humanere Gestaltung der Strukturen des politischen und sozialen Lebens einschließt. Der Satz, daß die christliche Eschatologie »mit Sinn und Ziel der Profangeschichte überhaupt nichts zu tun« hat, bedeutet, das Evangelium für den Aufbruch des modernen Asien auf einer höchst charakteristischen Ebene für irrelevant zu erklären.

Im Gefolge Paul Tillichs wurde der Gedanke von Gott als Seinsgrund kürzlich durch Bischof Robinsons »Gott ist anders« popularisiert. Eine Rezension dieses Buches im Indian Journal of Theology hob hervor, daß es sich dabei im wesentlichen um die Religionsphilosophie der östlichen Religionen handele, und stellte die Frage nach der Unverträglichkeit dieses extremen Impersonalismus mit den zentralen Sätzen des christlichen Glaubens. In einem Brief an den Herausgeber unterstrich Bischof Robinson seinen Glauben an die zentrale Stellung der Person Jesu und an die personale Gemeinschaft zwischen Mensch und Gott als grundlegende christliche Erfahrung; er schrieb: »Ich habe nicht die geringste Absicht, die entscheidenden Sätze des christlichen Glaubens aufzuweichen oder zu verleugnen. Von ihnen möchte ich ganz besonders betonen: 1. die zentrale Bedeutung des Bekenntnisses ›Herr ist Jesus‹ in seinem vollen neutestamentlichen Sinne, nämlich: ›In ihm sind alle Dinge beschlossen‹ (Kol. 1, 17) und ›in ihm wohnt die ganze Fülle der Gottheit leibhaftig‹ (Kol. 2, 9); und 2. die zentrale Bedeutung der wahrhaft *personalen* Beziehung in der Gemeinschaft mit Gott, wie sie sich zusammengedrängt findet in Jesu Anruf ›Abba, Vater!‹ (im Gegensatz zu jeder Art von unpersönlicher Einheit in einem allgemeinen Geist).«[10]

Doch es bleibt die Frage, ob ein derartiger Glaube, für den die letzte Wirklichkeit von Gott und Mensch im Kern personhaft ist, durchgehalten werden kann, wenn man Gott zugleich als Seinsgrund auffaßt. Wie bereits bemerkt, ist im Osten der unpersönliche Seinsgrund, dem gegenüber Personalität Gottes oder des Menschen einen Abfall bedeutet, geläufig; und wir wünschen und hoffen aufrichtig jenen Theologen gutes Gelingen, die den Gedanken eines personhaften Seinsgrundes und eines immanenten Personalismus zu konzipieren versuchen. Für das Ringen inmitten der neu erstehenden östlichen Philosophie und Religion, besonders in Indien, gerade einen solchen bruchlosen Übergang vom unpersönlichen *brahman* und *atman* zum Personalismus zu finden, auf Grund dessen man der Neuentdeckung des Gedankens von den Grundrechten der menschlichen Person und von der Gesellschaft als einer Gemeinschaft von Personen gerecht werden könnte, würde gerade ein solches Gelingen große Hilfe bedeutet haben. Doch in dieser Hinsicht sind viele unverhohlen skeptisch. Die Begegnung mit einem jenseitigen anderen erscheint als wesentlich für die Geburt und Wiedergburt der menschlichen Person.

Aus einer anderen Richtung ist van Buren ebenfalls auf der Suche nach Personalismus in der Ethik, einer Ethik der agape; dabei wird die Möglichkeit bewußt ausgeschlossen, in Jesus Christus den richtenden und vergebenden Gott zu erkennen und ihm zu begegnen. Wo der Vater unseres Herrn Jesus Christus als nicht sinnvoll eliminiert wurde, wird Jesus Christus für die Dauer nur als das personhafte Du verbleiben, das dem Menschen begegnet. Auf welcher Basis kann nun die Autorität seiner Liebesethik als Lebenszentrum und Geschichtsziel angenommen und erneuert werden? Und in Asien, wo wir nach einem Glauben Ausschau halten, der den Prozeß eines geistigen Aufbruchs, der durch das Bild der personalen und interpersonalen Dimensionen der menschlichen Existenz ausgelöst wurde, beleben und erneuern könnte, würde man zögern, auf solche Konzeptionen zu bauen, die nichts mit Erkenntnis zu tun haben, d. h. die nicht auf der Kenntnis der Wirklichkeit basieren und lediglich zur Erklärung bestimmter intendierter Handlungsweisen dienen (»blik«). Hier gibt es keinen Glauben, nicht einmal einen moralischen Imperativ, der Nächstenliebe zu einer Verpflichtung oder auch nur zur letzten Möglichkeit erhebt. Der säkulare Humanismus von Jawharlal Nehru ist in seinem Bezug auf das Menschliche noch allemal besser begründet. Während er selbst gegenüber der Möglichkeit, die transzendenten, die moralischen und die geistigen Gegebenheiten zu definieren, skeptisch war und jedem Glauben gegenüber sich agnostizistisch gab, war sein Humanismus für diese Wirklichkeiten durchaus offen.

Von den radikalen neuen Theologen interessiert mich Thomas Altizer mehr als die anderen, und zwar wegen seines tiefen Interesses am Wesen der orientalischen Religionen und Kulturen und seines Einblicks in die ihnen zugrunde liegende mystische Wirklichkeitserfassung. Er sieht deutlich, daß ein Verständnis der geistigen Befreiung als Rückkehr zur Totalität des Anfangs oder als Erfahrung des Jetzt einer zeitlosen Ewigkeit Verleugnung der vorwärtsgehenden Geschichte und des geschichtlichen Charakters des Christentums bedeutet. Doch ich sehe nicht ein, wieso Nietzsches Zirkel der ewigen Wiederkehr ein Weniger an Auflösung der Geschichte bedeuten soll. In der Tat sieht Altizer kein Geschichtszentrum, weder jenseits (in Gott) noch in der Geschichte selbst. Denn sein Jesus ist eine universale Abstraktion ohne die historische Konkretheit eines Nazareth-Ereignisses oder eines zukünftigen Endgeschehens. Und es läßt sich nur schwer einsehen, wie ein jetzt, das in keinerlei Korrespondenzverhältnis zu irgendeiner Wirklichkeit außerhalb oder innerhalb der Geschichte sich befindet, vielmehr eine in sich selbst konzentrierte Totalität, irgendwelche impulsgebenden Kräfte für eine Vorwärtsbewegung freisetzen könnte. An dieser Stelle sehe ich für mein Teil in der Tat keinen geistigen Unterschied zwischen dem mystischen Jetzt der orientalischen Religionen und dem profanen Jetzt Altizers, das im Mittelpunkt seiner Argumentation steht. Sicherlich hat die coincidentia oppositorum hier besonders hübsch mitgespielt: Die mystische Suche nach ursprünglicher Einheit und die Altizers nach der eschatologischen scheinen sich in einem

Punkt getroffen zu haben, nämlich in der effektiven Auflösung aller wirklich geschichtlichen Existenz. Altizer wiederholt, daß heute »überall der Mittelpunkt« sei und das Wort inkarniert in »jeder Hand und jedem Gesicht«; das ist wahrlich ein leidenschaftlicher Ruf nach einem Evangeliumsverständnis als einer Botschaft universaler Menschlichkeit. Doch was ist in Altizers Systematisierung dieser Konzeption vom Wort das Kriterium, an dem der Unterschied zwischen dem Menschlichen und dem Unmenschlichen in jeder Situation sich ermißt? Gewiß, wenn Altizer seine Hegelsche Dialektik ernst nimmt, so ist das Wort gleicherweise in das Unmenschliche wie das Menschliche einer Situation inkarniert, und beides ist notwendig für die Vorwärtsbewegung. Allein was sich in der Zeit durchsetzt, ist hier Kriterium. Ich bezweifle, daß Hegels Dialektik innerhalb des Monismus des Werdens *geistig* sich unterscheide von Sankaras Dualismus von *maya* innerhalb des Seinsdualismus. Keines von beiden gibt eine angemessene Begründung für die freie Personalität, den zwischenmenschlichen Dialog oder die Gemeinschaft. In beiden Fällen endet die Dialektik bzw. der Dualismus mit der Selbstverwirklichung als einem Rückzug aus der Geschichte. Hegel selbst beendete sie, indem er den preußischen Staat verabsolutierte, und Karl Marx, der sich seiner Dialektik in einem anderen Bereich anschloß, endete als der Theologe einer anderen geschlossenen Ideologie und Gemeinschaft. Wie V. A. Demant es ausdrückte: Die Tatsache, daß für Hegel die Wirklichkeit idealistisch ist, macht sie nicht christlicher, sowenig wie der Materialismus von Marx weniger christlich ist. Er stellt fest: »Es ist die Gleichsetzung des Seins mit dem Werden in beiden Systemen, das ihnen die Fremdheit gegenüber dem christlichen Dogma aufprägt.« [11] Seiner Meinung nach schließt das eine Apotheose des Gegenwärtigen ein. Und es hält schwer, in Hegels geschlossenem System des sich selbst erlösenden dialektischen Prozesses einen Führer zu einer wirklichen Theologie einer nach vorne offenen Gesellschaft zu sehen, wie sie durch die schöpferische Kraft und die Selbstkritik des modernen Menschen gefordert ist. Gerade die Basis für eine Offenheit auf die Zukunft hin scheint in Altizers Christologie besonders zu fehlen. Geistige Offenheit auf die Zukunft hin könnte ein wesentlicheres Moment in der Diskussion um Altizers Evangelium des Atheismus sein als Theismus resp. Atheismus, wie sie in den derzeitigen Debatten zur Frage stehen.

Wie gesagt, diese Erwägungen trage ich allein darum vor, weil die asiatischen Christen und Kirchen zutiefst mitbetroffen sind von dem neuen Bemühen um ein Evangelium der neuen Menschlichkeit in Christus, wie es allen diesen neuen Theologien des Westens zugrunde liegt. Dr. Cullmann hat in seiner Christologie des Neuen Testaments herausgestellt, daß die Menschensohnchristologie »ganz am Neuen Testament orientiert« ist [12] und im Strom der kirchlichen theologischen Traditionen wenigstens bis ins zweite Jahrhundert hinein anzutreffen war. Dr. Cullmann scheint selbst darüber erstaunt zu sein, daß »die darin enthaltenen christologisch wertvollen Gedanken in der Folgezeit niemals dogmatisch so ausgeschöpft worden (sind), wie sie es verdienen«[13], so daß wir heute »keine eigentliche Christologie besitzen, die vom Menschensohngedanken ausgeht«.[14]

Dr. Berkhof stellt in seinem Essay über »Gott in Natur und Geschichte« ebenfalls heraus, daß »die meisten klassischen Theologen der Ansicht waren, das einzige Motiv (der Inkarnation) sei Gottes Plan gewesen, eine sündige und verlorene Menschheit zu erretten. In ihren Augen war die Menschwerdung die große Notmaßnahme, für die Gott sich entschieden hatte, um die Welt zu ihrer ursprünglichen Vollkommenheit zurückzuführen«. Das, meint er, »reicht zur befriedigenden Erklärung der drei Stellen im Neuen Testament (Joh. 1, Kol. 1 und Hebr. 1) nicht zu, die von Jesus Christus als Schöpfungsmittler handeln«. Darum würde er selber jener Minderheit in der Tradition klassischer Theologie den Vorzug geben, in der man Christus als »die Krone der Schöpfung, den neuen Menschen, auf den hin die Schöpfung von Anbeginn wirkte«, sah. Und er erkundigt sich nach einer systematischen Auswertung des Evangeliums als »einer großen Bewegung vom Niederen zum Höheren, die durch Entfremdung und Krisen, aber auch durch Versöhnung und Errettung geht und in dieser Weise auf ihr letztes Ziel hin ausgerichtet ist: Eine verklärte Menschheit in vollendeter Gemeinschaft mit Gott, für die Gott der auferstandene Christus Garant und Erstlingsfrucht ist«.[15] Das Evangelium als die Botschaft von der neuen Menschheit, von ihrer Neuschöpfung, dies hat nach allgemeiner Auffassung bisher noch nicht die Aufmerksamkeit der systematischen Theologen gefunden.

Wo die systematischen Theologen im Schlaf liegen, hofft man, daß die gefährlichen, aber beherzten Versuche der radikalen Theologen, den theologischen und ethischen Forderungen der technischen und sozialen Revolutionen unserer Zeit zu genügen, ihnen die gehörige Furcht einjagen und sie aufrütteln für das Notwendige: Eine Christologie zu entwerfen, die für den Kampf jedes Menschen an jedem Ort um vollere Menschlichkeit Bedeutung hat. Vielleicht jedoch ist eine derartige Christologie nicht mehr Aufgabe für die systematischen Theologen und ihre Arbeit allein. Vielleicht ist die Ära der Systeme vergangen. Das Verständnis des Evangeliums als der neuen Menschlichkeit in Christus wird vielleicht nur insoweit sich herausschälen, als Theologen mit anderen zusammen den Kampf um die Vermenschlichung der Gesellschaft führen. Darum ist es ermutigend, wenn man William Hamilton über die besten Studenten der amerikanischen Seminare sagen hört, sie seien »mehr an der Straße als an der Akademie oder am Tempel interessiert«. Ich hoffe, daß dem so ist. Und ich wollte, es wäre wahr auch im Blick auf die asiatischen Theologiestudenten.

Zusätzliche Literatur

H. Krämer: Religion und christlicher Glaube, Göttingen 1959.
D. T. Niles: Feuer auf Erden. Gottes Sendung und das Missionswerk der Kirchen, Stuttgart 1962.
J. A. T. Robinson: Gott ist anders. Honest to God, München 1963.
M. M. Thomas: Asien und seine Christen in der Revolution, München 1968.
M. M. Thomas: The Acknowledged Christ of the Indian Renaissance, London 1969.

Fußnoten

1 Lesslie Newbigin, A Time for Decision, in: Revolution of Missions, hg. von Blaise Levai (Vellore: The Popular Press 1957), Appendix.
2 P. Chenchiah, in: The Pilgrim (Madras), Juni 1950.
3 P. Chenchiah, Jesus and non-Christian Faith, in: Rethinking Christianity in India, hg. von D. M. Devasahayam und A. N. Sudarsinam (Madras: A. N. Sudarsinam 1938), S. 56. Vgl. Chenchiah, Who is Jesus? in: The Guardian, Madras 1943.
4 Chenchiah, Appendix zu Rethinking Christianity in India, S. 26 f.
5 Chenchiah, in: The Guardian 1947.
6 Ebd.
7 Ebd.; vgl. in der Appendix zu Rethinking Christianity in India S. 35 f.
8 P. D. Devanandan, Christian Concern in Hinduism (Bangalore: CISRS 1965) S. 119.
9 P. D. Devanandan, I will lift up mine eyes unto the hills (Bangalore: CISRS 1943), S. 154, 114, 108, 118.
10 J. A. T. Robinson in: The Indian Journal of Theology, Januar–Mai 1965, S. 26.
11 V. A. Demant, The Religious Prospect (London: F. Müller 1939), S. 8.
12 Oscar Cullmann, Die Christologie des Neuen Testaments (Tübingen: J. C. B. Mohr 1957), S. 197.
13 Ebd. S. 138.
14 Ebd.
15 Hendrikus Berkhof, God in Nature and History, in: Study Encounter I, ÖRK Genf 1965, Nr. 3, S. 8.

IV.
Gegenwart und Zukunft

André Dumas

Die technischen Möglichkeiten und das Ringen um neue Formen der Gemeinschaft *

Hoffnung, Neugierde, Einbildungskraft

Wir erforschen die Zukunft als Christen und als Zeitgenossen. Da ich über die Arbeit der Genfer Konferenz für »Kirche *und* Gesellschaft« zu sprechen habe, werde ich diese beiden Perspektiven einander nicht gegenüberstellen, ich glaube aber, daß es nützlich ist, sie vorerst zu unterscheiden. Als Christen glauben wir an einen Gott, der ständig neuschaffend am Werke ist. Durch sein Wort schafft er die Welt, die er in der Freiheit seiner Liebe gewagt hat, jeden Tag noch einmal. Für Gott bedeutet Zukunft Ankunft und Wiederkunft ohne Unterlaß. Er ist eine Gegenwart, die sich nicht zwischen dem Unwiderruflichen von gestern und dem Unantastbaren von morgen zersplittert. Das Leitmotiv dieser Konferenz: »Siehe, ich mache alles neu« findet sich in der Offenbarung, einem Buch letztgültiger Enthüllung. Jedoch ist es ein Leitmotiv, das nicht für die Zukunft, sondern für die Gegenwart geschrieben ist. Siehe schon jetzt, siehe heute, was da kommt! Es handelt sich um eine *Hoffnung*, der weder das Unwiderrufliche eines wissenschaftlichen Beweises noch die Zerbrechlichkeit einer utopischen Sehnsucht anhaftet. Sie rechnet mit der Zukunft, weil sie sich auf die Gegenwart stützt, und belebt die Gegenwart, weil sie der Zukunft offensteht. Vielleicht ist der Sinn der Ewigkeit Gottes nicht seine Unwandelbarkeit außerhalb der Zeit, sondern seine Fähigkeit, die drei Momente zu verbinden, die sich in unseren Händen immer auflösen: Das Gestern, das wir vergessen oder rekapitulieren, das Heute, das wir erdulden, und das Morgen, mit dem wir spekulieren. »Die Zukunft hervorbringen, die Vergangenheit fruchtbar machen, das nenne ich die Gegenwart«, sagte Nietzsche. Als Christen glauben wir an einen Gott nicht nur der Zukunft, sondern auch der Gegenwart, wo er unaufhörlich den Kampf seiner Neuschöpfung gegen das Verhängnis führt.

Als Zeitgenossen leben wir in einer Zeit, wo die *Neugierde* auf die Zukunft einen großen Teil der Gegenwart der Menschen ausmacht. Diese Neugierde ist berechtigt. Die hinter uns liegenden raschen Veränderungen kündigen weitere vor uns liegende an. Wir leben in einem fahrenden Zuge. Wir müssen uns daran gewöhnen, die schnell sich wandelnden Landschaften an uns vorüberziehen zu sehen und neue Lebensarten an-

* Vortrag auf der IV. Vollversammlung des Ökumenischen Rates der Kirchen in Uppsala 1968. Text nach: Kirche zwischen Gott und Welt. Beiheft Nr. 9/10 zur Ökumenischen Rundschau, hg. von Hanfried Krüger, Evangelischer Missionsverlag, Stuttgart 1969, S. 126–147. Abdruck mit freundlicher Genehmigung des Verlages.

zuerkennen. Neue Wissenszweige sind entstanden. Sie nennen sich »Prognostik«, »Futurologie«, »Horizont 2000«. Aber um von ihnen zu sprechen, würde ich das Wort Neugierde dem Wort Hoffnung vorziehen. Hier spricht man über die Zukunft und nicht mehr über die Gegenwart. Der Mensch erprobt seine Fähigkeiten an einer ungewissen Materie. Zu viele Vorhersagen führen zum Zwang der Programmierung, wo die Wünsche der Menschen behandelt werden, als ob es sich um die Erzeugung und den Verbrauch lebloser Gegenstände handelte. Zu viele Voraussagen bedeuten einen spekulativen Wahn, der den Zwang der Wirklichkeit vergißt. Zwischen den beiden steht die berechtigte Neugierde, diese bewegliche Fähigkeit des menschlichen Geistes, die unbescheiden genug ist, alles im voraus wissen zu wollen, und bescheiden genug, um nicht Prophetie zu spielen, die mißtrauisch genug ist, um den sogenannten offenbar notwendigen Charakter der Mechanismen abzulehnen, und vertrauensvoll genug, um an den Einfluß des Wissens auf die Tat zu glauben. »Der einzig berechtigte Sinn des Voraussagens ist das Ermahnen«, sagte der französische Philosoph Michel Alexandre, »sonst gäbe es nur Unglückspropheten.«

Ich hoffe, daß uns Ermahnung zuteil wird, wenn wir das Hoffen auf Gott, das ständig Gegenwart eröffnet, mit unserer menschlichen Neugierde verbinden, welche die Zukunft erkennen möchte. Schließlich ist eine Revolution das Sich-Bewußtwerden dessen, daß Erleiden plötzlich Wollen wird. Die Genfer Konferenz über »Die Christen in den technischen und sozialen Revolutionen unserer Zeit« hat das Wort Revolution in diesem aktiven Sinne der Teilnahme und nicht nur in dem neutralen Sinn eines Prozesses verstanden. Es wäre sicherlich falsch, die sozialen Revolutionen allein zum Schauplatz unseres Eingreifens und damit unseres Hoffens in der Gegenwart zu machen, während die technischen Revolutionen den anderen Schauplatz unserer Neugierde und Beobachtung angesichts der Zukunft bilden würden. Eine derartige Trennung in zwei Bereiche, in einen dem Willen unterworfenen, für den die Mittel fehlen, und in einen voraussehbaren, für den keine Ziele da sind, würde auf kollektiver Ebene dieTrennung zwischen Seele und Körper wiederholen, welche der große Fluch ist und von welcher die biblische Offenbarung uns befreien will. Dieser Vortrag wird zuerst neugierig das betrachten, was wir auf technischem Gebiet in der Welt zu erwarten haben, um anschließend dann zu versuchen, eine Hoffnung auszusprechen, welche die Gegenwart nicht durch das Bedauern des Gestern und erst recht nicht durch das Verhängnis des Morgen zerstört. »Einbildungskraft an die Macht!« war kürzlich auf Plakaten der Pariser Studenten zu lesen. Ich möchte die Einbildungskraft sehen als die Agilität der Neugierde, verbunden mit der Verwirklichung der Hoffnung.

Traummöglichkeiten: Quantität, Rationalität, Flexibilität

Die Zukunft unserer Gesellschaft ist gekennzeichnet durch eine unbegrenzte Macht des Menschen in Richtung auf die Dinge. Drei Worte beschreiben sie: Quantität, Rationalität, Flexibilität.

Zuerst die *Quantität* auf allen Ebenen: Demographie und städtische Konzentration, Technologie und industrielle Konzentration, Handel und Werbekonzentration, Information und Massenvermittlung, auch Politik und Verkörperung der Macht. Überall sind wir in die Ära der großen Zahlen eingetreten mit all dem, was sie an Erregendem auf der Ebene des kollektiven Abenteuers und an Schwierigem auf der Ebene des Einzelabenteuers beinhalten. Unsere Welt explodiert ständig. Immer mehr Menschen kommen in immer größeren Metropolen zusammen, gehören zu immer größeren Produktions-, Verbraucher- und Informationsnetzen. Hier möchte ich an einige wohlbekannte Tatsachen erinnern. Seit dem 16. Jahrhundert hat sich die Zahl der Menschen verachtfacht; sie leben durchschnittlich doppelt so lange und produzieren das Fünfhundertfache an Gütern. Kein Sprung war je mit diesem vergleichbar, mit Ausnahme des Neolithikums, als der Mensch begann, Pflanzen anzubauen und Tiere zu zähmen, eine so beeindruckende technologische Revolution, daß der zweite Bericht der Genesis sich noch daran erinnert, um die Herrschaft des Menschen über die Natur zu kennzeichnen (Genesis 2, 15 und 20!). Vielleicht gab es im neolithischen Zeitalter zehn Millionen Menschen. Die Menschheit hat also bis zur ersten Milliarde (gegen 1850) achthunderttausend Jahre und bis zur zweiten (gegen 1920) siebzig Jahre gebraucht. Zwölf Jahre haben der Menschheit genügt, um sich zwischen 1950 und 1962, laut UNO-Statistik, um eine halbe Milliarde zu vermehren. Was immer auch geschehen wird, die Zahl der Menschen wird sich bis zum Jahre 2000 verdoppeln und damit 6,4 Milliarden erreichen, und ich rechne hier nicht weiter bis zu den 36 Milliarden des Jahres 2100, die noch 100 m² Wohnfläche pro Person, einschließlich der Wüsten, zur Verfügung hätten. Diese menschliche Bevölkerung ballt sich zusammen. Um 1800 lebten 2,4 % der Weltbevölkerung in Städten von über 20 000 Einwohnern. Heute sind es 25 %. Für das Jahr 2000 rechnet man mit 50 %. Und schließlich werden um 2100 90 % der Weltbevölkerung in Metropolen leben.

Die Explosion der hergestellten Güter ist genauso phantastisch wie die der Bevölkerung. Wenn alles gut geht, wird die eine die andere unterstützen. Wenn alles schlecht geht, werden sie sich untereinander zerreißen. Hier will ich dazu nur eine Statistik zitieren. Sie hat den Vorteil, sich ziemlich weit und genau zurückführen zu lassen. Sie stammt von Fourastié und vergleicht die Kaufkraft des Stundenlohnes eines Arbeiters, ausgedrückt in Weizenbrot/Kilogramm: Weniger als ein Pfund vom 13. bis zum 18. Jahrhundert, dann eine sehr geringfügige Erhöhung zwischen 1800 und 1850, als Europa mit der Entwicklung der industriellen Infrastruktur die schreckliche Zeit der Entstehung des Arbeiterproletariats erlebte. Kurz vor dem Ersten Weltkrieg von 1914 ist endlich ein Kilogramm erreicht, das Doppelte bis zum Zweiten Weltkrieg 1940. Zwanzig Jahre nach Ende dieses Krieges kommt die Explosion mit einem jährlichen Produktionsanstieg, der das Weltmaß der Wettbewerbsfähigkeit zwischen Ländern und ideologischen Systemen darstellt und ungefähr den Lebensstandard in einer Generation verdoppelt. Zweifelsohne handelt es sich hier um ein allgemeines Phänomen, denn laut den Erklärungen von Mr. Woods, Präsident der Weltbank, haben selbst die armen Nationen unserer Welt im letzten Jahrzehnt eine Jahressteigerung ihres Sozialproduktes von 4,5 % erlebt und, um ein persönliches Beispiel anzuwenden, trotz der wochenlangen allgemeinen Streiks, trotz entgegengesetzter Behauptungen der Verbraucherverbände und der allgemeinen Erschütterung, die Frankreich eben erlebt hat, scheint 1968 unser wirtschaftlicher Zuwachs noch etwas über dem von 1967 zu liegen!

Die Kategorie der Quantität beherrscht somit unsere Zukunft. Es handelt sich um eine recht neuartige Kategorie. Herkömmlicherweise litt die Menschheit unter Mangel oder strebte nach Qualität. Sie entfachte Kriege um Eigentumsrecht und Freiheit der Initiative. Alles verlief, als ob eine bestimmte feste Quantität von Gebieten, von Befugnissen oder von Reichtümern von Anfang an gegeben wäre und diejenigen, die sie innehatten, überrannt werden müßten, um eine andere Verteilung vorzunehmen. Heute hat sich diese Perspektive geändert. Das Problem liegt nicht mehr so stark in der Eroberung als vielmehr in der Fruchtbarmachung, nicht mehr so stark im Nehmen als vielmehr im Vervielfachen. Um dieses in Gleichnissen aus der Bibel darzustellen, verlassen wir das Gleichnis der Perle von großem Wert und leben im Gleichnis der Pfunde, von denen Jesus uns sagt, daß wir sie weder vergraben noch verstecken sollen, denn der Herr des Dieners ist ein »harter Mann, der schneidet, wo er nicht gesät hat, und sammelt, wo er nicht gestreut hat« (Matth. 25,24). Wir werden zur Produktion ermutigt oder gezwungen, welche selber wiederum zum Verbrauch ermutigt oder zwingt. Diese Priorität der Wirtschaft hätte die Griechen entsetzt. Sie hatten einen sorgfältigen Unterschied gemacht zwischen dem politischen Leben, welches allein wirklich frei war, wo das Wort, die Gleichheit, die Entscheidung herrschen, und dem wirtschaftlichen Leben, wo im Gegensatz hierzu die Arbeit, die Autorität, der Bedarf, der Zwang walten. Zum ersten gehörte der Glanz des individuellen Lebens, zum zweiten das graue Leben der Masse.

»Die Griechen«, schreibt Hannah Arendt, »deren Stadt-Staat bis heute den ›individualistischsten‹ und unkonformistischsten politischen Körper darstellt, den wir aus der Geschichte kennen, wußten zwar nichts von Statistik, waren sich aber der Tatsache wohl bewußt, daß die Polis, die dem Handeln und Reden den Vorrang vor allen anderen Tätigkeiten gegeben hatte, nur bestehen konnte, wenn die Zahl der Bürger in Grenzen gehalten wurde. Große Anhäufungen von Menschen entwickeln eine nahezu automatische Tendenz zu despotischen Herrschaftsformen, sei es nun die despotische Herrschaft eines Mannes oder der Despotismus von

Majoritäten . . . Sie waren ihrer Meinung genau die Dinge, durch die sich die persische Zivilisation von der griechischen unterschied«.[1]

Diese Bemerkung ist wahrscheinlich für die meisten Kulturen der Welt gültig bis zu dem, was wir heute die industrielle Gesellschaft nennen, in welcher das Wort Proletarier etymologisch fruchtbar (Wurzel = proles) bedeutet. Die Zukunft der Menschheit spielt sich auf der Ebene der großen Zahlen ab. Das Wort Masse hat fast immer einen negativen Sinn gehabt, besonders in der christlichen Sprache. Augustin, römischer Bürger, stolz auf die antike Stadt, wendet das Wort im Römerbrief für die Masse der Sünden an. Heute aber beginnt dieses Wort einen positiven Sinn zu bekommen, einen Sinn der empfundenen Solidaritäten, des erwachten Bewußtseins, des Schmelztiegels für die Wiedergeburt eines Volkes und für das Erscheinen einer Gemeinschaft, entsprechend jener ersten Realität unserer Zukunft: Das Aufkommen und die Konzentration der Quantität.

Die *Rationalität* der kollektiven Entwicklung ist ein zweites Merkmal, welches überall mehr oder weniger gegenwärtig oder angestrebt ist. Eben weil die Zahlen so groß geworden sind, sie so schwer in Bewegung zu setzen sind und ihre Zufriedenstellung problematisch ist, stellt sich die Gesellschaft, die früher dem Zufall oder der Vorsehung überlassen war, heute auf die Vorhersage ein. Der Übergang von der Vorhersage zur Planung ist natürlich. Der erklärende Mythos, die sich wiederholende Tradition und besonders die begründete Vernunft hatten nicht das Ziel, das soziale Ganze vorauszusehen und zu organisieren, um zu versuchen, einige Richtlinien für die gemeinsame Zukunft festzulegen. Die Vernunft wirkte sich auf individuelle Schicksale oder auf abstrakte Probleme aus. Sie konnte sich nicht vorstellen, daß ihre beiden Aspekte, der wissenschaftlich präzise und der ethisch ermahnende, sich auf dem weiten Felde der kollektiven Erkenntnis und Entscheidung auswirken könnten. Heute aber vermehren sich die Instrumente der Rationalität, die unter der Notwendigkeit der Krisen, der Kriege, des Wiederaufbaus und der Entwicklung geschmiedet werden. Gerade auf diesem neuen Gebiet sieht man am stärksten die Entwicklung des rationalen Ehrgeizes, als ob die Vernunft hier einen großen Fisch am Angelhaken habe, erregend und widerspenstig, noch erregender und widerspenstiger als das übliche Objekt ihres Wirkens, d. h. die Strukturen der physischen Gegenstände und die Leidenschaften des menschlichen Herzens.

Die Rationalität bringt mehrere Elemente hervor: Eine Einordnung der Bedürfnisse und der Wünsche, eine Distanz, um einen Einfluß auf sie auszuüben, eine Wiederherstellung der Entscheidungsmöglichkeiten, ohne welche Voraussicht nur Beschreibung wäre und die Welt dem Verhängnis ihrer Mechanismen überlassen bliebe. Ich nenne einige Beispiele, natürlich auf dem Gebiet der Gesellschaft, wo diese Rationalität sich auszuwirken sucht.

Man sagt uns z. B.[2], daß der Mensch in dreißig Jahren um die Hälfte weniger für seine Nahrung ausgeben wird als heute, fast die gleichen

Ausgaben für Wohnung und Kleidung haben, aber das Doppelte für Gesundheit, Transport und hauptsächlich Freizeitgestaltung ansetzen wird. Man sagt uns, daß die Landbevölkerung sich noch um 50 % verringern muß, daß die industrielle Bevölkerung leicht anwachsen und daß der dritte Sektor (Dienstleistung und Handel) sich fast verdoppelt haben wird. Dies ist, auf der Ebene der sozialberuflichen Kategorien, nur eine andere Betrachtungsweise des vorhergehenden Bildes über die Entwicklung des Verbrauchs und der sich ihm anpassenden Erzeugung. Man sagt uns, daß sich die augenblickliche Zuwachsrate in der Landwirtschaft auf 2 % und in den Dienstleistungen sowie im Handel und in der Industrie auf 5 % belaufen könne. Man sagt uns, daß die kommenden Generationen einer hohen Bildung bedürfen, um in dem Produktionssystem ihren Platz zu finden, und daß diese Ausbildung ständig im Laufe ihres Lebens auf den letzten Stand gebracht werden muß. Man sagt uns – ich benutze diese neutrale Ausdrucksweise, welche bedeuten kann: Entweder man verspricht uns etwas oder man droht uns etwas an, wenn wir diese Richtlinien nicht beachten –, daß der Mensch in der sogenannten nachindustriellen Gesellschaft über ein fünfzigmal höheres Einkommen als in der vorindustriellen Gesellschaft verfügen wird, daß die wirtschaftliche Tätigkeit sich in zwei Sektoren aufteilen wird, von denen der eine massive, vom Staat kontrollierte Investitionen benötigen wird, während der andere den unterschiedlichen Neigungen des Verbrauchers überlassen ist, die mehr oder weniger durch die Werbung manipuliert werden.

Man sagt uns, daß die Kybernetik und die Automation der zweiten industriellen Revolution schrittweise die nervöse Müdigkeit abschaffen werden, genauso wie die Energetik der ersten industriellen Revolution allmählich die Muskelmüdigkeit beseitigt hat. Man sagt uns, daß die Hindernisse von Zeit und Raum aus den Problemen der Kommunikation verschwinden werden, daß die Lohnschraube sich allmählich verringern wird und daß in einer Generation die Menschen 39 Wochen pro Jahr arbeiten werden, wobei jede Woche 4 Tage mit 7 Arbeitsstunden haben wird, d. h. 147 Arbeitstage pro Jahr und 218 freie Tage. Das war ungefähr das Verhältnis im Mittelalter, aber mit geringerer Produktion.

Der Mensch dieser voraussehenden und rationalisierten Gesellschaft würde sich gleichzeitig vor unmittelbarer Einschränkung und einer Wahl auf lange Sicht befinden. Indem er zu einem riesigen integrierten Ganzen gehören würde, wo Unterricht, Industrie und Verwaltung miteinander verflochten sind, würde er gleichzeitig dessen wirksamen Ertrag wie auch dessen komplexe Zerbrechlichkeit verspüren. Dieses Ganze gleicht in der Tat einem Kochtopf mit Milch, der auf einer starken Flamme steht und bei dem man weder die Flamme herabstellen noch die Milch überkochen lassen darf! Die Beschränkung ist hier besonders groß, vor allem, wenn das nationale und internationale Leben sich mehr in Konkurrenz als in Solidarität ausdrückt. »Bis morgen können wir nichts tun, wenig in einem Jahr, etwas in fünf Jahren, viel in fünfzehn Jahren«, sagt M. Massé, ehemaliger Generalkommissar für Planung in Frankreich,

»denn«, fährt er fort, »auf lange Sicht können wir unsere Auswahl dosieren zwischen den Wirtschaftsformen, der Freizeitgestaltung, der Macht, dem Verbrauch, der Schöpfung oder der Solidarität.« Wenn dem so ist, würde die Rationalität der sozialen Zukunft es ermöglichen, nicht nur einzuordnen und zu beschreiben, sondern die Mechanismen auf Distanz zu halten, um auf dieser neuen Ebene der großen Zahlen – bei denen wir gesehen haben, daß sie unsere alte Gewohnheit der individuellen Beherrschung verwirren und bestürzen – die Auswahl wieder zu ermöglichen.

Hinzu kommt noch das dritte Merkmal der sozialen Zukunft: Die *Flexibilität*. Die Quantität verpflichtet zur Rationalität der großen sozialen Einheiten, und diese Rationalität, es sei denn, daß sie nur eine Beschreibung der Mechanismen und Voraussagen bleibt (d. h. der Beschränkungen), erfordert einen Menschen, der es wagt, an Auswahlmöglichkeiten zu glauben, die in unpersönlichen und fernen Perspektiven liegen.

Die Flexibilität bedeutet nicht die Entwurzelung, auch nicht die Enteignung, d. h. die Entfremdung durch Zwangsmaßnahmen technokratischer oder bürokratischer Art. Sie ist auch nicht wilder Protest, der seine absolute Eigenherrschaft beansprucht, um seine Identität zu retten. Sie bedeutet eine große Fähigkeit sich anzupassen, ohne sich umformen zu lassen, und Widerspruch zu erheben, ohne sich zu isolieren. Stellen wir uns vor, daß der Mensch der Zukunft oft seinen Wohnort, seinen Beruf, seine familiären und beruflichen Beziehungen zu wechseln haben wird, denn er wird einer Gesellschaft angehören, die im großen und ganzen dem Wechsel der Dinge gegenüber günstig eingestellt ist, aber den einzelnen hart bestraft, der sich im Wettlauf ermüdet, weil er nicht hinter seiner Zeit zurückbleiben will. Diese Situation ist das genaue Gegenteil derjenigen, die der Mensch der uns vorausgegangenen Gesellschaftsformen gekannt hat, wo die gesellschaftliche Unbeweglichkeit geradezu eine Werterhöhung für das Individuum bedeutete, das ganz natürlich mit zunehmendem Alter seine Fähigkeit und seine Wertschätzung wachsen sah. Die Flexibilität bedeutet also eine schwierige Herausforderung, einen gemeinsamen Willen, eine weite Auswahl offenzuhalten, selbst wenn man lernen muß, daß jede Wahl auf lange Zeit festlegt; zu ihr gehört auch die persönliche Fähigkeit, sich selbst in Frage stellen zu lassen, selbst wenn der äußere Komfort immer dazu neigt, sich mit dem inneren Komfort der Sicherheit und der Gewohnheit zu verbinden. Das, was man Kultur nennt, wäre dann also nicht eine künstliche Verjüngung, sondern ein Altern ohne Verkalkung. Und das, was man die Revolutionen unserer Zeit in den Massengesellschaften nennt, könnte eher noch die Beibehaltung der Flexibilität jedes einzelnen erfordern als den allgemeinen Umschwung des Ganzen. Aber weder die Masse der großen Zahlen noch die verstandesmäßige Auslegungskunst der Fachleute begünstigen diese Flexibilität des Individuums, das in der Masse untertaucht und von den Spezialisten zur Nichtzuständigkeit verurteilt wird. Und deswegen enthält unsere soziale Zukunft, für die wir »Neugierde« an den Tag legen wollten, eine innere Schwierigkeit von besonderer Bedeutung: Sie erfordert Menschen, die sich selbst einer ständigen Revision unterwerfen, aber was sie hervorbringt, sind funktionelle Wesen in ständiger Übereinstimmung mit den Druckkräften, durch die sie geformt werden.

Die Möglichkeiten des Menschen scheinen unbegrenzt. Ich darf daran erinnern, daß hinsichtlich dieses ersten Punktes die biblische Offenbarung keinerlei Grenzen setzt. Wenn 1. Mose 2 in dem technologischen Sprung des Neolithikums geradezu die der Kreatur von einem nichtmalthusianistischen Schöpfer anvertraute Aufgabe sieht: »Seid fruchtbar, mehret euch, füllet die Erde und macht sie euch untertan« (1. Mose 1, 28), warum sollten wir dann heute den Gott der Offenbarung mit einem Jupiter verwechseln, der auf den menschlichen Prometheus eifersüchtig ist, der ihm das Feuer des Himmels entwendet hat? Aber diese Traummöglichkeiten sind keineswegs der ganze biblische Segen über die menschliche Zukunft. Gott errichtet auch vor Adam genau bezeichnete Schranken, die nicht an den Grenzen des mythischen Gartens Eden liegen – als ob es sich hier um eine Begrenzung seines Wissens und Könnens handelte –, sondern mitten in diesem Garten. Hier stellt Gott diesen eigenartigen, verbotenen Baum hin, der »Baum der Erkenntnis des Guten und des Bösen« heißt. Es wäre besser, ihn »Baum der Weisheit« statt »Baum der Wissenschaft« zu nennen. Er erinnert daran, daß der Mensch in Freiheit alles kann, aber daß die Freiheit des Menschen nicht darin besteht, alles zu wollen. Er muß lernen, nicht etwa nur nichtexistierende Grenzen zu respektieren, sondern einen wirklichen Nächsten. Hierzu schreibt Paul Ricoeur ganz klar: »Es gibt kein biblisches Maß des menschlichen Könnens. Aber dieses Können, seiner Bestimmung nach unbegrenzt, ist ein krankgewordenes Können, aufsässig gegen Gott und mörderisch gegenüber dem Menschen. Wenn dieses Können nach innen nicht mehr durch die Liebe Gottes und nach außen nicht mehr durch die Liebe zum Nächsten begrenzt ist, wird es maßlos. Das Problem des Heils in bezug auf das technische Abenteuer des Menschen bedeutet also keine quantitative Begrenzung dieses Könnens, sondern betrifft die Heilung seines Ursprungs und seiner Ausübung.« [3]

Die drohenden Wirklichkeiten: Ungleichheiten, Sinnlosigkeit und Konformismus

Wo liegt denn nun das »Kranke« einer solchen Vorhersage einer Gesellschaft des Überflusses, beweglich und vom Verstand dirigiert, wovon wir zu träumen begonnen haben? Wenn ich das Wort »krank« gebrauche, so möchte ich nicht die Idee aufkommen lassen, daß diese Gesellschaft einen Arzt nötig hätte und das Christentum hier genau am Platze sei, um ihr seine guten Dienste und seine Heilkunst wie von außen her anzubieten. Die Kirche ist nicht der Arzt am Krankenbett der Gesellschaft, der die Symptome untersucht, Rezepte verschreibt, dann von Zeit zu Zeit Besuche macht, um sein Urteil abzugeben: Befinden gebessert, gleichbleibend, unheilbar. Wir sind in der Gesellschaft, wir träumen mit ihr, wir sind krank mit ihr, kämpfen mit ihr oder geben uns auf mit ihr. Die Christen stehen nicht abseits, sie sind weder über noch unter, sondern *in* den technischen und sozialen Revolutionen unserer Zeit, gemäß dem Titel der Genfer Konferenz.

Eine Diagnose ist nur nützlich, wenn sie von außen vorgenommen wird, wenn Arzt und Kranker eine Einheit bilden, in jener Solidarität, wie sie Jesus am Kreuz und in der Auferstehung gelebt hat.

Man spricht oft von Bonhoeffer als von dem, der in seinem Gefängnis 1945 eine Vorausschau auf eine endlich mündige Welt angestellt hat, die endlich ihre Autonomie in bezug auf die übernatürlichen Erklärungen und Tröstungen errungen habe, eine Welt, die säkular und deshalb verantwortungsbewußt geworden sei. Dann wundert man sich zuweilen, daß Bonhoeffer im übrigen so sehr auf das Kreuz hingewiesen hat, auf das Leiden und auf das Gebet, als ob die mündig gewordene Gesellschaft mit den Zeichen des Pessimismus und der Abhängigkeit nicht fertig geworden sei. Aber Bonhoeffer hat, so will mir scheinen, damit eine weit seherischere Schau der Zukunft unserer Gesellschaft bewiesen, als wenn er nur von ihrer bereits erreichten Evolution in Richtung auf Autonomie und Säkularisation gesprochen hätte. Hier zitiere ich einige Sätze, in denen er die soziale Entwicklung charakterisiert, Sätze, die im Sommer 1944 geschrieben wurden, also bestimmt vor allem, was in der Folgezeit von Riesman, Galbraith, Marcuse oder Henri Lefebvre diagnostiziert wurde.

Bonhoeffer will darstellen: »Das Mündigwerden des Menschen; die Sicherung des menschlichen Lebens gegen den ›Zufall‹, ›Schicksalsschläge‹ ... Ziel ist, unabhängig von der Natur zu sein. Natur wurde früher durch die Seele überwunden, bei uns durch technische Organisation aller Art. Das uns unmittelbar Gegebene ist nicht mehr die Natur, sondern die Organisation. Mit diesem Schutz vor der Bedrohung durch die Natur entsteht aber selbst wieder eine neue Bedrohung des Lebens, nämlich durch die Organisation selbst. Nun fehlt die seelische Kraft! Die Frage ist: Was schützt uns gegen die Bedrohung durch die Organisation? Der Mensch wird wieder auf sich selbst verwiesen. Mit allem ist er fertig geworden, nur nicht mit sich selbst! Gegen alles kann er sich versichern, nur nicht gegen den Menschen. Zuletzt kommt es doch auf den Menschen an.«[4]

Ich möchte diese durch die Organisation entstandenen Bedrohungen unter drei Gesichtspunkten mit Bezug auf die drei vorangegangenen Themen entwickeln: Die *sozial Vergessenen der Quantität*, die *subjektive Leere der Rationalität* und der *Konformismus der Flexibilität*.

Mir scheint, daß die Genfer Konferenz für Kirche und Gesellschaft von einem Wunsch beherrscht war. Im 19. Jahrhundert sind die Kirchen sich der Entstehung eines inneren Proletariats, der Arbeiterwelt, nicht bewußt geworden. Im 20. Jahrhundert können die Kirchen sich nicht nur dessen bewußt werden, sondern sie können innerhalb der Gesellschaft und auf die Gesellschaft einwirken, um gegen die Entstehung eines Proletariats außerhalb der Welt des industriellen Wachstums zu kämpfen, eines Proletariats, das die unterentwickelten zwei Drittel der Welt ausmacht. Eine Sitzung hier wurde bereits der Beziehung zwischen reichen und armen Nationen gewidmet. Darum werde ich heute abend darüber nichts mehr sagen. Es muß jedoch hinzugefügt werden, daß die *sozial Vergessenen des Wachstums* die größte Aussicht haben, sich gerade innerhalb der sogenannten Überflußgesellschaften zu entwickeln. Je mehr das Wachstum durch Wettbewerb, Härte und Auslese gekennzeichnet ist, mit Ausnahmeprüfungen, die so starr wie einst Geburt und Vermögen den künftigen Platz auf der sozialen Leiter bestimmen, um so mehr entwickeln sich am Rande Gruppen von wirtschaftlich und kulturell Nichtangepaßten. Den wenigen hochbezahlten Spezialisten stehen die unzähligen Nicht-Qualifizierten gegenüber, für die es keine Verwendung gibt. Und die soziale Ungerechtigkeit erscheint hier um so unerträglicher, als sie gerade auf den unbestrittenen Kriterien der Tüchtigkeit und Fähigkeit aufgebaut ist.

Es ist bekannt, daß die amerikanischen Statistiken die Zahl der immer mehr Verarmenden innerhalb der Fortschrittsgesellschaft auf 16 bis 30% der Gesamtbevölkerung schätzen. In Frankreich besaß 1962 die Hälfte der Bevölkerung über 15 Jahre keinerlei abgeschlossene Schul- oder Lehrausbildung.[5] Da sind die traditionell Armen, die es jetzt innerhalb einer organisierten und rationalisierten Gesellschaft viel schwerer haben als früher, Gelegenheitsarbeiten zu finden. Da sind die nichtangepaßten Armen, die durch die Auflösung der Familie in der Großstadt und die Massenerziehung jeder gefühlsmäßigen Sicherheit beraubt sind. Da sind die physisch Armen, zu denen besonders die Geistesschwachen zählen, die durchschnittlich 4% der Gesamtbevölkerung in allen Ländern ausmachen. Auch sie leiden, gewissermaßen indirekt, unter dem Drängen der Gesamtgesellschaft nach einem höheren Bildungsniveau. Da sind am andern Ende des Lebens die altgewordenen Armen, die nicht mehr ihre Eigenschaft als künftige Produzenten in die Waagschale werfen können und die der Inflation am leichtesten zum Opfer fallen, weil sie ohne Einkommenssteigerung ihr weder zuvorkommen noch sie einholen können. Da sind die Armen der menschlichen Beziehungen in einer Gesellschaft, die gerade durch die Organisation des Versicherungswesens jene spontane Solidarität der nichtorganisierten Gesellschaft, wo der Nachbar fast zwangsmäßig zum Nächsten wird, verlernt hat. Die Sozialgesetzgebungen gewähren gewöhnlich keinerlei Schutz gegen solche Armut, denn sie stützen sich auf Kompensationen, von denen nur die regelmäßig Arbeitenden profitieren. Sie begünstigen die Weiterentwicklung, ohne ausreichend für die Zurückgebliebenen zu sorgen. Sie verbreiten auch die Illusion, daß nunmehr jedermann gegen den Zufall und die Rückschläge des Schicksals gesichert sei. Im Grenzfall sind es die am besten eingegliederten, also bereits bevorzugten sozialen Gruppen, die die Sozialhilfe zu ihrem Vorteil in Anspruch nehmen. Die Randgruppen bleiben außerhalb der Wohltaten des sozialen Kreislaufes wie auch des Produktionskreises, und sie sehen ihre Isolierung zunehmen.

Diese Unterentwicklung erscheint also als ein logisches Nebenprodukt des Wachstums, gerade im Innern der rationalisierten und mobilen Massengesellschaften. Wenn der Rückstand entschieden zu groß wird, kann man nur noch sich selbst anklagen angesichts der Unvermeidlichkeit des Fortschrittes. Es handelt sich also um eine beschämende Krankheit, die sich genau wie der Krebs in den gesunden Organismen entwickelt. Das Wachstum wird hier keine automatische Wohltat bringen, besonders wenn die Rationalisierung erweist, daß die nichtrentablen Sektoren gerade noch einer Überlebenshilfe würdig sind, und wenn die Flexibilität die Rückständigen dazu verdammt, sich als unnütze Last zu bekennen. Wir müssen mehr Verständnis und größere Flexibilität zeigen, um zu verstehen, daß die Tyrannei der wirksamen Organisation dann eine widerliche Fessel ist, wenn sie sich als unfähig erweist, die Gemeinschaft aller mit allen zu schaffen, wenn sie im sozialen Bereich die Einheit zersetzt, die sie im wirtschaftlichen Bereich anregt, wenn sie die Bedürfnisse der Menschen den Bedürfnissen der Dinge ausliefert, d. h. wenn sie die Kommunikation zugunsten des Wettbewerbs verkümmern läßt. Die Armutsreserven innerhalb der organisierten Gesellschaften ertragen es nicht, als Bettler der Produzenten behandelt zu werden. Die Frage ist um so naheliegender, als diese erste Krankheit der Organisation nicht eine schicksalhafte Notwendigkeit ist, sondern eine Folge, ein von Menschen zu zahlender Preis, den das gute Gewissen der Erfolgreichen dem schlechten Gewissen der Nichtangepaßten auferlegt. Es ist nicht die Rede von großzügiger Liebestätigkeit, sondern von versagender sozialer Rationalität, also von einer Krankheit, von der wir alle in gleicher Weise befallen sind, sowohl diejenigen, die sie verursachen, als auch diejenigen, die sie erleiden.

Die schon durch die Ungleichheit des Wachstums versagende Rationalität versagt noch mehr infolge der *subjektiven Leere*, von der sie selber befallen zu sein scheint. Alles verläuft so, als ob die aus Überzeugung oder aus Leidenschaft stammenden Ziele der Menschen, ihre Befürchtunten, ihre Hoffnungen, ihre Utopien, Religionen, Nationalismen und Ideologien nach und nach bis auf die belastende Tatsache ihrer doppelten Aufgabe als Produzent und Verbraucher reduziert würden bis zu dem Tag, an dem diese Menschen sich in einem Rausch der Irrationalität eingestehen, daß diese Tatsache hohl und, wie Max Weber bereits sagte, entzaubert ist.

Natürlich ist es die Jugend, die diese Frage aufwerfen muß. Sie ist noch nicht in diesem Kreislauf gefangen, und sie ist nicht willens, als einzige Zukunft die Verewigung einer aussichtslosen Maschinerie zu akzeptieren. Ich zitiere hier als Beispiele einige der Slogans, die im vergangenen Mai die Mauern der Pariser Universität und manchmal auch der Fabriken schmückten, wenn junge Arbeiter sich in den Bestrebungen der jungen Studenten wiedererkannten. Revolutionäre Slogans: »Wir lehnen eine Welt ab, in der man sich mit der Gewißheit, nicht Hungers zu sterben, die Gefahr einhandelt, an Langeweile einzugehen.« Ironische Slogans: »Zählen wir nur auf unsere Jugend, auf Unreife und fehlende Verantwortlichkeit, um durchzusetzen, daß jedermann eine echte Entscheidungsmöglichkeit hat, wirklich erwachsen, reif, verantwortlich, eben Mensch werden kann ... Die eigene Lebenskraft herzugeben für die Produktion eines Gegenstandes, den man nicht ausgesucht hat, das ist der Fortschritt, den jedermann akzeptiert, außer den Faulen, den Privilegierten, den Außenseitern, den Machtlosen, nämlich uns.« Gewalttätige Slogans: »Die beginnende Revolution stellt nicht nur die kapitalistische Gesellschaft in Frage, sondern die industrielle Zivilisation. Die Verbrauchergesellschaft muß eines gewaltsamen Todes sterben. Die Gesellschaft der Entfremdung muß aus der Geschichte verschwinden.« Schließlich programmatische Slogans: »Die bürgerliche Revolution war eine rechtliche, die proletarische Revolution war eine wirtschaftliche, die unsrige wird eine soziale und kulturelle sein, damit der Mensch er selber werden kann.«

Die Krankheit der Gesellschaft bestünde demnach darin, verführerische und zugleich abschreckende Antikörper zu erzeugen. Weil die Welt ihr soziales Werden bereits rationalisiert hat, fordern Worte und Menschen eine provozierende und desorganisierende Macht. Weil der Lebensstandard steigt, wird er zum Gegenstand des Spottes. Weil die Industrie den Verbrauch verallgemeinert, werden die industrielle Gesellschaft und die Verbrauchergesellschaft die Sündenböcke des menschlichen Unglücks, wie es früher die Angst vor Arbeitslosigkeit und das Elend waren. Aber diese Erklärung, das Ganze sei eine psychologische Rebellion gegen die Wirklichkeit, reicht nicht aus. Man spürt in der Auflehnung der Jugend gegen die Welt der Produktion und gegen die beiden hier zusammenkommenden politisch-ökonomischen Gesellschaftsformen, nämlich den bürokratischen Sozialismus und den zentralisierten Neo-Kapitalismus, den starken Wunsch, selber über die menschlichen Bedürfnisse zu bestimmen, die tiefer reichen als der quantitative Gebrauch der Dinge: Es geht also nicht um das Bedürfnis nach Autos oder Fernsehen, sondern um das Bedürfnis, sich auszudrücken, kennenzulernen, teilzunehmen, abzulehnen, zu entscheiden, um das Bedürfnis nach Wort und Tat, nicht nur nach Verdauung und Ausführung. Man muß in bezug auf diese neuen Bedürfnisse anspruchsvoll sein. Vielleicht sind sie nur ein Luxus für eine Minderheit, die immerhin das Privileg hat, Proteste und Utopien ins Feld zu führen, weil der Produktionsapparat sowieso rationell funktioniert. Dies riefe dann die antike Situation ins Gedächtnis, wo Menschen auf der Agora (heute Universität) diskutieren, während andere Menschen, Sklaven der Maschinen, das Ganze in Gang halten.

Aber wenn diese Art kultureller und sozialer Forderungen über eine Altersschicht und eine intellektuelle Kategorie hinausgeht, dann stellt sich die große Frage: Was sollen wir tun, wir, die wir völlig anders als die vorangegangenen Gesellschaften leben? Sie hatten utopische, chiliastische, revolutionäre Ziele und keine Mittel, sie zu verwirklichen. Wir, im Gegensatz, haben beträchtliche Mittel, und wir sehen, wie sich gleichzeitig die von unserer Gesellschaft angestrebten Ziele erschöpfen. Die Arbeit ist wirksam organisiert und wird gleichzeitig bedeutungslos für ganze Massen von Menschen, die zwar ihre Mühen weniger spüren, die aber keine Aufgabe mehr darin sehen. Dasselbe geschieht mit den Freizeitbeschäftigungen. Sie sind reichlicher und leichter zugänglich als früher, aber auch in Gefahr, leerer zu werden, ein zusätzliches Konsumgut, so daß Ferien bedeutet, vor einer leeren Zeit zu stehen, anstatt diese Zeit mit einer frei gewählten Betätigung auszufüllen. Es bedeutet Abstieg, wenn das Leben nur noch geliefert und nicht mehr gesucht und ausgewählt wird.

Überall sieht man einen frappanten Gegensatz zwischen dem wirtschaftlichen Wohlstand und der menschlichen Frustration, der sozialen Unbefriedigtheit. Wie George Bataille schrieb: »Nicht die Notwendigkeit, sondern ihr Gegenteil, der Luxus, stellt der lebenden Materie und dem Menschen ihre grundsätzlichen Probleme.«[6] Heute erstreckt sich eine bestimmte Art von Luxus über die Menschenmassen oder wenigstens über diejenigen unter ihnen, welche an der industriellen Gesellschaft teilhaben. Wie ist es zu erreichen, daß dieser Luxus nicht lächerlich wird, sondern schöpferisch für seine Nutznießer? Das sind die Fragen, zu welchen uns nicht nur die heutige Entwicklung, sondern sehr direkt die Bibel führt. Denn Gott hat sein Volk nicht in der Unterdrückung durch Ägypten gelassen, er hat es nicht in den Entbehrungen der Wüste festgehalten, als ob er der menschlichen Sklaverei und Leiden bedürfe, damit sich der Mensch ihm zuwende. Gott hat sein Volk in das gelobte Land und in die überreiche Gesellschaft Kanaans geführt, damit es sich dort den Grundfragen stelle: Der Frage nach der Hoffnung, wenn der Komfort über der Sicherheit einschläfert; nach der Gerechtigkeit, wenn der Reichtum seine Augen vor der Armut verschließt; nach der Freiheit, wenn es scheint, als hätte man Befreiung nicht mehr nötig; und nach dem Glauben, wenn man sich anscheinend als seine eigene Vorsehung betrachten kann.

Die organisierte Gesellschaft, wie Bonhoeffer sie richtig gesehen hat, ist eine neue drohende Zerreißprobe für den Menschen. Vorher gab es die direkte Erprobung durch den Kampf gegen die Natur, durch den Kampf ums Dasein und um den Zusammenhalt im Elend. Jetzt gibt es die indirekte Erprobung durch den Kampf gegen sich selber, den Kampf für die Kultur, für die Kommunikation, für den Zusammenhalt in dem Wohlstand, der so sehr Einsamkeit schafft. Ich möchte jedoch damit nicht gesagt haben, daß heute die wirtschaftlichen und politischen Fragen den inneren und persönlichen Fragen weichen müßten. Denn nur eine neue Politik und eine neue Wirtschaft, die nicht allein auf der Ebene der großen und fernen Einheiten und der geheimen Experten übereinstimmen, sondern auf der Ebene der unmittelbaren und engagierten Teilnahme jedes einzelnen, können unserer rationalisierten Welt ermöglichen, nicht jene Enteignung des Menschen zu bewirken, die sich dann durch den Ausbruch von Rebellionen rächt.

Gelangen wir nunmehr zu einer neuen, beruhigenden Synthese? Würde die Teilnahme die Rebellion in Zusammenarbeit verwandeln? Wären die Randgruppen reintegriert in einen erweiterten produktiven Konsensus, wo zu den Fabriken und Büros die Kultur hinzukäme? Nichts ist weniger gewiß, denn die Flexibilität, die für eine sich schnell wandelnde Gesellschaft erforderlich ist, begünstigt in keiner Weise die Beständigkeit des einzelnen und erschwert daher sehr eine echte Zusammenarbeit, bei der niemand den anderen manipuliert, bei der auch niemand es ablehnt, sich für die anderen zu verpflichten. Oft läßt der *Konformismus* unserer Gesellschaft nur die Forderung und den Protest übrig, um eine im Verschwinden begriffene Identität zu bekunden, die in der Identifizierung mit den großen wirtschaftlichen, politischen und sozialen Gruppen, denen wir angehören, unterzugehen droht. Die Situation der modernen Kultur in den organisierten Gesellschaften ist hier ein beunruhigendes Zeichen. Sie ist Diskontinuität inmitten des Vorhergesagten, Willkür inmitten der Effizienz, an der Grenze der geistigen Vernunft der Vernunftgemäßheit der produzierenden Mechanismen. Gewiß, die Kultur hat stets durch die Vorstellungskraft gelebt und nicht durch die Wiederholung von Feststellungen. Aber früher suchte und bewirkte diese Vorstellungskraft eine mehr oder weniger versöhnende Gnade. Sie bot dem Menschen in seinem Unglück wie auch in seinem Streben eine Sicht, die ihm seinen Platz im Universum zurückgab. Heute lebt die Kultur hauptsächlich durch die Härte eines ständigen Protestes. André Malraux hat z. B. bemerkt, daß sich die Kunst, ehemals im Dienste der Religion und der Kaiserreiche, seit dem Beginn der industriellen Ära stets gegen das Bürgertum gewandt habe. Da sie den Aufstand des Menschen gegen die Macht der Dinge ausdrückt, reagiert die Kultur, als wäre die Vernunft ganz und gar auf die Seite der wirtschaftlichen Organisation übergewechselt und als müßte sie gegen diesen Verrat schreien, indem sie sich selber gewaltsam zur Anti-Vernunft macht. Es sieht so aus, als hätten die Gesellschaften, die nicht daran dachten, sich zu rationalisieren, oder es nicht vermochten, Kulturen gehabt, die die Überlegung, Versöhnung, Sublimität und die Integration des Menschen in der Welt und seiner Seele in einer allgemeinen Sicht der Welt suchen, während die industriellen Gesellschaften, die sich vervielfacht und rationalisiert haben, im Gegensatz dazu fast nur über eine Kultur der Auflehnung, des Protestes, der Herausforderung, des Übergriffes, manchmal der Zerstörung verfügen. Es besteht offensichtlich die Gefahr, daß industrielle Gesellschaft und moderne Kultur unter sich keine fruchtbaren Beziehungen erstellen können und daß der positive Konformismus der Gesellschaft nur einen negativen Anti-Konformismus der Kultur erzeugen kann.

Aber die Kultur spielt hier nur als Beispiel eine Rolle. Die Krankheit der organisierten Gesellschaft besteht nach der Ungleichheit ihres Wachstums und dem Fehlen einer überzeugenden Zielsetzung in den heftigen Reaktionen, die sie zwischen der konformistischen Angleichung der einen und dem verneinenden Protest der anderen auslösen. Die Schwierigkeit ist besonders groß, wenn die verschiedenen Generationen sich auf der einen Seite mit der Angleichung, auf der anderen mit dem Protest identifizieren, wobei eins das andere hochspielt. Mir scheint, daß dann weder diese Angleichung noch diese Rebellion überzeugend sind. Erstere gehört den Verbrauchern, letztere den Revolutionären. Beide werden durch dieselbe Gesellschaft getragen. Bleiben sie frei, nein zu sagen, wenn sie im Kreis von Produktion und Verbrauch gefangen sind, und frei, ja zu sagen, wenn sie am anderen Kreislauf von Protest und Übergriff teilhaben?

Ich habe die beiden Beispiele der Kultur und der Jugend im Rahmen der organisierten Gesellschaften erwähnt, um die dritte Bedrohung aufzuzeigen, die unsere Zukunft belastet; für die einen die Unmöglichkeit, sich auf andere Weise anzupassen als in der Konformität, d. h. in der fortschreitenden Verleugnung ihrer eigenen schöpferischen Persönlichkeit; für die anderen die Unmöglichkeit einer anderen Weigerung als durch die Explosion, d. h. durch Bezeugung ihrer Persönlichkeit einzig und allein in aggressiver Weise. Bei den einen wie bei den anderen gäbe es also keine wahre Flexibilität, sondern die Starrheit, sei es der Angleichung, sei es der Weigerung. Wenn so eine jede Gruppe in einer ängstlichen Verteidigungsstellung oder im grenzenlosen Zorn erstarrt ist, dann also wird zwischen den beiden Gruppen der innere Riß in allen unseren organisierten Gesellschaften immer größer. So wie Bonhoeffer es gesagt hat, sie haben über die äußere Macht der Natur triumphiert, aber sie entdekken jetzt, daß sie im Innern ihrer selbst geteilt sind. Sie können die von den Dingen ausgehenden Gefahren berechnen und sich gegen diese Gefahren sichern. Sie sind schutzlos und zerbrechlich gegenüber den unvorhersehbaren Gefahren, die aus der Natur des Menschen kommen. Sie können feststellen, daß die Aufgabe unvollendet ist, ohne jedoch im geringsten zu wissen, wie sie fortzusetzen ist, denn es handelt sich nicht mehr nur darum, eine Organisation zu verbessern oder eine Produktion zu entwickeln, sondern darum, einen Protest, eine Teilnahme, eine Beziehung wiederzufinden, die ausgeschlossen waren, weil sie für den Profit der Organisation wenig vorteilhaft erschienen. Die organisierte Gesellschaft sieht sich zu einer Rückkehr zu sich selbst gezwungen und nicht nur zu einer Flucht nach vorne auf eine noch weiter vorangetriebene Technik hin. Die Identifizierung der Rationalität mit der wirtschaftlichen und sozialen Logik ist in Frage gestellt. Die Entscheidungen sind in so weite Ferne gerückt worden und werden aus solcher Höhe getroffen, daß der einzelne trotz allem, was die Propaganda ihm über die menschlichen Beziehungen vorsagt, nicht mehr daran glaubt, daß er selbst in dieser Entscheidung ein Wort mitzureden hat. Die Ungewißheit seiner Freiheit fordert ihn dann, vor allem wenn er jung ist, zur völligen Ablehnung einer Rationalität heraus, die zwar unbestreitbar richtig, aber um so weniger überzeugend ist, als man sehr gut die Ungleichheiten sieht, die sie hervorruft, und sehr schlecht die Ziele erkennt, die sie verfolgt. Die Krise der Verbrauchergesellschaft, die das heutige Produkt der organisierten Gesellschaft ist, besteht in dem tiefen Gefühl des Verfalls der Freiheit inmitten der mechanischen Ausweitung des Wohlstandes.

Apokalypse und Zivilisationen

Die geläufigen Antworten auf diese Krise der Zivilisation sind bekannt. Sie scheinen mir in zwei Richtungen zu laufen. Die einen denken, wir erleben da nur vorübergehende Zusammenstöße. Der technische Fortschritt wird über seine relativen Nachteile triumphieren. Da er in unbegrenzter Weise die Mittel vervielfacht, wird er ein verstärktes Gefühl der Vielfältigkeit der Auswahl gewähren. Die Expansion wird die günstige Voraussetzung für die Entwicklung der sozialen Gerechtigkeit, der persönlichen Kultur und der Flexibilität des Menschen sein. Sie wird erlauben, daß die Nachzügler durch einen entschiedeneren Einsatz der Ausgleichsmechanismen aufholen können. Da der Fortschritt sich auf industriellem Gebiet durchzusetzen vermochte, wird er es auch in sozialer Hinsicht tun, z. B. indem neue Solidaritätssteuern erhoben werden, ohne daß jedoch die Konkurrenz gebrochen wird, die die entscheidende Grundlage des Profits ist. Es wird fruchtbare Spannung bestehen zwischen der fortgesetzten Produktion von Reichtum und der Verpflichtung, diesen unter die Gesamtheit der Gesellschaft zu verteilen. Außerdem wird der Fortschritt den Menschen sein Leben lang flexibel erhalten, begabt mit einer neuen Weisheit der Lebensalter, welche die alte Folge – Heranbildung in der Jugend, Produktion im Erwachsenenalter, Ruhe im Alter – durch eine ständige Weiterbildung ersetzen wird. Diese wird dafür sorgen, daß die Ausbildungszeit sich nicht zu sehr in die Länge zieht, daß das Erwachsenenalter nicht zu sehr von Arbeit überlastet ist und daß das Alter nicht in dem Maße sinnlos wird, wie man es biologisch verlängert und berufsmäßig nicht mehr nutzt. Der technische Fortschritt wird auch wieder eine sinnvolle Arbeit erlauben, deren ständig sich wiederholender Teil von Maschinen übernommen wird. Er wird eine erfülltere Freizeit in dem Maße ermöglichen wie die Kultur, die dann so allgemein geworden ist, wie die Ausbildung den Menschen auf die freie Zeit ebenso vorbereiten wird wie auf die Zeit der Arbeit. Schließlich und vor allen Dingen wird dieser Fortschritt dem Menschen zu der Erkenntnis verhelfen, daß weder wirtschaftliche noch politische Betätigung Ideologien hervorbringen sollen. Bescheidener gesagt: Er gibt Möglichkeiten, die danach jeder, gemäß seiner persönlichen Überzeugung, erfüllen kann. So schafft er Gesellschaften, die äußerlich weniger integriert, aber nach innen personeller sind als die Gesellschaften von früher, wo jedermann, wenigstens zum Schein, der vorherrschenden Überzeugung beistimmen mußte, ob diese nun religiöser, nationalistischer oder ideologischer Art war. Eine Vielfalt der Meinungen wird also das legitime Ergebnis der organisierten Zufriedenstellung sein.

Sagen wir, es handele sich hier um die *liberale* Ansicht. Sie müßte, um standzuhalten, um sich herum und in sich selbst einen ausreichenden Konsensus erwecken, und zwar durch ihr eigenes Handeln, damit unsere Zivilisation im Namen dieser wirksamen Produktion, um die so viele andere Gesellschaften sie hier beneidet haben, ihre anderen Fragen zum Schweigen bringt. Aber wie kann man sich auf diesen Konsensus verlassen, wenn man sieht, daß die Verbrauchergesellschaft nicht nur unfähig ist, die zwei Drittel der Welt wirksam zu unterstützen, die nicht von ihrem Fortschritt profitieren, sondern daß sie sogar innerhalb ihrer selbst Ungleichheit, Rebellion und Unzufriedenheit entwickelt, die in ihrer Ablehnung ebenso extremistisch sind, wie die Gesellschaft selbst sich in ihrer technischen Funktion für vollkommen hält. Gibt es denn hier genügend innere Kraft, das zu tun, was man sich mit Worten verspricht? Oder besteht hier nicht ständige Angst davor, diese wirtschaftliche Maschinerie in Schwierigkeiten zu bringen, so daß man ständig auf die sozialen und kulturellen Ziele verzichtet?

Die Antwort der klassischen Revolutionäre ist radikaler. Seit dem Aufkommen des *Marxismus* wird das Übel darin gesehen, daß ausbeuterische Minderheiten die wirtschaftliche und damit auch die politische Macht an sich gerissen haben und auf innerstaatlicher Ebene die Güter der Gesellschaft oder auf internationaler Ebene die Reichtümer des Planeten zu ihrem Vorteil abzweigen. Aus diesen Minderheiten entstehen die Kapitalisten, die Imperialisten, die die menschliche Gemeinschaft in zwei unversöhnliche Lager spalten und die den Anbruch des Reiches der Freiheit verhindern, welches das Reich der Notwendigkeit ersetzen wird, von dem Marx sagte, es bedeute das Ende der Entfremdung, nicht nur zwischen Arbeit und Kapital, sondern auch zwischen dem handwerklichen und intellektuellen Leben, zwischen Männern und Frauen, zwischen Produzenten und schöpferisch Tätigen. Marx hätte zweifellos hinzugefügt: Zwischen den Generationen, wenn er in unserer Zeit gelebt hätte und nicht in der seinen, wo sich die Frage der abhängigen Jugend und einer verlängerten Jugendzeit nicht stellte. Hier ist die Hoffnung konzentriert, radikalisiert: Die Macht der Monopolkapitalisten brechen, um jedem und allen die Arbeitserträge, die Bodenschätze, die gemeinschaftliche und persönliche Identität zurückzugeben. Spannungsgeladener ist diese Sicht, gewaltsamer, aber auch beruhigender als die vorhergehende, denn eine genaue Umkehrung der Strukturen und nicht mehr nur eine korrigierende Entwicklung, wird in naher oder ferner Zukunft die Ursachen der Krise beseitigen. Damit diese zweite Aussicht standhielte, müßte man sicher sein, daß diese Analyse und diese Sprache auch wirklich die Zukunft der industriellen Gesellschaften und nicht öfters nur deren Vergangenheit betreffen. Man müßte sicher sein, daß in der neuen Gesellschaft, nachdem das strukturelle Übel einmal beseitigt ist, auch neue

Menschen entstehen. Nun weiß man aber, daß heute der Marxismus in der ganzen Welt in einer Auseinandersetzung steht, die für jeden, der ihn vor nur zwanzig Jahren untersucht hätte, erstaunlich wäre, einer Auseinandersetzung über die Erneuerung des Menschen, die sich gleichzeitig mit dem Wechsel der Strukturen vollziehen muß und nicht nur als dessen sichere Folge dargestellt werden darf. Auch hier fehlt die innere Freude. Das Kulturelle, man sagt nicht das Geistige, muß mit dem Wirtschaftlichen zusammengehen, wo man doch im allgemeinen den sogenannten Vertretern des Idealismus vorhielt, daß sie sich zuviel damit befaßten, den Menschen zu ändern, während doch die Produktionsweise von sich aus diese Veränderung nach sich ziehen sollte, und zwar durch die Unterdrückung des Egoismus, der mit der kapitalistischen Produktionsweise verbunden ist. Diese zweite Antwort erscheint uns also weniger zukunftssicher, als sie selber von sich behauptet, und sie beachtet das Problem der inneren Kraft des Menschen viel stärker, als man es gemeinhin von ihr sagt.

Der Bonhoeffer-Text, den ich zitiert habe, spricht von der inneren Kraft der Seele, die den organisierten Gesellschaften fehlt und ihnen daher nicht erlaubt, dem Konformismus der Mechanisierung zu widerstehen, wie sie ehemals geholfen hat, inmitten der Naturkatastrophen auszuhalten. Aber das Wort Seele ist zweideutig. Handelt es sich um einen individualisierenden Abstand, den man von der Herrschaft der Massen nimmt? Handelt es sich darum, die Bedrängnisse zu verachten im Namen eines innerlichen Himmels, den man sich trotz äußerlicher Ängste heiter bewahrt hat? Mit all diesen Bedeutungen des Wortes Seele riskiert man, viel Unheil anzurichten. Die Seele wird ein mehr stoisches als christliches Asyl, eine platonische Ausweichmöglichkeit, die der biblischen Inkarnation entgegengesetzt ist. Wenn wir von innerer Kraft sprechen, muß es sich um eine umfassende Überzeugung handeln, die der Gesamtheit der Gesellschaft helfen kann und nicht nur einigen erlaubt, sich aus ihr in ihren Privathimmel zurückzuziehen. Es gibt keinen dritten Weg, der von sich behaupten könnte, es besser zu machen als der Reformismus, der sich der Tragik verschließt, oder als die Revolution, die die Probleme vereinfacht, indem sie alle Schwierigkeiten auf einen Sündenbock konzentriert, der leicht zu bestimmen und zu bekämpfen ist. Die innere Kraft ist die Fähigkeit, wo auch immer man lebt (in liberalen oder marxistischen Ländern), in die Spannungen der Gesellschaft einzutauchen, ohne darin zum Lügner zu werden oder sich der Resignation zu ergeben.

Sagen wir es klar: Die Genfer Konferenz für Kirche und Gesellschaft hat keine Lösungen gebracht, hat aber die Erfordernisse deutlich gemacht. Man hat dort wenig von den christlichen Grundsätzen gesprochen, welche die Gesellschaft leiten können, ob das nun die alten Lehren der Schöpfungsordnung oder des Naturrechtes betrifft oder sogar die neue Lehre von der verantwortlichen Gesellschaft. In Genf wurden wir hineingestoßen in die Identifikation mit der Welt und befragt über die Identität Gottes, der ohne Unterlaß durch uns diese Welt neu erschaffen will, der wie am ersten Tag gegen das drohende Chaos ankämpft und am letzten Tag die Falten im alternden Angesicht der Gesellschaft und der Erde glätten wird. Unsere Welt hat zum Teil ihre Unordnungen durch wirksame Organisation bewältigt. Sie entdeckt heute mehr und mehr die neuen Bedrohungen, die diese für den Menschen mit Zwang verbundene Organisation schafft. Der Mensch profitiert von ihr, ohne darin ein Gefühl der Erfüllung zu empfinden. Er hat einen Profit. Er hat aber keine Gemeinschaft und wenig Personalität.

Christsein heißt, sich in die Bewegung Jesu Christi hineinnehmen zu lassen, heißt, ebenso wie er sich mit den wirklichen Fragen unserer Zeit zu identifizieren. Für Jesus Christus waren es die Fragen der Gesellschaft in Palästina: Die religiösen und moralischen Kasten, die zwischen der verzweifelten Gewalt der einen und der konformistischen Gewaltlosigkeit der anderen blockierte Geschichte, die »Notablen« ohne wirkliche Autorität und die Massen ohne klare Überzeugung, eine Welt, die sich um ein fernes und abstraktes Entscheidungszentrum dreht, das in Rom gelegen ist, eine Kirche, die den früheren Zeiten mit Bedauern nachhängt oder sich in ein apokalyptisches Fieber stürzt. Jesus, fleischgewordener Gott, gehörte in diese Zeit, nicht etwa, weil er ein ideales Programm brachte, sondern weil er einen wirklichen menschlichen Zusammenhang wiederherstellte zwischen all denen, die durch die zwingenden Einflüsse und Strukturen seiner Epoche in entgegengesetzte Lager entzweit und von ihrer eigenen Gerechtigkeit unumstößlich überzeugt waren. Für uns heute sind es die Fragen der Konflikte zwischen der Organisation und der aus ihr entstehenden sozialen Ungleichheit, die Fragen der industriellen Wirksamkeit und der Frustration mit dem aus ihr erwachsenden kulturellen Protest, die Fragen der Konflikte zwischen dem Gerede der Reformer und den romantischen Ideen der Revolutionäre und auch der größeren Konflikte zwischen den Mächten, die nicht an das Wort glauben, sondern nur an ihre Macht, und die erst dann vor dieser Macht Angst bekommen, wenn sie zu groß wird. Sich mit all diesem identifizieren heißt nicht, ein abstraktes Programm formulieren, sondern in der Nachfolge Christi versuchen, eine Gemeinschaft nicht nur der vorsichtigen Kompromisse, sondern bewußten, von der klaren Erkenntnis der Gegensätze ausgehenden Versöhnung.

Sich in die Bewegung Jesu hineinnehmen zu lassen, heißt auch, inmitten der Identifizierung mit der Welt die Kenntnis der Identität Gottes leben. Denn diese ist schließlich der Grund und die Sicherung unserer eigenen Identität. Wenn Gott mit dem Lauf der Welt verwechselt würde, wer könnte dann heute dieser Welt, anders als in einer wortreichen Illusion sagen: »Siehe, ich mache alles neu!« Das Neue wird jeden Tag von Gott in dem Alten, das fortbesteht, geschaffen. Aber verstehen wir, die Neuschöpfung der Welt durch Gott zu leben, oder ziehen wir unsere religiösen Fatalitäten vor? Gott spricht nicht von einer Seele, die vor Beschmutzungen bewahrt wird, sondern von einem Körper, dessen Wunden geheilt werden, von einer Gemeinschaft, die den Auftrag hat, das zu zerstören, wovon sie zerstört wird, von einem Universum der Brüderlichkeit, das aufgerufen ist, nicht nur zu produzieren, sondern auch zu erkennen. Das Reich Gottes bleibt die Utopie der Zivilisation, eine Utopie, die in der Geschichte begonnen hat, die den Menschen zum Träger hat und den Kosmos als Verheißung. Wenn das Reich Gottes aus den Menschen geboren wird, riskiert es Enttäuschung in dem Maße, als es sich in seinem Werden als das Nicht-Reich dessen entdeckt, was man erwartet. Wenn es von Gott begonnen und gewollt und bereits teilweise in Jesus Christus sichtbar geworden ist, so entgeht es, scheint mir, dieser Enttäuschung, denn er hat uns niemals, weder am Kreuzigungstag noch nach der Auferstehung, über den Realismus seines Weges getäuscht.

Die Organisationsgesellschaft benötigt keinen Zusatz an Seele, kein geistliches Aroma, das fähig wäre, ihre materiellen Produktionen zu vervollständigen. Was sie braucht, ist eine innere Kraft, um sich selbst an den krebsartigen Geschwüren zu operieren, zu denen sich die wachsenden Ungleichheiten außerhalb und innerhalb ihrer selbst, das Fehlen einer Zielsetzung auf lange Sicht neben der rein quantitativen Vorherrschaft der Dinge entwickelt haben und zu denen schließlich das Beharren jedes einzelnen auf seiner defensiven Erfahrung oder seiner aggressiven Revolte gehört. Es gehört viel Kraft dazu, sich selbst zu operieren. Im allgemeinen überläßt man anderen die Aufgabe des Zerstörens. Aber die Gewaltanwendung gegen sich selbst, das ist gerade in der äußerlich fähigen und innerlich schwachen Organisationsgesellschaft die Frucht der Gegenwart Gottes in jeder Person und in seiner Kirche, die dazu aufgerufen ist, vorzuleben und in die Wirklichkeit umzusetzen, was sie der Welt predigt.

Denn die Kirche ist keine Gesellschaft religiöser Beharrlichkeit. Sie ist der Leib Jesu Christi, »des Erstgeborenen der ganzen Schöpfung« (Kol. 1, 15), dessen, in dem die Welt geschaffen und neugeschaffen worden ist. Deshalb ist die Kirche nicht das Gegenüber der Gesellschaft, weder im konformistischen noch im aggressiven Sinn. Sie ist die Gesellschaft selbst, aber so, wie Gott sie neu haben will. Durch die Inkarnation in der Wirklichkeit gehalten, durch die Auferstehung auf das Reich Gottes zustrebend, ist die Kirche von Gott beauftragt, der Welt den Beginn ihres eigenen Heilswerdens zu zeigen. Die Kirche ist so inmitten der Welt das Gegen-Modell zu deren Schicksalsverhaftetheit. Hier ist die soziologische Kenntnis unserer Zivilisation von Wichtigkeit. Sie ist es zu einem guten Teil, die es der Kirche ermöglichen kann, als bedeutsames Gegen-Modell für die Gesellschaft, in der sie lebt, zu existieren. Die Soziologie wird so zum Aufruf, die Ekklesiologie zu reformieren. In diesem Fall zieht sich die Kirche nicht aus der Welt zurück, auch wenn sie sich mit sich selbst beschäftigt. Sie hofft, daß Gott der Welt über sie sagen könnte: »Komm und sieh!«

Ich werde also nicht damit schließen, daß ich von seiten der Kirche der Gesellschaft vorschreibe, welches ihre neuen Gemeinschaftsformen sein müßten, denn, wie wir alle wissen, besteht die Moral darin, daß man redet, ohne viel zu tun, aber das Evangelium besteht darin, daß man handelt, ohne viel zu reden. Ich werde vielmehr genau die Fragen, deren Vorhandensein in unserer Gesellschaft wir festgestellt haben, an die Kirche und für die Kirche stellen. Sind wir eine Gemeinschaft, in der sich für die Welt die Schönheit, die Frische, die Fülle ankündigt, die Offenbarung 21 der Profanität der Erde mit solcher Genauigkeit zuschreibt, wenn sie endlich vor dem Angesicht ihres Gottes steht? Die »Kinder dieser heutigen Welt« sind die aufmerksamen Wächter der »Kinder des Lichts«. Die Industriegesellschaft dient heute der kirchlichen Gesellschaft als Ankündigung und Ermahnung.

1. Ist die Kirche als Gegen-Modell für das Heilwerden der industriellen Gesellschaft eine Gemeinschaft, in der es keine *vom Wachstum Vergessenen* gibt, weder in theologischer noch in kirchlicher noch in ökumenischer Hinsicht, wo der Funktionalismus der einen nicht das Randsiedlertum der anderen verursacht, wo die Spezialisten sich nicht immer weiter von den Disqualifizierten entfernen, wo niemand jemals zurückbleibt? Denn derjenige, der sich für den Ersten hält, wird der Letzte sein, eine Gemeinschaft, in der der kleine Mann genauso interessant ist wie der an der Spitze, nicht, weil es gut tut, so etwas zu sagen, sondern weil es offensichtlich im Leben und im Glauben wahr ist. Ist die Kirche eine Gesellschaft der ganzen Erde, in der das Wachstum der einen nicht die Unterentwicklung der anderen verursacht? »Der ganze Leib« vollbringt »durch alle sich unterstützenden Gelenke zusammengefügt und zusammengehalten, nach der jedem einzelnen Gliede zugemessenen Wirksamkeit das Wachstum des Leibes zu seiner eigenen Auferbauung in Liebe« (Eph. 4, 16).

2. Ist die Kirche als Gegen-Modell für das Heilwerden der industriellen Gesellschaft eine Gemeinschaft, in der es *mehr Zielsetzung als Organisation* gibt, mehr Inhalt zum Weitergeben als Mittel, diesen Inhalt mitzuteilen, wo die erste Sünde die Leere ist und die zweite die Langeweile, wo Gemeinde und Gottesdienst nicht geschlossene Kreise von Produktion und Konsum sind, sondern offene Kreise von Aufnahmebereitschaft und schöpferischer Kraft? Ist die Kirche eine Gesellschaft der ganzen Erde, in der die Quantität weder die Gemeinschaft noch die Persönlichkeit tötet? »Und als der Tag des Pfingstfestes endlich da war, waren sie alle an einem Ort *beisammen* ... Und es erschienen ihnen Zungen, die sich *zerteilten*, wie von Feuer, und es setzte sich auf jeden unter ihnen« (Apg. 2, 1 und 3).

3. Ist die Kirche als Gegen-Modell für das Heilwerden der industriellen Gesellschaft eine Gemeinschaft, in der jeder *äußerst flexibel* bleibt, fügsam und fest gegenüber Gott und den Menschen, wo niemand einen versteckten Konformismus oder grundsätzlichen Negativismus hegt, wo die Einstellung auf die zu durchlebenden Konflikte größer ist als die Furcht vor den zu erkennenden Schwierigkeiten oder die Verzweiflung über die zu reparierenden Risse? Ist die Kirche eine Gesellschaft der ganzen Erde, in der man vom Kompromiß zur Versöhnung gelangen kann, wenn es

wahr ist, daß zwischen beiden immer etwas steht, das dem Kreuz mehr oder weniger entspricht? »Und euch, die ihr einst ferngehalten und durch die Gesinnung in den bösen Werken Feinde wart, hat er jetzt trotzdem versöhnt vermöge seines Fleischesleibes durch den Tod« (Kol. 1, 21–22).

Was die Kirche nicht selber lebt, sollte sie sich hüten, der Welt vorzuschlagen. Aber hier ist Selbstkritik nicht besser als Selbstrechtfertigung. Gott selbst läßt uns demütig unser Versagen und unsere Unbeweglichkeit erkennen gemäß der Ermahnung seiner Hoffnung für die Kirche und für die Gesellschaft. Für uns als Glaubende ist Gott unsere Identität, die Welt unsere dienende Identifizierung. Die Kirche ist der Ort, wo sich diese Identität und diese Identifizierung überschneiden, damit wir die Zukunft dieser Welt nicht in einer skeptischen Neugierde, sondern in einer tätigen Hoffnung leben können, als Teilnehmer an der ständigen Neuschöpfung aller Dinge durch Gott den Vater, in seinem Sohn Jesus Christus, durch die Kraft des Heiligen Geistes.

Zusätzliche Literatur

John B. Cobb: Der Preis des Fortschritts, München 1972.
Georg Picht: Die Verantwortung des Geistes, Freiburg 1965.
Georg Picht: Mut zur Utopie. Die großen Zukunftsaufgaben, München 1969.
Hartmut Weber: Theologie – Gesellschaft – Wirtschaft, Göttingen 1970.
Ernst von Weizsäcker: Humanökologie und Umweltschutz, Stuttgart/München 1972.

Fußnoten

1 Hannah Arendt, Vita activa oder Vom täglichen Leben. Piper & Co. Verlag, München 1960, S. 43.
2 Diese Beispiele stammen aus: Réflexions pour 1985, la documentation française. Paris 1954; und »Daedalus«, Toward the year 2000. Harvard 1967.
3 Paul Ricoeur, L'aventure technique et son horizon. Christianisme Social, Jan./Febr. 1958, S. 32.
4 Widerstand und Ergebung. Chr. Kaiser Verlag, München 1954. S. 257.
5 Jules Klanfer, Appréhensions pour 1985. Esprit, Febr. 1966.
6 G. Bataille, La part maudite. Editions de Minuit, Paris 1949, S. 15.

Eberhard Jüngel

Gott – als Wort unserer Sprache *

Wer ist denn Gott, daß wir von ihm reden müssen?
Doch ist »Gott« überhaupt noch ein Wort unserer Sprache,
so daß wir von ihm reden können?

I.

In der Dialektik dieser beiden Fragen stellt sich uns heute das *Problem* unseres Redens von Gott. Denn in der Dialektik dieser beiden Fragen vollzieht sich heute der dem christlichen Glauben allezeit wesentliche Dialog mit der Sprache der Welt. Der christliche Glaube käme *ohne* den Dialog mit der Sprache der Welt ja überhaupt nicht zur Sprache. Er muß vielmehr zu jeder Zeit *in* der Sprache der *Welt seine* Sprache, die Sprache des *Glaubens* finden.

Eben dabei stellen sich dem Glauben heute besondere Schwierigkeiten. Unsere Sprache kommt dem Reden von Gott nicht mehr entgegen. Sie ist spröde gegen alles, was unsere Welt auf nicht weltliche Weise angeht und in Frage zu stellen scheint. Fern und fremd berührt uns die Selbstverständlichkeit, mit der frühere Zeiten auf Gott zu sprechen kamen. In den »Erzählungen von den 1001 Nächten« heißt es von einem Liebenden, der seine von einem bösen Dämon entführte Geliebte zu befreien im Begriffe ist: »Doch da überfiel ihn die Schläfrigkeit, und er schlief ein – herrlich ist Er, der nimmer schläft!« Hugo von Hofmannsthal hat in diesen Zeilen den besonderen und unvergleichlichen Reiz morgenländischer Sprache und Dichtung empfunden: »So aus dem Nichts in ein wirres Abenteuer hinein das Gefühl Gottes aufgehen zu lassen wie den Mond, wenn er über den Rand des Himmels heraufkommt.« [1] Und doch ist die *Vergangenheit* unserer *abendländischen* Sprachwelt der *morgenländischen* Selbstverständlichkeit, mit der hier der einschlafende Liebesabenteurer zum Anlaß des Lobpreises dessen wird, »der nimmer schläft«, unendlich viel näher als *unserer heutigen* Sprache. In den Erzählungen von den 1001 Nächten lag »eine Ahnung, eine Gegenwart Gottes auf allen diesen sinnlichen Dingen, die unbeschreiblich ist«.[2] In der christlichen Sprachtradition lag eine Ahnung Gottes auf allem Unsinnlichen und Übersinnlichen, eine Ahnung, die durch die *Erfahrung* der Verborgenheit Gottes nur präzisiert wurde. Heute fehlt dergleichen. *Unsere* Sprache läßt uns weder Gottes Gegenwart noch Gottes Abwesenheit ahnen. Sie

* Antrittsvorlesung an der Universität Zürich 1966. Text nach: Evangelische Theologie, 29. Jg., Chr. Kaiser Verlag, München 1969, S. 1–24. Nachdruck in E. Jüngel: Unterwegs zur Sache. Theologische Bemerkungen. Chr. Kaiser Verlag, München 1972, S. 80–104. Abdruck mit freundlicher Genehmigung des Verlages.

ist religiös ahnungslos. Ihre Grenzen weisen uns in die Welt zurück, nicht über sie hinaus.

Die Sprache unserer Welt ist weltlicher geworden. Und das Heilige *muß* sich profan vernehmen lassen, um überhaupt *heiligen* zu können. Das Leben unserer Zeit ist zeitlicher geworden. Und das Ewige *muß* sich zeitlich ereignen, um ewiges Leben überhaupt eröffnen zu können. Daß das Heilige sich profan aussprechen *kann* und daß das Ewige zeitlich werden *kann* – ist alte Erfahrung. Doch daß es dies *muß*, daß das Heilige nur *in* der Reihe des Profanen und *nicht* anders als heilig gedacht werden kann, und daß das Ewige nur als geschichtliches Ereignis und nicht anders als ewig gedacht werden kann – das ist unsere Erfahrung und unser Problem.

Bevor wir uns diesem Problem näher zuwenden, soll jedoch sofort davor gewarnt werden, in diesem – heute in der Regel als Prozeß totaler Säkularisierung bezeichneten – Vorgang ein *Verhängnis* zu sehen. Säkularisierung ist alles andere als »eine theologisch bedingte Unrechtskategorie«, ist alles andere als der Inbegriff dessen, »was ›der Sache nach‹ nicht sein sollte«.[3] Es ließe sich vielmehr zeigen[4], daß »Säkularisierung« weithin selber eine Folge des Dialogs des christlichen Glaubens mit der Sprache der Welt oder so etwas wie eine weltliche Folge des Wortes Gottes ist. Und die unerhörten Schwierigkeiten, die sich dem christlichen Glauben bei seinem unerläßlichen Versuch, von Gott zu reden, heute stellen, sind vielleicht zugleich die unerhörten Chancen des Glaubens, seiner Sache sprachlich näher zu kommen, als eine metaphysisch geprägte Sprachtradition es vermochte.

Freilich, unerhörte Schwierigkeiten bestehen. Sie müssen als solche wahrgenommen werden, wenn der Glaube nicht in einer (allerdings nur allzu beredten) Sprachlosigkeit verenden soll. Der christliche Glaube ist von Sprachlosigkeit bedroht – nicht weil ihm die Worte fehlten, sondern weil ihm die *rechten* Worte fehlen. Die den christlichen Glauben bedrohende Sprachlosigkeit ist zugleich eine elementare Bedrohung der *Sachlichkeit* des christlichen Glaubens. Denn die Sache des christlichen Glaubens *drängt* zur Sprache. Bleiben die *rechten Worte* aus, so ist der Verstehende offensichtlich noch nicht bei der *Sache*. Deshalb begannen wir unsere Besinnung auf das Problem heutigen Redens von Gott mit der Dialektik zweier zusammengehörender Fragen, der nach der Sache und der nach der Sprache:

Wer ist denn *Gott*, daß wir von ihm reden müssen?

Ist »Gott« noch ein Wort unserer Sprache, so daß wir von ihm reden *können*?

II.

Wenden wir uns zunächst der zweiten Fragen zu. Wer im Duden nachschlägt, kann sich schnell davon überzeugen, daß das Wort »Gott« noch immer in unserer Sprache vorkommt. Allerdings wird der Zeitgenosse, der auf unsere Frage eine Antwort im Lexikon sucht, sich *ernsthaft* diese Frage wohl gar nicht erst stellen: ob »Gott« noch ein Wort unserer Sprache ist. Denn das ist ja keine Frage, daß das Wort »Gott« noch immer in unserer Sprache vorkommt, obwohl sich die Sprache, die *wir* sprechen, von der Sprache unserer *Vorfahren* eben darin unterscheidet, daß *ihnen* die Bibel noch »Sprachheimat« und »Gott gewissermaßen Sprachzentrum«[5] war. Die Sprache, die *wir* sprechen, kennt »Gott« als ein Wort, das jedem bekannt ist und doch nicht mehr recht dazu zu gehören scheint. Es spricht nicht mehr. »Gott« hat als Wort unserer Sprache von sich aus nichts mehr zu sagen. In der Sprache, die wir sprechen, funktioniert es zwar noch in einigen abgeschliffenen Redensarten, mit einer gewissen Selbstverständlichkeit. »Herr Gott nochmal«, »Ach, Du lieber Gott«, »Gottchen«, »Du mein Gott« – das kommt uns noch von selbst über die Lippen. Von Gott plappern – das können wir noch, im kommunistischen Osten ebenso gut wie im kapitalistischen Westen. Und wenn *Theologen* von Gott reden? Dann wird das Wort »Gott« sozusagen *methodisch* in seine Sprachfunktion *eingesetzt*. Aber es *stellt sich nicht ein* – wie sich sonst wohl die Worte einstellen, wenn wir sprechen.

Gerhard Ebeling hat in diesem Sachverhalt die Gefahr einer »Sprachvergiftung« erkannt, an der wir »zugrunde zu gehen drohen. Nicht weil etwa Gott aus unserer Sprache völlig ausgeschieden wäre, sondern weil Gott in unserer Sprache verwest«.[6] Und er fordert: »Wir dürfen das Reden von Gott nicht unverantwortet fortsetzen, aber auch nicht unverantwortet unterlassen.«[7] Ebeling hat mit diesem Postulat formuliert, was unsere *Sprache* hinsichtlich des Wortes »Gott« *von uns fordert* – »Was ... in bezug auf das Wort meine Schuldigkeit« (!) ist, ist Ebelings Leitfrage.[8]

Zu ihr verhält sich die Frage, was in bezug auf das Wort »Gott« meine Schuldigkeit ist, nun aber nicht wie ein Spezialfall zum Allgemeinfall. Vielmehr leitet nach Ebeling »die Besinnung auf das Wesen des Wortes« überhaupt »zum Verständnis dessen an, was ›Gott‹ heißt«.[9] Das hieße freilich, daß wir in der Erfahrung dessen, was in bezug auf das Wort unsere Schuldigkeit ist, die Erfahrung machen können, was das Wort »Gott« zu sagen hat. Wer sagen will, was »Gott« heißt, muß nach Ebeling »an einen Ort allgemeiner menschlicher Erfahrung« verweisen, weil uns nur dort »der Sinn des Wortes ›Gott‹ verifizierbar ist«.[10] Im Horizonte dessen, was wir der Sprache *schuldig* sind, läßt sich nach Ebeling das Wort »Gott« verifizieren.

Nun sind wir aber der Sprache nicht dieses oder jenes oder sonst irgend etwas schuldig. Sondern der Sprache sind wir nicht weniger schuldig als *uns selbst*. Der Mensch ist zum Sprechen verpflichtet. Und darin zeigt sich, daß er der Sprache verpflichtet ist. Und eben darin ist er Mensch. Ebeling nennt deshalb als »Grundsituation des Menschen«: Die »Wortsituation«.[11] Auf diese Wortsituation nun nimmt das Wort »Gott« Bezug, ja, der »Sinn des Wortes ›Gott‹ ist die Grundsituation des Menschen als Wortsituation«, so daß »durch das Reden von Gott der Mensch bei seiner Sprachlichkeit behaftet« wird. »Und zwar nimmt das Wort

›Gott‹ darauf Bezug, daß der Mensch in seiner Sprachlichkeit seiner selbst nicht mächtig ist ... Niemand kann von sich aus sprechen.«[12] Daß der Mensch »in seiner Sprachlichkeit wesenhaft nicht autark ist«, muß nach Ebeling zwar auch unter diesem Gesichtspunkt der *Mitmenschlichkeit*, kann aber unter diesem Gesichtspunkt allein nicht hinreichend interpretiert werden. Hier gibt vielmehr das Wort »Gott« die Situation an, die als »Tiefendimension« »in allem Wortgeschehen ... präsent ist« und der »jedes Wort sich verdankt«.[13] »›Gott‹ – das ist das Geheimnis der Wirklichkeit«[14], das den »Menschen auf die Situation hin anspricht, die ihn schlechterdings empfangend sein läßt, keine Neutralität duldet und Rede und Antwort von ihm erwartet für alles, was ihn angeht«.[15] Als Geheimnis der Wirklichkeit ist das Wort »Gott« eine Zumutung: Die Zumutung einer ganz bestimmten Bewegung. Derjenigen Bewegung nämlich, die den Menschen in die Situation weist, »in der der genuine Gebrauch des Wortes ›Gott‹ der Vokativ, die Anrede ist«.[16]

Ebelings Versuch, dem Wort »Gott« im Zusammenhang der Wörter einen sinnvollen Ort zu bestimmen (eben: Den Ort, der als Grundsituation des Menschen das Geschehen von Sprache und also den Zusammenhang von Wörtern überhaupt erst möglich macht), stellt so etwas wie eine hermeneutische Verifikation des Wortes »Gott« dar. An dieser hermeneutischen Verifikation (innerhalb eines allgemeinen Erfahrungshorizontes) überrascht, daß das Wort »Gott« als unabhängig von der Verkündigung des Evangeliums funktionierend gedacht werden kann. Zwar *bedarf* es nach Ebeling dieser Verkündigung, damit die »dem Menschen durch das Wort ›Gott‹ zugemutete Bewegungsrichtung«[17] an das *Ziel* (den *Anruf* Gottes) gelangt. Aber die *Bewegungsrichtung* zum Ziel, die Verweisung in die Situation des Gebetes – das ist der unabhängig von der sich ereignenden Verkündigung des Evangeliums verifizierbare Sinn des Wortes »Gott«. Wenn wir uns einer reformatorischen Unterscheidung bedienen dürfen, ließe sich sagen: Die hermeneutische Verifikation des Wortes »Gott« geschieht hier nicht im Horizont des Evangeliums, sondern eben im Horizont dessen, was »in bezug auf das Wort meine Schuldigkeit ist«, also im Horizont des Gesetzes – damit das Ereignis des Redens von Gott erst recht evangelisch sei.

Die theologische Fruchtbarkeit dieses Ansatzes lädt zum Gespräch ein. Die folgenden Ausführungen verstehen sich u. a. als einen Beitrag dazu. Berührungspunkte und Unterschiede verschlingen sich dabei ineinander. Das macht bereits die die Frage nach dem Gebrauch des Wortes »Gott« leitende Frage nach dem Sein Gottes deutlich: Wer ist denn Gott, daß wir von ihm reden müssen?

Indem wir so fragen, gehen wir davon aus, daß das Wort »Gott« nicht über seine Funktion in unserer Sprache entscheidet, daß es uns nicht anweist, welchen Gebrauch wir von ihm zu machen haben. Wer Gott ist, verrät das Wort »Gott« nicht. Wer Gott ist, verrät nur Gott selbst. Aber Gott verrät, wer er ist, *indem* er uns von ihm *zu reden* nötigt und mit solcher Nötigung von dem Wort »Gott« Gebrauch zu machen ermächtigt.

Das heißt zunächst, daß über die Bedeutung des Wortes »Gott« nicht nur sein Gebrauch, sondern die Notwendigkeit seines Gebrauchs entscheidet. Wo das Wort »Gott« nicht notwendig ist, ist es überflüssig. Es muß aber Gott selber sein, der das Wort »Gott«, der das Reden von Gott notwendig macht – oder es bleibt überflüssig.[18] Das ist die Voraussetzung, die ich mache, wenn ich die Frage, ob Gott noch ein Wort unserer Sprache ist, nur zusammen mit der anderen Frage zu erörtern für sinnvoll halte: Wer ist denn Gott, daß wir von ihm reden müssen?

Diese Voraussetzung ist freilich keine aus unserer heutigen Sprache selbst sich ergebende Voraussetzung. Sie ist jedoch auch alles andere als der Versuch, unserer Sprache eine Voraussetzung aufzuzwingen. Denn die Voraussetzung impliziert ja gerade die These, daß der notwendige Gebrauch des Wortes »Gott« nur *als unser Reden* von Gott sich ereignen kann. Gott ist, *wenn* er von sich zu reden nötigt, keine Sprachprämisse, sondern immer schon konkretes Sprachereignis. Gott führt sich sprechend ein. Und jedes verbum dei est dei loquentis persona.

Die Notwendigkeit, von Gott zu reden, wäre demnach also darin begründet, daß Gott sein Sein als Wort zur Erscheinung bringt, indem er sich redend einführt. Auch dieser Satz ist freilich schon die Folge eines zumindest einmal konkret gewesenen Ereignisses menschlicher Sprache, nämlich des Bekenntnisses zu Jesus Christus als demjenigen Menschen, in dem Gott sein Sein als Wort zur Erscheinung gebracht hat. Deshalb bekennt das Johannesevangelium im Blick auf Jesus Christus: Im Anfang war das Wort, und das Wort war bei Gott, und Gott war das Wort. Daß diese Aussagen über Gott und Wort Jesus Christus gelten, verrät die *Einzigartigkeit*, die diesem Menschen im Blick auf unser Reden von Gott zukommt. Christologie ist Theologie »kat exochen«. Wenn überhaupt irgendwo, dann muß sich in der Christologie die Notwendigkeit des Gebrauchs des Wortes »Gott« erweisen.

III.

Wenn begriffen werden soll, wer Jesus Christus ist, dann muß *Gott* zur Sprache kommen. Zugleich entscheidet sich aber umgekehrt daran, wie Gott zur Sprache kommen *muß*, wenn Jesus als der Christus begriffen werden *soll*, allererst, wer denn Gott ist. Begreifen wir einerseits nicht, wer Jesus Christus ist, wenn wir nicht von Gott reden, so begreifen wir doch andererseits erst, wer Gott ist, wenn wir von ihm im Zusammenhang mit Jesus Christus reden. Das Sein Jesu Christi macht also die Rede von Gott einerseits *notwendig*, das Sein Jesu Christi macht aber die Rede von Gott andererseits erst *eindeutig*. Und zwar wird die Rede von Gott gerade dadurch eindeutig, daß sie zum Verständnis des Seins Jesu Christi unbedingt notwendig ist. Alles was ist und geworden ist, läßt sich zur Not auch verstehen, ohne daß von Gott geredet werden muß. Jesus als Christus läßt sich überhaupt nicht verstehen, ohne daß von Gott geredet wird. Theologen der alten Kirche haben das in äußerster Schärfe dadurch zum Ausdruck gebracht, daß sie das Bekenntnis zu Jesus Christus als »die Theologie des Retters« oder als »die Theologie des Sohnes« bezeichneten.

Nun herrscht freilich heute gerade an diesem Punkt Streit. Umstritten ist, wer Jesus Christus ist. Seine äußerste Zuspitzung hat dieser Streit letzthin dadurch erfahren, daß nicht mehr nur zur Verhandlung steht, *wie* von Gott geredet werden muß, wenn man begreifen will, wer Jesus Christus ist, sondern *ob* dabei überhaupt von *Gott* geredet werden muß. In Amerika und nun auch in Deutschland ist eine Gott-ist-tot-Theologie entstanden, deren verschiedene Vertreter und Vertreterinnen in der Meinung übereinstimmen, daß die menschliche Sprache des Säkulums dem Worte Gott keinen sinnvollen Ort mehr in ihr einzuräumen vermag. Wir wollen uns diesem Streit stellen, indem wir uns auf die Auseinandersetzung mit einer bestimmten Position jener Gott-ist-tot-Theologie für diesmal beschränken, nämlich auf die sprachanalytische These, daß der Gebrauch des Wortes »Gott« innerhalb der Grenzen unserer Sprache nicht verifizierbar sei.

Diese These wurde »theologisch« vertreten von Paul M. van Buren, der von Gott *in der Sprache der Welt* so reden zu müssen meint, daß man überhaupt nicht von *Gott* redet. Van Buren versteht seinen entsprechenden Versuch als Christologie. Er meint, seine theologische Herkunft von Karl Barth mit der neopositivistischen Sprachphilosophie insofern zur Deckung bringen zu können, als er im Zusammenhang des Redens von Jesus Christus auf das Reden von Gott überhaupt und damit auf jegliche »natürliche Theologie« verzichtet. Das erweckt freilich den Anschein, als sei hier der Teufel mit Beelzebub ausgetrieben. Doch schauen wir genauer zu.

Van Burens Versuch versteht sich als Sprachanalyse des Evangeliums, die von der methodischen Einsicht geleitet ist, daß alle sprachlichen Aussagen empirisch verifizierbar sein müssen. Nun ist die Sprache des Evangeliums dies jedoch nicht ohne weiteres. Die biblische Rede von Gottes Handeln z. B. ist für uns als direkte empirische Feststellung über die Welt sinnlos, weil »theologische Aussagen ... in einem empirischen Zeitalter ohne Sinn sind, wenn sie als direkte empirische Feststellungen über die Welt verstanden werden«.[19] Die theologischen Aussagen der biblischen Sprache sind in unserem empirischen Zeitalter nur dann sinnvoll, wenn es gelingt, sie als solche Aussagen zu erweisen, »welche eine Funktion und einen Sinn haben als Ausdruck einer *historischen Perspektive* mit weitreichenden *empirischen Konsequenzen* im Leben eines Menschen«.[20]

In diesem Sinne interpretiert van Buren die biblische und kirchliche Rede von Jesus Christus als ein Gefüge von Glaubensaussagen, »welche eine besondere Weise, die Welt, andere Menschen, sich selbst ... zu sehen« und »die einer solchen Perspektive angemessene Lebenshaltung zu sehen«, »ausdrücken, beschreiben oder kommentieren«.[21] Als »Norm der christlichen Perspektive« soll dabei »die Reihe von Geschehnissen« gelten, »die vom Neuen Testament bezeugt werden und deren Kern

Leben, Tod und Auferstehung Jesu von Nazareth bilden«.[22] Um den Sinn der vom Neuen Testament im Zusammenhang mit diesen Ereignissen verwendeten Wörter in einer empirischen Welt zur Geltung zu bringen, gilt es, geeignete und deutliche Ausdrücke zu finden, die dem zuvor genannten Verifikationsprinzip genügen. D. h. aber, daß z. B. in der Rede von der Auferstehung Jesu die Rede von Gott als dem Auferweckenden ausfallen muß. Was Auferstehung Jesu heißt, lautet nach van Buren folgendermaßen: »Jesus von Nazareth war ein freier Mann mit seinem eigenen Leben, der Anhänger anzog und sich Feinde schuf als Folge seiner persönlichen Dynamik und dem Einfluß anderer unabhängiger geschichtlicher Gestalten auf ihre Zeitgenossen vergleichbar. Er starb als Folge der Bedrohung, die solch ein freier Mann für unsichere und gebundene Menschen bedeutet. Seine Jünger blieben nicht weniger unsicher und verängstigt zurück. Zwei Tage später hatten Petrus und dann andere Jünger ein Erlebnis, dessen sinnfälliger Inhalt Jesus war. Sie erlebten eine Offenbarungssituation, in der der ihnen bekannte Jesus und auch die ganze Welt auf ganz neue Weise gesehen wurde. Von da an fingen die Jünger an, etwas von der Freiheit Jesu zu eigen zu bekommen. Seine Freiheit begann ansteckend zu sein. Die Geschichte Jesu konnte daher für die Jünger nicht mehr nur als die Geschichte eines freien Menschen, der gestorben war, wiedergegeben werden ... Wenn sie die Geschichte Jesu von Nazareth erzählten, erzählten sie sie als die Geschichte des freien Mannes, der sie frei gemacht hatte. Die Geschichte erzählten sie als Evangelium für alle Menschen.« [23]

Van Buren empfiehlt diese Interpretation der Sprache der neutestamentlichen Christologie als zeitgemäße Auslegung »durch logische Schilderung der Sprache des christlichen Glaubens unter Verzicht auf irreführenden Wortgebrauch«.[24] Zu solchem irreführenden Wortgebrauch gehört nach van Buren auch die heutige Fortsetzung der biblischen Rede von Gott. Er empfiehlt deshalb, den Gebrauch des Wortes »Gott« zu vermeiden, »weil es zweideutig und irreführend ist. Es scheint ein Eigenname zu sein, der ein göttliches Wesen bezeichnet, doch weigert er sich den Dienst zu tun, den jeder andere Eigenname tut«. Deshalb muß die »Interpretation der Sprache des Evangeliums ... ohne Aussagen über ›das Wesen und Handeln eines vorausgesetzten persönlichen Schöpfers‹« auskommen. Van Buren fordert konsequent »den Verzicht auf einen Teil der traditionellen Ausdrucksweise der Christologie ..., gleichgültig wie sehr andere Zeiten sie geschätzt haben«. Es handle sich bei dem, auf was zu verzichten ist, im Grunde doch nur um »überlieferte Liebhabereien«.[25] Dazu scheint denn auch die biblische und kirchliche Rede von Gott zu gehören.

Van Buren verlangt von der Theologie »diejenige Reduktion, die in der Moderne auf manchen Gebieten vollzogen worden ist. Astrologie z. B. ist auf Astronomie ›reduziert‹ worden ... Alchimie ist durch rigorose Befolgung einer empirischen Methode zur Chemie ›reduziert‹ worden ... Auf fast jedem Gebiet menschlichen Wissens ist der metaphysische und kosmologische Aspekt verschwunden und das Streitobjekt auf das Menschliche, Historische und Empirische beschränkt worden. Die Theologie kann dieser Tendenz nicht entfliehen, wenn sie ernst zu nehmende moderne Denkweise sein soll, und eine solche ›Reduktion‹ des Gehaltes braucht in der Theologie nicht mehr bedauert zu werden als in der Astronomie, der Chemie oder Malerei«.[26] Was von Jesus Christus zu sagen ist, verifiziert sich in der Beschreibung des durch das Evangelium *beim Hörer* ausgelösten Vorgangs: »Ein Licht geht auf, eine neue Sicht seiner selbst, der Welt und aller Dinge (ergo: Nur nicht ›Gottes‹!), nimmt von ihm Besitz, und er ›erwischt‹ etwas von der ansteckenden Freiheit Jesu.«[27] Daß *Gott* diesen Jesus, der von keiner Sünde wußte, für uns zur Sünde *gemacht* hat (2. Kor. 5, 20), heißt nun: Er, Jesus, »›versetzte sich in ihre Haut‹ und trug ihre Lasten, und sein Tod ist die Konsequenz dieses Lebens«.[28] Van Buren redet zwar davon, daß Jesus »für mich, für meine Vergebung und Freiheit gestorben« ist.[29] Aber gerade angesichts einer solchen Behauptung stellt sich unabweisbar und unausweichlich die Frage nach dem Subjekt der Vergebung. Wer vergibt Sünde, wenn nicht Gott?

IV.

Unsere Gegenfrage war bisher vom Duktus der Argumentation van Burens provoziert. Doch wir müssen uns mit dem von van Buren fixierten Problem noch in einer die Fixierung des Problems selber betreffenden Weise auseinandersetzen.

Gegen van Burens Argument, daß das Wort »Gott« zweideutig und irreführend sei, läßt sich theologisch nichts einwenden. Es ist mehr als zweideutig. Das war allerdings schon den biblischen Schriftstellern klar. Im alttestamentlichen Streit zwischen Jahwe und den Götzen geht es de facto eben darum, das vieldeutige Wort »Gott« im notwendigen Gebrauch eindeutig werden zu lassen. »Ich bin der Herr, dein Gott, du sollst nicht andere Götter haben neben mir.« Dieses erste aller Gebote hat axiomatische Kraft für alles Reden von Gott. Auch unsere Rede von Jesus Christus kann nur als Interpretation dieses Gebotes sinnvoll sein. Deshalb polemisiert auch im Neuen Testament gerade der Glaube an Jesus Christus gegen die, »die von Natur nicht Götter sind« (Gal. 4, 8). Kann man von Jesus Christus reden, ohne die Relevanz der Unterscheidung zwischen Gott und den Göttern in solcher Rede mitzuvollziehen? Bedeutet der Verzicht auf die Rede von Gott nicht die faktische Ineinssetzung von Gott und Götze? Wer wäre Gott, daß wir von ihm schweigen dürfen? Und wenn wir schweigen, schweigen wir denn von *Gott*? Bedürfte es nicht zumindest eines *durch Reden präzisierten* Schweigens, um wirklich von Gott zu schweigen?

Es gibt ja auch sonst Situationen in unserem Leben, wo ein durch Reden präzisiertes Schweigen das einzig Mögliche ist. Ich denke an den Tod eines in Berlin erschossenen Studenten und an die entsetzliche Tatsache, daß ein solcher Vorgang nur *ein Fall* von vielen Fällen ist. In solchen Situationen fehlen uns die Worte. Und doch darf nicht geschwiegen werden, obwohl wiederum Schweigen die einzig angemessene Verhaltensweise ist. Die Trauer um einen unschuldig Getöteten – kann sie etwas anderes sein als ein durch *Reden präzisiertes Schweigen*, wenn sie nicht zur Farce entarten soll?

Müßten wir nicht zumindest in diesem Sinne von Gott *reden*, damit wir redend *präziser* von *ihm schweigen*? Im angelsächsischen Sprachraum haben Forscher (wie R. Miles und Th. McPherson) im Gegenzug zur Sprache eines *»buchstäblichen Theismus«* die Sprache einer »theistischen Parabel«, d. h. eines in Gleichnissen zum Ausdruck gebrachten Schweigens, bzw. eines durch Gleichnisse näher bestimmten Schweigens, als angemessene religiöse Ausdrucksweise empfohlen.[30] Und es gibt in der christlichen Kirche seit alters eine beachtliche theologische Tradition, die in einem ähnlichen Sinne von Gott als dem eigentlich *Unsagbaren reden* zu müssen meinte ...

Doch dieser einflußreichen theologischen Tradition hat reformatorische Theologie nicht ohne Grund widersprochen. Wäre nämlich ein durch Reden nur präzisiertes Schweigen das Gott angemessene menschliche Verhalten, dann würde – wie unangemessen auch immer – doch *der Mensch Gott* zur Sprache *bringen*. Gott wäre sozusagen ein Objekt menschlichen Sprachvermögens, an dem dieses Sprachvermögen freilich stets aufs Neue zum Scheitern verurteilt wäre. Reformatorische Theologie wendet dagegen ein, daß Gott nicht zur Sprache *gebracht wird*, sondern zur Sprache *kommt*. Gott wird der menschlichen Sprache nicht erst vom Menschen hinzugefügt. Er wird aber auch nicht vom Menschen *aus* der menschlichen Sprache hervorgebracht. *Gott kommt selbst zur Sprache*. An dieser Ankunft Gottes *vorbei* von Gott zu reden, hieße Gott zum Götzen zu machen. Insbesondere *reformierte* Theologie hat sich penetrant dagegen verwahrt: Du sollst Dir kein Bildnis machen ... (= Du sollst Gott zur Sprache *kommen lassen*.) In bester Konkordanz dazu hat *lutherische* Theologie betont, daß der Satz »Gott kommt zur Sprache« nur gesagt werden kann, weil Gott zur Sprache *gekommen ist*. Der Begriff des Wortes Gottes und mit ihm der des deus praedicatus bestimmen deshalb das, was man die theologische Axiomatik oder die Fundamentaltheologie Luthers nennen könnte. Aus der uns durch die reformatorische Theologie zugemuteten Verantwortung heraus soll nunmehr versucht werden, der These von der Verifikationslosigkeit des Wortes »Gott« denkend zu begegnen.

Das Verifikationsprinzip, dessen Anwendung den »Kern der Methode sprachlicher Analyse« darstellen soll, wird von van Buren genauer dahin bestimmt, daß »der Sinn eines Wortes seinem Gebrauch im Zusammenhang entspricht«. D. h.: »Der Sinn einer Aussage wird gefunden in der Funktion dieser Aussage und ist mit ihr identisch« (99). Van Buren bezieht sich mit diesem Verständnis von Verifikation auf die semantische Theorie des Funktionalismus, die »eine Relativierung des logischen Positivismus« und seines »intoleranten Verifikationsprinzip(s)« darstellt, »das nur empirische Tatsachenaussagen als sinnvolle sprachliche Ausdrücke zuläßt«.[31] Van Buren beruft sich für sein Verständnis der semantischen Theorie des Funktionalismus ausdrücklich auf Ludwig Wittgenstein: »Die Bedeutung eines Wortes ist sein Gebrauch in der Sprache.«[32] »Diese These und die dazu gegebene Beweisführung (§§ 1–42) liegen unserer ganzen Studie zugrunde«, behauptet van Buren.[33] Inwiefern er dies zu recht behauptet, soll uns hier nicht interessieren (cf. dazu Antonin Wagner O. P., opus cit.). Van Burens *Folgerungen* interessieren uns. Sie laufen darauf hinaus, daß das *Empirische* in der Sprache des Glaubens durch die Beziehung des in dieser Sprache *Ausgesagten* zur *Person* des Glaubenden, nicht aber durch die Beziehung des in dieser Sprache *Ausgesagten* zum Bereich der *Tatsachen* bestimmt ist. »In diesem Zusammenhang (sc. der Sprache des Glaubens) das Wort ›Faktum‹ hineinzubringen, bedeutet, logischer Verwirrung und sprachlichem Chaos« das Wort zu reden.[34] Das Empirische in der Sprache des Glaubens besteht in ihrer Ähnlichkeit mit Sprachgarnituren menschlicher Erfahrung wie etwa der Liebessprache, der Empirie ja nicht abzusprechen sei, obwohl sie etwas anderes als *Tatsachen*mitteilung ist. »Wenn zwischen der Sprache des Evangeliums und derjenigen, durch die wir aussagen, daß wir von einem menschlichen Wesen geliebt werden, keine Verwandtschaft erlaubt ist, sollten wir alle Hoffnung aufgeben, je zu verstehen, was das Evangelium meint.«[35]

Demgemäß dürfen theologische Aussagen nicht als direkte empirische *Feststellungen über* die Welt verstanden werden. Vielmehr soll das von van Buren zur Anwendung gebrachte Verifikationsprinzip zeigen, »daß theologische Aussagen, welche in einem empirischen Zeitalter ohne Sinn sind, *wenn* sie als direkte empirische Feststellungen über die Welt verstanden werden, sich trotzdem als solche (sc. Aussagen) erweisen können, welche eine Funktion und einen Sinn haben (nämlich) als Ausdruck einer historischen Perspektive mit weitreichenden empirischen Konsequenzen im Leben eines Menschen«.[36] Darin also erweisen sich theologische Aussagen in einer empirischen Welt als verifizierbar, daß sie »Haltungen« (attitudes) von Menschen zum Ausdruck bringen, die sich als Haltungen aus einem bestimmten Verhältnis (nämlich zu Jesus von Nazareth) ergeben. Die in theologischen Aussagen zum Ausdruck gebrachten menschlichen Haltungen (oder Verhaltensweisen) sind der empirische Ausweis einer fundamentalen Grundhaltung oder Perspektive, die ihrerseits einem bestimmten (existentiellen) Verhältnis des Menschen zu Jesus von Nazareth entspringt. Van Buren nennt die sich in empirischen menschlichen Haltungen oder Verhaltensweisen ausweisende fundamentale Grundhaltung mit R. M. Hare einen »blik«. Es handelt sich um ein holländisches Wort, das der englische Moralphilosoph »merkwürdigerweise«[37] benutzt, um mit ihm zum Ausdruck zu bringen, daß jeder Mensch in seinem normalen Umgang mit der Welt von einer *Grundeinstellung* geleitet ist, die sich nicht aus äußerer Beobachtung erklären läßt (unter Berufung auf David Hume). Jeder Mensch hat einen irgendwie gearteten »blik« – und sei es einen Tick –, der sein Verhalten vorgängig steuert. Über einen solchen »blik« argumentiert man nicht[38]; man exekutiert ihn. Von einem solchen »blik« wird nach van Buren nun auch die Sprache des christlichen Glaubens bestimmt und das Verhalten derer gesteuert, die diese Sprache sprechen. Der besondere »blik« der Sprache des christlichen Glaubens und derer, die sie sprechen, hat ihren Ursprung im Verhältnis zu Jesus von Nazareth. Gerade im Verhältnis zu diesem Jesus von Nazareth stellt sich nun aber aufs Neue die Frage nach Gott. War Jesus der schlechterdings »freie Mensch«, so wird nach dem Ursprung seiner Freiheit zu fragen sein. Wer oder was macht Jesus zu dem, der er ist: Zu dem Freien, der in Freiheit Freiheit vermittelt? Man kann die Frage nach dem Sein Jesu durchaus auf diese Frage reduzieren. Daß Jesus der Christus, der Herr, das Wort etc. sei, sollte ja auf jeden Fall auch zum Ausdruck bringen, daß bei ihm wahre Freiheit zu finden ist. Doch wer oder was macht Jesus zur Freiheit in Person? Wer oder was macht Jesus zu dem, als den ihn der Glaube bekennt?

Die neutestamentlichen Texte autorisieren zur Beantwortung dieser Frage. Sie tun das allerdings nicht, ohne dabei die Situation der Fragenden in ein ganz bestimmtes Licht zu setzen. Wer nach dem Sein Jesu Christi fragt, erhält von den neutestamentlichen Texten keine Antwort, ohne dabei selbst zu Jesus Christus in ein ganz bestimmtes Verhältnis gesetzt zu werden. Diesen Sachverhalt bzw. dessen Realisierung im Glauben, hat van Buren mit seiner Forderung zur Geltung bringen wollen, die neutestamentlichen Aussagen als Ausdrücke »einer historischen Perspektive mit weitreichenden empirischen Konsequenzen im Leben eines Menschen« zu interpretieren. Und diese Forderung ist unbestreitbar. Denn *wer* Jesus Christus ist, erkennt man nur, wenn man erfährt, *woran* man *mit* Jesus Christus ist.

Doch eben diese Erfahrung läßt sich nach dem Zeugnis des Neuen Testaments schlechterdings nicht *ohne Gott* machen. Woran man mit Jesus Christus ist, das erfährt man nicht, ohne zu erfahren, woran man mit Gott ist. Denn *Gott allein* hat Jesus Christus zu dem gemacht, der er ist. Jesus Christus hat sich nicht selber zu dem gemacht, was er ist:

> »Gott hat diesen Jesus, den ihr gekreuzigt habt, zum Herrn und Christus gemacht« (Acta 2, 36).
>
> »Darum hat ihn auch Gott erhöht und hat ihm einen Namen gegeben, der über alle Namen ist« (Phil. 2, 9).

Aus den Zusammenhängen einer empirischen Welt läßt sich eine neutestamentlich autorisierte Antwort auf die Frage, wer Jesus Christus ist, bzw. was Jesus zu dem macht, als den ihn der Glaube bekennt, *nicht* ermitteln; ebensowenig wie sich eine solche Antwort aus den Zusammenhängen einer idealistisch gedachten Welt ermitteln ließe. Eine neutestamentlich autorisierte Antwort auf die Frage, wer Jesus Christus ist, bleibt (gerade *weil* diese Antwort die Erfahrung impliziert, woran wir mit Jesus Christus sind) auf den Gebrauch des Wortes »Gott« angewiesen. Wer

Jesus Christus versteht, erfährt den durch das Wort »Gott« bezeichneten als den, von dem *unbedingt zu reden ist*. Das genau aber hatte van Buren bestritten. Für ihn ist das Wort »Gott« *kein Wort unserer Sprache* mehr, weil es sich nicht empirisch verifizieren läßt.

Hinter solchen Auffassungen steht als Prämisse wohl der Satz des frühen Wittgenstein: »Die Grenzen meiner Sprache bedeuten die Grenzen meiner Welt.« [39] Der Satz wird im Kontext des Traktates theologisch relevant durch die Behauptung: »Gott offenbart sich nicht *in* der Welt.« Wenngleich die »Grenzen der Welt« vom Wittgenstein des Traktates als veränderbar gedacht werden, so daß die Welt »sozusagen als Ganzes abnehmen oder zunehmen« kann[40], so bleibt doch Gott *grundsätzlich außerhalb* der Grenzen meiner Welt, die durch die Grenzen meiner Sprache bedeutet werden. Gott gehört demnach zu dem, wovon man nicht sprechen kann. Und: »Wovon man nicht sprechen kann, darüber muß man schweigen.« [41]

Diese Sätze, unter deren bewußter oder unbewußter Voraussetzung die moderne Gott-ist-tot-Theologie entstanden ist, fordern zu einer Auseinandersetzung heraus, in der sich der Dialog des christlichen Glaubens mit der Sprache der Welt heute zu bewähren hat. Die Auseinandersetzung gilt dabei nicht so sehr der »Philosophie« des frühen Wittgenstein als vielmehr einem in deren Gebrauch sich manifestierenden Weltverständnis. Dabei teilen wir die Prämisse: Die Grenzen unserer Sprache bedeuten die Grenzen unserer Welt.

V.

Innerhalb der Grenzen unserer Sprache gehört das Wort »Gott« nur dann zu unserer Sprache, wenn es in ihr so funktioniert, daß es eine Funktion innerhalb der Grenzen unserer Welt bedeutet. Andererseits hat von Gott zu reden aber nur dann einen Sinn, wenn die Funktion des Wortes »Gott« in unserer Sprache eindeutig und unvertauschbar, also durch keine Funktion eines anderen Wortes ersetzbar ist, so daß keine andere Funktion innerhalb der Grenzen unserer Welt die durch das Wort »Gott« in unserer Welt bedeutete Funktion übernehmen kann. Doch woran erweist sich, ob das Wort »Gott« in unserer Sprache so funktioniert, daß es eine solche unvertauschbare Funktion innerhalb der Grenzen unserer Welt bedeutet? Wen sollen wir danach befragen?

Unsere Sprache und die durch deren Grenzen in ihren Grenzen bedeutete Welt? Das würde bedeuten, daß das Wort »Gott« sozusagen auf *natürliche Weise* in unserer Sprache funktioniert. Der Mensch könnte, wenn er sich . . . als *das Sprachwesen* versteht, auch verstehen, daß das Wort »Gott« etwas besagt, bzw. daß es *nichts* besagt. Doch dem steht entgegen, daß dem christlichen Glauben das Wort »Gott« erst eindeutig wird im Kontext eines zwar nur innerhalb der Grenzen unserer Sprache geschehenden Wortgeschehens, das aber als solches ein *unserer Sprache nicht eigenes* Wortgeschehen ist, sondern das Ereignis des *Wortes Gottes*.

Der christliche Glaube versteht den durch das Wort »Gott« bezeichneten Gott selber als *Redenden, als von sich aus Redenden.* Als von sich aus Redender gibt *er* dem Wort »Gott« innerhalb der Grenzen unserer Sprache seine Funktion, nämlich: Gott als den von sich aus Redenden zur Sprache kommen zu lassen.

Dann hätte also nicht unsere Sprache und die durch deren Grenzen in ihren Grenzen bedeutete Welt darüber zu entscheiden, ob das Wort »Gott« noch ein Wort unserer Sprache ist. Sondern ein Wort unserer Sprache *wird* das Wort »Gott« dann und nur dann, wenn das Wort innerhalb der Grenzen unserer Sprache *bereits* funktioniert, und d. h. wenn Gott von sich aus geredet *hat.* Es ist das bereits in den Grenzen unserer Sprache funktionierende Wort Gottes nicht nur sui ipsius interpres, sondern auch Interpret der Funktion des Wortes »Gott« in unserer Sprache. Das in den Grenzen unserer Sprache funktionierende Wort Gottes allein gibt Antwort auf die Frage, wer denn Gott ist, daß wir von ihm *reden* müssen.[42] Der Gebrauch des Wortes »Gott« ist also auf ein vorgängiges *Hören* angewiesen, um Gott als den von sich aus Redenden zur Sprache kommen zu lassen.

Folglich führt die Frage, ob »Gott« noch ein Wort unserer Sprache ist, zurück auf die Frage nach der Funktion des Wortes *Gottes* in unserer Sprache. Der Verzicht auf diese Rückführung führt entweder zu unverantwortet fortgesetztem Reden von Gott oder aber zu unverantwortet fortgesetztem Schweigen von Gott. Wer das Reden von Gott am Worte Gottes vorbei unverantwortet fortsetzt, redet Gott tot. Und wer am Worte Gottes vorbei von Gott zu reden unterläßt, schweigt Gott tot. Damit Gott weder totgeredet noch totgeschwiegen werde, beansprucht das Wort Gottes *ungeteilte* sprachliche Aufmerksamkeit.

VI.

Die Formulierung »Wort Gottes« erhebt den Anspruch, in den Grenzen unserer Sprache etwas zu tun, was diese unsere Sprache nicht von sich aus tun kann. Wort Gottes ist also nicht einfach Information über etwas. Denn über das innerhalb der Grenzen unserer Welt Seiende und Geschehende zu informieren, vermag unsere Sprache aus eigener Kraft. Und über etwas außerhalb der Grenzen unserer Welt zu informieren, kann nicht die Funktion eines innerhalb der (die Grenzen der Welt bedeutenden) Grenzen unserer Sprache funktionierenden Wortes, also auch nicht des Wortes Gottes sein. Eine *Informationsfunktion* allein kann also die Funktion des Wortes Gottes in unserer Sprache nicht ausmachen. Das Wort Gottes erhebt vielmehr den Anspruch, *indem* es informiert, noch etwas anderes auszurichten. *Es urteilt.* So wie ein Gerichtsurteil nicht nur über eine gefallene Rechtsentscheidung informiert, sondern diese Information (schuldig, bzw. unschuldig) auch öffentlich in Kraft setzt, so funktioniert das Wort Gottes in unserer Sprache »lebendig und wirksam und schärfer als jedes zweischneidige Schwert und hindurchdringend bis zur Scheidung von Gelenken und Mark der Seele und des Geistes und ein Richter der Gedanken und der Gesinnung des Herzens« (Hebr. 4, 12). Indem das Wort Gottes von Jesus Christus *erzählt*, wer er ist und wie wir mit ihm dran sind, informiert es nicht nur, sondern setzt es diese Erzählung auch innerhalb der Grenzen unserer Sprache und unserer Welt als Geschichte in Kraft. Und darauf wollen wir zunächst achten.

Als Erzählung von Jesus Christus führt das Wort Gottes uns nicht etwa über die Grenzen unserer Sprache und Welt hinaus; es verweist uns vielmehr ganz auf die durch die Grenzen unserer Sprache bedeutete Welt, die es beurteilt. Wer urteilt, unterscheidet. Das Wort Gottes ist als Erzählung von Jesus Christus dasjenige Urteil, das innerhalb der Grenzen unserer Sprache und mithin unserer Welt als die *schlechthin unterscheidende Instanz* funktioniert. Was wird unterschieden? Paulus schreibt im Römerbrief im Blick auf die den Juden gegebenen Verheißungen Gottes: »Wie denn? Wenn gewisse Leute (von den Juden) untreu werden, wird etwa ihre Untreue *Gottes* Treue zunichte machen? Keinesfalls! Sondern Gott soll als wahrhaftig da sein, jeder Mensch aber als Lügner, wie geschrieben steht« (Röm. 3, 3 f.).

Gottes Wort kommt hier als das nicht nur zwischen Wahrheit und Lüge, sondern damit zugleich auch zwischen Gott und Mensch unterscheidende Wort in Betracht. So versteht das *Wort Gottes* seine ihm eigene Funktion in unserer Sprache und unserer Welt. Es funktioniert innerhalb der Grenzen unserer Sprache und der durch sie bedeuteten Welt, indem es *innerhalb der Grenzen* unserer Sprache seine Grenze zieht. Was ist das für eine Grenze? Das ist eine Grenze, die die Sprache nicht begrenzt bzw. eingrenzt (wie z. B. Länder und Staaten begrenzt werden) oder spaltet (wie eine Grenze ein Land spalten kann). Sondern es ist eine Grenze, die im Umgang mit der Sprache sprachlich zu unterscheiden zwingt. Die vom Worte Gottes in unserer Sprache gezogene Grenze zwingt zu einer den ganzen Sprachgebrauch jederzeit bestimmenden Unterscheidung zwischen dem allein wahren Gott und allen von diesem allein wahren Gott allein wahrzumachenden Menschen. Indem das Wort Gottes *so innerhalb der Grenzen* unserer Sprache *seine* alles unterscheidende Grenze zieht, *macht* es das Wort »Gott« zu einem in der Unterschiedenheit von allen anderen Wörtern unserer Sprache sinnvoll funktionierenden Wort unserer Sprache.

Damit ist darüber entschieden, daß der dem Worte »Gott« geltende Unsinnigkeitsverdacht zwar nur innerhalb der Grenzen unserer Sprache abgewiesen werden kann, innerhalb der Grenzen unserer Sprache aber immer nur vom Worte Gottes selbst abgewiesen werden kann. Das innerhalb der Grenzen unserer Sprache funktionierende Wort Gottes weist diesen dem Worte »Gott« geltenden Unsinnigkeitsverdacht aber nur *indirekt* ab, nämlich indem es vom Worte »Gott« *positiv* Gebrauch macht. Positiven Gebrauch vom Worte »Gott« macht das Wort Gottes, indem es von Gott redet und für seine Rede Wahrheit beansprucht. Das Problem der Unsinnigkeit bzw. Bedeutungslosigkeit des Wortes »Gott«

verwandelt sich damit in die Frage nach der *Wahrheit* unserer Rede von Gott. Es stellt sich das eigentliche Verifikationsproblem. Will man es theologisch ernst nehmen, so ist es unerläßlich, zwischen der Wahrheit eines Satzes (S–P) und der Wahrheit als Ereignis (Die Wahrheit wird Euch frei machen; Ich bin der Weg und die Wahrheit und das Leben. Joh. 8, 32; 14, 6) zu unterscheiden, um dann nach der Beziehung zwischen Satzwahrheit und Ereigniswahrheit zu fragen.

In Übereinstimmung mit dem logischen Positivismus ist davon auszugehen, daß es keine wahren oder falschen Wörter gibt. Also kann auch das Wort »Gott« als für sich genommenes Wort unserer Sprache weder wahr noch falsch sein. Allerdings kehrt das Wort »Gott« auch nicht schon dadurch in den Bereich der Wahrheit ein, daß es in *Sätzen* (logischen Urteilen) verwendet wird, die sich dann als wahr verifizieren lassen. Es gibt in *diesem* Sinne überhaupt keine wahren theologischen Sätze, weil sich die theologisch verstandene Wahrheit nicht am positivistisch verstandenen Wahrheitskriterium messen läßt. Dennoch besteht zum logischen Positivismus insofern eine gewisse formale Analogie, als das Wort »Gott« nur in ganz bestimmten *Sprachzusammenhängen* in denjenigen Bereich gelangt, innerhalb dessen zwar nie das bloße Wort »Gott« wahr sein kann, wohl aber das Nennen, das Sagen, das Rufen dieses Wortes wahr werden kann. Gott ist ein Rufwort. (Mein Gott, mein Gott, warum hast Du mich verlassen!) Deshalb kommt Wahrheit in theologischer Hinsicht zunächst als ein Ereignis in Betracht. In diesem Sinne gilt, daß bestimmte Sprachzusammenhänge unter bestimmten Bedingungen auf das Ereignis der Wahrheit so bezogen sind, daß sie selber wahr *werden* und also wahr zu sein beanspruchen dürfen.

Insofern sich dieser *Anspruch* auf Wahrheit dann *formuliert*, kommt es notwendig zu apophantischen Subjekt-Prädikat-Sätzen, die in der Form der Satzwahrheit an der beanspruchten »Wahrheit als Ereignis« partizipieren. Das Problem solcher Satzwahrheiten besteht jedoch darin, daß sie immer nur ein Wahr*sein* repräsentieren können, ohne dabei zum Ausdruck zu bringen, daß es in diesem Wahrsein um die Verabsolutierung eines Wahr*werdens* geht: Problem der Dogmenbildung. Der wahre theologische Satz droht die Wahrheit als Ereignis immer zu überspielen und ist insofern zwangsläufig immer schon im Begriffe, unwahr zu werden. Doch was ist das: Wahrheit als Ereignis? Wo ist Wahrheit Ereignis?

VII.

Wahrheit als Ereignis ist zugänglich nur im Zusammenhang der Sprache, dort aber wiederum nur in (ganz) bestimmten Sprachzusammenhängen. Die Bestimmung, welche Sprachzusammenhänge aus dem Zusammenhang der Sprache hierfür in Frage kommen, ist aber nicht dem Zusammenhang der Sprache als solchem zu entnehmen. Die Sprache, die wir sprechen, gibt uns keine konkreten Anweisungen, wie der Wahrheit als Ereignis zu begegnen ist. Wahrheit als Ereignis begegnet von sich aus.

Nur aus *geschehenen* Begegnungen lassen sich ihre Bedingungen erkennen.

Wenn Wahrheit als Ereignis begegnet, steht immer *Zeit* auf dem Spiel. Wenn Wahrheit als Ereignis begegnet, kann Zeit *genommen*, aber auch Zeit *gegeben* werden. Denn die Wahrheit *ereignet* sich und *verbraucht* dabei Zeit, die z. B. zum Lügen hätte verwendet werden können. Nun *ereignet* sich Wahrheit freilich so, daß sie *hinausgreift* über die Zeit ihres Sich-Ereignens. Es ereignet sich ja *Wahrheit*, die als solche *Anspruch* erhebt über ihren Augenblick hinaus. Wahrheit als Ereignis *klagt an* und *spricht frei*, betrifft die Vergangenheit und Zukunft.

Anklagend *nimmt* sie *jetzt* Zeit weg, die mir gehörte. Vor Gericht z. B. wird die Zeit des Verbrechers (zur Zeit des Verbrechens und darüber hinaus) öffentliche Zeit, die ihm in keiner Hinsicht mehr gehört, und in deren Konsequenz ein Urteil ihm zukünftige Zeit jetzt als seine Zeit abspricht. Doch dergleichen geschieht keineswegs nur vor Gericht, sondern immer, wenn Wahrheit als Ereignis anklagend begegnet.

Entsprechend gilt umgekehrt, daß Wahrheit als Ereignis freisprechend begegnen kann und mir dann *Zeit zuspricht*, die mir noch nicht gehört. Insofern Wahrheit als Ereignis *Zeit abspricht* und *Zeit zuspricht*, ist sie ein *Sprachereignis*. Sprachereignisse sind nicht einfach Ereignisse *in* der Zeit, sondern *Zeit* bestimmende (gewährende bzw. raubende) Ereignisse. Zeitbestimmend sind sie in der Weise der Gewährung und der Verweigerung von Zeit.

Wahrheit als Ereignis ist keine spezifisch theologische Kategorie und kein spezifisch theologisches Phänomen. Wo immer *gelebt* wird, erscheint sie, und wo immer gedacht wird, läßt sie sich auch begreifen. *Theologisch* verstanden ist Wahrheit als Ereignis das *Prädikat* eines anderen Ereignisses, das wir das Ereignis des *Wortes Gottes* nannten.

VIII.

Das Ereignis des *Wortes Gottes* ist dadurch charakterisiert, daß es mit keinem menschlichen Sprachzusammenhang und schon gar nicht mit dem Zusammenhang der menschlichen Sprache (bzw. Sprachen) apriori überhaupt identisch ist und dennoch *nur in* menschlichen Sprachzusammenhängen und also im Zusammenhang menschlicher Sprache überhaupt begegnet. Indem es aber so begegnet, begegnet mit ihm *Wahrheit* als Ereignis. Das Ereignis des Wortes Gottes innerhalb der Grenzen unserer Sprache bringt also *seine Wahrheit* mit. Und *unser* Reden von Gott, *unser* sprachliches Gebrauchen des Wortes »Gott« *wird wahr*, insofern es in den Bereich dieser Wahrheit, mithin in den Zusammenhang des Wortes Gottes gelangt. In den Bereich dieser Wahrheit gelangen, heißt aber nichts anderes, als sich der *Grenze* aussetzen, die Gottes Wort innerhalb der Grenzen unserer Sprache *zieht*.

Der Wahrheitsanspruch solcher immer nur wahrwerdenden Rede von Gott formuliert sich dann in theologischen Sätzen (wie z. B. den Dogmen). Deren einzige Gefahr ist, daß sie nur zu wahr sind und daß sie sich deshalb leicht dahin mißverstehen, unter keinen Umständen als falsch erwiesen werden zu dürfen.

Dagegen ist zu sagen, daß nur solche theologischen Sätze sinnvollerweise beanspruchen können, als wahr zu gelten, die sich dem Streit zwischen wahr und falsch auch wirklich aussetzen, die also grundsätzlich nicht die *Möglichkeit* ausschließen, *falsifiziert* zu werden. Ein Satz, der unter keinen Umständen als *falsch* erwiesen werden *kann*, kann auch nicht wahr, weil nicht einmal sinnvoll, sein. Denn jedes positive Urteil muß bestimmte Sachverhalte als mit ihm unvereinbar ausschließen können, also mögliche Bedingungen nennen, unter denen es als falsch zu erweisen wäre. Sind theologische Sätze in diesem Sinne nicht falsifizierbar und also auch schlechterdings nicht wahr?[43]

Das Gegenteil ist der Fall. Denn theologische Sätze schließen den *Unglauben* als denjenigen Sachverhalt ein, der ihrer Wahrheit jederzeit widerspricht. Jedes theologische Urteil nennt (de facto) den Unglauben als diejenige Bedingung, unter der es als falsch zu erweisen ist. Wenn jedoch ein theologischer Satz behaupten wollte, seine Wahrheit *vertrage* sich mit dem ihr widersprechenden Sachverhalt des Unglaubens, dann darf diese Behauptung als sinnlos angesehen werden. Damit radikalisiert sich allerdings das Falsifikationsproblem insofern, als der Unglaube der in theologischen Sätzen vertretenen Wahrheit in *jeder Hinsicht* widerspricht. Das hat wiederum darin seinen Grund, daß die in theologischen Sätzen vertretene Wahrheit »aufs Ganze geht«, in jeder Hinsicht *spricht*. Jeder theologische Satz ist nicht nur falsifizierbar, sondern *ständig* dem Streit ausgesetzt, wahr oder falsch zu sein. Denn das Wahrsein, das diese Sätze repräsentieren, ist ja allemal auf ein *Wahrwerden* zurückzuführen, das seine eigene Zeit hat. Wir nennen diese Zeit die *Zeit des Glaubens*. Ihre Eigentümlichkeit besteht darin, daß sie allein die Grenzziehung des Wortes Gottes innerhalb der Grenzen unserer Sprache mitvollzieht und so unseren Gebrauch des Wortes »Gott« wahr *werden* läßt. Weil unser Gebrauch des Wortes »Gott« *allein im Glauben* wahr wird, provoziert wahre Rede von Gott immer zum Streit um ihre eigene Wahrheit. Luther hat das dadurch zum Ausdruck gebracht, daß er Gottes Offenbarung in unserer Welt als ein Offenbarwerden *sub contrario* verstand. Allein der Glaube versteht, was sich *unter* dem Gegenteil als Gegenteil des Gegenteils verbirgt, was sich also unter der *Torheit* des Wortes von Jesu Tode am Kreuz als Gottes Lebens*weisheit* anbietet.

Das heißt aber, daß das Wort Gottes den Gebrauch des Wortes »Gott« innerhalb der Grenzen unserer Sprache secundum hominem nur so verifiziert, das es *das Verifizieren* secundum deum verifiziert. Gottes Wort macht unsere Rede von Gott bei uns so wahr, daß es uns als Lügner erweist, die als Menschen allein von Gott wahrgemacht werden können. Wo es um die Verifikation des Wortes Gottes und im Zusammenhang mit ihm um die Verifikation unseres Redens von Gott geht, kommt es notwendig zum Streit um das verum facere.[44] Daß dieser Streit innerhalb der Grenzen unserer Sprache auszutragen ist, macht den Berührungspunkt der Streitenden aus. An diesem Berührungspunkt hat die Theologie ihre Wahrheit zu bewähren, indem sie die *Funktion* des *Wortes Gottes* innerhalb der Grenzen unserer Sprache secundum dicentum deum so verantwortet, daß sie einem positivistischen Verifikationsprinzip auf der einen Seite und einem verifikationslosen Offenbarungspositivismus auf der anderen Seite gleichermaßen widersteht. Sie tut das, indem sie ihre ungeteilte Aufmerksamkeit der Grenze widmet, die Gottes Wort innerhalb der Grenzen unserer Sprache *zieht*, wobei es diejenige Zeit gewährt, die allein diese Grenzziehung mitvollzieht: Die Zeit des Glaubens. Denn das Wort Gottes zieht seine Grenze innerhalb der Grenzen unserer Sprache nicht, ohne damit dem *Glauben* zur Sprache zu verhelfen. Der Glaube verdankt sich ja der Grenzziehung, die zwischen dem wahren Gott und dem allein von Gott wahrzumachenden Menschen innerhalb der Grenzen unserer Sprache unterscheidet. Denn der Glaubende und nur er *ist* der vom allein wahren Gott wahr*gemachte* Lügner Mensch. Im Glauben und in seinem Reden allein verifiziert sich Gott. Der allein wahre Gott macht sich bei uns wahr, indem er uns Lügner-Menschen wahr macht, und Gott macht uns darin *wahr*, daß er uns zum Glauben bringt und so *von Gott reden* läßt.

IX.

Eine Verifikation Gottes außerhalb des Glaubens kommt also um unseretwillen nicht in Frage. Sie würde Gott unwahr machen und uns unwahr bleiben lassen. Gott und Glaube gehören zuhaufe – wie Luther nicht nur im Katechismus eingeschärft, sondern gerade in seiner Schriftauslegung auch ausgeführt hat. Bezeichnend ist seine paraphrasierende Auslegung zu Röm. 3, 4: »Denn Gott ist wahrhaftig. Also muß man ihm glauben. Alle Menschen aber sind Lügner. Also darf man ihnen nicht glauben und ihnen nicht nachfolgen«.[45]

Die Bedeutung der Zusammengehörigkeit von Gott und Glaube *läßt sich nicht ausloten*. Luther hat die fides sogar die *creatrix* divinitatis non in persona, sed in nobis genannt. Das ist hoch gegriffen, aber kaum zu hoch. Richtig ist jedenfalls, daß der Glaube gerade den Menschen, dem nicht zu glauben ist, glaubwürdig macht, weil der Glaube nicht nur Gott vom Menschen unterscheidet, sondern den ein für allemal von uns Menschen unterschiedenen Gott in uns Menschen auf den Plan führt. Der Glaube gibt Gott *bei uns* und *in uns* Recht. Und damit gibt er Gott bei uns und in uns Raum. Doch wie soll Gott in uns Raum gewinnen?

Der Glaube gibt Gott bei uns und in uns Raum, indem er den Menschen nicht nur von Gott, sondern auch von sich selbst unterschieden sein läßt. Es ist nicht wahr, daß der Glaube den Menschen mit sich selbst identisch macht. Der Sünder will mit sich selbst identisch werden. Der Glaubende unterscheidet sich vom Sünder nicht dadurch, daß er der endlich mit sich selbst identisch gewordene Mensch ist. Sondern vom Sünder unterscheidet sich der Glaubende dadurch, daß er nicht mehr mit sich identisch zu werden braucht. Als Glaubender ertrage ich die Unterscheidung des Menschen von sich selbst, indem ich *Gott* zwischen mir und mir wohnen lasse. Der Glaubende *lebt* von der Unterscheidung, die Gottes Wort in unserer Sprache nicht nur, sondern im Menschen als dem Sprachwesen vollzogen hat. Die Kraft dieser Unterscheidung ist das *Plus* des Glaubens. Wer unterscheidet, hat mehr vom Leben.

X.

Wir wollen uns das zum Schluß noch klarmachen, indem wir auf die *Information* achten, die das Wort Gottes in Kraft setzt, indem es von Jesus Christus erzählt, wer er ist und wie wir mit ihm dran sind. Dabei halten wir uns noch einmal an Paulus. Im 2. Kor. 4 redet Paulus von sich selbst in einer merkwürdigen Unterscheidung. Aus einem gleich noch zu nennenden Grunde heißt es: »Daher werden wir nicht mutlos, sondern wenn auch unser äußerer Mensch zerstört wird, so wird doch unser innerer (Mensch) von Tag zu Tag erneuert. Denn das schnell vorübergehende Leichtgewicht unserer Trübsal schafft uns nach überreichem Maß zu überreichem Ertrag ein ewiges Schwergewicht an Herrlichkeit, uns, die wir nicht auf das, was man sehen muß, aus sind, sondern auf das, was man nicht sehen muß. Denn das, was man sehen muß, hat nur jetzt Zeit; doch das, was man nicht sehen muß, hat ewig Zeit« (2. Kor. 4, 16 ff.).

Das klingt alles leicht platonisch, ist in der Tat auch mit hellenistischen Vorstellungen durchsetzt, und verschließt sich doch allem Verstehen, wenn man es von daher verstehen will. Paulus redet vielmehr in der Kraft jener Unterscheidung, die das *Plus* des Glaubens ist. Deshalb wird er nicht mutlos. Denn die Kraft der sich als Grenze innerhalb der Grenzen unserer Sprache und Welt durchsetzenden Unterscheidung des Wortes Gottes trägt der Apostel in sich mit sich herum. Und das gibt ihm in seiner Schwäche stets neue Kraft, auf daß er eben diese Kraft weiter mit sich herumtrage und als Gottes Kraft unter die Leute bringe. »Wir haben diesen Schatz in tönernen Gefäßen, damit das Übergewicht der Kraft Gottes Urheberrecht verrate und nicht das unsrige, die wir allerorts in bedrückender Lage sind, aber nicht erdrückt; auswegslos, aber nicht aussichtslos; verfolgt, aber nicht verlassen; am Boden, aber nicht am Boden zerstört.«

In dieser merkwürdigen Unterscheidung der apostolischen Existenz *erscheint leiblich*, was der Apostel von seinem Herrn Jesus Christus zu erzählen hat. So wie der Apostel das *Wort* vom Kreuz zu *verkünden* hat, so hat er die Erstorbenheit, das Totsein des Gekreuzigten Jesus an seinem eigenen Leibe herumzutragen, damit auch das Leben Jesu leiblich offenbar werde. *Was* der Apostel zu sagen hat, das wird also an seinem eigenen Leibe kräftig anschaulich. Die Information, die der Apostel zu geben hat, formiert seine eigene Existenz. »Der tote Jesus – das ist der lebendige Herr« hat der Apostel zu *sagen*. Und weil der lebendige Herr mit diesem toten Jesus für immer identisch ist, deshalb muß die von seinem Herrn formierte Existenz des Apostels für immer different sein. »Allezeit tragen wir das Totsein Jesu am Leibe herum, damit auch das Leben Jesu an unserem Leibe offenbar werde« (2. Kor. 4, 10). In der Existenz des Apostels wird mit der Unterscheidung von Tod und Leben epiphan, daß nur *Gott* die Differenz von Tod und Leben so überwinden kann, daß man von einem *Toten* sagen muß: Er lebt. Deshalb haben wir den Schatz des Evangeliums, den Schatz der Erzählung dessen, was von Jesus Christus zu sagen ist, in tönernen Gefäßen, damit das Übergewicht der Kraft *Gottes* Urheberrecht verrate und nicht das unsrige.

Wer also von Jesus Christus reden zu können meint, ohne dabei von Gott reden zu müssen, ignoriert, daß der auf uns wirkende Jesus Christus ein Toter ist. Und wer davon reden zu können meint, woran wir mit Jesus sind, ohne dabei von Gott reden zu müssen, ignoriert, daß das Leben Jesu in unseren Leiden offenbar werden will. Was in den leiblichen Leiden des Apostels geschieht, ist ein Verkündigungsgeschehen, das Jesu Kreuz und Gottes Herrlichkeit als Einheit durchhält[46], so daß die *Existenz* des Apostels das Wort »Gott« unentbehrlich, notwendig macht. Im Anschluß an den Psalmtext »Ich glaube, darum rede ich« (Ps. 116, 10) fährt der seine apostolische Existenz interpretierende Apostel fort:

> Auch wir glauben,
> darum reden wir auch,
> wohl wissend, daß
> der den Herrn Jesus auferweckt hat,
> auch uns mit Jesus auferwecken wird
> und mit Euch zusammen neben sich stellen wird.
> Das alles aber um Euretwillen!
> Damit die sich mehrende Gnade
> durch eine immer größer werdende Zahl
> (sc. der Glaubenden, die ja *reden* müssen)
> die Danksagung überfließen lasse
> zur *Ehre Gottes*.

Läßt die apostolische Existenz das Wort »Gott« gleichsam *herausplatzen*, so bleibt die Notwendigkeit, von Gott zu reden, gerade nicht auf den Apostel beschränkt. So wie *Gott* es ist, der Jesus zu dem gemacht hat, was er ist, so ist es wiederum Gott, der uns zu dem macht, was wir sein werden und jetzt schon sind: Nämlich angesichts des Todes mit Jesus Christus *Lebende*. Angesichts vergehender Lebenszeit erfährt der Glaubende ewigen Zeitgewinn. Diese Nachricht muß unter die Leute, damit immer mehr zum Glauben kommen.

Wo aber diese Nachricht Glauben *findet*, da reißt es jedem den Mund auf, Gott zu danken. Im Dank wird die durch Gottes Wort vollzogene Unterscheidung in menschlichen Worten konkret. Denn wer dankt, *unterscheidet* – oder aber er plappert. Und das *ist* das letzte Ziel aller apostolischer Wirksamkeit: Gottes Ehre durch Danksagung zu mehren. Es kommt also alles darauf an, daß *Gott* zur Sprache kommt, wenn wir von Gottes Wort zum Glauben und so zum Wort ermächtigt werden. Wenn es zum Glauben kommt, kommt es zu ewigem Zeitgewinn, der sich ausspricht in zeitlichem Sprachgewinn: Die sich mehrende Gnade läßt Dank überfließen zur Ehre Gottes. Das Wort »Gott« gewinnt in der Danksagung Sprache, wenn das Wort Gottes innerhalb der Grenzen unserer Sprache seine Grenze zieht. –

Damit haben wir eine Antwort gefunden auf unsere Frage: Wer ist denn Gott, daß wir von ihm reden müssen? Gott ist der, dem man *danken* muß. Genauer: Gott ist der, dem wir nicht genug danken können. Daß Gott der ist, dem wir *nicht genug* danken können, definiert Gott als den, den wir über alle Dinge fürchten müssen. Daß Gott der ist, dem wir nicht genug *danken* können, definiert den Gott, den wir über alle Dinge fürchten müssen, als den, den wir über alle Dinge lieben dürfen. Damit ist nun gesagt, wie wir mit Gott dran sind, wenn wir erfahren, wie wir mit Jesus Christus dran sind. Aber damit ist zugleich gesagt, woran wir mit uns selbst sind. Wenn *Gott* der ist, dem *wir* nicht genug danken können, dann ist auch über uns im Grunde alles gesagt. –

Noch einmal: Ist das Wort »Gott« noch ein Wort unserer Sprache? Antwort: »Gott« kann ein von Gott redendes Wort unserer Sprache immer nur *werden*.

Zusätzliche Literatur

Karl Barth: Die Lehre vom Wort Gottes. Prolegomena zur christlichen Dogmatik, München 1927.

Hans Dieter Bastian: »Theologie der Frage«. Ideen zur Grundlegung einer theologischen Didaktik und zur Kommunikation der Kirche in der Gegenwart, 2. Aufl., München 1970.

Gerhard Ebeling: Einführung in die theologische Sprachlehre, Tübingen 1971.

Erhardt Güttgemanns: studia linguistica neotestamentica. Gesammelte Aufsätze zur linguistischen Grundlage einer Neutestamentlichen Theologie, München 1971.

Wolfhart Pannenberg: »Wie wahr ist das Reden von Gott?« Die wissenschaftstheoretische Problematik theologischer Aussagen, in: Ev. Kommentare, 5. Jg., Stuttgart 1971, S. 629–633.

Carl Heinz Ratschow: Der angefochtene Glaube. Anfangs- und Grundprobleme der Dogmatik. 3. Aufl., Gütersloh 1967.

Fußnoten

1 1001 Nacht, Bd. I, Leipzig o. J., S. 13.

2 A. a. O. S. 12.

3 H. Blumenberg, Die Legitimität der Neuzeit. Frankfurt 1966, S. 73: mit einem Zitat von C. H. Ratschow, Art Säkularismus in RGG³ V, Sp. 1288.

4 Fr. Gogarten hat es auf seine Weise gezeigt.
5 G. Ebeling, Gott und Wort. Tübingen 1966, S. 13.
6 A. a. O. S. 11.
7 A. a. O. S. 13.
8 A. a. O. S. 18.
9 A. a. O.
10 A. a. O. S. 54.
11 Ebd.
12 Ebd. u. S 57.
13 A. a. O. S. 58.
14 A. a. O. S. 61.
15 A. a. O. S. 62.
16 A. a. O. S. 63.
17 A. a. O. S. 63.
18 Genau das dürfte Rudolf Bultmann gemeint haben, als er auf die Frage, welchen Sinn es hat, von Gott zu reden, antwortete, daß »die Entscheidung darüber«, ob wir von Gott reden oder schweigen sollen, »Gottes ist... Und in der Tat ist das die einzige Antwort auf die Frage, ob und wann wir von Gott reden können: wenn wir müssen« (Glauben und Verstehen I, Tübingen 1961, S. 34).
19 Paul van Buren, Rede von Gott in der Sprache der Welt. Zürich 1965, S. 184.
20 A. a. O. S. 184.
21 A. a. O. S. 145.
22 A. a. O. S. 145 f.
23 A. a. O. S. 126.
24 A. a. O. S. 184.
25 Ebd., Zitat im Zitat von Flew.
26 A. a. O. S. 183.
27 S. 142.
28 S. 141.
29 Ebd.
30 R. Miles, Religion and the Scientific Outlook. London 1959; Thomas McPherson, Religion and the Inexpressible, in: New Essays in Philosophical Theology, London 1955. – Vgl. van Buren a. a. O. S. 87, und van Austin Harvey, Die Gottesfrage in der amerikanischen Theologie, ZThK 64, 1967, S. 331.
31 Antonin Wagner O. P., Ist das Wort »Gott« tot?, in: Freiburger Zeitschrift für Philosophie und Theologie 13/14 (1966/67), S. 94.
32 Philosophische Untersuchungen § 43.
33 A. a. O. S. 21, Anm. 13.
34 A. a. O. S. 21, Anm. 13.
35 S. 184.
36 Ebd.; Zusätze von mir.
37 Wie van Austin Harvey, sich stellvertretend für viele wundernd, bemerkt: ZThK 64, 1967, S. 333.
38 Vgl. van Buren a. a. O. S. 144..
39 Tractatus logico-philosophicus 5. 6. – Van Buren bezieht sich für seine Sprachanalyse nicht auf den »Tractatus«, sondern auf die »Philosophischen Untersuchungen«, die verschiedene Thesen des »Tractatus« revozieren. Die Behauptung, die Grenzen meiner Sprache bedeuteten die Grenzen meiner Welt, scheint mir – wenn man unter »Sprache« die Vielzahl möglicher funktionierender »Sprachspiele« versteht – gleichwohl die faktische Prämisse der Ausführungen zu sein.
40 A. a. O. 6. 43.
41 A. a. O. 7.
42 »Gott« ist als Wort unserer Sprache schon immer das Wort eines Textes. Wer Gott verstehen will, kann deshalb dem Geist nicht folgen, ohne den Buchstaben zu loben, der zwar ohne den Geist tötet, ohne den der Geist jedoch nicht lebendig macht.

43 Es ist wohl nützlich, darauf hinzuweisen, daß diese in deutlicher Analogie zum Popperschen Falsifizierbarkeitspostulat formulierten Sätze weder den Anspruch erheben, diesem empirischen Falsifizierbarkeitspostulat zu genügen, noch den Versuch machen, mit diesem empirischen Falsifizierbarkeitspostulat auf derselben Problemebene zu konkurrieren.

44 Diesen Sachverhalt hat G. Ebeling schön herausgearbeitet.

45 WA 56, 225, 2 f.

46 Zum Ganzen vgl. E. Güttgemanns, Der leidende Apostel und sein Herr. Studien zur paulinischen Christologie. Göttingen 1966, bes. S. 94–124.

Daniel Day Williams

Prozeß-Theologie: Eine neue Möglichkeit für die Kirche *

Die Bewegung, die man heute »Prozeß-Theologie« nennt, entstand in der amerikanischen Theologie vorwiegend, wenn auch nicht ausschließlich, nach 1925, dem Jahr, in dem Alfred North Whiteheads »Wissenschaft und moderne Welt« erschien. Prozeß-Denken hat zwei Aspekte: Einen philosophischen und einen theologischen. Als Philosophie bietet es eine neue Metaphysik an, die die Welt als einen zeitlichen Prozeß mit einer überall wirksamen schöpferischen Kraft versteht. Als Theologie stellt es eine Interpretation der biblischen Botschaft und der christlichen Lehre im Lichte dieser neuen Metaphysik dar.

Der Ursprung der Prozeßphilosophien liegt in einer Erweiterung des Evolutionsbegriffes zu einem allgemeinen kosmologischen Konzept in der letzten Hälfte des 19. Jahrhunderts. Zeit ist eine Dimension der Wirklichkeit. Anhand dieser Vorstellung interpretierten die Prozeß-Denker auf eine neue Weise alle klassischen philosophischen Probleme: Geist und Natur, Kausalität, Zeit und Ewigkeit, die Natur von Werten, die Vorstellung von Gott. Zu den bedeutenden Namen gehören Henri Bergson, Samuel Alexander, C. Lloyd Morgan, William James, John Dewey, Alfred North Whitehead und Whiteheads philosophischer Hauptinterpret in Amerika, Charles Hartshorne, der in besonderer Weise die Theologen beeinflußt hat.

Die Prozeßtheologen haben es unternommen, die Bedeutung der neuen Metaphysik für den christlichen Glauben zu entwickeln. Sie bejahen und bestätigen die Besonderheit der theologischen gegenüber der philosophischen Aufgabe; aber sie akzeptieren die Notwendigkeit einer philosophischen Dimension in der Theologie und bewahren die Tradition der natürlichen Theologie, während sie sie neu interpretieren. Sie halten das Prozeß-Denken für eine Möglichkeit, den biblischen Glauben in eine klare Beziehung zum wissenschaftlichen Verständnis von Existenz als der Szene dynamischer, sich entfaltender Prozesse zu bringen, in denen Gott als immanente Ursache und als transzendentes Subjekt am Werke ist, die Welt auf eine Zukunft hin bewegend, die sowohl für Gott als auch für die Geschöpfe wirkliche Zukunft ist.

Am Anfang dieses Jahrhunderts zeigten sich anglikanische Theologen wie Lionel Thornton und William Temple von Whiteheads Denken beeinflußt. In der jüngeren Vergangenheit hat Norman W. Pittenger ausführlich als Prozeßtheologe gearbeitet und ein größeres christologisches Werk geschrieben: »The Word Incarnate.« Verschiedene amerikanische Prozeßtheologen sind an der Arbeit: Schubert Ogden in »The Reality of

* Text nach »Evangelische Theologie«. Hg. von Ernst Wolf, 30. Jg., Chr. Kaiser Verlag, München 1970, S. 571–582. Abdruck mit freundlicher Genehmigung des Verlages.

God«, Bernard Meland in »The Realities of Faith«, Daniel Williams in »The Spirit and the Forms of Love« und John Cobb, Jr. in »A Christian Natural Theology«.

Im vorliegenden Artikel werde ich eine kurze Darstellung der philosophischen und theologischen Aspekte in der Prozeß-Denkweise geben. Die Unterschiede im Nachdruck bei den einzelnen Philosophen und Theologen müssen hier vernachlässigt, aber die breitere Position kann dargelegt werden.

Es ist eine der Hauptthesen des Prozeß-Denkens, daß die klassische metaphysische Tradition eine echte Wechselwirkung zwischen Gott und seiner Welt uneinsichtig macht. Die ganze Zeit ist Gott in einem absoluten Moment gegenwärtig. Von daher gibt es keine wirkliche Zukunft in Gottes Vision. Er ist nicht leidensfähig. Auf ihn kann nicht eingewirkt werden. Er ist sich selbst genug in seiner ewigen Wonne, ungeachtet der Geschehnisse in seiner Welt. Die Welt kann darum nichts zum göttlichen Wert beitragen. Nichts, was in der Geschichte passiert, ist wirklich neu für Gott, da die ganze Geschichte in seiner zeitlosen Schau festgelegt ist.

Diese, das biblische Bild eines tätigen, leidenden, schaffenden Gottes verwirrenden und verdunkelnden Ideen waren in der theologischen Tradition vorhanden und sie haben eine Reihe unlösbarer Rätsel für den christlichen Verstand geschaffen. Calvin und Luther behielten die augustinisch-neuplatonische Tradition genauso vollständig bei wie Anselm und Thomas von Aquin. In unserer Zeit hat es zahlreiche Anzeichen für eine theologische Bewegung aus dieser traditionellen Metaphysik heraus gegeben, z. B. Nikolai Berdjajev in der orthodoxen Tradition und Edgar Brightman unter den amerikanischen Personalisten. Karl Barth und Paul Tillich zeigten unter Benutzung verschiedener theologischer Methoden einige Tendenzen in Richtung auf die Modifikation der traditionellen platonischen Struktur hin; aber die Prozeßtheologen glauben, daß keiner von beiden sich ganz von der klassischen Position gelöst hat.

Was die Prozeß-Metaphysik unterbreitet, ist eine Perspektive, in der das Sein Gottes und seine Beziehung zur Welt im Lichte der Zeitlichkeit, des Werdens, der schöpferischen Freiheit und des Leidens interpretiert werden, die zu aller Existenz gehören, und die ihren rechtmäßigen Platz als Aspekte von Gottes Sein selbst haben sollten.

An die Aufgabe des Herausarbeitens solch einer Metaphysik machte sich Alfred North Whitehead in seinem Hauptwerk »Process and Reality« (1936). Whitehead war ein Cambridge-Logiker und Mathematiker gewesen. Er hatte zusammen mit Bertrand Russell die »Principia Mathematica« – ein Markstein in der Entwicklung der modernen Logik – geschrieben. Als er im Alter von 63 Jahren an die Universität Harvard kam, begann er seine humanistischen und metaphysischen Werke zu schreiben. Für Prozeß-Denker ist er der wichtigste Philosoph des 20. Jahrhunderts. In »Process and Reality« legte er eine Metaphysik dar, in der die letzte Realität aus Ereignissen besteht, »Tropfen von Erfahrung« (»drops of experience«). Eine jede solche letzte Größe (Whitehead nennt sie »actual entity« oder »actual occasion«) exemplifiziert die Welt und ihre Strukturen gemäß ihrer eigenen Weise des Werdens, indem sie die Existenzstrukturen in sich aufnimmt und jene Aspekte anderer Größen internalisiert, die für die neue Erfahrungseinheit objektiviert worden sind. So bringt jedes Individuum ein Element von Selbstschöpfung seinem Werden hinzu. Und jede Einheit schwindet, nachdem sie ihren Verwirklichungsprozeß vollendet hat, dahin, um zur objektiven Größe für künftige Einheiten zu werden.

Auf diese Weise bewahrt Whitehead die Pole freier Individualität und organischer sozialer Beziehung in der Welt. Das Universum ist eine Gesellschaft, konstituiert aus den Werdeprozessen aktueller Wesenseinheiten (actual entities). Eine solche Gesellschaft ist nur erklärlich, wenn eine höchste Wirklichkeit vorhanden ist, die allen Individuen ihre letzte Struktur verleiht und die in äußerstem Maße zu Empfänglichkeit und Objektivität ihnen gegenüber fähig ist. Eine der Überzeugungen Whiteheads ist es, daß »Gott die höchste Exemplifizierung metaphysischer Prinzipien sein sollte, und nicht eine Größe, die heraufbeschworen wird, um ihren Zusammenbruch zu verhindern«.

Whitehead behält darum die metaphysische Tradition der analogia entis bei, aber jetzt handelt es sich um ein Sein in dynamischer Bewegung und bedeutsamer Wechselbeziehung, durch das jedes mögliche Gut geschaffen wird. Allerdings gibt es eine wichtige Einschränkung in bezug auf den metaphysischen Status Gottes: Weder entsteht noch vergeht er. Sein Sein ist unerläßlich für jede Welt. Er selbst ist freies Subjekt, der die Welt durch die vollständige Adäquatheit seiner Reaktion auf jedes Ereignis erfährt und der von seiner göttlichen Schau aller Möglichkeiten, die für jede historische Aktualität relevant sind, gelenkt wird. Gottes Vision ist absolut, aber seine Erfahrung ist hineinverflochten in die Zeitlichkeit der Welt. Das Werden der Welt bereichert Gott mit ihrem Maß an Vollendung und Tragödie. Gott reagiert mit neuer schöpferischer Entscheidung auf die Ereignisse in der Welt, und er ermöglicht den Geschöpfen ein Bewußtsein seiner selbst als des göttlichen Teilnehmers an allem Erleben. »Er ist der Leidensgefährte, der versteht«, sagt Whitehead.

Whiteheads Metaphysik behält viel von der klassischen Lehre bei. Im Gegensatz zu Bergson bewahrt er einen Ewigkeitsaspekt in seiner Gottesvorstellung. Es gibt zwei Aspekte im Sein Gottes: Was Whitehead den »primordial« Aspekt nennt, ist die Struktur aller Möglichkeit. Er ist das abstrakte Wesen der Gottheit, das die Form aller möglichen Strukturen und Eigenschaften enthält, aber nur als Möglichkeiten zur Verwirklichung. In aller Aktualisierung findet eine Wertung statt. Die Qualitäten von Erfahrung sind in ihrer Beziehung zum Ziel des Organismus oder der Person bekannt. Das Urteil ist ein Relevanzurteil hinsichtlich der Integrationsmöglichkeit in Erfahrungsstrukturen, in denen vereinzelte Qualitäten sich fördernd verstärken. Das abschließende Werturteil ist mit einem Gefühl von Richtung im ganzen Universum verbunden. Whitehead bemerkt, »der größere Teil von Moral hängt von der Bedeutsamkeit in der

Zukunft ab«. Deswegen enthält Gottes »primordial« Schau eine Wertungsstruktur. Gottes Ziel ist auf die Intensivierung von Wert und die Integration in immer umfassendere Harmonien gerichtet. Es gibt kein einfaches Modell des Guten, aber es gibt ein Urteilsprinzip, eine Richtung auf das Zusammenschließen aller Dinge in einer sich gegenseitig unterstützenden und bereichernden Beziehung hin.

Gottes »primordial« Aspekt ist ewig, leidensunfähig und vollkommen. Er ist ohne Anfang und Ende. So weit befinden wir uns im Raum der klassischen Vorstellung. Der andere Aspekt von Gottes Sein, den Whitehead »consequent« nennt, reagiert in Zeit und Prozeß auf die Welt und bewegt sich schöpferisch im Verhältnis zu den Geschehnissen in der Welt. Gott nimmt die objektiven Folgen der geschöpflichen Erlebnisse und Aktionen in sich auf.

In dieser metaphysischen Sicht gibt es wirkliche Freiheit für Gott und die Geschöpfe. Gott kennt die Zukunft in ihren abstrakten Möglichkeitsstrukturen, aber die konkrete Zukunft, die bestimmt ist durch die Wechselwirkung zwischen Gottes Freiheit und der begrenzten geschöpflichen Freiheit, ist vor ihrem aktuellen Eintritt sogar Gott unbekannt. Allerdings muß festgehalten werden, daß Gott die Wertungen, Erfüllungen und Tragödien in der geschöpflichen Erfahrung in sich aufnimmt, nicht ohne sie seiner erlösenden Verwandlung zu unterziehen. Gott erlebt in seinem »consequent« Aspekt die Welt auf seine, nicht auf unsere Weise, und er kann das, was in der Welt bloße Trümmer sind, durch ihre Eingliederung in die neue Erfahrung, auf die hin sein Leben sich bewegt, retten. Dies ist der klassischen Auffassung von Gottes Kenntnis der Welt sehr verwandt. Gott kennt die Welt direkt, intuitiv, und er sieht und richtet alle Dinge mit der Gerechtigkeit, die aus vollkommener Liebe stammt. Aber diese Sicht vermeidet den kompletten Widerspruch in der klassischen Lehre, die behaupten muß, daß Gott zwar ein Wissen um kontingente Ereignisse, daß dieses Wissen aber nichtkontingenten Charakter hat.

Charles Hartshorne hat die Folgerungen von Whiteheads Gottesvorstellung in einer Analyse der göttlichen Vollkommenheit gezogen. Er argumentiert, daß der klassische Begriff von Vollkommenheit als Vollständigkeit des Seins die mögliche Vorstellung von Vollkommenheit als unendliche Offenheit für neue Erfahrung übersieht. In unserer Erfahrung ist ein Organismus, je höher und komplexer er organisiert ist, um so aufnahmefähiger und ansprechbarer für neue Fakten und Erfahrungen in der Welt. Warum sollte diese Vorstellung umgekehrt werden, wenn wir von Gott reden? Die klassische Lehre entzieht Gott gerade jene Aspekte, die der biblischen Sicht wesentlich sind, nämlich seine liebende, fürsorgende und reagierende Verbindung mit der Welt.

Bei dieser Rekonstruktion der Lehre von der Vollkommenheit wird Hartshorne dazu gebracht, den ontologischen Gottesbeweis zu überprüfen, und er hat eine neue Erklärung vorgelegt, die Einfluß auf das gegenwärtige Interesse an diesem Beweis in der britischen und amerikanischen Philosophie ausgeübt hat.

Die Erwähnung des ontologischen Gottesbeweises führt uns zur Frage nach dem Wesen metaphysischen Wissens. Wir sollten festhalten, daß Prozeßphilosophen jede Unterscheidung zwischen Ontologie und Metaphysik zurückweisen. Dies sind zwei Namen für ein und dieselbe Disziplin: Die der Suche nach jenen für den Diskurs über das Sein in seinen universalen Aspekten notwendigen Begriffen. Aber wie ist eine solche Metaphysik möglich?

Prozeßphilosophie gehört zu jenen modernen Denkbewegungen, die zur unmittelbaren Erfahrung als der Quelle von Wirklichkeitserkenntnis zurückkehren. Kants Unterscheidung von Noumena und Phaenomena wird von den Prozeßphilosophen ebenso zurückgewiesen wie sein Begriff des transzendentalen Subjekts oder Ego als dem hinter der Szene konkreter Erfahrung operierenden Beobachter. Sie lehnen ebenfalls die positivistische Reduktion der Erfahrung auf Sinneseindrücke und die Begrenzung von Erkenntnis auf analytische Propositionen oder solche, die Sinneseindrücke beschreiben, ab. Nach ihrer Ansicht ereignet sich Erkennen in der Wechselwirkung zwischen dem Geist-Körper-Organismus und der Umgebung. Metaphysik ist der Versuch, jene Strukturen auszusondern, die in aller Erfahrung gegenwärtig sind und ihr Verständlichkeit verleihen. Solche Strukturen verbinden Subjekt und Objekt; sie sind weder rein subjektiv noch rein objektiv. Alle Formulierungen der metaphysischen Strukturen sind Gegenstand künftiger Revision; der endgültige Test ist ihre adäquate Erhellung konkreter Erfahrung. Whitehead stellt fest, daß metaphysische Formulierungen nicht dogmatische Erklärungen über das Naheliegende sind, sondern vorläufige Formulierungen letzter, allgemeiner Strukturen.

Diese Suche nach Realität in der konkreten Erfahrung bringt die amerikanische pragmatische Bewegung und das Prozeß-Denken in enge Beziehung zur Existenzphilosophie und ihrem Versuch, »Lebenserfahrung« zu beschreiben. Der Hauptunterschied zwischen Prozeßphilosophie und Existentialismus betrifft ihre verschiedene Einstellung zur Naturwissenschaft. Der Existentialismus hat sich im großen und ganzen nicht um naturwissenschaftliche Kosmologie und um die Beziehung neuer Naturerkenntnisse zur Frage des Menschen nach dem Sein gekümmert. Prozeßphilosophen halten jedoch die Erklärung des natürlichen und kosmologischen Rahmens des menschlichen Lebens in bezug auf das Verständnis seiner Existenz für wesentlich. Sie ist ebenso unerläßlich für die Vorstellung von dem in Natur und Geschichte wirkenden Gott.

Prozeßphilosophie ist eine soziale Realitätslehre; sie versucht, den nach ihrer Ansicht im Existentialismus vorhandenen Überschuß an Individualismus zu korrigieren. Individuelle Freiheit ist vorhanden, aber alle Individualität hat ihren Kontext in der Beziehung zu geschichtlichen Gemeinschaften mit gemeinsamer Erinnerung und Hoffnung. Ein rein privates Gut ist sinnlos. Die Lösung wird jedoch auch nicht in Typen von absolutem Idealismus gefunden, die die Konkretheit besonderer individueller Erfahrung in einer absoluten Ordnung verlieren. Prozeßphilosophie ist ein ontologischer, axiologischer und epistemologischer Realismus.

Erkenntnis Gottes ist dann also in der Tiefe und Konkretheit jener Realität zu suchen, in die wir eingebettet sind und die uns zugänglich ist, wenn wir in unserer Suche nach jenen Beziehungen und Erfahrungen, die den Wert des Lebens ausmachen, fühlen, leiden, hoffen, leben und sterben. Gott begegnet uns im Ablauf menschlicher Erfahrung oder überhaupt nicht. Prozeßphilosopie steht damit in der Tradition der natürlichen Theologie. Sie ist eine theistische Philosophie, aber sie nimmt eine von den meisten traditionellen Theismen etwas verschiedene Position im Hinblick auf die Gotteserkenntnis ein. Gott kann nur dann erkannt werden, wenn jene Geschehnisse sich ereignen, in denen unser ontologisches Gewahrsein Gottes als der schöpferischen Quelle unseres Seins verstärkt und besonders ausgeprägt ist. In aller Erkenntnis ist ein Offenbarungselement enthalten. Offenbarung findet dann statt, wenn wir uns jener Wirklichkeit, nicht in uns und aus uns selbst, bewußt werden, die in unsere Sinnstrukturen, unsere vorhandenen Wertsysteme hineinbricht und ihre Unangemessenheit enthüllt und die uns auf eine neue Möglichkeit hin, jenseits unseres gegenwärtigen Fassungsvermögens und unserer Einsicht, bewegt. Es ist Gott, der uns über die Gegenwart hinaus in die Zukunft hineinzieht, die die göttliche Wertordnung jenseits unseres vorhandenen, selbstgenügsamen Systems enthält.

Das hier vorliegende Konzept der Gotteserkenntnis ist Schleiermacher verwandt, jedoch ohne seine platonische Metaphysik. Es steht ebenso Paul Tillichs Begriff der vorbereitenden Offenbarung nahe. Mit dem Schleiermacher der »Reden über die Religion« und mit Paul Tillich glauben Prozeß-Denker, daß Gott in der Tiefe säkularer Erfahrung gefunden wird. Sie sind als Theisten der Überzeugung, daß ein Grund für die »Gott-ist-tot«-Bewegung darin zu sehen ist, daß moderne Philosophen und oft sogar Theologen die Leere endlicher Erfahrung, ihren Mangel an offenbarender Kraft behauptet haben. Theologen haben geredet, als wenn Gott sich nur in einer besonderen Geschichte bekannt gemacht hätte und jeder andere Anspruch auf Gotteserkenntnis nichtig wäre. Whitehead spricht von den »säkularen Funktionen« Gottes und meint damit Gottes schöpferische Gegenwart in allem Ringen um authentische Werte. Solange nicht der Sinn jener säkularen Funktion zurückgewonnen ist, wird die Beziehung der christlichen Botschaft zu den konkreten menschlichen Problemen unklar bleiben. Die Bedeutung der natürlichen Theologie für den christlichen Glauben muß neu erwogen werden im Lichte der Naturerkenntnisse und -konzeptionen des 20. Jahrhunderts. Die Gottesvorstellung, die in eine verständliche Beziehung zur Natur als dem Bereich dynamischer Prozesse gebracht werden kann, ist die eines in die schöpferische Bewegung des Lebens verflochtenen Gottes, der dem Leben seine grundlegende Struktur und dauernde Kraft verleiht.

So weit sind wir innerhalb der philosophischen Rede über Gott geblieben, aber was hat das mit christlicher Theologie zu tun? Prozeßtheologen sind sich völlig darüber im klaren, daß der christliche Glaube keine Philosophie und die Bibel keine metaphysische Abhandlung ist. Die Schrift ist Zeugnis der geschichtlichen Erfahrung, in der ein Volk Gott zu sich sprechen gehört hat, und in der ein Leben, das Leben Jesu von Nazareth, zu der entscheidenden Offenbarung dessen geworden ist, wer Gott und was sein rettender und gnädiger Wille gegenüber seiner Schöpfung ist. Prozeßtheologen glauben, daß die Wahrheit des christlichen Glaubens die Wahrheit für jeden Menschen ist, und daß er darum in einer zum Weltverständnis des zeitgenössischen Menschen verständlichen Beziehung ausgedrückt werden muß, um nicht eine esoterische Wahrheit zu bleiben. Sie sind davon überzeugt, daß uns die Perspektive des Prozeßdenkens in eine engere Beziehung zur wirklichen Ansicht der Bibel bringt als die der platonischen Metaphysik, die einen Großteil der Theologie seit dem ersten Jahrhundert beeinflußt hat. Irenäus steht vielleicht von den Kirchenvätern einer geschichtlich-dynamischen Sicht des Verhältnisses Gottes zur Welt am nächsten. Das heutige Problem christlicher Theologie ist die Wiedergewinnung einer Vorstellung des lebendigen, sorgenden, antwortenden und rettenden Gottes des biblischen Zeugnisses, und der Ausdruck dieses Verständnisses in einer Terminologie, die in Verbindung mit der Lebenswelt des Menschen im 20. Jahrhundert steht. Diese Suche nach angemessenen Vorstellungen geschieht nicht aus apologetischen Gründen, sondern um der Wahrheit willen, die Gott in Jesus Christus gegeben hat, und die wir in unserer Situation empfangen müssen. Die Theologie hat den christlichen Glauben im vollen Bewußtsein der menschlichen Wahrheitssuche in Wissenschaft, Philosophie und jeglicher menschlichen Erfahrung zu interpretieren. Allerdings hat christliche Theologie ihre eigenen Richtlinien. Sie ordnet ihre Kategorien nicht jenen unter, die aus allgemeinmenschlicher Reflexion oder aus anderen Glaubensvorstellungen stammen. Aber ihre Begriffe stehen in Berührung mit aller menschlichen Erfahrung, und die Theologie kann kein Sonderrecht auf ihre Wahrheit beanspruchen, abgesehen von einer Begegnung mit allen ehrlichen Forschern auf dem offenen Markt menschlichen Denkens.

Prozeßtheologie sucht darum eine neue Hermeneutik, die den konkreten historischen Quellen des biblischen Zeugnisses besser gerecht werden kann, und in der die christlichen Aussagen über Gottes rettendes Handeln in Jesus Christus in klarer Beziehung zu gegenwärtiger Erfahrung gesehen werden können. Sicherlich ist vom Standpunkt des Glaubens die Einzigartigkeit des Wortes Gottes in Jesus Christus auszusagen, aber es handelt sich um die Einzigartigkeit dessen, »in dem alles seinen Bestand hat« (Kol. 1, 17). Christus ist der Logos der Schöpfung, und es kann keine sinnvolle Erfahrung geben, die nicht in irgendeiner Weise ihre Quelle in ihm widerspiegelt. Darum ist der Theologe verpflichtet, eine einheitliche Weltsicht zu suchen. Diese Suche verlangt jedoch niemals, daß wir Vollständigkeit beanspruchen. Zwischen jeder christlichen Theologie und einer allgemeinen philosophischen Ansicht werden Spannungen bestehen. Aber es ist wichtig, die theologische Aufgabe in der dialektischen Spannung von Theologie und Philosophie auszuführen; bedeutet es doch, daß, was auch immer die Gefahren sein mögen, die Theologie nicht eine esoterische Disziplin ohne Verbindung zum Denken, Fühlen und Handeln der Menschen ist.

Während bisher Prozeßtheologen die meiste Aufmerksamkeit der Gotteslehre geschenkt haben, empfängt jetzt die Christologie besondere Beachtung. Der christliche Glaube erklärt, daß Gott aus seiner Freiheit und gnädigen Liebe heraus gehandelt hat, als er unsere Menschheit in und durch Jesus Christus auf sich nahm. Das ist ein geschichtliches Handeln, vorbereitet in der ganzen Schöpfung und durch die Geschichte Israels, zu seinem Höhepunkt kommend in der Geschichte Jesu von Nazareth, seinem Leben, Sterben und Auferstehen, und es hat seine Folgen im Empfangen von Gottes rettender Macht und Wahrheit durch die Gegenwart seines Heiligen Geistes. Gott schafft sein neues Volk, die Kirche, und bietet allen Menschen ein Leben in Glaube, Liebe und Hoffnung an.

Diese Geschichte erfordert zweifellos eine Erklärung der Bedeutung von Zeit und Geschichte für Gott. Sie ist verbunden mit Gottes Freiheit und der freien Antwort des Menschen. Die Geschichte Jesu vereinigt die göttliche und die menschliche Handlung im fleischgewordenen Wort. Das ist seit Chalcedon erkannt worden. Aber die Chalcedonensischen Väter gebrauchten die Zweinaturenlehre teils wegen ihrer diese Vorstellung beinhaltenden Weltsicht, teils aber auch wegen ihrer allseitigen Annahme, daß die göttliche Natur leidensunfähig und die menschliche Natur der Ort allen Leidens und Schmerzes sein müsse.

Prozeßtheologie unterbreitet eine andere Sicht des Göttlichen und Menschlichen. Gott ist in allem Sein gegenwärtig, indem er machtvoll seine gute Schöpfung verwirklicht und auf jedes neue Geschehen mit seiner eigenen Sorge und Freiheit reagiert. Der Mensch ist von Gott abhängig, aber er ist frei und verantwortlich, um Entscheidungen zu treffen, seine Berufung zu finden, Gott ein Leben in Gebet und Dienst darzubringen und seine verwandelnde Macht zu entdecken. Das ist genau das Bild des Neuen Testamentes von Jesus. Es zeigt uns den in der Geschichte lebenden, die Tradition seines Volkes teilenden und seine Berufung durch Herausforderung in Antwort und Gebet findenden Menschen. Lehrend, leidend und sterbend gibt er sich selbst hin an die Verkündigung der Botschaft von seines Vaters Reich. Wenn man sagt, daß die Inkarnation die Gemeinschaft von Gott und Jesus war, löst man nicht das Geheimnis jener Gemeinschaft auf, sondern bietet eine Sicht an, in der Menschheit und Gottheit nicht willkürlich vereinigt sind, sondern die wirkliche metaphysische Situation des Verhältnisses von Gott und Mensch widerspiegeln.

Auf diese Weise wird die Prozeß-Metaphysik einer völlig historischen Sicht Jesu und einer Vorstellung von Gottes Rettungstat gerecht, in der dieser auf dynamische, agierend-reagierende Weise in der Geschichte handelt.

In einer abschließenden Stellungnahme zum Problem der Entmythologisierung bemerkt Rudolf Bultmann in einer Anmerkung: »Mich dünkt, die Christologie sollte endlich radikal aus der Herrschaft einer Ontologie des objektivierenden Denkens befreit und in einer neuen ontologischen Begrifflichkeit vorgetragen werden« (Kerygma und Mythos, Bd. 2, S. 206, Anm. 1). Prozeßtheologie glaubt sich auf der Spur jener Metaphysik zu wissen, nach der Bultmann fragt. Aber eine Prozeß-Hermeneutik wird stärker als Bultmann die geschichtliche Gemeinschaft betonen, zu der die Offenbarung kommt. Die Wahrheit des Glaubens muß in immer neuen Momenten von Konfrontation und Entscheidung gewonnen werden, aber Sprache, Erinnerung, Hoffnung und Glaubenspraxis vollziehen sich in der Gemeinde, die Jesus erinnert und Gottes Handeln in ihm feiert.

Alle Konzepte sind Abstraktionen. Wir haben keine völlig adäquaten Begriffe von Gottes Wirken in Jesus Christus. Erst am Ende »werden wir völlig erkennen, so wie auch wir völlig erkannt worden sind« (1. Kor. 13, 12). Aber unser Bekenntnis zu Jesus Christus ist ein Zeugnis von Gottes Tat in der Geschichte, und unsere Theologie kann die christliche Verkündigung so interpretieren, daß weder Jesu wirkliche Menschheit noch die authentische Feststellung, daß Gott wirklich in der Geschichte handelt und daß er in Jesus eine neue Geschichte in seiner Beziehung mit den Menschen ins Leben gerufen hat, verlorengeht.

Prozeßtheologie ist immer eine Theologie der Hoffnung gewesen. Die Dimension der Erwartung ist in ihre metaphysische Sicht, in der Gott alle Dinge neu macht, eingegliedert. Gottes Leben ist eine fortwährende Antwort auf die Welt und eine Verwandlung der Welt mit ihren fragmentarischen Verwirklichungen und ihrem Vergehen. Die Bestimmung aller geschaffenen Dinge ist die Teilnahme am fortschreitenden schöpferischen Leben Gottes. Alle eschatologischen Symbole können in Beziehung auf diese Gottesvorstellung interpretiert werden. Prozeßtheologie findet den Grund zur Hoffnung im ganzen vergangenen und gegenwärtigen Handeln Gottes, und sie sieht eine Beziehung zwischen der letztgültigen Hoffnung auf das Reich Gottes und den konkreten Wertstrukturen, die die menschliche und christliche Aktion in der Welt leiten. Gott als wertschaffende Struktur gibt uns Führung im Hier und Jetzt hinsichtlich der volleren Realisierung des Guten, das er für uns im Auge hat. Ohne irgendein Verhältnis zwischen dem Reich Gottes als der letzten Hoffnung und der Struktur gegenwärtiger Erfahrung mit ihren erreichten Wertordnungen und ihren Unterscheidungsprinzipien können wir keine Verbindung zwischen christlicher Hoffnung und gegenwärtiger Aktion schlagen, sei diese Aktion nun auf gradualistische oder revolutionäre Weise vorgestellt. Prozeßtheologen halten diese Beziehung in Jürgen Moltmanns »Theologie der Hoffnung« für ungenügend entwickelt, obwohl sie sich mit dem Anliegen dieser Theologie, die Dimension der Hoffnung als konstitutiv für alle christlichen Aussagen über Gott festzuhalten, einig wissen.

Ein bedeutender Unterschied existiert zwischen der Prozeßtheologie und vielen der evolutionären Religionsphilosophien und Theologien.

Kosmischer Optimismus und Meliorismus sind oft mit Evolutionstheorien verbunden gewesen. Es gibt ein optimistisches Element in der Prozeßtheologie, weil es geschichtliche Erfüllungsmöglichkeiten und eine offene Zukunft in Gott gibt. Aber es gibt keinen notwendigen Fortschritt auf das Gute hin in der Welt. Prozeßtheologie behauptet wie der Existentialismus eine radikale Freiheit in der Welt. Gott leitet die Welt größeren Erfüllungen entgegen. Er hat den Bereich des menschlichen Geistes ins Leben gerufen, aber dieser Bereich ist zweideutig. In christlichem Verständnis ist Sünde ständig eine Möglichkeit, wo begrenzte Freiheit vorhanden ist. Im Einschätzen der Möglichkeiten des Guten bleibt das Prozeß-Denken hartnäckig empirisch. Wir können nur um die Möglichkeiten und Grenzen menschlicher Antwort auf Gottes Führung wissen, indem wir in der Geschichte leben und entdecken, was Menschen mit dem Leben tun, das Gott gibt, und wie Gott mit menschlicher Perversität und fehlerhaftem Versagen umgeht.

Dies ist eine Hauptdifferenz zwischen Prozeßtheologie und Teilhard de Chardins Konzept. Der katholische Philosoph hat viel mit dem Prozeßverständnis hinsichtlich des Aufspürens der göttlichen Schöpferkraft im Evolutionsprozeß und der christlichen Vision von der Bewegung der ganzen Natur auf die in Christus enthüllte Erfüllung hin gemeinsam. Aber Teilhard scheint zu behaupten, daß es eine unvermeidliche, göttlich gelenkte Richtung im ganzen Prozeß gibt, so daß die Natur sich durch eine Art revolutionärer Expansion und Konzentration schrittweise auf das Reich Gottes zu bewegt. Dies wird von Prozeßtheologen als spekulative Vision angesehen, für die keine ausreichende empirische Begründung gegeben werden kann.

In der Ethik versuchen Prozeßtheologen ein Gleichgewicht zwischen abstrakten, allgemeinen Prinzipien und den konkreten Entscheidungen, die im Lichte geschichtlicher Doppeldeutigkeiten und Unsicherheiten getroffen werden müssen, zu halten. Der »primordial« Aspekt Gottes bietet kein singulares Modell für die Welt an, aber als Gottes wesenhafte Struktur beinhaltet er die göttliche Intention auf das Zusammenfügen vereinzelter Werte in immer größeren, dynamischen Harmonien. Wir können abstrakt beschreiben, was Liebe als soziale Verantwortlichkeit erfordert, aber konkrete Entscheidungen müssen in der Freiheit und Offenheit einer Liebe gefällt werden, die die Zweideutigkeiten der Geschichte aushält, und die getragen ist vom Glauben an die Vergebung, die richtet, indem sie rechtfertigt und versöhnt.

Prozeßtheologen haben bis jetzt noch keine systematischen Theologien produziert. Ein Großteil ihrer Aufmerksamkeit war durch die Aufgabe, die Folgen neuplatonischer und kantischer Philosophien für den christlichen Glauben aufzudecken, beschlagnahmt. Aber für die Theologen ist die Etablierung einer neuen Metaphysik nur das Erarbeiten eines »Visionsinstruments« für die hermeneutische und systematisch-theologische Interpretation des christlichen Glaubens.

Ein wichtiger Aspekt dieser Aufgabe ist die Betrachtung historischer

Theologien von dem neuen Standpunkt aus. Zwei wichtige Beiträge zur Geschichte christlichen Denkens, von der Prozeß-Perspektive her überprüft, sind kürzlich erschienen. Gerhard Spieglers Buch über Schleiermacher: »The Eternal Covenant«, versucht, die inneren Spannungen in Schleiermachers Dialektik bloßzulegen. Paul Sponheim hat Kierkegaard auf ungewöhnliche Weise in seinem »Kierkegaard and Christian Coherence« interpretiert. Der Schreiber des vorliegenden Artikels hat ein Kapitel seines »The Spirit and the Forms of Love« einer Kritik an Augustins Liebesdoktrin gewidmet und zu zeigen versucht, wie Augustins Neuplatonismus auf dessen Liebeskonzeption eingewirkt hat.

Die Aufgabe geschichtlicher Interpretation muß zur Formierung hermeneutischer Prinzipien und zu einer Theorie von Sprache in christlichem Kontext führen. Mit dieser Aufgabe sind verschiedene Prozeßtheologen beschäftigt. Sie lehnen nicht die Entmythologisierung ab, aber sie wollen die kulturelle Rolle des Mythos in der Gestaltung der Sprache der Glaubensgemeinde verstehen, und sie kümmern sich um Ausdrucksweisen von Glaubensperspektiven, die poetisch, mythologisch und dramatisch-liturgisch sind. Bernard Meland hat in seinem »Faith and Culture« der Beziehung zwischen dem Glauben und seinem mythologischen Ausdrucksweisen besondere Aufmerksamkeit gewidmet.

Jede Prozeßtheologie sollte selbst im Prozeß sein. Die gegenwärtige Bewegung lebt mehr von Verheißung als von vollendeter Ausführung. Aber es ist ihr Ziel, der christlichen Kirche eine Alternative sowohl zum klassischen Theismus, der die biblische Botschaft von Gottes leidender und fürsorgender Liebe verdunkelt hat, als auch zu einem säkularen Humanismus, der keine Spur von Gottes Macht oder Liebe in der Existenz finden kann, zu unterbreiten.

Zusätzliche Literatur

John B. Cobb jr.: Die christliche Existenz. Eine vergleichende Studie der Existenzstrukturen in verschiedenen Religionen, München 1970.

Dietrich Ritschl: Die Wissenschafts-Problematik in der amerikanischen Diskussion – ein Überblick in: »Theologie als Wissenschaft«, Hg. von *Gerhard Sauter,* München 1971, S. 294–324.

A. N. Whitehoad: Abenteuer der Ideen, Frankfurt/M. 1971.

Theologie im Umbruch. Der Beitrag Amerikas zur gegenwärtigen Theologie, hg. von Dean Peerman, München 1968.

Jürgen Moltmann

Gott versöhnt und macht frei *

I.

»Gott war in Christus und versöhnte die Welt mit ihm selber und rechnete ihnen ihre Sünden nicht zu und hat unter uns aufgerichtet das Wort von der Versöhnung. So sind wir nun Botschafter an Christi Statt; so bitten wir nun an Christi Statt: Laßt Euch versöhnen mit Gott! – Ist jemand in Christus, so ist er eine neue Kreatur; das Alte ist vergangen, siehe, es ist alles neu geworden« (2. Kor. 5, 19–20, 17).

Mit diesen unvergeßlichen Worten faßt der Apostel Paulus die Summe der christlichen Botschaft von Gott, den Grund des Glaubens und die Praxis des neuen Lebens zusammen.

Das ist Gott: Der in Jesus Christus den Weg zum Kreuz geht, der das Leiden auf sich nimmt, um die Welt zu versöhnen; der den Tod der tiefsten Verlassenheit stirbt, um der Welt seine Liebe zu schenken; der arm wird, um viele reich zu machen.

Das ist die Welt, in der wir leben, leiden und kämpfen: Die von Gott im Kreuz Christi geliebte und nicht verlassene, versöhnte und nicht verworfene Schöpfung. Sie ist nicht angeklagt, sondern freigesprochen. Sie soll leben und nicht untergehen.

Und da sind wir: In der Gemeinschaft mit Christus eine neue Kreatur, befreit vom Gesetz der alten, vergehenden Welt, befreit von der Angst vor ihren Herren und Mächten, befreit von Sünde und Tod und nun offen für das neue Leben in der Freude, offen für die Erlösung der ganzen harrenden Kreatur, offen für das kommende schöpferische Handeln Gottes.

»Siehe, es ist alles neu geworden.« Sieh' auf den sterbenden Christus und Du siehst die Morgenröte des kommenden Tages Gottes, der alles verwandeln wird!

So ist das unsere Aufgabe: Alle Menschen an Stelle des armen, leidenden und sterbenden Christus zur Versöhnung mit Gott zu bitten und sie alle damit zu ihrer neuen Zukunft, zur Freiheit, zum Frieden und zur Gerechtigkeit einzuladen. Sein Kreuz ist das Zeichen der Hoffnung auf dieser Erde. Gottes Versöhnung ist die ewig lebendige Quelle der Befreiungen für schuldbeladene und sterbende Menschen, für die Erniedrigten und Beleidigten, für die Armen und Elenden. Wer immer an den Gott

* Ansprache auf der Vereinigenden Generalversammlung des Reformierten Weltbundes und des Internationalen Kongregationalistischen Rats vom August 1970 in Nairobi. Text nach »Nairobi. Autorisierter Bericht«, bearbeitet von Karl Halaski und Walter Müller-Römheld, epd-Dokumentation Bd. 4, hg. von Hans Wolfgang Heßler, Eckart-Verlag, Witten/Berlin 1971, S. 19–31. Abdruck mit freundlicher Genehmigung des Verlages.

der Versöhnung glaubt, der beginnt an dieser unerlösten Welt zu leiden. Er kann sich nicht mehr mit den Zuständen in den getrennten Kirchen, in der geteilten Welt und den unmenschlichen Gesellschaften abfinden. Er ist selbst anders geworden. Die Welt muß nicht so bleiben, wie sie ist. Sie ist offen für ihre Freiheit, die Erlösung heißt, weil sie in Christus versöhnt ist. Wir *hoffen* auf die zukünftige Verwandlung der Welt, weil wir an ihre Versöhnung Gottes *glauben*.

Wer an die Versöhnung glaubt, beginnt an der Kirche zu leiden. Das Wort von der Versöhnung ist durch das historische Christentum selbst mißbraucht und verraten worden. Falsche Propheten reden vom Frieden und mahnen zum Frieden, wo gar kein Friede ist. Sie trösten das Volk in seinem Unglück und meinen, es sei gar nicht so schlimm (Jer. 8, 11). Man verwechselt Versöhnung mit Beschwichtigungspolitik (appeasement). Man mißbraucht die Religion dazu, die Armen ruhig zu halten, damit sich die Leidenden mit dem Unrecht abfinden und nicht dagegen aufbegehren. Glaube soll die Triebe hemmen und die Affekte dämpfen. Man ruft die streitenden Parteien zur Versöhnung, um selbst neutral zu bleiben und nicht Partei ergreifen zu müssen. Wir verlangen nach Aussöhnung mit unseren Feinden, denen wir Unrecht taten, und vermeiden damit das Bekenntnis unserer eigenen Schuld. Wir verwechseln Liebe mit Toleranz gegenüber dem Bösen. Kann man den Kirchen glauben, die Versöhnung anderen predigen, aber sie nicht selbst so konkret praktizieren, wie Jesus es tat, wenn er die Kranken heilte, die Dämonen vertrieb und mit Sündern und Zöllnern zu Tische saß? Warum wenden sich viele Christen von den Kirchen ab und schließen sich sozial-revolutionären Bewegungen oder neuen messianischen Kulten an? Sie sehen Kirchen und Gemeinden, die mehr mit den Vorrechten ihrer Gesellschaft und dem Wohlwollen der Mächtigen, als mit dem Gekreuzigten versöhnt sind. Darum hassen die Rebellen das Wort von der Versöhnung, denn sie sehen überall die verlogene Praxis von »Versöhnlern«, die nicht »an Christi Statt« leben und handeln, sondern um eigene Rettung besorgt sind.

Versöhnung heißt neue Gemeinschaft mit Gott und untereinander. Wie soll diese neue Gemeinschaft durch *getrennte Kirchen* glaubwürdig bezeugt werden? Die Trennung des Christentums in verschiedene Kirchen, ihre neidische Konkurrenz in der Mission, die gegenseitige Diskriminierung von Christen durch die Gesetze anderer Kirchen ist ein Skandal. Es ist ein Skandal nicht nur vor der Welt, die dieses traurige Schauspiel mit ansehen muß, sondern viel mehr noch ein beschämender Skandal vor dem Leiden des sterbenden Christus. Wenn die Kirchen der Gesellschaft heute noch etwas vom Christentum, und das heißt von der Versöhnung, geben wollen, dann müssen sie sich selbst erneuern lassen. Wer glaubt, ist in erster Linie Christ und erst in zweiter Linie Mitglied »seiner« Kirche. Sein Leiden an »seiner« Kirche entspringt aus seiner Liebe zu Christus, der ihn zusammen mit der Welt geliebt hat. Führt diese Liebe zu Christus und zur Welt uns heute aus den etablierten Kirchen heraus?

In vielen Kirchen finden wir heute diese Auswanderungsbewegungen der Jugend, und zwar nicht nur um einer sozial-revolutionären Weltveränderung, sondern auch um Christi willen. Sie finden Christus nicht mehr in den Kirchen: Sie finden ihn in den Slums.

Die seit Jahrhunderten getrennten Kirchen befinden sich heute auf einem Weg – wie wir hoffen – zu einer ökumenischen Gemeinschaft. Die moderne sozial-revolutionäre Kritik an den Kirchen, ob sie nun getrennt oder vereinigt sind, stellt uns vor neue Fronten im Christentum, wie wir sie bisher nicht gekannt haben, aber in Zukunft immer mehr kennenlernen werden. In dieser Situation sollten wir dem Leiden an der Kirche in der Liebe Christi zur Welt nicht ausweichen, weder durch eine konservative Flucht nach rückwärts, noch durch eine modernistische Flucht nach vorwärts. Wir sollten das Leiden annehmen und aus diesen Konflikten produktiv nach einer neuen, glaubwürdigen Gemeinde Christi fragen. Auch die Kirchen können durch Gottes Versöhnung wieder frei werden von ihren Versäumnissen und ihrem Verfall an die Mächte dieser Welt. Das ist unsere Hoffnung für die Kirche Christi. Wir glauben an die eine, durch Versöhnung befreite Kirche Gottes.

Wer an Versöhnung glaubt, der beginnt an der geteilten Welt zu leiden. Wir haben viele Hoffnungen begraben müssen, die auf die Humanisierung der Welt durch Wissenschaft, Technik, rationelle Wirtschaft und Weltpolitik gesetzt wurden. Wir leben in einer verfeindeten und geteilten Welt. Eine Teilung folgt auf die andere, und zwar paradoxerweise je mehr die Welt zu »einer Welt« zusammenwächst. Der Zweite Weltkrieg hinterließ den Ost-West-Konflikt. Er führte zur Aufteilung der Erde in die Einflußsphären der beiden weißen Großmächte Rußland und Amerika. Immer stärker tritt seit 20 Jahren der ökonomische Konflikt zwischen den reichen Völkern der nördlichen und den armen Völkern der südlichen Hemisphäre in den Vordergrund. Zum ideologischen Konflikt zwischen Kapitalismus und Sozialismus kommt der Rassenkonflikt dazu. Wo immer heute Rassenkonflikte, ideologische Differenzen, soziale, religiöse und nationale Spannungen auftreten, da wird der politische Friede nicht durch Versöhnung, sondern durch Trennung, Vertreibung, Spaltung, Apartheit und Gettos herbeigeführt. In Berlin wurde eine ideologische Mauer gebaut. Durch Belfast geht ein religiöser Stacheldraht. In Südafrika und Nordamerika geht die Gettoisierung weiter. Ganze Bevölkerungen werden im Nahen Osten, in Indien, in Indochina usw. vertrieben und verfolgt, damit die anderen unter sich sind. Geteilte Städte, geteilte Länder, getrennte Menschen, Kasten und Klassensysteme kennzeichnen das Antlitz dieser Erde, auf der Menschen offensichtlich nicht menschlich mit anderen Menschen leben können und wollen. Das Motiv aller Herrscher, die Unfreiheit verbreiten, heißt: Divide et impera: Herrsche durch Teilung. Das Leben der Menschheit ist bedrückt durch Teilung und Herrschaft. In dieser geteilten Welt ist appeasement kein Mittel der Versöhnung, sondern nur ein Mittel, um zu überleben, indem man die Streitenden trennt und die gegenseitige Vernichtung aufschiebt.

Wer an Versöhnung glaubt, beginnt an der Unmenschlichkeit des Menschen und seiner Gesellschaft zu leiden. Unmenschlich ist der Mensch, der seine Menschlichkeit verläßt und sich zum stolzen und verzweifelten Gott seiner selbst und seines Nächsten macht. Er hat Angst vor sich selbst und vor seinen Mitmenschen. Er kann nicht mehr lieben. Er liebt nur sich selbst. Darum mißbraucht er seine Erfahrungen, seinen Besitz und seine Mitmenschen zu seiner Selbstrechtfertigung. Sie alle müssen ihm beständig sagen, wer er eigentlich ist, und müssen seine innere Unsicherheit beschwichtigen. In seiner Angst hängt er sich an vergängliche Dinge. Sie sollen sein Selbstvertrauen stützen. Er erwartet von den guten Dingen der Schöpfung das, was ihm nur der Schöpfer selbst geben kann. Er verwandelt die Herrlichkeit des unsichtbaren Gottes in ein Bild gleich dem vergänglichen Menschen (Röm. 1, 23). Er verwandelt die Wahrheit Gottes in Lüge und dient dem Geschöpf mehr als dem Schöpfer (Röm. 1, 25). »Des Menschen Herz ist eine Götzenfabrik«, sagte Calvin mit Recht. Das zeigt sich vor allem in der Religion des Menschen, wenn immer es eine »Religion der Angst« ist. In diesem Sinne ist der Mensch unausrottbar religiös. Seine Welt ist voll von Idolen, Götzen, Fetischen und Personenkulten, auch seine moderne Welt. Hängt aber der Mensch sein Herz an solche idolisierten Werte und Realitäten, so ist er nicht mehr frei, die Realität seines Lebens ohne Illusionen und Resignationen anzunehmen. Er ist nicht mehr frei, zusammen mit seinem Leben auch das andersartige Leben anderer zu bejahen. Jeder Angriff auf seine Idole wird für ihn zum Angriff auf sein besseres Selbst, und er reagiert darauf mit tödlicher Aggression. Als ein solcher Götzendiener ist der Mensch in der Tat ein neurotisches Wesen. Unmenschlich sind menschliche Gesellschaften, die den Götzendienst durch politische Religionen zum Kult erhoben haben. Dem Moloch der eigenen stolzen Nation werden Menschen zum Opfer gebracht. Dem Fetischismus der Waren und des Konsums wird die Menschlichkeit zum Opfer gebracht. Man ist zum Frieden nicht bereit, weil man Angst um den Verlust des eigenen Stolzes hat. Die Götzenfabriken laufen in unseren Nationen auf vollen Touren. Der Gekreuzigte oder diese Götter – das ist die Frage. Wer im Glauben an den Gekreuzigten Befreiung von der Angst erfährt, der beginnt an den unmenschlichen Zwängen dieser Angst zu leiden. Wer dem nachfolgt, der von den Göttern und Mächten dieser Welt gekreuzigt wurde, der wird auch zu einem Bildersturm der Freiheit gegen jene Götzen und Kulte seiner Gesellschaft bereit sein.

In dieser Zeit *menschliche Befreiung durch Gottes Versöhnung* zu demonstrieren und zu praktizieren, das heißt, zwischen Haß und Wut, zwischen Reaktion und Revolution den langen Atem der Hoffnung zu bewahren. Wir sollten das Leiden dieser Zeit bewußt annehmen und den Schrei nach Freiheit aus der Tiefe der unterdrückten Völker und Menschen zu unserem eigenen Seufzen und Stöhnen machen und mit dem Ruf zur Versöhnung antworten. Auch die Welt kann durch Versöhnung frei werden. Das ist unsere Hoffnung für die geteilte und von Idolen ihrer

Angst gequälte Menschheit. Wir glauben an die eine, durch Versöhnung befreite, neue Menschheit Gottes.

II.

Doch *was* ist Versöhnung? *Wie* versöhnt Gott so, daß unsere Wunschbilder und unsere Angstträume zerbrechen und unsere geteilte und geknechtete Welt verändert und frei wird? *Wo* ist der versöhnende Gott am Werk?

Welche Wege der christliche Glaube und die Theologie heute auch immer gehen mögen – allein der Gekreuzigte ist unser Versöhner und Befreier. Wer wissen will, was Versöhnung wirklich ist, der muß auf den *Weg Jesu* sehen. Jesus realisierte Gottes Versöhnung durch die Verkündigung des nahen und befreienden Gottes bei den Gottlosen, durch die Heilung der Kranken, durch die Austreibung der Dämonen, durch die Gemeinschaft mit Aussätzigen, Sündern und Zöllnern, durch die Parteinahme für die Armen und Unterdrückten. Er lebte und bewies die von Gott geschaffene Versöhnung mitten in den Konflikten seiner geteilten Gesellschaft. Darum wurde der Weg Jesu der *Weg zum Kreuz*. Und hier geschah in der Einsamkeit seines Sterbens die Versöhnung und die Befreiung der ganzen gottlosen Welt durch die Liebe des Vaters. Was christlichen Glauben von anderen Religionen und Revolutionen unterscheidet, ist die *Herrschaft des Gekreuzigten*. Sein Kreuz trennt den Glauben vom Unglauben ebensosehr wie vom Aberglauben. Was immer Christen glauben und tun, das muß vor dem Angesicht des Gekreuzigten offenbar und gerechtfertigt werden. Denn durch sein Leiden und Sterben hat Gott die verlassene Welt ein für allemal mit sich selbst versöhnt, sie angenommen und ihr Freiheit eröffnet. Jesus hat nicht Gott versöhnt, sondern Gott selbst hat durch Jesu Sterben die Welt mit sich versöhnt.

Das *Kreuz Christi* macht die Kosten der Versöhnung offenbar (Joh. 3, 16).

Die *Auferweckung des Gekreuzigten* eröffnet die universale Zukunft der Freiheit, die daraus entspringt.

Machen wir uns die Kosten der Versöhnung deutlich. Gott hat Israel nicht durch Versöhnung mit dem Pharao aus der Sklaverei in Ägypten befreit, sondern durch die Rettung der Verfolgten und den Untergang der Verfolger am Schilfmeer (2. Mose 14). Nach den Zukunftsvisionen des Propheten Jesaja wird dieser Gott für die Erlösung seines Volkes aus dem babylonischen Exil große und ferne Völker zum Opfer bringen (Jes. 43, 1–7). Nach dem Evangelium des »Neuen Bundes« aber bringt Gott im Leiden und Sterben Christi seinen eigenen Sohn, das heißt, sich selbst zum Opfer für seine Liebe zur Freiheit der Welt. Das Verderben und das Gericht sind so groß und so weltweit geworden, daß Gott selbst sich aufmacht und der Welt Sünden trägt. Verlassen von Gott und den Menschen stirbt Jesus einsam am Kreuz und nimmt so die Einsamkeit und Verlassenheit und die Last des Verderbens für die ganze Welt auf sich.

Das schafft dieser Welt und allen Menschen in ihr Leben Freiheit, Frieden und eine neue Freude. Diese Versöhnung wird also nicht einfach behauptet. Sie ist kein Gesetz.

Diese Versöhnung kommt durch stellvertretendes Leiden Christi und das Opfer der Liebe zustande. Gott hat sich selbst nicht geschont, sondern sich für die Versöhnung der Welt und ihre Freiheit dahingegeben. Versöhnung ist eine teure Gnade. Indem Gott das Verderben der Welt auf sich nimmt, schafft er der Welt ihre neue Zukunft im Heil. Wir müssen verstehen, daß gerade im Leiden und Sterben Christi Gott etwas Neues *schafft.* Gott ist »für uns«, für uns Sünder. Gott ist »mit uns«, mit uns Gottlosen. Versöhnung mit Gott wird allein durch Gott selbst geschaffen. Er ist das Subjekt, und wir sind die Objekte der Versöhnung. Darum ist auch Christi Stellvertretung exklusiv, einzigartig und unwiederholbar. Gottes Versöhnung ist der Grund und die Kraft für Versöhnungen zwischen feindlichen Menschen. Gott ist »für uns«, darum können und sollen wir »miteinander« und nicht gegeneinander sein.

Das Wort vom Kreuz ist das Evangelium Gottes, wie Paulus sagt. Wer nicht hier anfängt, Gott zu glauben, mit ihm zu leben und ihm zu danken, der hat noch nicht mit dem Christentum angefangen. Wir rufen die unsicher gewordene Christenheit zu Gott, indem wir alle zum Kreuz Christi rufen.

Versöhnung heißt hier in der Tat, daß Schuld vergeben wird. Wir wissen gut, daß kein Mensch und kein Volk die eigene Schuld anerkennen und eingestehen können, weil sie dann jede Selbstachtung zu verlieren meinen. Schuld wird darum meistens verdrängt. Aber verdrängte Schuld wirkt weiter und vergiftet das Leben eines Menschen und ganzer Völker mit Haß auf die anderen und Angst vor sich selbst. Am Kreuz Christi aber werden die Schuldigen nicht zur Rechenschaft gezogen und bestraft. Sie werden zur Liebe gezogen und befreit. Schuld muß nicht mehr verdrängt werden, sondern kann als vergebene Schuld angenommen werden.

Versöhnung heißt aber nicht nur Vergebung von Schuld, sondern auch *Befreiung von der Macht der Sünde.* Sünde ist für Paulus nicht nur eine Schuld, die wir haben, sondern mehr noch eine Macht, die uns total versklavt. Es ist der gottlose Bann des Todes, der in der Angst Gewalt über den Menschen gewinnt. Diese Angst macht es, daß der Unmensch aus vergänglichen Dingen Götzen macht, die ihm Sicherheit geben sollen. Die Fruchtbarkeit wird zum Götzen seiner Angst. Die Nation oder ein Führer werden zum Götzen seiner Angst. Menschen, die anders sind als er selbst, werden zu Gespenstern, Schreckbildern seiner Angst. Wer Angst hat, ist beherrschbar. Man kann ihn erpressen und ausbeuten. Befreiung von der Macht der Sünde ist deshalb immer auch Befreiung von der Angst und Befreiung von den Götzen und Befreiung vom Haß auf die Menschen, die anders sind, als wir selbst. Diese Befreiung von der Macht der Sünde geschieht durch die Kraft der Versöhnung. Wir finden sie in der Auferweckung des gekreuzigten Christus von den Toten. Paulus hat darum die »Versöhnung der Welt« mit dem »Leben aus den

Toten« zusammengebracht (Röm. 11, 15). Denn in der Auferweckung des für uns Gekreuzigten ist in der Tat dem Tode die Macht genommen. Wen der *Geist der Auferstehung* ergreift, welcher der Geist der Freiheit ist, der hat keine Angst mehr, er ist Gottes Freund, auch wenn ihm die Welt feindlich ist. Er lacht über die Herren und Mächte dieser Welt. Der böse Bann ihrer Herrschaft ist gebrochen, wo der Gekreuzigte zum Anführer des Lebens in Freiheit wird. Wer keine Furcht hat, ist nicht beherrschbar. Er kann zwar erschossen werden, aber »es ist eine wunderbare Sache, wenn man plötzlich keine Furcht mehr hat«.

Wo ist diese Befreiung durch Versöhnung geschehen? Die Proklamation der Versöhnung Gottes brachte Jesus in einen tödlichen Konflikt mit den öffentlichen Mächten seiner Zeit, mit Priestern und Politikern. Er wurde aus ihrem Lager ausgestoßen und starb »draußen vor dem Tor« (Hebr. 13, 12) zwischen anderen Verworfenen. So ist denn die Versöhnung nicht in einem Heiligtum, nicht in einem religiösen Bereich, sondern mitten in der Welt, und zwar an ihrem tiefsten Punkt, auf einer Schädelstätte für Verlorene, geschaffen worden. Wir sollten darum aus der Versöhnung nicht einen Kult machen, der abgeschieden von den Leiden der Welt in der Stille von Kirchen zelebriert wird, sondern die Versöhnung Christi dort suchen und empfangen, wo er gelitten hat. »Laßt uns hinausgehen aus dem Lager und seine Schmach tragen«, sagt der Hebräerbrief (13, 13). Versöhnung ist nicht ein religiöser Kult für Fromme, sondern die Rechtfertigung der Gottlosen und die Liebe Gottes zu seinen Feinden mitten in ihrer Welt (Röm. 5, 6). Wir dürfen es nicht zulassen, daß die Befreiung durch Versöhnung in ein religiöses Getto gepfercht wird. Die Kraft der Auferstehung will die ganze Welt von Grund auf erneuern.

Wenn das Kreuz Christi nicht in einem Heiligtum stand, sondern »draußen«, dann gehört auch die Versöhnung nicht nur in die Innerlichkeit der persönlichen Herzensfrömmigkeit. Wir können die Versöhnung nicht in das Getto unserer Herzen einsperren. Wir müssen die Versöhnung Christi und seine Auferstehungsfreiheit dort empfangen, wo er gelitten hat, und das heißt, mitten in den konkreten Unmenschlichkeiten unserer Gesellschaft.

Wem gilt die Versöhnung Gottes in Christus? Paulus kennt hier zwei Horizonte: Die Versöhnung gilt einmal »uns« (2. Kor. 5, 18), und sie gilt zum anderen »der Welt« (2. Kor. 5, 19; Röm. 11, 15; Kol. 1, 20; Eph. 2, 16). Das sind keine Gegensätze, denn die Versöhnung gilt uns zusammen mit der ganzen geknechteten Kreatur, und sie gilt der Welt durch unser Leben. Der Horizont der Versöhnung ist in der Tat nicht enger als die Weite der ganzen Schöpfung Gottes. Seine Versöhnung reicht, soweit die Wolken gehen. Wenn Christen die Versöhnung für sich behalten und dem Rest der Welt nur ihr Mitleid oder ihre Entwicklungshilfe geben, verraten sie das Kreuz. Das ist die »christliche Kaste«, die sich von der übrigen Bevölkerung abschließt. Wenn nicht alle versöhnt werden können, sind auch wir nicht wirklich Versöhnte. Wir sollten darum aus der

Engstirnigkeit unseres Kleinglaubens, aus der Enge unserer Kirchen und aus dem ängstlichen Egoismus unserer Nationen ausbrechen und eine neue Frömmigkeit der Solidarität mit allen Verdammten dieser Erde entwickeln. »Gott war in Christus und versöhnte *die Welt*...« Und die Kirchen sind doch nicht schon »die Welt«, sondern bestenfalls ein kleiner Anfang jener versöhnten Welt Gottes. Aus der Spannung zwischen »uns« Versöhnten und der von Gott versöhnten »Welt« entsteht die Mission der Freiheit, entsteht das Engagement für den Frieden und der Einsatz für die Gerechtigkeit in der Welt. Der Boden brennt unter unseren Füßen, wenn wir diese Spannung erkennen.

Zuletzt sollten wir nicht vergessen, daß die Versöhnung der Welt durch das *leibliche* Sterben und Auferstehen Christi geschaffen ist. Das Heil der Welt ist darum nicht nur die Seligkeit der Seelen, sondern zusammen damit die Erlösung des *Leibes*. »Der Leib gehört dem Herrn und der Herr dem Leibe«, sagt Paulus (1. Kor. 6, 13). Von einem Vorrang der Seele spricht er nicht. Nachdem die Christen so lange das Heil der Seele und die Rettung des einzelnen betont haben, beginnen wir heute die »materialistische«, leibliche Komponente des Heils zu entdecken, das in der neuen Schöpfung liegt. »Alle Wege Gottes enden in der Leiblichkeit« (Otinger). Leiblich ist der Mensch dem Tode, den Krankheiten, dem Hunger, der Ausbeutung und Erniedrigung durch andere Menschen unterworfen. Leiblich sehnen sich auch die Glaubenden zusammen mit der ganzen harrenden Kreatur nach der Erlösung von der Vergänglichkeit (Röm. 8, 23). Die in Christus vollbrachte Versöhnung der Welt eröffnet dieser Welt den weiten und umfassenden Horizont der Erlösung, des Heils, des Reiches, in dem Gott bei den Menschen wohnt. Heil in diesem umfassenden Sinne heißt Schalom: eine Neuschöpfung des ganzen Menschen nach Leib und Seele, eine Neuschöpfung der ganzen Menschheit nach Personen und Verhältnissen, eine Neuschöpfung von Himmel und Erde, damit endlich Gerechtigkeit und Frieden sich auf Erden küssen. Das heißt Auferstehung. Je mehr wir das leibliche Leiden und Sterben Christi ernstnehmen, je umfassender werden wir den eschatologischen Horizont der Freiheit verstehen, den seine Auferweckung eröffnet.

III.

Wie wird die Versöhnung der Welt mit Gott im Zeichen des Kreuzes ausgebreitet? Wie können wir ihr in Wort und Tat glaubwürdig entsprechen? Wir nehmen hier auf, was der Reformierte Weltbund auf seiner letzten Tagung in Frankfurt unter dem Thema »Komm, Schöpfer Geist« gedacht und gesagt hat.

Die Versöhnung am Kreuz wird in dieser unerlösten Welt durch die Kraft des Geistes gepredigt, gelebt und getan. Durch Predigt, durch Gemeinschaft und durch die Taten der Gerechtigkeit wird sie bezeugt. Ich möchte zeigen, daß das Kreuz Christi nicht nur der Gegenstand der christlichen Zeugnisse ist, sondern auch ihre Formen in dieser Welt prägt.

Das Wort von der Versöhnung ist wohl darum so billig und unwirklich geworden, weil wir das Gericht, das mit ihm durch das Kreuz verbunden ist, nicht laut und deutlich genug zu sagen wagen. Das »Wort von der Versöhnung« aber ist für Paulus das »Wort vom Kreuz«, und dieses Kreuz ist für die einen eine Gotteskraft, für viele aber nichts anderes als Torheit und Ärgernis (1. Kor. 1, 18).

Versöhnung hat darum nichts zu tun mit einer unbeteiligten Neutralität. Jesus Christus selbst hat das Evangelium vom nahen Reich Gottes »den Armen« verkündigt und nicht »den Reichen«. Er war ein Freund der Sünder und Aussätzigen und nicht der Pharisäer. Seine Sendung galt allen Menschen gerade dadurch, daß er heftig Partei ergriff für die Schwachen, die Diskriminierten und Hoffnungslosen. Jesus faßte die ganze menschliche Gesellschaft sozusagen am untersten Ende bei den Verachteten. Schon durch das Alte Testament geht trotz des besonderen Bundes mit dem Volk Israel die tiefe Erkenntnis: Du bist ein Gott der Armseligen, die Zuflucht der Unterdrückten, die Stütze der Schwachen, der Schutz der Verlassenen, der Retter der Verzweifelten. Dort also ist Gott gegenwärtig, und so handelt er: »Er stößt die Gewaltigen vom Stuhl und erhebt die Niedrigen. Die Hungrigen erfüllt er mit Gütern und läßt die Reichen leer«, singt Maria (Luk. 1, 51–53). Gerade damit einmal alles Fleisch »zusammen« die Herrlichkeit des Herrn sehen soll, erniedrigt Gott die Berge und erhöht die Täler. Wenn wir diese Parteilichkeit Gottes und des Evangeliums heute begreifen, dann werden wir auch den »revolutionären« Charakter der Bibel wieder verstehen. Nur für Arme ist die Botschaft eine frohe Botschaft. Für Reiche und Selbstgerechte ist sie peinlich. Die Botschaft von der Versöhnung ist nicht der religiöse Honig der guten Gesellschaft, sondern das Salz der Erde. Und Salz in den Wunden der Erde brennt, aber es verhindert die Fäulnis. Wir müssen diese Schärfe des Evangeliums wiedergewinnen, wenn wir in dieser chaotischen Welt die Freiheit des Gekreuzigten ausbreiten wollen. »Wehe uns, wenn wir das Evangelium nicht predigen.« – Wehe uns, wenn wir nicht das Evangelium predigen, sondern das Gesetz.

Dafür »bitten wir an Christi Statt«, sagt Paulus. Der Gekreuzigte bittet durch uns die Menschheit zur Versöhnung mit Gott. Ein Bittender hat keine große Macht. Seine Hände sind offen und einladend ausgestreckt. Er bedrückt keinen und nötigt niemanden. Sein Bitten gewährt den Eingeladenen Freiheit und schenkt ihnen Zeit. Seine Beharrlichkeit im Bitten öffnet ihnen immer von neuem eine versöhnende und freie Zukunft. Die Herren befehlen, die Richter urteilen, die Parteiführer proklamieren. Gott aber läßt durch den sterbenden Christus und durch uns bitten. Darum ist er der befreiende Gott in einer Welt von Sklaverei und Rebellion.

Versöhnung wird in der christlichen Gemeinschaft gelebt. Das ist das zweite. Aber wie zeigt sich das Kreuz im Leben der Versöhnten? Menschliche Gesellschaften gründen natürlicherweise in der Gleichartigkeit ihrer Mitglieder. »Gleich und gleich gesellt sich gern«, sagte schon Aristoteles. Die gleiche Klasse, die gleiche Rasse, die gleiche Nation, der gleiche Besitzstand, die gleichen Ansichten und die gleiche Moral verbinden Menschen, die so sind wie wir, bestätigen uns. Menschen, die anders sind als wir, beunruhigen uns. Darum lieben wir natürlicherweise die Freunde und verachten die Fremden. Das Lebensgesetz der christlichen Gemeinschaft aber ist gerade nicht diese Gleichartigkeit, sondern die »Anerkennung der anderen« in ihrer Andersartigkeit. Diese Anerkennung und Liebe verbindet Ungleichartige. Die christliche Gemeinschaft bringt die Versöhnung der Feinde mit Gott in einer geteilten Welt dann zum Vorschein, wenn sie »aus Juden und Heiden, Griechen und Barbaren, Herren und Knechten, Männern und Frauen« (Gal. 3, 28) besteht. Die Mauern und Zäune der Gettos, die Menschen gegeneinander aufrichten, um sich selbst zu behaupten, werden durch die christliche Gemeinschaft unterwandert und abgebrochen, denn im Geist der Versöhnung tritt der Gekreuzigte selbst zwischen die Feinde und ruft eine neue Gemeinschaft ins Leben (Eph. 2, 14 ff.). Die alten Feindschaften und auch die alten Freundschaften zerbrechen angesichts der neuen Schöpfung in Christus. Dann ist die Kirche wirklich der versöhnende Leib Christi. Aber unsere Kirchen und Gemeinden sind nicht so. Immer wieder setzt sich das natürliche und doch so unmenschliche Geselligkeitsprinzip durch, wonach sich nur die gleichen in der Kirche zusammenfinden, und die »anderen« draußen vor der Tür bleiben. Nationalkirchen, Rassenkirchen, Klassenkirchen, Mittelstandskirchen usw. sind in ihrem praktischen Leben heidnisch und häretisch. Durch sie wird nicht Versöhnung verbreitet, sondern Verachtung. Erst wo eine christliche Gemeinschaft aus Ungleichen, aus Gebildeten und Ungebildeten, aus Schwarzen und Weißen, aus Hohen und Niedrigen besteht, wird sie zum Zeugnis der Hoffnung auf die versöhnte Welt Gottes. Eine solche Gemeinde wird es in der geteilten Welt schwer haben. Man wird ihr Verrat an den »heiligsten Gütern« der jeweiligen Gesellschaft und Klassen vorwerfen. Sie wird eine Gemeinde unter dem Kreuz sein. Aber wir warten auf eine solche Gemeinschaft, denn nur auf ihr liegt Hoffnung.

Der Dienst der Versöhnung geschieht endlich in den konkreten Taten der Befreiung. Die Versöhnung im Kreuz Christi hat einen weltverändernden Impuls in sich. Die Auferstehung zeigt ihn uns. Wenn die Macht des Todes gebrochen ist, dann ist auch die Macht des Schicksals gebrochen. Wo der Geist der Auferstehung herrscht, da ist Freiheit: – Eine weltüberwindende Freiheit und darum auch eine weltverändernde Freiheit. Wo kraft der Versöhnung Schuld vergeben und Feindschaft überwunden sind, da öffnet sich eine neue Zukunft, für die zu leben es sich lohnt. Wer versöhnt wird, der wird auch verwandelt. Hat Gott die Welt mit sich versöhnt, so sind für den, der glaubt, alle Verhältnisse in dieser Welt veränderlich. Nichts muß so bleiben, wie es ist. Alles kann neu werden. Versöhnung ohne Veränderung von Menschen und ihrer Beziehungen ist ein schwacher Trost. Das sollten Christen heute einsehen. Veränderung ohne Versöhnung führt zum Terrorismus. Das sollten die Revolutionäre heute erkennen. Denn erst mit der Versöhnung wird der Zwang der bösen Tat, die fortzeugend Böses muß gebären, gebrochen. Erst mit der Versöhnung wird der Teufelskreis der Rache zerstört. Erst mit der Versöhnung wird das Gesetz der Vergeltung überwunden. Schöpferische neue Gerechtigkeit, schöpferischer Frieden und eine Freiheit, wie sie die Welt bisher noch kaum gesehen hat, entspringen aus der Versöhnung und nicht aus dem Gesetz.

Das Schema der geteilten Welt hat sich sehr tief in das menschliche Denken und Gefühl eingefressen. Es ist unsere eigene Angst, die uns den Gegner hassen lehrt. Wer Haß predigt, hat immer Angst. Durch die Propaganda der Herrschenden wird uns das Freund-Feind-Denken beigebracht. Aber Christus ist nicht gegen »die Kommunisten«, er ist für sie gestorben. Christus ist nicht gegen die »Weißen«, er ist für sie gestorben. Das verlangt von uns ein neues Denken und eine neue Solidarität der Liebe. Denn nur die Liebe überwindet die Angst. Die Liebe schließt in ihr Denken und Handeln den Gegner mit ein. Sie sieht in ihm den versöhnten und befreiten Freund von morgen. Sie tut jetzt schon, was morgen möglich ist, denn sie sieht auch den Gegner in den Händen des sterbenden Christus. Die Liebe hat darum ein kritisches Vertrauen in die Wandelbarkeit des Gegners und ein permanentes Mißtrauen gegen das Recht der eigenen Position. In den sozialen und politischen Konflikten sind die Christen für beide Seiten »unzuverlässige Bundesgenossen«. Auch sie kämpfen gegen die ungerechten Herren, gegen die Rassisten und Ausbeuter. Aber sie sind immun gegen die Verführung des Hasses und des Terrors. Sie lassen sich das Gesetz des Kampfes nicht von den Gegnern vorschreiben, sondern kämpfen mit eigenen Methoden den Kampf um die Befreiung der Konfliktgegner von ihrer Angst, die Haß und Gewaltanwendung produziert. Sie wissen, daß Gottes Versöhnung auch den Gegner umschließt und darum nur durch gegenseitige Verwandlung Gerechtigkeit erreicht werden kann. Sie können in den Teufelskreis von Gewalt und Gegengewalt darum, wenn überhaupt, nur notgedrungen eintreten, denn sie wollen diesen Teufelskreis ja überwinden und nicht unterstützen.

Mao sagt: »Wir treten dafür ein, daß der Krieg abgeschafft wird, wir wollen keinen Krieg. Man kann aber den Krieg nur durch Krieg abschaffen: Und wenn man will, daß es keine Gewehre mehr geben soll, muß man das Gewehr in die Hand nehmen« (Worte, Peking, 1967, 76). Seine Gegner sind genau derselben Meinung. Aber das ist keine hoffnungsvolle Dialektik, sondern eine sehr verzweifelte. Wir treten dafür ein, daß der Krieg abgeschafft wird. Auch wir wollen keinen Krieg. Man kann aber den Krieg nur durch schöpferischen Frieden abschaffen. Wenn man will, daß es keine Gewehre mehr geben soll, dann kämpfe man für den Frieden mit den Mitteln des Friedens und mache aus Schwertern Pflugscharen.

Zwar kann es sein, daß auch Christen an der Beseitigung wirtschaftlicher und politischer Ungerechtigkeit mit friedlichen Mitteln verzweifeln und die Zuflucht zur Gewalt als letzten Ausweg akzeptieren. Aber sie können die Gewaltanwendung nicht rechtfertigen. Sie übernehmen dann

Schuld, die vergeben werden muß. Wer aber nichts tut, um nicht schuldig zu werden, der bleibt Gott den Gehorsam schuldig. Meistens aber stehen wir nicht vor dieser letzten Frage. Meistens wird zur Waffe gegriffen, weil Menschen in ihrer Angst nichts Besseres einfällt. Wem diese Angst nicht mehr imponiert, der sollte produktive Phantasie für den Frieden entwickeln. In den militärischen Tod haben wir reichlich wissenschaftliche, technische und strategische Phantasie investiert, in das Leben, in den Frieden, den gewaltlosen Widerstand und die Veränderung der Gegner dagegen fast keine Phantasie.

Die Menschen, die sich gegenseitig bekämpfen, verfolgen und ausrotten, sind in Christus versöhnt, auch wenn sie noch nicht erlöst sind. Gott sei Dank! Wir und unsere Gegner sind veränderlich. Selbst die Welt ist eine veränderliche Welt geworden. Gott hat das unmöglich Erscheinende möglich gemacht. Laßt uns darum heute schon tun, was morgen sein soll. »Die Nacht ist vorgerückt, der Tag ist nahe herbeigekommen. Laßt uns endlich, endlich abtun, was uns träge macht« (Röm. 13, 12) und die Freiheit ergreifen, die uns die Versöhnung schenkt.

Zusätzliche Literatur

Ernst Bloch: Das Prinzip Hoffnung, 2 Bde., Frankfurt 1959.

Harvey Cox: »Das Fest der Narren.« Das Gelächter ist der Hoffnung letzte Waffe, Stuttgart 1970.

Wolf-Dieter Marsch (Hg.): Diskussion über die »Theologie der Hoffnung«, München 1967.

Wolf-Dieter Marsch: Zukunft, Stuttgart 1969.

Jürgen Moltmann: Theologie der Hoffnung. Untersuchungen zur Begründung und zu den Konsequenzen einer christlichen Eschatologie, 7. Aufl., München 1968.

Jürgen Moltmann: Perspektiven der Theologie. Gesammelte Aufsätze, München/Mainz 1968.

Jürgen Moltmann: Mensch. Christliche Anthropologie in den Konflikten der Gegenwart, Stuttgart 1971.

Jürgen Moltmann: Die ersten Freigelassenen der Schöpfung. Versuche über die Freude an der Freiheit und das Wohlgefallen am Spiel, München 1971.

Wolfhart Pannenberg: Grundzüge der Christologie, Gütersloh 1964.

Gerhard Sauter: Zukunft und Verheißung. Das Problem der Zukunft in der gegenwärtigen theologischen und philosophischen Diskussion, Zürich/Stuttgart 1965.

Trutz Rendtorff

Unsere Umwelt und die Folgen der Freiheit *

Über ethische Maßstäbe gegenwärtiger und künftiger Lebensgestaltung

Erhard Eppler beantwortete kürzlich die Frage nach seinen politischen Reformvorstellungen mit der These, zum ersten Male in der Menschheitsgeschichte sei deutlich geworden, daß »die Fortschreibung der Vergangenheit keine Zukunft mehr ergibt« (Evangelische Kommentare 7/1971). Und Willy Brandt gab diesem Gedanken eine eigene Zuspitzung, als er vor dem Politischen Club in Tutzing erklärte, zum ersten Male in der Geschichte gehe es um »die bewußte Fortschreibung der Schöpfung«. In solchen Wendungen spricht sich der epochale Zuschnitt des gegenwärtigen ethischen Bewußtseins aus. Freiheit ist dabei nicht nur eine Frage der Gesinnung oder Ziel der Selbstverwirklichung. Der Eindruck erzeugt sich, Freiheit sei das Konstruktionsprinzip des geschichtlich-gesellschaftlichen Prozesses selber. So gibt es einen Sinn, wenn zum Beispiel mit den Problemen des Umweltschutzes sich eine Dimension ethischer Orientierung verbindet, in der die Neuformulierung der Maßstäbe gegenwärtiger und künftiger Lebensgestaltung als Aufgabe empfunden wird.

Mit welcher Art von Zukunft wir es zu tun haben werden, als Christen und als Menschen, im Zusammenhang unserer Welt und unserer Kultur, das hängt in hohem Maße davon ab, welches Bild der Gegenwart unsere Erfahrung der Zukunft bestimmen wird.

Analyse der Wirklichkeit als Stoff der Ethik

Die Analyse der Gegenwart, das ist die wissenschaftliche Weltbeschreibung wie die Weltbeschreibung des öffentlichen und privaten Bewußtseins, ist der Boden, auf dem sich Klärung und Konstruktion der Maßstäbe unseres Handelns konkret vollziehen. Will man darum das Thema der Ethik, der ethischen Maßstäbe diskutieren, dann muß dieses klar sein: Es ist kein Thema, das sich in einem gänzlich anderen Medium des Bewußtseins und der Realitätsbeziehung vollzieht, als es das ist, was in ökonomischen, technologischen und politologischen Analysen thematisiert wird. Allerdings geht es dabei um einen eigenen Aspekt, gleichsam um den Querschnitt durch solche Analysen, mit dem die Handlungsstruktur der Wirklichkeit freigelegt wird. Es geht um den Aspekt, wo das Funktionieren, die Funktionszusammenhänge der menschlichen Lebenswelt als

* Vortrag in der Evangelischen Akademie Tutzing 1971. Text nach »Tutzinger Studien«, Günter Olzog Verlag, Nr. 3/71, München 1971, S. 18–30. Abdruck mit freundlicher Genehmigung des Verlages.

Frage nach dem gewollten, bewußten und verantwortlichen Handeln in den Blick genommen wird. Es geht darum, wie wir uns als Menschen nicht nur als Objekte einer Entwicklung, sondern als Subjekte unserer Welt wissen können und sollen.

An diese Fähigkeit zum Handeln appelliert in einem indirekten oder auch direkten Sinne jede Analyse, die Trends extrapoliert, Entwicklungen voraus entwirft. Der Sinn solcher Zahlenprophetie, wie man in metaphorischer Abbreviatur die Analyse von bedrohlichen Entwicklungen aus dem Bestande der gegenwärtigen Welt nennen könnte, ist ja wohl elementar dieser: Die Voraussage bezweckt, daß nicht eintreten soll, was sie voraussagt. Der konstruktive Charakter von Entwicklungsanalysen dieser Art zeigt sich in der Aufforderung, die Zukunft ihres schicksalhaften Charakters zu entkleiden. Die Probleme der Umwelt sind gegenwärtig der exemplarische Fall, an dem sich die Bewußtmachung der Zukunft als Frage nach den Maßstäben gegenwärtigen Handelns vollzieht.

Solche Aufklärung der Zukunft geschieht dadurch, daß die Blindheit einer künftigen Entwicklung aufgedeckt wird. Blind sind Entwicklungen, weil und sofern sie nicht als diese bestimmten Entwicklungen gewollt werden. Und kaum eine der langfristigen Entwicklungen, die hinsichtlich unserer künftigen Umwelt exrapoliert werden, können vernünftigerweise gewollt werden. Von der Blindheit einer Entwicklung kann man sprechen, wenn mit ihr Folgen eines ganz anders gemeinten Handelns auftreten, eines Handelns also, dessen Zweck und Sinn auf eine frühere oder gegenwärtige Verfassung der Welt zielte, dessen künftige Folgen aber gleichsam subjektlos sind und so das Handeln denunzieren. Solche Entwicklungen als die Folgen früheren oder heutigen Handelns zu analysieren, das ist dann die Aufgabe, in der sich die ethische Frage mit der Analyse und Beschreibung der Wirklichkeit unlöslich verbindet. Gerade in der Ethik geht es nicht nur um Normen, sondern um die Wahrnehmung der Wirklichkeit. Deren Ziel, die Übereinstimmung des Menschen mit seiner Welt, muß mit der begrenzten Wahrnehmungsfähigkeit des Menschen in eine kritische Auseiandersetzung treten. Dieses Ziel, das sei gleich im voraus gesagt, muß sich heute in der Frage formulieren: Ob und wieweit sich die Menschen als gemeinsameres Subjekt des Handelns begreifen und gestalten können. Die Ethik, vorherrschend von der Tendenz bestimmt, sich an das einzelne Subjekt des Handelns oder doch an alle als Summe der einzelnen zu wenden, muß im Blick auf die Welt, in der wir leben, und ihre Zukunft die Frage nach der Sozialität mit der nach dem Subjekt des Handelns in eins setzen.

Moralische Appelle allein sind hier ohnmächtig. Man kann das Problem ganz allgemein und zugleich konkret in die Frage kleiden: Wie sehen die ethischen Maßstäbe aus, die in der Wirklichkeit gelten, wenn wir auf die gegenwärtige Lebensgestaltung und ihre Folgen, also die künftige Lebensgestaltung blicken? Eine Ethik impliziert immer eine Welt. Ist die Umwelt als die Welt, in der wir leben, auch die Welt, wie wir sie guten Gewissens wollen können? Offenkundig führt eine solche Frage, wird sie im einzelnen oder allgemein gestellt, dazu, die Analyse der Wirklichkeit in eine Kritik des Handelns zu überführen. Analyse der Wirklichkeit wendet sich, über ihre jeweiligen partikularen Auftraggeber hinaus, sofort und regelmäßig an den Menschen als Subjekt des Handelns.

Ist die Welt Gottes Welt?

Man kann die Frage auch so stellen: Ist die Welt, in der wir leben, Gottes Welt? Damit soll jetzt nicht auf eine emphatische Rede von der Welt als einer Welt Gottes gezielt werden oder auf eine gläubige, unmittelbare Überzeugung, die mit dem Wort »Gott« allemal provoziert zu sein scheint. Die Frage ist gemeint im Sinne einer allgemeinen Verständigung über die Qualifikation unserer Welt, so nämlich, daß sie auch lauten könnte: Entspricht unsere Welt einer unbedingten Sinngebung, einem Maßstab des Guten, der keiner Revision mehr bedarf? Ist es der Vorzug unserer Generation, in einer Situation der gelungenen Entsprechung der Welt zum Guten zu leben? Es ist deutlich, daß diese Frage so nicht mit Ja beantwortet werden kann. Das gäbe ihr auch einen schlechten Sinn. Wohl aber bedarf es weitergehender Verständigung darüber, daß und warum und mit welchen Folgen sie mit Nein zu beantworten die naheliegendste Tendenz wäre.

Man kann diese Frage auch allgemeiner aufbauen. Die Worte aus dem ersten Schöpfungsbericht der Bibel mögen in Erinnerung gerufen werden: »Und Gott sah alles an, was er gemacht hatte, und siehe, es war sehr gut.« Ein solcher Satz enthält im Blick auf unsere eigene Welt mehr den Sinn einer Provokation als den einer Bestätigung. In unsere eigene Verantwortung übernommen, müßte der Satz vielleicht so lauten: »Und der Mensch sah alles an, was er gemacht hatte, und siehe, es war vielleicht gut gemeint, aber es hatte verheerende Folgen.«

Nun sollen diese Worte der Schöpfungsgeschichte nicht in Erinnerung gerufen werden, um das bekanntermaßen folgende Kapitel vom Sündenfall des Menschen anzuschließen, um also die anschauliche Apokalyptik der Selbstzerstörung des Menschen bzw. seiner Welt, wie sie manchen Zukunftsprognosen entnommen werden kann, auf die ebenfalls höchst anschauliche Apokalyptik der religiösen Tradition zu beziehen. Das Nein hinsichtlich der Entsprechung unserer Welt zum Guten enthält eine Kritik, die an Möglichkeiten und Fähigkeiten des Menschen appelliert, oder es hört auf, ein menschliches Nein zu sein. Es gibt ja eine höchst rigorose Verfahrensweise in der Ethik, in der Theorie der Welt im religiösen wie im säkularen Gewande, die ein sehr einfaches und in seiner Einfachheit durchaus konsequentes Modell für die Lösung von Konflikten der Menschen untereinander und im Verhältnis zu ihrer Welt entwickelt hat. Es ist dies der Vorschlag, alles Übel an der Wurzel auszurotten. Ist die Wurzel allen Übels aber der Mensch selbst, dann ist es zwingend, daß nur dadurch, daß die Menschen anders werden, ein anderer Mensch hervorgebracht wird, eine Lösung denkbar ist. Solch Vorschlag, der auf den Austausch des Personals des Handelns hinausläuft, kann wohl nicht der Weg einer ethischen Argumentation sein. Doch der Seitenblick auf solche Verfahrensweise kann wohl dazu dienen, ein Kriterium dafür zu geben, welche Lösungsmöglichkeiten radikaler Natur jedenfalls ausgeschlossen werden können und müssen.

Die Erinnerung an den Schöpfungsbericht dient einem anderen Zweck. Sie will zeigen, daß die vollkommene Übereinstimmung des beabsichtigten Tuns mit seinen Folgen, so daß man sagen kann, es sei alles sehr gut, nur im Falle eines umfassend mächtigen und zugleich guten Subjektes denkbar ist. Das ist, bei allem, was sonst noch dazu zu sagen ist, der prinzipielle und exemplarische, theoretische wie anschauliche Gehalt des Gottesgedankens. Gerade in der notwendigen Differenzierung endlicher Menschen zu solchem Subjekt kann sich der Zusammenhang mit dem Gottesgedanken fürs Handeln nur in der Frage nach dem Menschen als gemeinsamem Subjekt des Handelns aufbauen.

Die Folgen der Freiheit

Wonach fragen wir also, wenn wir nach ethischen Maßstäben der Lebensgestaltung fragen? Offenbar nach dem Subjekt des Handelns, seinen Fähigkeiten und Qualifikationen, die sich in seinem Handeln und seinen Folgen auslegen und manifestieren. Und das ist nicht nur in der ethischen Theorie so. Das ist auch in der Analyse von gesellschaftlichen und geschichtlichen Entwicklungen so. Wir fragen nicht nur: Was ist und geschieht und welche Folgen treten ein? Wir fragen näher und präziser: Warum ist das, was ist, so und nicht anders? Warum geschieht dies und nicht jenes, warum sind bestimmte Folgen zu erwarten? Und das heißt wir fragen genauer und der Intention nach: Wer hat ein Interesse daran, daß dies so ist, geschieht, etc.? Und damit machen wir die Voraussetzung, daß die Welt nicht notwendigerweise so ist, wie sie ist. In solchen Fragen wird also die Möglichkeit aktualisiert, den konstruktiven Charakter der menschlichen Lebenswelt und ihrer Verfassung durchsichtig zu machen. Offenbar ist dies ein sinnvoller Weg zu Fragen und zu Antworten zu kommen. Ethische Maßstäbe können offenbar durchaus über eine solche Analyse erschlossen werden. Die Kritik an der bestehenden Welt wäre deshalb überhaupt nicht möglich, wenn sie die völlige Abwesenheit von sinnvollen Maßstäben postulieren müßte, das Fehlen eines möglichen Trägers verantwortlichen Handelns. Die Kritik des Bestehenden, die nach dem konstruktiven Handeln fragt, das sich in der Verfassung der Welt manifestiert, lebt aber schon in der Analyse von der Voraussetzung, daß es ein verantwortliches Subjekt des Handelns gibt, dem die Folgen zugerechnet werden können. Darum muß sich die Ethik mit der Analyse der Wirklichkeit verbinden.

Doch hier gibt es Einwände. Handelt es sich bei gesellschaftlichen, technischen Entwicklungen, gar bei denen der Umwelt im globalen Ausmaß nicht um einen Folgezusammenhang gesetzmäßiger Art, dem gegenüber Stichworte aus der Ethik hilflos und unpassend wirken? Ist hier überhaupt noch jenes Maß an Freiheit im Spiele, das solchen Bezug auf Ethik erlauben würde?

Ein anderer Einwand lautet: Ist nicht, rein und radikal gefaßt, eine Ethik gerade darauf angewiesen, erfolgsunabhängig zu argumentieren, sich also nicht in den Zusammenhang der Folgen und Entwicklungen einzubinden, sondern im Bereich von Gesinnung und Überzeugung sich festzumachen? Müssen Ethik und Analyse der Wirklichkeit, Ethik und Wissenschaft nicht gründlich auseinandergehalten werden? Und sofern dann alsbald der Werturteilsstreit vor der Türe lauert, ist das Gestrüpp der Argumente zwar bekannt, aber es bleibt ein Gestrüpp.

Ich argumentiere so: Der Mensch wird sich ethischer Maßstäbe überhaupt nur bewußt und kann sie sich abklären im Blick auf die Folgen seines Handelns. Das gilt jedenfalls vom empirischen Subjekt, vom konkreten Menschen. Und er kann auf die Folgen seines Handelns sehr wohl angesprochen werden. Das ist der präzise Sinn des Wortes »Verantwortung«. Mit ihr ist nicht primär die Kategorie der Macht gemeint, die sich in Konfliktfällen in der Frage ausspricht: »Wer hat denn hier die Verantwortung?« Verantwortung ist das Bewußtsein dafür, daß die Folgen des Handelns übernommen werden, auch wo die Ursachen vielleicht anderswo liegen. Die Zurechenbarkeit der Folgen ist es, in der sich das Bewußtsein vernünftigen Handelns aufbaut, korrigiert und sich selbst begreift. Verantwortung in diesem Sinne kann darum als der präzise Begriff der Freiheit angesehen werden. Frei ist, wem die Folgen menschlichen Handelns sinnvollerweise zugerechnet werden können so, daß er mit ihnen in eigenem, selbständigen Handeln umgeht. Darum kann keine Ethik, die mit der Freiheit des Menschen rechnet, ohne ständigen Blick auf die empirische Wirklichkeit, auf die Welt der Folgen auskommen.

Ethik ohne Folgen?

Allerdings, in der Geschichte der Ethik ist dieses Problem weithin verdeckt geblieben. Und das aus naheliegenden historischen Gründen. Gemeint ist die relative Folgenlosigkeit menschlichen Handelns für den Bestand der Welt im ganzen. Man kann diese Behauptung in einem epochalen Sinne aufstellen, wenn man die vorneuzeitliche Welt mit der Welt der industriellen, technischen Zivilisation vergleicht. Dann kann man wohl behaupten, daß sich in allen früheren Zeiten eine weitgehende Folgenlosigkeit des menschlichen Handelns beobachten läßt, jedenfalls im Verhältnis zur Welt im ganzen, ihrer natürlichen Verfassung. Da erscheint die Welt als undiskutierte Voraussetzung, als Raum, innerhalb dessen sich das Handeln der Menschen untereinander und gegeneinander vollzieht, aber nicht in seinen Folgen für die Welt überhaupt zum Thema wird.

Die Folgen des Handelns waren nicht ein Problem der Ethik, für das Handeln der einzelnen Menschen, sondern eingebunden in die Institution und das Ethos, das in die Institutionen eingelassen war. Das ist auch heute und in vielen Bereichen so. In diesen Institutionen lebt der Mensch, sie selbst dienen der Verwaltung der Welt und werfen darum keine grundsätzlichen und vor allem keine neuen Probleme der Ethik auf. Die Institutionen definieren die Welt, im Verhältnis zu der sich für den Menschen allein die Probleme seines ethischen Verhaltens stellen. Deshalb ist die ethische Tradition ja auch eine weitgehend höchst konservative Wissenschaft gewesen.

Aber die Folgenlosigkeit des Handelns hat noch eine andere Dimension. Im Zusammenhang des Christentums ist eine andere, radikale Theorie aufgetreten. Nicht die Folgen meines Tuns in der Welt als Folgen für die Welt sind von Belang, weil und sofern diese Welt ohnehin vergeht. In der Kontrapunktik von dieser Welt und der anderen, künftigen Welt weisen die relevanten Folgen des Handelns in eine andere Richtung. Es sind dies nur die Folgen für den Handelnden selbst, fürs unmittelbare Subjekt, sein Heil und dessen Erwerb in einer kommenden Welt. Folgen des Handelns in dieser Welt und für diese Welt bilden dann kein spezifisches Thema. Hier geht es nur um Bestand und Erhaltung der Welt.

Diese Dinge dürfen hier ein wenig angedeutet werden, weil es sich ja nicht von selbst versteht, in welchem Sinne wir eigentlich von ethischen Maßstäben der Lebensgestaltung, gar solchen der Zukunft, reden sollen.

Auf diesem Hintergrunde steht die Behauptung: Erst in der Neuzeit, genauer erst in unserem Jahrhundert mit gewissen Voraussetzungen im 19. Jahrhundert, ist eine Situation entstanden, in der sich die Ethik aus dem Ethos der Institutionen gelöst hat. Denn es sind Folgeprobleme des konstruktiven menschlichen Handelns von neuer, eigener und gewichtiger Art entstanden, die über den Bestand der Welt hinausgreifen. Darum kommt die Frage der Ethik heut aus der Welt des Handelns als dessen Folgen auf uns zurück. In der Kritik unserer Welt, wie sie mit deren Analyse Hand in Hand geht, meldet sich darum das Bewußtsein der Freiheit zu Worte, die im konstruktiven Umgang mit der Welt am Werke ist.

Man kann das sehr genau beobachten. Die Probleme der Ethik und das heißt immer zuerst ihre Aporien, entstehen überall dort, wo das Ethos der Institutionen überschritten wird. Sie entstehen, wo die Folgen des Handelns nicht in den überkommenen Institutionen des Handelns aufgehen. Dann reicht es aber auch nicht mehr zu, die Ethik als Appell an das einzelne Subjekt, an sein Gewissen und sein Verhalten zu formulieren im Blick und im Verhältnis zu den Institutionen.

Nur einige Beispiele seien genannt, an denen sich dieser Prozeß in globalem Maßstab wie im einzelnen verfolgen ließe. Es sei hingewiesen auf die Emanzipation der Gesellschaft gegenüber dem Staat. Es sei hingewiesen auf die Verselbständigung von Berufsfähigkeiten gegenüber dem Beruf als Stand. Es sei erinnert an die Verselbständigung der Sexualität gegenüber der Familie. Es könnte auch verwiesen werden auf die Verselbständigung der Religion gegenüber der Kirche. Das alles sind Beispiele, zu denen dann in einem umfassenden Sinne dieses gehört: Die selbständige Macht der technisch-industriellen Konsequenzen und Entwicklungen gegenüber der alteuropäischen oeconomia der Lebenserhaltung. Die immense Arbeit historischer und gesellschaftlicher Analyse und Differenzierung dieser Zusammenhänge, aus denen sich der Begriff unserer Welt aufbaut, gehört heute zum allgemeinen Stand des Bewußtseins.

Für die Ethik ist allein dies von Belang: Eine neue Situation zeichnet sich ab, in der offenbar die Verfassung der Welt, soll sie irgend noch sinnvoll, vernünftig und christlich begriffen werden, zurückverweist auf den Menschen, aufs Subjekt, das sich an den Folgen seines Handelns dieser neuen Situation bewußt wird. Die Ethik reicht prinzipiell und aktuell nicht mehr zu, wenn sie einerseits die Ethosqualität der Institutionen beschreibt, deren immanente Qualifikation als die Ordnung des Lebens dem Menschen vorhält, und andererseits sich unmittelbar ans Subjekt wendet, an seine Gesinnung und sein Gewissen, damit er sich zu dieser Welt adäquat verhalte. Sie muß dort ansetzen, wo Verfaßtheit der Welt und Konstruktion der Welt zusammenfallen.

Das gemeinsame Subjekt des Handelns

Am Beginn dieser neuen Situation steht die ethische Theorie von Kant. »Handle so, daß das Gesetz Deines Handelns zum allgemeinen Gesetz werden kann«, wie eine der Maximen lautet, in die er den kategorischen Imperativ gefaßt hat. Das bedeutet, die Ethik wird als Frage nach den Maßstäben des Handelns entschlossen an die Klärung des Subjektes des Handelns gebunden, das sich selbst als Gesetzgeber weiß, und so erst dem moralischen Gesetz zugleich unterwirft. Das aber ist Ethik im Einzelfall, in dem einen, dem Falle des exemplarischen Subjektes.

Kann solche Begründung der Ethik aber auch von ihren Folgen her gelesen werden? »Analysiere die Folgen Deines Handelns, weil nur das Handeln allgemein gut ist, das sich an seinen Folgen mißt und sich von ihnen korrigieren läßt.« Das ist die Maxime einer Ethik des gemeinsamen Lebens, an dem zu partizipieren der einzige Weg ist, wie der einzelne sein Handeln vor den anderen und nur auf diesem Wege vor dem Gedanken des Menschen überhaupt und seiner Freiheit rechtfertigen kann.

Muß das aber nicht notgedrungen das Maß ethischer Verantwortung steigern, bis hin zur Überschätzung der Möglichkeiten konkreter, ans empirische Subjekt gebundener Ethik? Wie steht es angesichts des Folgenreichtums menschlichen Handelns eigentlich mit den humanen Ressourcen unserer Welt? Sind sie ebenfalls der Expansion fähig oder sind sie erschöpft und ausgebeutet? Hier wird die Frage erneut aktuell: Wie steht es mit der Wahrnehmungsfähigkeit des Menschen in ethischer und humaner Hinsicht? Daß sie Grenzen hat, ist sicher. Welche Auswahl aber maßgebend sein soll, das steht zur Diskussion. Müssen wir aus den Möglichkeiten wissenschaftlicher Analyse und Beschreibung der Welt nicht auch folgern, daß die Ethik nicht an die begrenzten Fähigkeiten des einzelnen empirischen Subjektes gebunden werden kann, sondern in sich die konstruktive Verfassung dieser Welt zum Austrag bringen muß?

Vielleicht gibt es historische und darin auch systematische Argumente dafür, daß die ethische Wahrnehmungsfähigkeit angesichts der Komplexität der neuzeitlichen Welt an ihre Grenzen gestoßen ist. Immer wieder läßt sich in der Neuzeit die Tendenz zu einer prinzipiellen Spaltung des Bewußtseins beobachten. Alle Revolutionen sind von Restaurationen begleitet. Alle Fortschritte provozieren eine Reaktion. Und es sind nicht dieselben Menschen und dieselben Einstellungen, die für das eine oder für das andere einstehen. Die Entfaltung ökonomisch-technologischen Könnens, seine Expansion und Durchsetzung auf der einen Seite ruft nach gegenläufigen Argumenten, mit denen die soziale Sicherheit, die Abhängigkeit des Menschen und sein Schutz andererseits wahrgenommen werden. Die Freiheit des politischen Willens zur eigenen Verwirklichung, die sich über die Tradition politischer Verfassung der Welt hinwegsetzt, provoziert auch die Begrenzung dieses Willens politischer Freiheit, den Schutz vor ihm, durch bestimmte Verfassung und die Formulierung unantastbarer Grundrechte. Solche Gegenläufigkeiten sprechen sich dann in prinzipiellen ethisch, auch religiös begründeten Einstellungen aus, die sich gegenseitig auszuschließen suchen. Auch auf philosophischer Ebene begegnet solche Gegenläufigkeit. Die Entdeckung und emphatische Beschreibung der prinzipiellen Sonderstellung des Menschen im Kosmos, die der Freiheit anthropologische Argumente verleiht, trifft auf eine anthropologische Physiologie der Grundgegebenheiten eben dieser Sonderstellung des Menschen, die ihm ein Gesetz aufzuerlegen sucht, das die Reflexion der Freiheit bricht. Welche Funktion für die Deutung der Ökonomie des ethischen Bewußtseinshaushaltes haben die großen Gegensätze von Kapitalismus und Sozialismus, Fortschritt und Konservatismus, Kritik und Autorität?

Diese Beispiele sollen hier nur Aspekte andeuten, um ein ganz bestimmtes Argument damit zu bezeichnen. Die Welt der Folgen wird von unaufhaltsamer Bedeutung als die Welt der Folgen *des* Handelns *des* Menschen. In solcher Sicht scheint es identisch zu sein, ob man von einem oder von allen Menschen spricht. Diesem Gedanken der Identität wohnt eine wirksame Konsequenz inne. Diese Identität hat im Interesse ihre präzise Kategorie gefunden. Was für die Großchemie gut ist, ist tatsächlich in einem bestimmten Sinne für alle gut, so nämlich, wie alle zugleich einzelne sind. In diesem Sinne sind wir alle als einzelne Nutznießer der Großchemie. Was für die Autoindustrie gut ist, ist ebenso für alle gut, als die Summe der einzelnen.

Zugleich aber gilt: Die Welt der Folgen wird von rasanter Bedeutung als die Welt der Folgen des Handelns für *die* Menschen, wo es um alle in ihrem Verhältnis zueinander geht, wo es um die Sozialität, ums gemeinsame Leben geht.

Was für die Sozialität gut ist, als gemeinsames Leben, ist nicht identisch mit dem, was für alle gut ist, als die Summe der einzelnen. Soll darum die Lebensgestaltung nicht alleine durch die Macht des Interesses entschieden werden, dadurch also, daß und wie das Subjekt in abstrakter Identität als das maßgebende sich durchsetzt, soll der Mensch zum Subjekt seiner Welt als einer Welt der Folgen seines Handelns werden, dann kann das nur geschehen, wenn sich die Menschen als gemeinsames Subjekt der Welt begreifen.

Das aber ist genau die Aporie für die Ethik, wo es um Entwicklungen und geschichtlichen Wandel geht. Wie ist in der Entwicklung, in der Geschichte also des Handelns ein Subjekt festzumachen, an dem Verantwortung, ethisches Raisonnement und also auch verbindlicher Maßstab expliziert und identifiziert werden kann? Diese Frage kann nicht außerhalb des Handelns der Menschen beantwortet werden, wenn die Voraussetzung der Freiheit nicht aufgegeben werden soll. Sie muß selbst als die entscheidende konstruktive Leistung angesehen werden, die über alles andere Handeln hinaus gefordert ist: Daß wir uns als solches gemeinsames Subjekt gestalten. Nur so kann sich das Bewußtsein der Freiheit angesichts der Folgen des Handelns erneuern, d. h. die Welt nicht ausnutzen im Interesse der Freiheit, sondern sie zur Welt des Menschen machen. »Fortschreibung der Schöpfung« ist dann etwas anderes als Ausweitung des Prozesses, in dem die Erde dem Menschen untertan wird. Es ist die Fortbildung der Welt als Sozietät.

Unser Problem ist nicht das Fehlen von Maßstäben des Handelns, die Abwesenheit von Zielsetzung, sondern deren Konkurrenz, der Pluralismus der Widersprüchlichkeit. Hier liegt der neuralgische Punkt einer jeden weiteren Erörterung, die sich auf den konstruktiven Charakter unserer Welt gerade in ethischer Hinsicht einläßt und nicht vorzeitig bei einer Diskussion von Interessen und Machtkonstellationen stehenbleibt.

Freiheit zum gemeinsamen Leben

Geht es jetzt um die Forderung der Eindeutigkeit unserer Welt, der rigorosen ethischen Forderung, und entsprechend der rigorosen Etablierung des einen Subjektes, dem die Macht über alle anderen zukommt? Dann wäre das Ziel die Freiheit, die als eindeutige Selbstverwirklichung Vorrang vor der Sozialität hätte.

Oder geht es um etwas anderes? Muß nicht diese Widersprüchlichkeit konstruktiv aufgenommen werden, als die Komplexität des Menschen selbst begriffen werden, in die sich das Menschsein auseinanderlegt, und so als eine neue und angemessene Weise des Bewußtseins der Freiheit? Was für alle gut ist, können wir nur sagen, sofern alle identisch sind mit einem exemplarischen Subjekt des Menschen. Das entspricht aber nicht der konkreten Lebenswirklichkeit. Deswegen können wir sehr wohl sagen, was fürs gemeinsame Leben gut ist, ist von höherem Rang als das, was für alle gut ist. Und auf diesem Wege bringen wir den Gedanken ein, daß der Mensch nicht ein Gattungswesen ist, exemplarischer Fall seiner Gattung, sondern daß die spezifische Qualität des Menschen sich ihrer selbst nur angesichts einer Instanz bewußt werden kann, die den Menschen transzendiert, im Angesicht Gottes. Nicht zufällig ist das abschließende Symbol des Handelns in der religiösen Metaphorik nicht das Paradies, das Symbol des Genusses von Leben, sondern das Symbol des Reiches Gottes, das Symbol politischer Verantwortung fürs gemeinsame Leben. Maßstäbe des Handelns können deswegen nicht vor allem Handeln gegeben werden. Sie müssen sich als die konstruktive Ordnung im Zusammenspiel der Fähigkeiten mit dem Ziele selbständiger Partizipation an der Sozietät entfalten. Und das kann nur in der Welt geschehen, in der konstruktives Handeln als Moment von Freiheit sich vollzieht.

Es wäre darum sinnlos, die Technologie zu verteufeln, wie es sinnlos ist, die Lebensgestaltung nur als Funktion der Technologie gelten zu lassen. Über alle bloß wertenden Aussagen zur Technik hinaus wäre das schon deswegen sinnlos, weil es nicht *eine* notwendige Funktion der Technologie gibt.

Es wäre falsch, politische Herrschaft und politisches Handeln um der Freiheit willen, in dem abstrakten Sinne der Freiheit des einzelnen zu bekämpfen, wie es sinnlos ist, die Lebensgestaltung allein dem ausdrücklichen Machtwillen von Herrschaft unterzuordnen.

Es ist sinnvoll, eine breite Partizipation an der gemeinsamen Lebensgestaltung zu erstreben und zu fördern, weil alle nicht nur einzelne sind, sondern die Sozialität das intensivere menschliche Leben ist im Vergleich zum einzelnen. Aber es wäre falsch, den Menschen völlig in seiner gesellschaftlichen Funktion aufgehen zu lassen, weil er nicht als Funktion, sondern als bewußtes Handlungssubjekt die Konstruktion der Gesellschaft mitbewirkt.

Daraus ergeben sich Folgerungen für den Umgang mit Konflikten. Konflikte, wie sie etwa die Zerstörung der natürlichen Umwelt aufwerfen, sind wie alle relevanten Konflikte von der Art, daß sie nur durch die Schaffung neuer Institutionen gelöst werden können. In der Regel können Konflikte nicht in dem System, in dem sie auftreten, auch bewältigt werden. Damit wird eine Steigerung der Komplexität der Verfassung unserer Welt notwendig, die sich aber nicht blind vollziehen muß, sondern im Bewußtsein der Freiheit aufgebaut werden kann.

Soziale Rationalität

Steigerung der Komplexität aber verlangt auch eine höhere Komplexität des Bewußtseins. Man kann sie als soziale Rationalität bezeichnen. Sie kann konkret nur aufgebaut werden, wenn im Verhältnis zu den Traditionen des Urteils und den Konventionen des Meinens ein Austausch der relevanten Bewußtseinsgehalte sich vollzieht; denn das menschliche

Wahrnehmungsvermögen ist nicht unbegrenzt. Auch das historische Bewußtsein, in dem sich ethische Urteilsbildung immer wieder vollzogen hat, ist eine soziale Rationalität. Soziale Rationalität als Zukunftsbewußtsein aber tendiert darauf, die Freiheit nicht nur der Autorität gegenüber zu behaupten, sondern sie zur Bedingung der Zukunft zu machen. Darum geht es ja in der Verantwortung für die Zukunft, die die Verantwortung für Folgen des Handelns ist, die das Leben anderer Menschen bestimmen werden. Das ist im Prinzip darum das Datum neuer Maßstäbe. Es ist die Verantwortung der Freiheit als konstruktiver Freiheit in einer Welt des gemeinsamen Lebens. Für sie gilt, daß es für den Menschen nicht gut ist, sich selbst verwirklichen zu wollen. Verantwortung im Ganzen der Welt des Menschen muß die Maßstäbe und die Rangfolge des Handelns bestimmen. Das mag dann auch der Gehalt einer Verantwortung für die Welt als einer Welt Gottes sein.

Darum ist die Frage nach neuen Maßstäben des Handelns nur so zu beantworten, daß sie sich als die Frage nach dem Menschen im Horizont des gemeinsamen Lebens aufbaut. Das tut sie in der Schaffung und Förderung einer Kommunikation, die grundsätzlich von der Partizipation aller an der Gesaltung des Lebens ausgeht. Wo »alle« nicht die Summe der sich selbst verwirklichenden einzelnen sind, sondern die Freiheit als menschliche sich ihres sozietären Charakters bewußt wird. Sie muß auf eine ethische und politische Kommunikation zielen, die dieses Kriterium hat: Nur worüber gegenwärtig unter den lebenden Menschen eine sinnvolle und vernünftige Kommunikation hergestellt werden kann, das hat auch eine Zukunft in einem gemeinsamen Leben. Und dann zeigt sich auch: Nur über das, was im Blick auf das gemeinsame Leben als allgemein gut ausgewiesen werden kann, darüber kann auch eine öffentliche Kommunikation hergestellt werden. Auf diesem Wege wird die Freiheit sich ihrer eigenen Grenzen in freier Weise bewußt. Wer solche Öffentlichkeit fürchten muß, mag Macht und Herrschaft haben, verfolgt aber wohl kaum gute Ziele.

Die Frage nach den Maßstäben ist im Grunde die Frage danach, ob wir es uns vorstellen können, daß die Menschheit sich als gemeinsames Subjekt eines solchen Handelns aufbaut, das einem solchen Ziel verpflichtet ist. Von der Konstitution solcher Gemeinsamkeit hängt es ab, ob es einen Weg gibt zu diesem Ziel und also eine konkrete humane Zukunft.

Zusätzliche Literatur

Paul Lehmann: Ethik als Antwort. Methodik einer Koinonia-Ethik, München 1966.

Wolf-Dieter Marsch: Gegenwart Christi in der Gesellschaft. Eine Studie zu Hegels Dialektik, München 1965.

Reinhold Niebuhr: Christlicher Realismus und politische Probleme, Stuttgart 1956.

Dietrich von Oppen: Das personale Zeitalter. Formen und Grundlagen gesellschaftlichen Lebens im 20. Jahrhundert, Stuttgart 1960.
Alfred de Quervain: Ethik, 4 Bde., Zürich 1945/1956.
Arthur Rich: Christliche Existenz in der industriellen Welt, 2. Aufl., Zürich/Stuttgart 1964.
Wolfgang Schweitzer: Freiheit zum Leben. Grundfragen der Ethik, 2. Aufl., Stuttgart 1959.
Helmut Thielicke: Theologische Ethik, 3 Bde., Tübingen 1951/1964.
Wolfgang Trillhaas: Ethik, 2. Aufl., Berlin 1965.
Heinz-Dietrich Wendland: Grundzüge der evangelischen Sozialethik, Köln 1968.

Namenregister